Fachberichte Messen · Steuern · Regeln

Herausgegeben von M. Syrbe und M. Thoma

2

Entwurf digitaler Steuerungen

Ein Kolloquiumsbericht

Herausgegeben von K. H. Fasol

Springer-Verlag
Berlin Heidelberg New York 1979

Herausgeber:
o. Professor Dr. techn. Karl Heinz Fasol
Lehrstuhl für Meß- und Regelungstechnik,
Abteilung Maschinenbau,
Ruhr-Universität Bochum
Postfach 102148
D-4630 Bochum 1

Mit 111 Abbildungen

ISBN-13: 978-3-540-09409-8 e-ISBN-13: 978-3-642-95353-8
DOI: 10.1007/978-3-642-95353-8

Offsetdruck und Bindearbeiten: Julius Beltz/Hemsbach
2060/3020/543210

VORWORT

Die industrielle Steuerungstechnik ist in einem Umbruch begriffen, der nicht zuletzt durch die Möglichkeiten der hochintegrierten elektronischen Bauelemente und Mikrorechner ausgelöst wurde. Diese Technologien ermöglichen es jetzt, den Forderungen nach größter Flexibilität der Steuerungen entgegen zu kommen. Früher mußten diese Forderungen zwangsläufig zurückgestellt werden. Jetzt, wo ihre Erfüllung möglich wird, werden sie verstärkt gestellt und wirken so als treibende Kraft.

Die etwa in den letzten beiden Jahrzehnten entwickelten Methoden zur Steuerungssynthese - allen voran das Huffman'sche Verfahren samt allen Folgearbeiten - gingen zunächst von der klassischen Automatentheorie aus. Aus dieser Theorie hat sich nach und nach ein ingenieurmäßiger Zweig und eine eigene abstrakte Disziplin weiter entwickelt, die aber nach wie vor auch den Ingenieuren wertvolle Impulse erteilt. Die nach den klassischen, aus der Automatentheorie hervorgegangenen Methoden entworfenen Steuerungen sind "fest verdrahtet"; sie sind individuell auf die jeweilige Aufgabe zugeschnitten. Dies ist also die eine Richtung in der Schaltungsrealisierung: Die Flexibilität wird hier weitgehend vermißt. Beim Entwurf auftretende Schwierigkeiten suchte man durch rechnergestützte Synthese zu vermeiden.

Der Wunsch nach größerer Flexibilität führte bald zur Verwendung von Schrittregistern, die sich bei sog. Zwangsfolgesteuerungen bewährten, also bei Steuerungen deren Eingangsbelegungen nur in vorgeprägter Form auftreten können. Solche meist mit Arbeitszylindern realisierte Systeme haben einen sehr wesentlichen Anteil an industriellen Steuerungen. Schrittregister sind zwar fest programmiert, aber der Freiraum für Programmänderungen ist bereits sehr groß.

Über den Umweg von vereinzelt für große Systeme ausgeführte Steuerungen mittels Rechenanlagen ist man dank der heute zur Verfügung stehenden Technologien zu speicherprogrammierbaren Steuerungen in modularen Gerätesystemen gekommen, die größte Flexibilität ermöglichen. Dies ist nun heute die andere und zukunftsweisende Richtung in der Schaltungsrealisierung; die vorher genannten Registersteuerungen stehen dazwischen. Im Augenblick werden vielleicht etwa 20 Prozent aller industriellen Steuerungen als programmierbare Steuerungen ausgeführt, der Rest noch in herkömmlicher Weise. In vielleicht fünf Jahren wird sich der Anteil der programmierbaren Steuerungen wahrscheinlich verdoppelt haben. Die "klassichen" Verfahren sollten aber trotzdem nicht "vergessen" werden.

Unter dem Eindruck dieser Entwicklung wurde vom Lehrstuhl für Meß- und Regelungstechnik an der Abteilung Maschinenbau der Ruhr-Universität Bochum am 27. und 28. Februar 1978 ein Kolloquium veranstaltet. Dieses Kolloquium hatte eine Diskussion über gegenwärtige und künftige Arbeiten auf dem Gebiet des Entwurfs digitalter Steuerungen zum Zweck. Es hatten sich rund 100 Fachleute aus Industrie und Hochschule zusammengefunden; gegenseitige Anregungen waren das Ziel. Der vorliegende Band veröffentlicht im wesentlichen die inzwischen zum großen Teil überarbeiteten Vorträge, die zum Zeitpunkt des Kolloquiums nicht in dieser Ausführlichkeit vorgetragen werden konnten und nur als Kurzfassungen vorlagen. Die Themen dieser Beiträge waren im Kolloquium Gegenstand eingehender Diskussionen.

Die Beiträge der ersten Gruppe behandeln Themen aus der Automaten- und Schaltkreistheorie, wobei auch schon zu ingenieurmäßigen Anwendungen übergeleitet wird. Die Vorträge der zweiten Gruppe bearbeiten Fragen der Entwurfsverfahren, wobei im Vordergrund die Synthese von Zwangsfolgesteuerungen steht und sie berichten auch über den rechnergestützten Entwurf. Die dritte Gruppe der Beiträge wird dem eingangs erwähnten Umbruch in der industriellen Steuerungstechnik gerecht. Dieser Umbruch war Anstoß für die Veranstaltung des Kolloquiums.

Ich bedanke mich bei den Herausgebern dieser Reihe, bei Herrn Professor Dr.M.Syrbe und Herrn Professor Dr.M.Thoma für deren eindeutige Initiative, die mich zur Veröffentlichung der Kolloquiumsbeiträge veranlaßte. Ich danke besonders allen Referenten für Ihre Mühe bei der Vorbereitung der Beiträge und für die Ausarbeitung der hier veröffentlichten Fassungen. Meinen Mitarbeitern danke ich sehr herzlich für die Hilfe sowohl bei der Veranstaltung des Kolloquiums als auch bei der Herstellung dieses Bandes.

Bochum, im Dezember 1978 K.H.Fasol

INHALTSVERZEICHNIS

AUTOMATENTHEORIE UND SCHALTKREISTHEORIE

ENTWURFSVERFAHREN UND PROGRAMMSYSTEME

PROGRAMMIERBARE STEUERUNGEN

ÜBER DEN ZUSAMMENHANG VON UNTERSCHIEDLICHEN KLASSEN VERALLGEMEINERTER LINEARER SYSTEME

ON THE INTERRELATION OF DIFFERENT CLASSES OF GENERALIZED LINEAR SYSTEMS

M. Gössel A. Sydow

Institut für Kybernetik und Informationsprozesse
der Akademie der Wissenschaften der DDR, Berlin

1 Einleitung

Lineare zeitdiskrete Systeme, d.h. lineare Automaten über beliebigen Körpern, besitzen einige Eigenschaften, die für ihr Verständnis und für ihre Anwendung wichtig sind. So ist ihr Input-Output-Verhalten durch Impulsantworten bestimmt, und lineare Systeme sind bis zur Äquivalenz anhand ihrer Impulsantworten identifizierbar. Außerdem lassen sich bei bekannten Impulsantworten relativ leicht explizit zustandsabhängige Modelle angeben. Diese und andere Eigenschaften basieren wesentlich darauf, daß für lineare Systeme (mit dem Initialzustand 0) ein Superpositionsprinzip bezüglich der gewöhnlichen Addition gilt, und lineare Automaten lassen sich durch ihre Superpositionseigenschaften charakterisieren /5/.

Zur Verallgemeinerung der Theorie linearer (hier zeitdiskreter) Systeme lag es deshalb nahe, solche Systemklassen zu bestimmen, für die ein verallgemeinertes Superpositionsprinzip bezüglich zweistelliger Operationen, die von der Addition verschieden sind, gilt. In /7,3/ wurden Automaten, die einem verallgemeinerten Superpositionsprinzip bezüglich eines Paares von assoziativen und kommutativen Operationen $\circ$ und ∇ mit Einselementen genügen, als $(\circ,\nabla)$-lineare Automaten charakterisiert. $(\circ,\nabla)$-lineare Automaten haben ganz ähnliche Eigenschaften wie gewöhnliche lineare Automaten. Für die Anwendungen ist es wichtig, möglichst viele verschiedene Klassen verallgemeinerter linearer Automaten zu kennen. Im vorliegenden Beitrag untersuchen wir den Zusammenhang von verschiedenen Klassen von verallgemeinerten linearen Automaten, der durch ein Paar einstelliger monotoner Funktionen vermittelt wird. Durch diese Betrachtungen ist es möglich, neue Klassen von verallgemeinerten linearen Automaten aus bekannten Klassen verallgemeinerter linearer Automaten mit Hilfe eines beliebigen Paares von einstelligen monotonen (d.h. umkehrbaren) Funktionen abzuleiten. Außerdem werden Rückkopplungsschaltungen und Stabilitätsprobleme von verallgemeinerten linearen Automaten untersucht.

Sind die beiden zweistelligen Operationen o und ∇ zusätzlich nach ihren beiden Variablen auflösbar (sogenannte Quasiadditionen), dann lassen sich die zugehörigen verallgemeinerten linearen Automaten aus gewöhnlichen linearen Automaten ableiten, und die Stabilität dieser Systeme ist durch die Stabilität eines zugehörigen gewöhnlichen linearen Systems bestimmt. Verschiedene Beispiele verallgemeinerter linearer Systeme werden betrachtet.

Bemerkung: In /6/ findet man einen Überblick über Versuche, eine allgemeine algebraische Theorie linearer Automaten über beliebigen Körpern zu entwickeln.

2 Grundbegriffe und Bezeichnungen

Als formale Beschreibung von allgemeinen, zeitdiskreten Systemen betrachten wir vollständig definierte Mealy-Automaten $A = (X,Y,Z,z_o,\delta,\lambda)$. Dabei sind wie üblich X, Y, Z die Input-, Output- und Zustandsmenge, z_o, $z_o \in Z$, der Initialzustand, $\delta\colon Z \times X \to Z$ und $\lambda\colon Z \times X \to Y$ die Überführungs- und Ergebnisfunktion. Die auf Wörter über X erweiterte Überführungsfunktion ist ebenfalls mit δ bezeichnet, $\delta\colon Z \times X^* \to Z$. X^* bezeichnet die Menge aller endlichen Wörter über X; X^n, $n > 0$, die Menge aller Wörter der Länge n. Wir setzen

$$y_t = g_t^A\,(x_1, x_2, \ldots, x_t) = \lambda(\delta(z_o, x_1, \ldots, x_{t-1}), x_t). \qquad (1)$$

y_t ist der Output von A zum Zeitpunkt t, wenn das Inputwort $x_1 \ldots x_t$ in A eingegeben wurde. y_t ist durch $x_1, \ldots, x_t$ eindeutig bestimmt und kann als t-stellige Funktion $g_t^A : X^t \to Y$ angesehen werden. Jedem Automaten A ist eindeutig ein System t-stelliger Funktionen $\{g_t^A / t = 1,2,\ldots\}$ zugeordnet, und jedes System t-stelliger Funktionen $\{g_t / t = 1,2,\ldots\}$ definiert bis auf Äquivalenz eindeutig einen Automaten A mit $g_t = g_t^A$ für $t = 1,2,\ldots$

Im folgenden benötigen wir den Begriff *Transformation eines Automaten durch ein Paar einstelliger Funktionen.*

Definition 1

Seien $A = (X_A, Y_A, Z_A, z_{o,A}, \delta_A, \lambda_A)$, $B = (X_B, Y_B, Z_B, z_{o,B}, \delta_B, \lambda_B)$ Automaten, $\varphi\colon X_A \to X_B$ und $\psi\colon Y_B \to Y_A$ einstellige Funktionen. A heißt dann (φ,ψ)-Transformation von B, bezeichnet mit $A = (\varphi,\psi)$ trans B, wenn für alle $t > 0$, $x_1,\ldots,x_t \in X$ gilt:

$$g_t^A\,(x_1,\ldots,x_t) = \psi(g_t^B\,(\varphi(x_1),\ldots,\varphi(x_t))). \qquad (2)$$

Ist $A = (\varphi,\psi)$ trans B, so sagen wir auch B ist (ψ,φ) - Original von A, bezeichnet mit $B = (\varphi,\psi)$ orig A. Sind φ und ψ zusätzlich umkehrbar und sind mit φ^{-1} und ψ^{-1} die entsprechenden inversen Funktionen bezeichnet, so gilt (φ,ψ) orig $A = (\varphi^{-1}, \psi^{-1})$ trans A.

Bemerkung: $A = (\varphi,\psi)$ trans B hat nicht zur Folge, daß B ein Homomorphismus von A ist. Nur wenn ψ umkehrbar ist, ist B ein (φ, ψ^{-1})-Input-Output Homomorphismus von A.

Im folgenden betrachten wir *Rückkopplungsschaltungen von Automaten:*

Definition 2

Es seien $A = (U, Y, Z_A, z_{o,A}, \delta_A, \lambda_A)$, $B = (Y, V, Z_B, z_{o,B}, \delta_B, \lambda_B)$ zwei Automaten mit

$$y_t = g_t^A (u_1,\dots,u_t) \quad \text{für } t > 0, \quad u_1,\dots,u_t \in U$$

$$v_t = g_t^B (\tilde{y}_1,\dots,\tilde{y}_t) \quad \text{für } t > 0, \quad \tilde{y}_1,\dots,\tilde{y}_t \in Y$$

und $F: X \times V \to U$ eine zweistellige Funktion.

Der Automat $C = (X, Y, Z_C, z_{o,C}, \delta_C, \lambda_C)$ mit $y_t = g_t^C (x_1,\dots,x_t)$ heißt F-Rückkopplung von A und B, wenn gilt:

1., $\tilde{y}_i = y_i$ für $i > 0$

2., $u_j = F(x_j, v_{j-1})$ für $j > 0$.

Dabei ist v_o ein fixiertes Element von V.

Y_t ist rekursiv definiert. In Bild 1 ist die F-Rückkopplung von A und B dargestellt. Der Output des Automaten B ist um einen Takt durch ein Verzögerungselement D verzögert, ehe er als Input von F wirkt. Eine ähnliche Definition mit verzögertem Output von A oder F ist ebenfalls möglich.

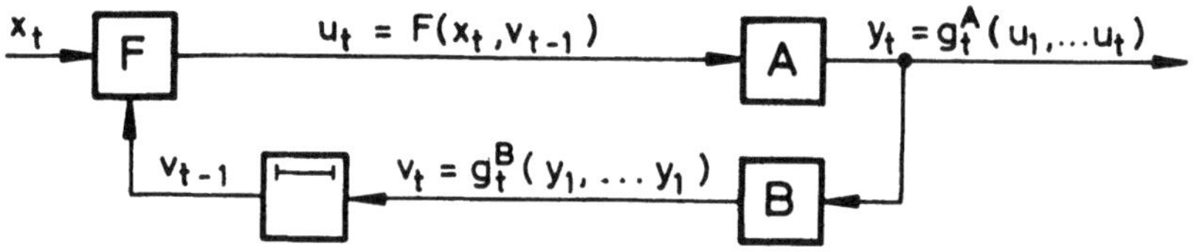

Bild 1: F-Rückkopplung der Automaten A und B

Auf eine explizit zustandsabhängige Definition der F-Rückkopplung von A und B verzichten wir hier.

Im folgenden erklären wir das *verallgemeinerte Superpositionsprinzip für Funktionen und Automaten* (s. /3/):

Definition 3

Es seien $\circ$ und ∇ binäre Operationen in X und Y, $f_n: X^n \to Y$, $n > 0$, eine n-stellige Funktion. Dann heißt f_n genau dann (o, ∇)-superponierbar, wenn für alle $x_1, \ldots, x_1', \ldots, x_n' \in X$ gilt:

$$f_n(x_1 \circ x_1', x_2 \circ x_2', \ldots, x_n \circ x_n') = f_n(x_1, \ldots, x_n) \nabla f_n(x_1', \ldots, x_n') \quad (3)$$

Definition 4

Ein Automat $A = (X, Y, Z, z_o, \delta, \lambda)$ heißt (o, ∇)-superponierbar, wenn für alle $t > 0$ die Funktionen g_t^A (o, ∇)-superponierbar sind.

Die beiden Schaltungen in Bild 2 sind genau dann äquivalent, wenn A (o, ∇)-superponierbar ist.

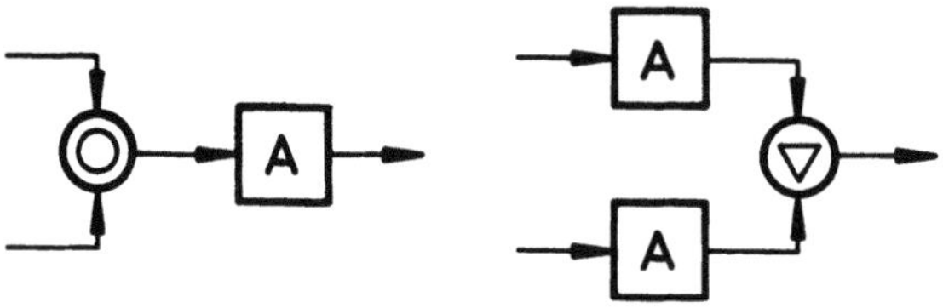

Bild 2: Verallgemeinertes Superpositionsprinzip

Von nun an setzen wir voraus, daß die Operationen o und ∇ assoziativ und kommutativ sind und die Einselemente e und E besitzen. (o, ∇)-superponierbare Funktionen stehen in einem sehr engen Zusammenhang zu sogenannten (o, ∇)-linearen Funktionen, die wir mit der folgenden Definition einführen.

Definition 5

Es sei $H_{o,\nabla}$ die Menge aller einstelligen Funktionen $h: X \to Y$ für die $h(x \circ x') = h(x) \nabla h(x')$ und $h(e) = E$ gilt. Eine n-stellige Funktion $f_n: X^n \to Y$ heißt (o, ∇)-linear, wenn sich f_n in der Form

$$f_n(x_1, \ldots, x_n) = h_1(x_1) \nabla \ldots \nabla h_n(x_n) \quad (4)$$

mit $h_i \in H_{o,\nabla}$, $i = 1, \ldots, n$ darstellen läßt.

Im Spezialfall der gewöhnlichen Linearität ist $X = Y = \mathbb{R}$ (reelle Zahlen), $x \circ x' = x \nabla x' = x + x'$ für $x, x' \in \mathbb{R}$. Gleichung (4) nimmt dann die spezielle Form

$$f_n(x_1, \ldots, x_n) = h_1(x_1) + \ldots + h_n(x_n) \quad (4')$$

mit $\quad h_i(x + x') = h_i(x) + h_i(x') \quad (5)$

an. Die Lösung von (5) ist $h_i(x) = c_i \cdot x_i$, $c_i \in \mathbb{R}$. Und damit gilt

$$f_n(x_1,\dots,x_n)=c_1 x_1 + \dots + c_n x_n \, .$$

Definition 6

Ein Automat $A = (X, Y, Z, z_o, \delta, \lambda)$ heißt (o, ∇)-linear, wenn für alle $t > 0$ die Funktionen $g_t^A (x_1,\dots,x_t)$ (o, ∇)-linear sind.

Ist $X = Y$ und $x \circ x' = x \nabla x'$ für alle $x, x' \in X$, so sprechen wir anstelle von (o, o)-Superponierbarkeit und (o, o)-Linearität von o-Superponierbarkeit und o-Linearität.

Der enge Zusammenhang zwischen (o, ∇)-Superponierbarkeit und (o, ∇)-Linearität kommt in folgendem Theorem zum Ausdruck:

Theorem 1 /7,3/

Ein Automat A ist genau dann (o, ∇)-superponierbar, wenn er (o, ∇)-linear ist.

Für Anwendungen von (o, ∇)-linearen Automaten sind die sogenannten *Quasiadditionen* von Interesse:

Definition 7

Eine binäre Operation o in einem Körper X = K heißt Quasiaddition, wenn eine einstellige eindeutig umkehrbare Funktion $\varphi : X \to X$ existiert, so daß für alle $x, x' \in X$ gilt

$$x \circ x' = \varphi(\varphi^{-1}(x) + \varphi^{-1}(x')). \tag{6}$$

(φ^{-1} bezeichnet die Umkehrfunktion von φ, K ist ein endlicher oder unendlicher Körper, + die Addition in K).

Ist $x \circ x' = F(x, x')$ eine Quasiaddition in einem unendlichen Körper, dann läßt sich die Funktion φ in (6) leicht bestimmen, wenn F differenzierbar ist. Die Gleichung (6) ist äquivalent zu

$$\varphi^{-1}(F(x, x')) = \varphi^{-1}(x) + \varphi^{-1}(x') \, . \tag{7}$$

Differenzieren wir (7) nach x' und setzen anschließend x' = e, so ergibt sich

$$\varphi^{-1'}(x) \, . \, F_2(x, x')_{x'=e} = c \quad \text{mit } c = \varphi^{-1'}(e)$$

und damit

$$\varphi^{-1}(x) = \int^{x} \frac{d_\tau}{F_2(\tau, e)} \quad \text{mit } \varphi^{-1}(e) = 0. \tag{8}$$

(In /1/ sind Bedingungen angegeben, daß F(x, x') eine Quasiaddition ist.)

3 Zusammenhang zwischen verschiedenen Klassen von superponierbaren Automaten

Der Zusammenhang zwischen verschiedenen Klassen von verallgemeinerten linearen Systemen, der durch ein Paar von eindeutig umkehrbaren Funktionen vermittelt wird, ist in den folgenden Sätzen und Folgerungen beschrieben.

Theorem 2

Es seien

1. $A = (X, Y, Z_A, z_{o,A}, \delta_A, \lambda_A)$ und $B = (X, Y, Z_B, z_{o,B}, \delta_B, \lambda_B)$ Automaten, wobei A ein (φ, ψ^{-1})-transformierter von B ist,

   $A = (\varphi, \psi^{-1})$ trans B,

2. $\circ, \blacksquare$ und $\nabla, \blacktriangle$ binäre assoziative und kommutative Operationen in X und Y mit Einselementen für die gilt:

   $x \blacksquare \tilde{x} = \varphi(\varphi^{-1}(x) \circ \varphi^{-1}(\tilde{x}))$ für $x, \tilde{x} \in X$,

   $y \blacktriangle \tilde{y} = \psi(\psi^{-1}(y) \nabla \psi^{-1}(\tilde{y}))$ für $y, \tilde{y} \in Y$.

Dann ist A genau dann $(\circ, \nabla)$-superponierbar, wenn B $(\blacksquare, \blacktriangle)$-superponierbar ist.

Beweis: Wir zeigen, daß die $(\blacksquare, \blacktriangle)$-Superponierbarkeit von B die $(\circ,\nabla)$-Superponierbarkeit von A zur Folge hat. Die umgekehrte Richtung beweist man analog.

Ist B $(\blacksquare, \blacktriangle)$-superponierbar, dann gilt für alle $t > 0$, $x_1,\ldots,x_t, x_1',\ldots,x_t' \in X$:

$$g_t^B(x_1,\ldots,x_t) \blacktriangle g_t^B(x_1',\ldots,x_t') = g_t^B(x_1 \blacksquare x_1',\ldots,x_t \blacksquare x_t'). \quad (*)$$

Mit der Voraussetzung 2. ergibt sich

$$g_t^B(x_1,\ldots,x_t) \blacktriangle g_t^B(x_1',\ldots,x_t') =$$

$$\psi\{g_t^A(\varphi^{-1}(x_1),\ldots,\varphi^{-1}(x_t))\} \blacktriangle \psi\{g_t^A(\varphi^{-1}(x_1'),\ldots,\varphi^{-1}(x_t'))\}$$

$$= \psi\{g_t^A(\varphi^{-1}(x_1),\ldots,\varphi^{-1}(x_t)) \nabla g_t^A(\varphi^{-1}(x_1'),\ldots,\varphi^{-1}(x_t'))\},$$

$$g_t^B(x_1 \blacksquare x_1',\ldots,x_t \blacksquare x_t') = \psi\{g_t^A(\varphi^{-1}(x_1 \blacksquare x_1'),\ldots,\varphi^{-1}(x_t \blacksquare x_t'))\}$$

$$= \psi\{g_t^A(\varphi^{-1}(x_1) \circ \varphi^{-1}(x_1'),\ldots,\varphi^{-1}(x_t) \circ \varphi^{-1}(x_t'))\}, \quad \text{und}$$

mit $\varphi^{-1}(x_i) = z_i$, $\varphi^{-1}(x_i') = z_i'$ erhalten wir

$$g_t^A(z_1 \circ z_1', \ldots, z_t \circ z_t') = g_t^A(z_1, \ldots, z_t) \nabla g_t^A(z_1', \ldots, z_t'). \quad (**)$$

Da (*) für alle $x_1, \ldots, x_t, x_t', \ldots, x_t \in X$ gilt und φ eine eindeutig umkehrbare Funktion ist, gilt (**) für alle $z_1, \ldots, z_t, z_1', \ldots, z_t' \in X$.

Aus den Theoremen 1 und 2 ergibt sich unmittelbar die *Folgerung 3:* Mit denselben Voraussetzungen wie in Theorem 2 gilt: A ist genau dann $(\circ, \nabla)$-linear, wenn B $(\blacksquare, \blacktriangle)$-linear ist.

Theorem 4

Es sei $\mathfrak{A}$ die Menge aller $(\circ, \nabla)$-superponierbarer Automaten und $\mathfrak{B}$ die Menge aller $(\blacksquare, \blacktriangle)$-superponierbarer Automaten mit

$$x \blacksquare x' = \varphi(\varphi^{-1}(x) \circ \varphi^{-1}(x')) \qquad \text{für } x, x' \in X$$

$$y \blacktriangle y' = \psi(\psi^{-1}(y) \nabla \psi^{-1}(y')) \qquad \text{für } y, y' \in Y.$$

Dann ist

$$\mathfrak{B} = \{(\varphi^{-1}, \psi) \text{ trans } A / A \in \mathfrak{A}\}$$

$$= \{(\varphi, \psi^{-1}) \text{ trans } B / B \in \mathfrak{B}\}$$

<u>Beweis:</u> Für jeden Automaten $A \in \mathfrak{A}$ ist der Automat $B_A = (\varphi^{-1}, \psi)$ trans A Element von $\mathfrak{B}$, und für jeden Automaten $B \in \mathfrak{B}$ ist der Automat $A_B = (\varphi, \psi^{-1})$ trans B Element von $\mathfrak{A}$ (nach Theorem 2).

Aus den Theoremen 1 und 4 ergibt sich die *Folgerung 5:* Es sei $B = (X, Y, Z, z_o, \delta, \lambda)$ ein beliebiger $(\blacksquare, \blacktriangle)$-superponierbarer Automat mit

$$x \blacksquare x' = \varphi(\varphi^{-1}(x) \circ \varphi^{-1}(x')) \qquad \text{für } x, x' \in X$$

$$y \blacktriangle y' = \psi(\psi^{-1}(y) \nabla \psi^{-1}(y')) \qquad \text{für } y, y' \in Y.$$

Dann kann für alle $t > 0$, $x_1, \ldots, x_t \in X$ die Funktion g_t^B in der Form

$$g_t^B(x_1, \ldots, x_t) = \psi\{h_1^t(\varphi^{-1}(x_1)) \nabla \ldots \nabla h_t^t(\varphi^{-1}(x_t))\} \qquad (9)$$

mit $h_i^t \in H_{o,\nabla}$, $i = 1, \ldots, t$, dargestellt werden.

Daraus ergibt sich unmittelbar die interessante *Folgerung 6:* Es seien $A = (X, Y, Z, z_o, \delta, \lambda)$ ein $(\circ, \nabla)$-superponierbarer Automat, $x \circ x' = \varphi(\varphi^{-1}(x) + \varphi^{-1}(x'))$ und $y \nabla y' = \psi(\psi^{-1}(y) + \psi^{-1}(y'))$ Quasiadditionen. Dann existiert ein linearer Automat L_A, so daß gilt:

$A = (\varphi^{-1}, \psi)$ trans L_A, und g_t^A läßt sich für $t > 0$, $x_1, \ldots, x_t \in X$

in der Form

$$g_t^A(x_1,\ldots,x_t) = \psi\{c_1^t\,\varphi^{-1}(x_1) + \ldots + c_t^t\,\varphi^{-1}(x_t)\} \tag{10}$$

mit $c_1^t,\ldots,c_t^t \in K$

darstellen.

L_A ist lineares (φ^{-1},ψ)-Original von A, und es gilt

$$L_A = (\varphi,\psi^{-1}) \text{ trans } A = (\varphi^{-1},\psi) \text{ orig } A.$$

In Theorem 7 wird noch eine weitere explizite Beschreibung von $(\blacksquare,\blacktriangle)$-linearer Automaten mit Hilfe der Menge $H_{o,\nabla}$ der einstelligen (o,∇)-linearen Funktionen dargestellt:

Theorem 7

Es sei B, $\blacksquare$, $\blacktriangle$ und o,∇ wie in Folgerung 5. Dann kann die Funktion g_t^B für alle $t > 0$, $x_1,\ldots,x_t \in X$ in der Form

$$g_t^B(x_1,\ldots,x_t) = \psi\left[h_1^t(\varphi^{-1}(x_1))\right] \blacktriangle \ldots \blacktriangle\ \psi\left[h_t^t(\varphi^{-1}(x_t))\right] \tag{11}$$

mit $h_i^t \in H_{o,\nabla}$, $i = 1,\ldots,t$

dargestellt werden.

<u>Beweis:</u> Nach Voraussetzung ist $B(\blacksquare,\blacktriangle)$-superponierbar und damit $(\blacksquare,\blacktriangle)$-linear (Theorem 1). Für $t > 0$, $x_1,\ldots,x_t \in X$ gilt somit

$$g_t^B(x_1,\ldots,x_t) = k_1^t(x_1) \blacktriangle \ldots \blacktriangle\ k_t^t(x_t)$$

mit $k_i^t \in H_{\blacksquare,\blacktriangle}$, $i = 1,\ldots,t$

Aus $k \in H_{\blacksquare,\blacktriangle}$ folgt $h(x) = \psi^{-1}\left[k(\varphi(x))\right] \in H_{o,\nabla}$. Somit existiert für jede Funktion $k_i^t \in H_{\blacksquare,\blacktriangle}$ eine Funktion $h_i^t \in H_{o,\nabla}$ mit $k_i^t(x) = \psi\{h_i^t(\varphi^{-1}(x))\}$.

<u>Beispiel:</u> Es seien $\blacksquare$ und $\blacktriangle$ Quasiadditionen. Dann kann g_t^B in der Form

$$g_t^B(x_1,\ldots,x_t) = \psi[c_1^t\,\varphi^{-1}(x_1)] \blacktriangle \ldots \blacktriangle\,\psi\left[c_t^t\,\varphi^{-1}(x_t)\right]$$

dargestellt werden.

Die folgenden Sätze betreffen *Rückkopplungsschaltungen von (o,∇)-superponierbaren Automaten.*

Theorem 8

Es seien $A = (U, Y, Z_A, z_{o,A}, \delta_A, \lambda_A)$ und $B = (Y, V, Z_B, z_{o,B}, \delta_B, \lambda_B)$

Automaten mit $U = V = X$, $x o x' = F(x,x')$ für $x, x' \in X$. Dann ist die F-Rückkopplung von A und B (o,∇)-superponierbar, wenn A (o,∇)-superponierbar ist, B (∇,o)-superponierbar ist und wenn $v_o = e$ gilt.

Beweis: Da A und B nach Voraussetzung (o,∇)-, bzw. (∇,o)-superponierbar sind, sind sie (o,∇)-, bzw. (∇,o)-linear. Für alle $t > 0$, $u_1,\ldots,u_t \in X$; $y_1,\ldots,y_t \in Y$ gilt deshalb

$$y_t = g_t^A\,(u_1,\ldots,u_t) = h_1^t(u_1)\,\nabla\ldots\,\nabla\, h_t^t(u_t)$$

$$v_t = g_t^B\,(y_1,\ldots,y_t) = k_1^t(y_1)\,o\ldots\,o\,k_t^t(y_t)$$

mit $h_i^t \in H_{o,\nabla}$ $i = 1,\ldots,t$ $k_j^t \in H_{\nabla,o}$ $j = 1,\ldots,t$.

Verwenden wir nun, daß aus $h_1, h_2 \in H_{o,\nabla}$, $k \in H_{\nabla,o}$ folgt $h_1\,[k(h_2)] \in H_{o,\nabla}$ und $h_1 \nabla h_2 \in H_{o,\nabla}$, so sieht man leicht, daß die F-Rückkopplung von A und B (o,∇)-linear und nach Theorem 1 (o,∇)-superponierbar ist.

Sind o und ∇ Quasiadditionen, so gilt

Theorem 9

Es seien

1. $C = (X, Y, Z_C, z_{o,C}, \delta_C, \lambda_C)$ die F-Rückkopplung des (o,∇)-superponierbaren Automaten $A = (U, Y, Z_A, z_{o,A}, \delta_A, \lambda_A)$ und des (∇,o)-superponierbaren Automaten $B = (X, V, Z_B, z_{o,B}, \delta_B, \lambda_B)$ mit $U = V = X$, $x o x' = F(x,x')$ für $x,x' \in X$ und $v_o = e$,
2. $x o x' = \varphi(\varphi^{-1}(x) + \varphi^{-1}(x'))$ für $x,x' \in X$,

   $y \nabla y' = \psi(\psi^{-1}(y) + \psi^{-1}(y'))$ für $y,y' \in Y$.

Dann ist das lineare Original $L_C = (\varphi^{-1},\psi)$ orig $C = (\varphi,\psi^{-1})$ trans C die + -Rückkopplung der linearen Originale $L_A = (\varphi, \psi^{-1})$ trans A und $L_B = (\psi,\varphi^{-1})$ trans B.

Beweis: Die Beweisidee ist in Bild 3 dargestellt, die eine Folge von offensichtlich äquivalenten Schaltungen zeigt.

Sind die Input- und Outputmengen (o,∇)-linearer Automaten reelle Zahlen, dann kann man für diese Systeme *Stabilitätsaussagen* formulieren, die denen für gewöhnliche lineare Systeme ähnlich sind.

Es sei $A = (X, Y, Z, z_o, \delta, \lambda)$ ein (o,∇)-linearer Automat. Die "Nullelemente" in X und Y sind e und E. Für $t > 0$ gilt dann $g_t^A\,(e,\ldots,e) = E$. Der Initialzustand z_o ist deshalb als Gleichgewichtszustand von A anzusehen. (Die Grundbegriffe über Stabilitätstheorie findet man z.B. in /10/.)

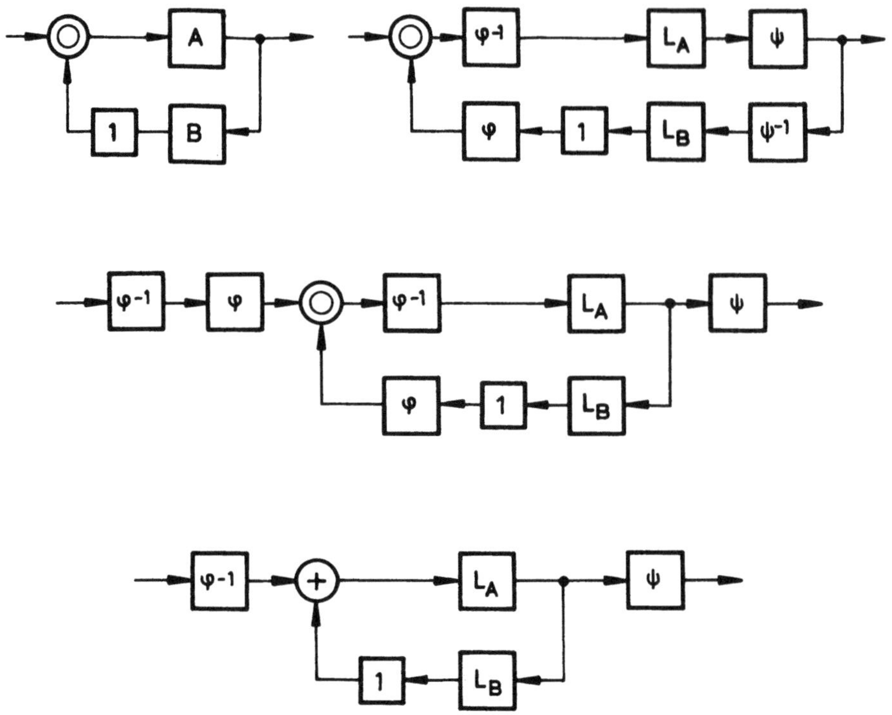

Bild 3: Eine Folge äquivalenter Schaltungen zum Beweis von Theorem 9

Wir betrachten nun Stabilität bezüglich des Anfangszustandes. Geben wir $x \in X$ in A ein, so geht A in den Zustand $\delta(z_o,x)$ über, und bei weiterer Eingabe von e gibt A (mit dem Initialzustand $\delta(z_o,x)$) $g_t^A\ (x, e,\ldots,e)$, $t > 1$ aus.

Für $X = Y = \mathbb{R}$ (reelle Zahlen) führen wir als Stabilitätsmaß von A bezüglich des Anfangszustandes $\delta(z_o,x)$ die Größe

$$s_t^A(x) = |g_t^A\ (e,\ldots,e) - g_t^A\ (x,e,\ldots,e)| \qquad x \in X, \quad t > 1 \qquad (12)$$

ein.

Mit Hilfe von Definitionen 5 und Theorem 1 zeigt man leicht die Gültigkeit von

Theorem 10

Es sei $A = (X, Y, Z, z_o, \delta, \lambda)$ mit $X = Y = \mathbb{R}$ ein (o,∇)-linearer Automat mit

$g_t^A\ (x_1,\ldots,x_t) = h_1^t(x_1) \nabla \ldots \nabla h_t^t(x_t)$. Dann ist $s_t^A(x)$, für

$x \in X$, $t > 0$ bestimmt durch

$$s_t^A(x) = |h_1^t(x) - E| , \tag{13}$$

und A ist asymptotisch stabil, falls gilt

$$\lim_{t\to\infty} h_1^t(x) = E.$$

Sind o und ∇ Quasiadditionen, so erhält man ein detaillierteres Ergebnis.

Theorem 11

Es seien

1. $A = (X, Y, Z, z_o, \delta, \lambda)$ mit $X = Y = \mathbb{R}$ ein (o, ∇)-superponierbarer Automat $xox' = \varphi(\varphi^{-1}(x) + \varphi^{-1}(x'))$ und $y \nabla y' = \psi(\psi^{-1}(y) + \psi^{-1}(y'))$ Quasiadditionen, φ und ψ differenzierbare Funktionen, $e = \varphi(0)$, $E = \psi(0)$,

2. $L_A = (\varphi, \psi^{-1})$ trans A ein lineares Original von A bezüglich

   (φ^{-1}, ψ) mit $g_t^{L_A}(x_1,\dots,x_t) = \sum_{i=1}^{t} a_i^t x_i$ und $a_1^t < M$, $M > 0$,

3. $x = \varphi(0) + \epsilon$ mit $\epsilon . M . \varphi^{-1'}(\varphi(0)) \ll 1$, $\epsilon \ll 1$.

   Dann gilt

   $$s_t^A(x) = |C . a_1^t . \epsilon| \quad \text{mit } C = \psi'(0) . \varphi^{-1'}(\varphi(0)). \tag{14}$$

   A ist asymptotisch stabil, falls

   $$\lim_{t\to\infty} a_1^t = 0$$

   gilt, wobei $\psi(a_1^t)$, $t > 0$ von A bei Eingabe von $\varphi(1)\ \varphi(0)\ \varphi(0)\dots$ angegeben wird.

<u>Beweis:</u> Der Beweis ergibt sich durch Taylorentwicklung und Folgerung 6.

Im folgenden betrachten wir die *Input-Output-Stabilität:*

Definition 8 /10/

Ein Automat $A = (X, Y, Z, z_o, \delta, \lambda)$ mit $X = Y = \mathbb{R}$ heißt Input-Output-stabil, falls Konstanten $M, N > 0$ existieren, so daß für alle $t > 0$ aus $|x_i| < M$, $i = 1,\dots,t$ folgt $|y_t| < N$.

Für lineare Automaten gilt

Theorem 12 /10/

Es sei $L = (X, Y, Z, z_o, \delta, \lambda)$ mit $X = Y = \mathbb{R}$ ein linearer Automat mit

$$g_t^L(x_1,\dots,x_t) = \sum_{i=1}^{t} a_i^t x_i .$$

Dann ist L genau dann Input-Output-stabil wenn eine Konstante $C > 0$ existiert, so daß für alle $t > 0$

$$\sum_{i=1}^{t} a_i^t < C \text{ erfüllt ist.}$$

Für (o, ∇)-lineare Automaten kann man das folgende Theorem ableiten:

Theorem 13

Es seien

1. $A = (X, Y, Z, z_o, \delta, \lambda)$ mit $X = Y = \mathbb{R}$ ein (o, ∇)-linearer Automat, $x \circ x' = \varphi(\varphi^{-1}(x) + \varphi^{-1})(x'))$ und $y \nabla y' = \psi(\psi^{-1}(y) + \psi^{-1}(y'))$ Quasiadditionen.
2. $L_A = (\varphi, \psi^{-1})$ trans A ein lineares Original von A mit

   $$g_t^{L_A}(x_1,\dots,x_t) = \sum_{i=1}^{t} a_i^t x_i \qquad t > 0, \quad x_1,\dots,x_t \in X.$$

   Dann ist der Automat A Input-Output-stabil, wenn L_A Input-Output-stabil ist.

Beweis: Zum Beweis benötigen wir die Monotonie der Funktionen ψ und φ^{-1} sowie Folgerung 6 und Theorem 12.

4 Beispiele

Beispiel 1

Es sei $X = \{0, 1\}$, $x \circ x' = x\, x' = x \vee x'$ (Disjunktion). Die $\vee$-superponierbaren Automaten sind die sogenannten disjunktiven Automaten (s. /4/). Für $t > 0$, $x_1,\dots,x_t \in X$ läßt sich $g_t^{\vee}$ als

$$g_t^{\vee}(x_1,\dots,x_t) = a_o^t \vee \bigvee_{i=1}^{t} a_i^t x_i = \begin{cases} 1 & \text{für } a_o^t = 1 \\ \bigvee\limits_{I(t)} x_i & \text{für } a_o^t = 0 \end{cases} \tag{15}$$

$$a_i^t \in \{0,1\} \quad , \quad i = 1,\dots,t$$

schreiben. Dabei ist $I(t) \subseteq \{1,\dots,t\}$ und $i \in I(t)$ g.d.w. $a_i^t = 1$, $(i = 1,\dots,t)$.

Mit $\varphi(x) = \varphi^{-1}(x) = \bar{x}$ (Negation) definieren wir $x \sqcap x' = \varphi(\varphi^{-1}(x) \vee \varphi^{-1}(x')) = \neg(\neg x \vee \neg x') = x \wedge x'$.

Für $\wedge$-superponierbare Automaten ergibt sich somit

$$g_t^{\wedge}(x_1,\dots,x_t) = \neg g_t^{\vee}(\neg x_1,\dots,\neg x_t) = \begin{cases} 0 & \text{für } a_o^t = 1 \\ \bigwedge_{I(t)} x_i & \text{für } a_o^t = 0 \end{cases} \tag{16}$$

(Ist I(t) die leere Menge, so ist die Konjunktion 1 und die Disjunktion 0). Gleichung (16) stimmt mit den Ergebnissen von /4/ überein, wo $\wedge$-superponierbare Automaten charakterisiert werden.

Beispiel 2

Es sei $X = Y = \mathbb{R}$, $x \circ x' = x \nabla x' = A\,x\,x' + B\,x + B\,x' + \frac{B^2 - B}{A}$, $A, B \in \mathbb{R}$. Für $x, x' \neq -\frac{B}{A}$ ist die Operation o eine Quasiaddition, $x o x' = \varphi(\varphi^{-1}(x) + \varphi^{-1}(x'))$ mit $\varphi(x) = \frac{1}{A}\{\exp(\frac{A\cdot x}{C}) - B\}$,

$$\varphi^{-1}(x) = \frac{C}{A}\cdot \log(Ax + B).$$

Für einen o-superponierbaren Automaten $A = (X, Y, Z, z_o, \delta, \lambda)$ läßt sich $g_t^A(x_1,\dots,x_t)$ in der Form

$$g_t^A(x_1,\dots,x_t) = \varphi(\sum_{i=1}^{t} a_i^t\, \varphi^{-1}(x_i)) =$$

$$= \frac{1}{A}\{\exp\left[\sum_{i=1}^{t} a_i^t \log(Ax_i + B)\right] - B\} = \frac{1}{A}\prod_{i=1}^{t}(Ax_i + B)^{a_i^t} - \frac{B}{A}, \quad a_i^t \in \mathbb{R} \tag{17}$$

ausdrücken.

Beispiel 3 (s./8/)

Es sei $X = Y = \mathbb{R}$, $\varphi(x) = \frac{Ax + B}{Cx + D}$, $\varphi^{-1}(x) = -\frac{Dx + B}{Cx - A}$, $A, B, C, D, \in \mathbb{R}$ mit $AD - BC \neq 0$. Dann ist der Automat

$$A = (X, Y, Z, z_o, \delta, \lambda) \text{ mit } g_t^A(x_1,\dots,x_t) = \varphi(\sum_{i=1}^{t} a_i^t\, \varphi^{-1}(x_i))$$

o-superponierbar mit $x \circ x' = \varphi(\varphi^{-1}(x) + \varphi^{-1}(x')) =$

$$\frac{xx'\,(BC^2 - 2\,ACD) + (x + x')\,A^2D + BA^2 - 2\,A^2\,.\,B}{xx'\,(-C^2D + (x + x')\,BC^2 + A^2D - 2\,ABC}$$

Der allgemeine Fall rationaler Operationen o und ∇ ist in /9/ dargestellt.

Zusammenfassung

In der vorliegenden Arbeit werden verschiedene Klassen von zeitdiskreten verallgemeinerten linearen Systemen, d.h. linearen Automaten, untersucht, die durch Transformationen mit einem Paar von einstelligen eindeutig umkehrbaren Funktionen auseinander hervorgehen.
Durch diese Betrachtungen ist es möglich, aus bekannten Klassen von verallgemeinerten linearen Systemen eine Vielzahl neuer solcher Klassen zu gewinnen.
Zunächst werden, in Analogie zu gewöhnlichen linearen Automaten, (o,∇)-lineare Automaten (mit der Inputmenge X und der Outputmenge Y) durch ein verallgemeinertes Superpositionsprinzip bezüglich der zweistelligen assoziativen und kommutativen Operationen o und ∇ in X und Y eingeführt. Durch eindeutig umkehrbare Funktionen φ und ψ kann man aus diesen Operationen neue, ebenfalls assoziative und kommutative Operationen ■ und ▲ mit x ■ $x' = \varphi(\varphi^{-1}(x) \circ \varphi^{-1}(x'))$, $x,x' \in X$ und y ▲ $y' = \psi(\psi^{-1}(y) \nabla \psi^{-1}(y'))$, $y, y' \in Y$ und entsprechend aus (o,∇)-linearen Automaten (■,▲)-linearen Automaten ableiten. Sind die Operationen o und ∇ zusätzlich noch eindeutig auflösbar nach ihren Variablen (sogenannte Quasiadditionen), so sind die (o,∇)-linearen Automaten durch eindeutige Transformationen aus gewöhnlichen linearen Automaten bestimmt.
Weiterhin wird gezeigt, daß eine Rückkopplungsschaltung aus einem (o,∇)-linearen und einem (∇,o)-linearen Automaten (o,∇)-linear ist.
In dem Falle, daß X und Y reelle Zahlen sind, werden Stabilitätsaussagen für (o,∇)-lineare Automaten abgeleitet. Für Quasiadditionen übertragen sich Stabilitätseigenschaften der zugeordneten linearen Systeme auf (o,∇)-lineare . Als unterschiedliche Beispiele für assoziative, kommutative Operationen werden Disjunktion-Konjunktion, ein Polynom und eine rationale Funktion betrachtet.

Literatur

1. Aczel, J.: Vorlesungen über Funktionalgleichungen und ihre Anwendungen. Berlin: Deutscher Verlag der Wissenschaften 1961.
2. Gill, A.: Linear sequential circuits. New York: McGraw Hill 1966.
3. Gössel, M.: Zur Verallgemeinerung der Theorie linearer diskreter Systeme. Zeitschr. f. elektr. Informations- und Energietechnik (1978), im Druck.

4. Gössel, M.; Modrow, H.D.: Verallgemeinerte Superposition bei binären Automaten. Acta Cybernetica 3, Nr. 2, 163-171 (1977).

5. Gössel, M.; Pöschel, R.: On the characterization of linear and linearizable automata. Math. Systems Theory 11 (1977), 61-76.

6. Kalman, R.E.; Falb, P.L.; Arbib, M.A.: Topics in mathematical systems theory. McGraw Hill (1969), Chapter 6.

7. Pöschel, R.; Gössel, M.: Generalization of the theory of linear automata. Proceedings IFAC Symposium Diskrete Systeme, Dresden, 5 (1977) 65-73.

8. Rosenbaum, R.A.: Some simple examples of groups. Amer. Math. Monthly 66 (1959) 902-905.

9. Steinmüller, K.H.; Gössel, M.: On (o,∇)-linear automata with rational operations o and ∇. Foundations of Control Engineering (Poznan) 3 (1978) 41-48.

10. Willems, J.L.: Stabilität dynamischer Systeme. München-Wien: Oldenbourg-Verlag 1973.

ORTHOGONAL TRANSFORMS IN MULTIPLE-VALUED LOGIC DESIGN

ORTHOGONALTRANSFORMATIONEN IM MEHRWERTIGEN LOGISCHEN ENTWURF

C. Moraga

Abteilung Informatik
Universität Dortmund

Abstract:

Multiple-valued functions are usually defined in the set of integers modulo p. This set forms a group with respect to modulo p addition and this group is isomorphic to the multiplicative group of p roots of unity.

In this work, multiple-valued functions are mapped on the unit circle by means of the former mentioned isomorphism and then they are expanded by means of the Chrestenson functions producing unique Spectra. Several linear operations in the function domain are investigated, which produce only permutation and/or complex scaling on the elements of the corresponding spectra.

This property is used to obtain low complexity realizations of multiple-valued functions.

The discussed logic design methods do not require p to be a prime number.

Zusammenfassung:

Mehrwertige Funktionen sind meistens auf der Menge der ganzen Zahlen Modulo p definiert. Diese Menge bildet eine Gruppe bezüglich der Modulo p Addition, welche isomorph ist zu der multiplikativen Gruppe der p Wurzeln von Eins.

In diesem Bericht bildet man mehrwertige Funktionen mittels des oben gennanten Isomorphismus' in den Einheitskreis ab und erzeugt eindeutige Spektra der abgebildeten logischen Funktionen durch das orthogonal System von Chrestensonschen Funktionen.

Mehrere lineare Operationen im Funktionsraum werden untersucht, welche gewissen Permutationen oder komplexen Skalierungen der Spektralelemente entsprechen.

Man wendet diese Eigenschaften an, um mehrwertige Funktionen mit niedriger Komplexität zu realisieren.

Es ist nicht nötig, daß p eine Primzahl ist.

1. Introduction.

The fast increasing hardware density provided by the integrated circuit technology has made apparent the necessity of an increasing information density to reduce the number of terminals per chip or interconnections

among integrated modules. Multiple-valued logic seems to be an interesting alternative pointing in that direction.
The fact that the number of n-place functions grows very fast for bases greater than 2 -(there are already 19,683 2-place ternary functions, for instance, where there are only 16 binary)- suggests a great diversity of realization possibilities and complexity levels. Most realizations for multiple-valued logic use functionally complete sets of connectives consisting of Minimum (MIN), Maximum (MAX) and some unary functions, which may be considered as direct extensions of the AND-OR-NOT set for the binary logic design [1 - 3]. Realizations of multiple-valued linear functions are known in GF(p) [4] and some class of functions have simple realization using threshold logic and its extensions [5, 6]. Harmonic Analysis or Spectral analysis have been applied to logic design of binary [7, 8] and multiple-valued functions [9 - 13]. Multiple-valued logical functions have values on the additive group of integers modulo p. The present work discloses properties of the spectral expansion of a Character of the former group by means of the Chrestenson functions. Spectral operations are shown to provide an appealing alternative to the logic design of multiple-valued logical functions. Low complexity realizations may be obtained which use modulo p adders. Reliable modulo p adders have been produced using I^2L technology [14]; thus the implementation of the design algorithm suggested below is readily possible.

2. Notation, definitions and Lemmata.

D1: Let $V' = \{0,1,\ldots,p-1\}$ be the set of values of a p-valued function in asymmetric notation. Let $V'' = \{-(p-1)/2,\ldots,-1,0,1,\ldots,(p-1)/2\}$ be the set of values of a p-valued function in symmetric notation when p is odd. Let V represent either V' or V".

Let $Z \in V'$ and $Y \in V''$ be p-valued variables.

$\underline{Z} = Z_{n-1}Z_{n-2}\ldots Z_1Z_0$ and $\underline{Y} = Y_{n-1}Y_{n-2}\ldots Y_1Y_0$ are n-tuples.

Let z and y be real numbers. If

$$z = \sum_{i=0}^{n-1} Z_i p^i \qquad ; \qquad y = \sum_{i=0}^{n-1} Y_i p^i \qquad (1)$$

it will be said that z is a *coding* of $\underline{Z}$ and conversely, that $\underline{Z}$ is the *p-ary expansion* of z. Similarly, y will be said to be a *coding* of $\underline{Y}$ and $\underline{Y}$ the *p-ary expansion* of y. This will be written $z \sim \underline{Z}$ or $y \sim \underline{Y}$ respectively.

D2: $F(\underline{Z})$ and $F(\underline{Y})$ are p-valued functions, where $F: V^n \to V$.

A *stepping* function f(z) is a continuous representation of $F(\underline{Z})$, such that:

$$F(\underline{Z}_i) = f(z_i + \delta) \tag{2}$$

where $z_i \sim \underline{Z}_i$ and $\delta \in [0,1)$. Similarly, f(y) is a continuous representation of $F(\underline{Y})$.

D3: Any homomorphism of a group into the multiplicative group of non-zero complex numbers is called a *Character* of the group.

D4: Let u be the main p-th root of Unity, *i.e.*, $u = \exp(2\pi\sqrt{-1}/p)$.

The isomorphism h: $(V,\oplus) \to (U_p,\cdot)$ is defined by:

$$h(v) = u^v \quad , \quad (v \in V) \tag{3}$$

where $\oplus$ represents modulo p addition and $(U_p,\cdot)$ is the multiplicative group of p roots of Unity. It follows that h generates a character of $(V,\oplus)$.

D5: Chrestenson Functions [9, 15].

The Chrestenson Functions X(w,z) are a set of stepping functions in the interval $[0,p^n)$, defined for any natural numbers w and n such that $0 \le w \le p^n-1$; $w \sim \underline{W} \in V'^n$ by:

$$X(w,z) = u^{C(w,z)} \tag{4}$$

where

$$C(w,z) = \sum_{s=0}^{n-1} W_{n-1-s} Z_s = \sum_{s=0}^{n-1} W_s Z_{n-1-s} \tag{5}$$

Let $\underline{W}^*$ be the *mirror* of $\underline{W}$, *i.e.*, $\underline{W}^* = W_0 W_1 \dots W_{n-2} W_{n-1}$. Then,

$$C(w,z) = \underline{W}^* \cdot \underline{Z}^t = \underline{W} \cdot (\underline{Z}^*)^t \tag{6}$$

where the n-tuples are considered as vectors, $\underline{Z}^t$ is thus the transposed of $\underline{Z}$ and $\underline{Z}^*$ is the mirror of $\underline{Z}$; "$\cdot$" stands for dot vector product.

When p is odd, the Chrestenson Functions may be given a definition in the symmetric interval (-N/2 , N/2) for $-N/2 \le w \le N/2$, $w \sim \underline{W} \in V''^n$, where $N = p^n - 1$:

$$X(w,y) = u^{C(w,y)} \quad , \quad C(w,y) = \underline{W}^* \cdot \underline{Y}^t = \underline{W} \cdot (\underline{Y}^*)^t \tag{7}$$

From Eqs. (4) - (6) it may be seen that for p=2, the Chrestenson Functions reduce to the well known Walsh Functions [16].

D6: Let the notation $\bar{Q}$ represent the complex conjugate of Q if Q is a complex number or the complement of Q if $Q \in V$. Then $\bar{Q} = p-1-Q$ if $Q \in V'$ or simply $-Q$ if $Q \in V''$.

D7: Let J be an n-square matrix whose elements are 1 on the diagonal with positive slope; everywhere else they are 0.

D8: Let $\oplus$, $\ominus$ and $\times$ represent modulo p addition, substraction and product respectively. All three operations with residues in V.

Let z, t $\in (0,1,\dots,N)$. Then $(z \ominus t)$ represents the $\ominus$ operation between the corresponding elements of the p-ary expansions of z and t respectively. Similarly for the other operations and for expressions involving codings of n-tuples defined in the symmetric interval.

Let ∇ be a defined matrix operation. Let M be an n-square matrix. Then the expression $t\nabla M$, $(M\nabla t)$ means the coding after the ∇ operation between the p-ary expansion of t considered as a row vector and the matrix M, (the coding after the ∇ operation between M and the transposed of the p-ary expansion of t).

Lemma 1. [9, 15]
The set of Chrestenson functions is a complete orthogonal system:

$$\sum_{z=0}^{N} X(r,z)\cdot\overline{X(s,z)} := \textit{if } (r=s) \textit{ then } p^n \textit{ else } 0 \tag{8}$$

Lemma 2. [9]
For all w, z, t $\in (0,1,\ldots,N)$:

$$\begin{aligned} X(w,z) &= X(z,w) \\ X(w,z)\cdot X(w,t) &= X(w, z\oplus t) \end{aligned} \tag{9}$$

Lemma 3.

$$X(w,z) = X(wJ,zJ)$$

$$X(w,z) = \overline{X(w, (p-1)\times z)} = \overline{X((p-1)\times w, z)} \tag{10}$$

Proof follows directly from Defs. 5, 6, 7 and 8.

Lemma 4.
Let f(z) be a stepping function representing a p-valued n-place logical function. The following Transform Pair is unique:

$$S(w) = p^{-n} \sum_{z=0}^{N} hf(z)\cdot\overline{X(w,z)} \tag{11}$$

$$\forall\, p \geq 2$$

$$f(z) = h^{-1} \sum_{w=0}^{N} S(w)\cdot X(w,z) \tag{12}$$

where, from Eq. (3), it becomes apparent that $h^{-1}(u^v) = v$ holds.
S(w) is called the Spectrum of f(z) and the following notation will be used: $f(z) \leftrightarrow S(w)$.

Proof:
Introducing Eq. (11) in Eq. (12) and using Lemma 1,

$$\sum_{w=0}^{N} S(w)\cdot X(w,z) = \sum_{w=0}^{N} \{p^{-n} \sum_{q=0}^{N} hf(q)\cdot\overline{X(w,q)}\}\cdot X(w,z) =$$

$$= p^{-n} \sum_{w=0}^{N} \sum_{q=0}^{N} hf(q)\cdot\overline{X(w,q)}\cdot X(w,z) =$$

$$= p^{-n} \sum_{q\neq z} \{hf(q) \sum_{w=0}^{N} \overline{X(w,q)}\cdot X(w,z)\} + p^{-n}hf(z) \sum_{w=0}^{N} \overline{X(w,z)}\cdot X(w,z) =$$

$$= p^{-n}\cdot 0 + p^{-n}\cdot hf(z)\cdot p^{n} = hf(z)$$

Thus, Eq.(11) reduces Eq.(12) to identity. Using again Lemma 1 it is simple to show that Eq.(12) reduces Eq.(11) to identity, which ends the proof.

Consider the case of p odd and take $f(y) \in V''$. Let $w \sim \underline{W} \in V''^{n}$. Then, $-N/2 \leq w, y \leq N/2$ and the corresponding Transform Pair function-spectrum has the following form:

$$S(w) = p^{-n} \sum_{y} hf(y)\cdot\overline{X(w,y)} \quad (13)$$

p odd

$$f(y) = h^{-1} \sum_{w} S(w)\cdot X(w,y) \quad (14)$$

$$f(y) \leftrightarrow S(w)$$

<u>Lemma 5</u>.

$$h(Z_k) = X(p^{n-1-k}, z) \quad (15)$$

<u>Proof</u>:

Let $w = p^{n-1-k}$. Then, in the p-ary expansion $\underline{W}$ of w,

W_i := *if* (i = n-1-k) *then* 1 *else* 0

It is easy to see , that in Eq. (5), the products in the summation will all be 0 except when s = n-1-k, when it takes the value Z_k. The Lemma follows directly from this observation and Eqs. (4) and (3).

<u>Lemma 6</u>. Argument translation [9].

If $f(z) \leftrightarrow S(w)$ then $f(z \oplus a) \leftrightarrow X(w,a)\cdot S(w)$ (16)

where $a \in (0,1,\dots,N)$.

<u>Lemma 7</u>. Linear transformation of the argument [13].

If $f(z) \leftrightarrow S(w)$ then $f(L \times z) \leftrightarrow S(w \times JL^{-1}J)$ (17)

where L is an invertible n-square matrix whose elements belong to V'. L will be invertible iff its determinant is relatively prime to p. (If p is a prime then L is invertible if it is non singular).

<u>Lemma 8</u>. Disjoint spectral translation [8, 12].

If $f(z) \leftrightarrow S(w)$ then $f(z) \oplus Z_k \leftrightarrow S(w \ominus p^{n-1-k})$ (18)

<u>Proof</u>:

Let $f(z) \oplus Z_k \leftrightarrow S'(w)$

$$S'(w) = p^{-n} \sum_{z=0}^{N} h\{f(z) \oplus Z_k\}\cdot\overline{X(w,z)}$$

$$= p^{-n} \sum_{z=0}^{N} hf(z)\cdot h(Z_k)\cdot\overline{X(w,z)}$$

Using Lemmata 2, 3 and 5, it follows that:

$$S'(w) = p^{-n} \sum_{z=0}^{N} hf(z)\cdot X(p^{n-1-k},z)\cdot\overline{X(w,z)}$$

$$= p^{-n} \sum_{z=0}^{N} hf(z)\cdot\overline{X(w \ominus p^{n-1-k},\ z)} = S(w \ominus p^{n-1-k})$$

It should be noticed that disjoint spectral translation produces only a permutation on S(w). Following the steps of the proof it may be seen that this is achieved because of the chosen Character. As shown in Lemma 5, the isomorphic image of a logical variable on the unit circle is in this case a Chrestenson function. Using spectral expansion of f(z) instead of $hf(z)$, as it is done in [9, 13], disjoint spectral translation is not possible; however, with that type of expansion, the transform pairs function-spectrum have the property of superposition, which does not hold for the pairs defined in Lemma 4. This trade off seems to be convenient for many cases of multiple-valued logic design.

Lemma 9. Cyclic permutation on the value of f(z).

$$\text{If } f(z) \leftrightarrow S(w) \quad \text{then} \quad f(z) \oplus A \leftrightarrow h(A)\cdot S(w) \quad , A \in V \qquad (19)$$

Proof:

Let $f(z) \oplus A \leftrightarrow S'(w)$

$$S'(w) = p^{-n} \sum_{z=0}^{N} h\{f(z) \oplus A\}\cdot\overline{X(w,z)}$$

$$= p^{-n} \sum_{z=0}^{N} hA\cdot hf(z)\cdot\overline{X(w,z)} = h(A)\cdot S(w)$$

Lemma 10.

$$\text{If } f(z) \leftrightarrow S(w) \quad \text{then} \quad \overline{f(z)} \leftrightarrow h(-1)\cdot\overline{S[(p-1)\times w]} \qquad (20)$$

Proof:

Let $\overline{f(z)} = [p-1-f(z)] \leftrightarrow S'(w)$

$$S'(w) = p^{-n} \sum_{z=0}^{N} h[p-1-f(z)]\cdot\overline{X(w,z)}$$

$$= p^{-n} \sum_{z=0}^{N} h(-1)\cdot h(-f(z))\cdot\overline{X(w,z)}$$

$$= h(-1)\cdot p^{-n} \sum_{z=0}^{N} \overline{hf(z)}\cdot X[(p-1)\times w,\ z] = h(-1)\cdot\overline{S[(p-1)\times w]}$$

Lemma 11.

$$X(w,\ L\times z) = X(w\times JLJ,\ z) \qquad (21)$$

with L as defined in Lemma 7.

Proof:

Let $[L\times z]_i$, $0 \le i \le n-1$, be an element of the p-ary expansion of the result of the operation $(L\times z)$. Let ℓ_{sq} , $0 \le s, q \le n-1$, be an element of the matrix L. Then,

$$[L\times z]_{n-1-s} = \sum_{q=0}^{n-1} \ell_{sq}\cdot Z_{n-1-q}$$

Let $g = \sum_{s=0}^{n-1} W_s\cdot[L\times z]_{n-1-s}$. Then, after Defs. 4 and 5, $u^g=X(w,L\times z)$

But
$$g = \sum_{s=0}^{n-1} W_s\cdot \sum_{q=0}^{n-1} \ell_{sq}\cdot Z_{n-1-q} = \sum_{q=0}^{n-1} Z_{n-1-q}\cdot \sum_{s=0}^{n-1} W_s\cdot \ell_{sq}$$
$$= \sum_{q=0}^{n-1} Z_{n-1-q}\cdot[w\times JL]_{n-1-q} = \sum_{q=0}^{n-1} Z_{n-1-q}\cdot[w\times JLJ]_q$$

Which leads to $u^g = X(\ w\times JLJ,\ z)$

Lemma 12.

Let $f'(z)$ represent $F(Z_{n-1},\ldots,\bar{Z}_k,\ldots,Z_1,Z_0)$. Then,

$$\text{If } f(z) \leftrightarrow S(w) \quad \text{then} \quad f'(z) \leftrightarrow S(w\times JL_kJ)\cdot\overline{X(\ w\times JL_kJ,\ p^k)} \tag{22}$$

Proof:

$$\bar{Z}_k = p-1-Z_k = (p-1) \oplus (p-1)\times Z_k$$

Then $f'(z) = f(z \oplus (p-2)\times Z_k p^k \ominus p^k) = f(z \ominus 2\times Z_k\times p^k \ominus p^k)$

Let $L_k = [\ell_{ij}]$ be an n-square matrix whose elements are defined as follows:

ℓ_{ij} := *if* (i=j=n-1-k) *then* (p-1) *else*
if (i=j≠n-1-k) *then* 1 *else* 0

It becomes apparent that $f'(z) = f(L_k \times z \ominus p^k)$ and $L_k^{-1} = L_k$.

Let $f'(z) \leftrightarrow S'(w)$. The equation for $S'(w)$ may be written as follows:

$$S'(w) = p^{-n} \sum_{z=0}^{N} hf(L_k\times z\ominus p^k)\cdot\overline{X(w,\ L_k^{-1}\times L_k\times z)}$$

which after Lemma 11, becomes:

$$S'(w) = p^{-n} \sum_{z=0}^{N} hf(L_k\times z\ominus p^k)\cdot\overline{X(\ w\times JL_kJ\ ,\ L_k\times z\ )}$$

Eq. (22) follows directly from Lemmata 6 and 3.

Lemma 13.

$$\text{If } f(z) \leftrightarrow S(w) \quad \text{then} \quad f(\bar{z}) \leftrightarrow X(w,\ N/2)\cdot S[(p-1)\times w] \tag{23}$$

where $\bar{z} \sim \bar{Z}_{n-1}\bar{Z}_{n-2}\ldots\bar{Z}_1\bar{Z}_0$.

Proof:

$$f(\bar{z}) = f(z \oplus \mathop{\mathbb{\Sigma}}_{k=0}^{n-1} [(p-2) \times Z_k \times p^k \ominus p^k])$$

where $\mathbb{\Sigma}$ represents modulo p summation. It is easy to see that Lemma 13

is an iterative application of Lemma 12. Now L_k becomes $L = (p-1)I_n$, where I_n is the n-square identity matrix. Thus, $L^{-1} = L$ and $(w\times JLJ) = (p-1)\times w$.
From Lemma 12 follows:

$$f(\bar{z}) \leftrightarrow \overline{X(\ (p-1)\times w,\ N/2\ )}\cdot S[(p-1)\times w]$$

Eq. (23) is then obtained after Lemma 3.

Corollary.

$$\text{If } f(z) \leftrightarrow S(w) \quad \text{then} \quad \bar{f}(\bar{z}) \leftrightarrow h(-1)\cdot X(w,\ N/2)\cdot\overline{S(w)} \qquad (24)$$

Proof follows directly from Lemmata 13 and 10.

Symmetric notation:
Considering that for p odd, functions in symmetric notation may have an spectral expansion using the symmetric Chrestenson functions as stated in Lemma 4, Eqs. (13) and (14); that for the symmetric odd-p-valued algebra, operations $\oplus$, $\ominus$ and $\times$ continue to be modulo p addition, substraction and product respectively, only that the corresponding residues belong to V"; and that V" $\equiv$ V'(mod. p), it is simple to show that all previously discussed Lemmata involving these operations may directly be extended to the symmetric case without other changes than the range of subscripts and residues.
When however complementation occurs, Lemmata become simpler, because of the fact that $\bar{Y} = \dot{-}Y$. Thus, from Lemma 3 follows that:

$$X(w,\ -y) = X(-w,\ y) = \overline{X(w,\ y)} \qquad (25)$$

and then:

Lemma 14.

$$\text{If } f(y) \leftrightarrow S(w) \quad \text{then} \quad \bar{f}(y) \leftrightarrow \overline{S(-w)} \qquad (26)$$

Proof:

$$\bar{f}(y) = -f(y)\ ;\quad h[\bar{f}(y)] = h[-f(y)] = \overline{hf(y)} \qquad (27)$$

Let $\bar{f}(y) \leftrightarrow S'(w)$. Then

$$S'(w) = p^{-n} \sum_{y=-N/2}^{N/2} \overline{hf(y)}\cdot\overline{X(w,y)}$$

$$\overline{S'(w)} = p^{-n} \sum_{y} f(y)\cdot\overline{X(-w,y)} = S(-w)$$

$$S'(w) = \overline{S(-w)}$$

Comparing Eqs. (26) and (20) it may be seen that for the symmetric case complementation of the logical function produces only permutation and complex conjugation of the spectral elements without complex scaling as required in the asymmetric case.
Moreover, in the symmetric case, complementation of arguments may be handled as linear transformation of the argument (Lemma 7), by assigning

-1 entries to those places of the main diagonal of L which correspond to the variables to be complemented, 1 entries to the remaining places of the main diagonal and 0 elsewhere. If all arguments are complemented, then $L=-I_n$ and $JLJ=-I_n$, so that:

$$\text{If } f(y) \leftrightarrow S(w) \quad \text{then} \quad f(-y) \leftrightarrow S(-w) \tag{28}$$

$$\text{and} \quad -f(-y) \leftrightarrow \overline{S(w)} \tag{29}$$

Eq. (29) proves the following

Corollary.

In the case of symmetric notation, self dual functions have a real spectrum.

3. Applications.

Two main fields of application are known for spectral logic: classification of multiple-valued logic functions and logic design.

The earlier mentioned Lemmata have been used to induce a partition on the set of 2-place ternary functions and it has been shown [11] that the 19,683 functions of the set may be divided in 12 classes. Moreover, 10 out of these 12 classes contain one or more threshold functions and the remaining 2 classes -(which comprise only 243 functions)- contain one or more functions with Bilinear Separability [5]. This proves that almost all 2-place ternary functions are realizable with a threshold "*core*" and peripherial operations which are easy to find by spectral inspection. It should be mentioned that for binary functions it has been shown [8], that situation occurs up to 4-place functions.

It is simple to conclude that for a larger number of arguments or a higher valuedness of the logical variables, logic design based on a partition, as above, is no longer practicable, because of the very large number of functions involved in obtaining the partition -(there are about $7.6 \cdot 10^{12}$ 3-place ternary functions, $4 \cdot 10^{9}$ 2-place 4-valued functions and $3.2 \cdot 10^{17}$ 2-place 5-valued functions)- and the absence of good complexity tests to find the simplest functions in every class of the partition to be induced.

It has been reported [9], that if an n-place logical p-valued function is decomposed in a linear part and a non-linear part, the complexity of the non-linear part is almost always an exponentially increasing function of n, meanwhile the complexity of the linear part increases asymptotically no faster than $n^2/\log_p n$ as n becomes very large.

Logic design by functional decomposition in linear and non-linear parts has been investigated using autocorrelation techniques [9], however that restricts p to be a prime number in order that $(V,\oplus,\times)$ be a field.

At the present stage of development of multiple-valued digital circuits, setting p to be a prime would rule out 4 and 8-valued realizations, which exhibit a high degree of compatibility with existing binary circuitry.

A procedure is disclosed below, which provides a different approach to spectral logic design and, hopefully, may provide an insight for the search of more general design algorithms.

Extending Lemma 5 and using Lemma 2, it follows that:

$$h(Y_k) = X(p^{n-1-k}, y)$$
$$h(Y_j \oplus Y_k) = X(p^{n-1-j} \oplus p^{n-1-k}, y)$$
$$\cdots \qquad \cdots$$
$$h(\sum_{i=0}^{n-1} m_i \times Y_i) = X(\sum_{i=0}^{n-1} m_i \times p^{n-1-i}, y) \quad , i \in (0,1,\ldots,n-1), \; m_i \in V''$$

which proves the following

Lemma 15.

The multiplicative group of the Chrestenson functions is isomorphic to the additive group of p-valued linear logical functions.

This Lemma suggests that Eqs. (11) or (13) of the spectrum of a logical function may be *interpreted* as some form of correlation between the logical function and the linear functions on the same arguments. Since spectral elements of multiple-valued functions are complex numbers, this correlation is not so transparent as in the binary case [8], but for a large class of functions provides a simple constructive approach to a decomposition into linear and non-linear parts of a given multiple-valued function, leading to realizations which may have a reduced complexity.

Example:

Consider the 2-place 5-valued function defined in V", whose map is shown in Fig. 1a. A realization by sum (MAX) of products (MIN) of unary functions is shown in Fig. 1b, where the rectangular boxes represent unary gates, whose label $n_4n_3n_2n_1n_0$ identify the output value corresponding to a given input: $f(-2)=n_4$, $f(-1)=n_3$, $f(0)=n_2$, $f(1)=n_1$ and $f(2)=n_0$. Notice that in general several of these unary gates will be non-monotone multiple-valued functions whose complexity of realization is comparable to that of a modulo p adder. In Fig. 1b, MIN and MAX gates have been represented using the same symbols of their corresponding AND and OR binary counterparts.

A design using spectral logic is desired. The required Chrestenson functions for p=5, n=2 may be generated after Eq. (7) and the spectrum may be calculated following Eq. (13), or else, a direct fast algorithm may

a)

Y_1 \ Y_0	$\bar{2}$	$\bar{1}$	0	1	2
$\bar{2}$	$\bar{1}$	0	1	2	$\bar{2}$
$\bar{1}$	1	$\bar{2}$	$\bar{2}$	$\bar{1}$	0
0	0	0	0	1	2
1	2	2	2	$\bar{2}$	2
2	$\bar{1}$	$\bar{1}$	$\bar{1}$	$\bar{1}$	$\bar{1}$

b)

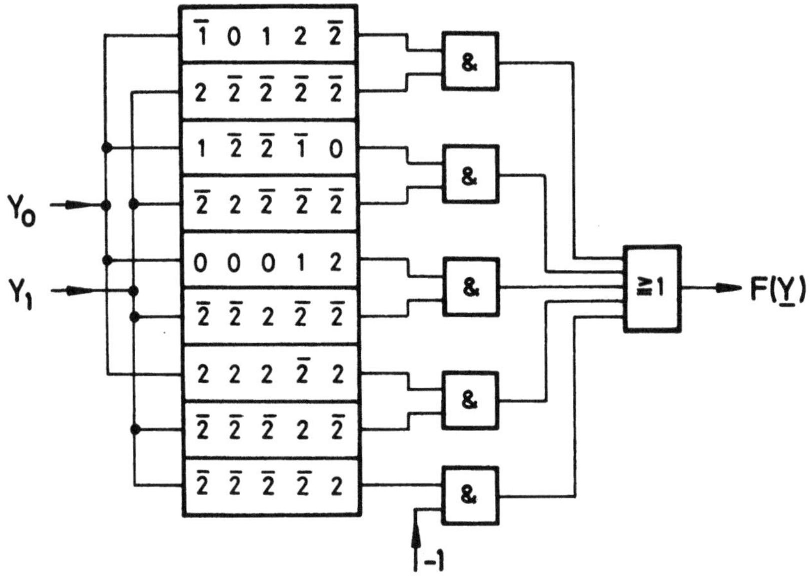

c)

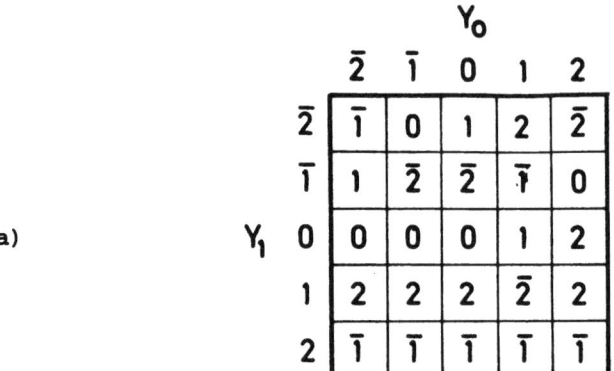

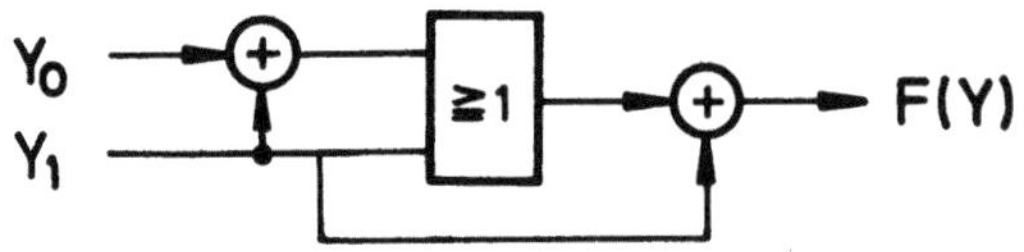

Fig. 1a: Map of the 2-place 5-valued logical function
Fig. 1b: Realization by sum of products of unary functions
Fig. 1c: Realization using spectral transformations

Table 1: Function transformations and spectral permutations ◊◊

	f(y)	f'(y)=f(y)⊕$\bar{Y}_1$	f"(y)=f(L×y)⊕$\bar{Y}_1$
→ Y_0, ↓ Y_1	-1 0 1 2 -2	1 2 -2 -1 0	-2 -1 0 1 2
	1 -2 -2 -1 0	2 -1 -1 0 1	-1 -1 0 1 2
	0 0 0 1 2	0 0 0 1 2	0 0 0 1 2
	2 2 2 -2 2	1 1 1 2 1	1 1 1 1 2
	-1 -1 -1 -1 -1	2 2 2 2 2	2 2 2 2 2
$W_1 W_0$	25•S(w)	25•S'(w)	25•S"(w)
-2	0.0000 + 0.0000i	0.0001 + 2.6286i	0.0001 - 1.6245i
-1	0.0001 + 2.6286i	0.0001 + 2.6286i	0.0000 + 0.0000i
-2 0	0.0001 + 2.6286i	0.0000 + 0.0000i	0.0001 + 2.6286i
1	0.0000 + 0.0000i	0.0001 - 1.6245i	0.0001 + 2.6286i
2	0.0001 - 1.6245i	0.0000 + o.0000i	0.0000 + 0.0000i
-2	0.0000 + 0.0000i	0.0000 + 0.0000i	0.0000 + 0.0000i
-1	0.0000 + 0.0000i	0.0001 - 2.6286i	0.0000 + 0.0000i
-1 0	0.0001 - 2.6286i	0.0001 - 4.2532i	0.0001 - 2.6286i
1	0.0001 - 4.2532i	0.0001 - 2.6286i	0.0001 - 4.2532i
2	0.0001 - 2.6286i	0.0000 + 0.0000i	0.0001 - 2.6286i
-2	0.0001 - 4.2532i	0.0001 + 2.6286i	0.0001 + 2.6286i
-1	0.0001 + 2.6286i	0.0001 - 2.6286i	0.0001 - 2.6286i
0 0	0.0001 - 2.6286i	0.0002 + 8.5063i	0.0002 + 8.5063i
1	0.0002 + 8.5063i	12.5001 + 3.4409i	12.5001 + 3.4409i
2	12.5001 + 3.4409i	0.0001 - 4.2532i	0.0001 - 4.2532i
-2	0.0002 + 8.5063i	0.0001 - 2.6286i	0.0001 + 2.6286i
-1	0.0001 - 2.6286i	0.0001 + 2.6286i	0.0001 - 4.2532i
1 0	0.0001 + 2.6286i	0.0001 - 4.2532i	12.5001 + 3.4409i
1	0.0001 - 4.2532i	12.5001 + 3.4409i	0.0002 + 8.5063i
2	12.5001 + 3.4409i	0.0002 + 8.5063i	0.0001 - 2.6286i
-2	0.0001 - 4.2532i	0.0001 - 2.6286i	0.0000 + 0.0000i
-1	0.0001 - 2.6286i	0.0000 + 0.0000i	0.0001 - 2.6286i
2 0	0.0000 + 0.0000i	0.0000 + 0.0000i	0.0001 - 4.2532i
1	0.0000 + 0.0000i	0.0001 - 2.6286i	0.0001 - 2.6286i
2	0.0001 - 2.6286i	0.0001 - 4.2532i	0.0000 + 0.0000i

$i = \sqrt{-1}$

◊◊ (Notice that in general, besides the representation using complex numbers, the Spectra may also be given a polar (ρ,θ) representation and a polynomial representation, since for every w exists a set $\{r_i\}$ such that $S(w) = \sum_{i=0}^{p-1} r_i \cdot u^i$, where the r_i are non negative rational numbers which add up to 1. If $p^n \cdot S(w)$ is used, the r_i coefficients are non negative integers.)

be used [9]. The spectrum S(w) of f(y) has been listed in Table 1. It may be seen that max[S(w)] occurs at {w} = {2, 7} *i.e.,* $\{W_1W_0\} = \{02, 12\}$ which suggests that the logical function has a strong correlation with $2\times Y_0$ and $Y_1 \oplus 2\times Y_0$. It is easy to conjecture that the function would have a lower realization complexity if it had the strongest correlation with respect to Y_0 and Y_1 directly; that means that max[S(w)] is desired at $\{W_1W_0\} = \{01, 10\}$.

(i) From Lemma 8 follows that:

If $f(y) \leftrightarrow S(w)$ then

$$f'(y) = f(y) \oplus m\times Y_k \leftrightarrow S(w \oplus \bar{m}\times p^{n-1-k}) = S'(w)$$

It is simple to see that letting m=-1 and k=1 then $S'(w) = S(w \ominus 1)$, $S'(01) = S(02)$ and $S'(11) = S(12)$. Thus, with this first transformation one maximum of the spectrum occurs at a desired w=1.

(ii) From Lemma 7 follows that:

If $f(y) \leftrightarrow S(y)$ then

$$f''(y) = f'(L \times y) \leftrightarrow S'(w \times JL^{-1}J) = S''(w)$$

Let $JL^{-1}J = \begin{bmatrix} t_1 & t_2 \\ t_3 & t_4 \end{bmatrix}$; then $w\times JL^{-1}J = W_1t_1 \oplus W_0t_3 \;,\; W_1t_2 \oplus W_0t_4$

and $S''(01) = S'(t_3t_4)$, $S''(10) = S'(t_1t_2)$.

To preserve the already shifted maximum, the following condition must be satisfied: $S''(01) = S'(01)$, from where $t_3=0$ and $t_4=1$ is deduced.

To shift the second maximum, the following condition must be satisfied: $S''(10) = S'(11) = S(12)$, from where $t_1=1$ and $t_2=1$ is deduced.

Then $JL^{-1}J = \begin{bmatrix} 1 & 1 \\ 0 & 1 \end{bmatrix}$; $L^{-1} = \begin{bmatrix} 1 & 0 \\ 1 & 1 \end{bmatrix}$ and $L = \begin{bmatrix} 1 & 0 \\ \bar{1} & 1 \end{bmatrix}$

It follows that $f''(y) = f(L \times y) \oplus m\times Y_k = f(Y_1, \bar{Y}_1 \oplus Y_0) \oplus \bar{Y}_1$

and conversely, $f(y) = f''(L^{-1} \times y) \oplus \bar{m}\times Y_k = f''(Y_1, Y_1 \oplus Y_0) \oplus Y_1$

Both f'(y) and f"(y) have also been listed in Table 1, from where it is possible to recognize that $f''(y) = MAX(Y_1, Y_0)$, leading to the realization shown in Fig. 1c, which has a very low realization complexity. Spectra $S'(w) \leftrightarrow f'(y)$ and $S''(w) \leftrightarrow f''(y)$ have also been listed in Table 1 to show the complete permutation that takes place, even though that is not strictly necessary. It should however be mentioned that more than one solution may be obtained and these solutions may well have a different complexity. That means that the method under discussion will offer the designer some alternatives which have to be evaluated in terms of previously selected complexity criteria. The method converges faster when the function under analysis has a spectrum with *strongly dominant* elements (like in the above example). This occurs because of the following Lemma:

Lemma 16.

$$\sum_{w} |S(w)|^2 = 1 \qquad (30)$$

Proof:

$$|S(w)|^2 = S(w)\cdot\overline{S(w)} = p^{-2n} \{\sum_{q} hf(q)\cdot\overline{X(w,q)}\}\cdot\{\sum_{r} \overline{hf(r)}\cdot X(w,r)\}$$

$$\sum_{w} |S(w)|^2 = p^{-2n} \sum_{q}\sum_{r} hf(q)\cdot\overline{hf(r)}\cdot\sum_{w} \overline{X(w,q)}\cdot X(w,r)$$

$$= p^{-2n} \sum_{q} |hf(q)|^2 p^n = p^{-n}\sum_{q} 1 = 1$$

It is simple to conclude that the largest one element of the spectrum of a logical function, the smallest the probability of other element(s) being larger or at least as large. The question of how is it the magnitude distribution in the spectra of the logical functions is almost completely open: on the one end, from Lemmata 1, 4 and 5 follows that the p^n linear logical functions have spectra with only one element of magnitude 1 and all the rest have magnitude 0 and, at the other end, from the spectral classification of binary and ternary functions known to the author [8, 11], follows that a relatively small number of functions -(one and two classes, respectively)- exhibit a flat magnitude spectrum. (It is interesting to mention that the known classes with flat magnitude spectrum are exactly those which do *not* contain a threshold function).

4. Concluding remarks and future work.

Spectral Logic seems to be an attractive *alternative* for multiple-valued logic design. It is not restricted to use only the Chrestenson functions: any set of functions which constitutes a complete orthogonal system will allow a spectral expansion of multiple-valued logical functions, which may well have different properties than those disclosed in the present work. It has been shown [9], that spectra over the Haar functions [17] seem to be adequate to analyse some local perturbations in logical functions.

It may be noticed that most operations considered until now in spectral logic design [7 - 13] lead to a *series* realization where linear and nonlinear parts are cascaded. This has the consecuence that, when the core functions, *i.e.*, the non-linear part of the decomposition, may not be realized with only one gate, the realization suggested by spectral logic design will normally be slower than a realization by sum of products of unary functions. Some preliminar forms of *parallel* decomposition are known [9, 10, 13], but this is a problem which still requires further

investigation.
Is is felt that future work should cover (more) studies on complexity of multiple-valued functicns, possible relationships between complexity criteria and spectral distribution, functional decomposition of multiple-valued functions as well as properties of new spectral expansions. Only then it will be possible to use in full extend the capabilities that the still not completely explored set of spectral logics may have.

References

1. **Allen C. and Givone D.:** A minimization technique for multiple-valued logic systems. *IEEE Trans.* C-17, (1968), 182-184.
2. **Vranesic Z., Lee E. and Smith K.:** A many valued algebra for switching systems. *IEEE Trans.* C-19, (1970), 964-971.
3. **Moraga C.:** A minimization method for 3-valued logic functions. In: *"Theory of Machines and Computations"* (Eds. Z. Kohavi, A. Paz), New York, London: Academic Press 1971, 363-375.
4. **Gill A.:** *"Linear sequential circuits"*, New York: McGraw Hill 1966.
5. **Moraga C.:** A Monograph on ternary threshold logic. In: *"Computer Science and Multiple-valued Logic"*, (Ed. D. Rine), Amsterdam: North Holland 1977, 355-394.
6. **Moraga C.:** Adaptive separation in ternary switching circuits. *Proceedings IFAC Symposium on Discrete Systems,* Vol. 5. Dresden, DDR 1977, 118-127.
7. **Lechner R.J.:** Harmonic analysis of switching functions. In: *"Recent Developments in Switching Theory"* (Ed. A. Mukhopadhyay), New York, London: Academic Press 1971.
8. **Edwards C.R.:** The application of the Rademacher-Walsh transform to boolean function classification and threshold logic synthesis. *IEEE Trans.* C-24, (1975), 48-62.
9. **Karpovsky M.:** *"Finite orthogonal series in the design of digital devices".* New York: John Wiley & Sons; Jerusalem: Israel University Press 1976.
10. **Moraga C.:** Spectral Logic Design. Forschungsbericht 57, Abteilung Informatik Universität Dortmund 1978.
11. **Moraga C.:** Complex Spectral Logic. *Proceedings 8th Int. Symposium on Multiple-valued Logic,* Chicago USA 1978, 149-156.
12. **Moraga C.:** Introducing Disjoint Spectral Translation in spectral multiple-valued logic design. *Electronics Letters.* 14 (1978), 241-243.
13. **Karpovsky M.:** Harmonic Analysis over Finite Commutative Groups in Linearization Problems for Systems of logical functions. *Information and Control.* 33 (1977), 142-165.
14. **Dao T., McCluskey E. and Russell K.:** Multiple-valued Integrated Injection Logic. *IEEE Trans.* C-26, (1977), 1233-1241.
15. **Chrestenson H.:** A class of generalized Walsh Functions. *Pacific Journal Math.,* 5, (1955), 17-31.
16. **Walsh J.L.:** A closed set of orthogonal functions. *American Journal Math.* 45 (1923), 5-24.
17. **Haar A.:** Zur Theorie der orthogonalen Funktionensysteme. *Math. Ann.* 69, (1910), 331-371.

EIN MODIFIZIERTES AUTOMATENMODELL ZUR BESCHREIBUNG VON DIGITALEN STEUERUNGEN

A MODIFIED AUTOMATA MODEL FOR DESCRIPTION OF DIGITAL CONTROL CIRCUITS

H.J. Zander

Zentralinstitut für Kybernetik und Informationsprozesse
(Institutsteil Dresden) der Akademie der Wissenschaften
der DDR, Dresden

1 Einleitung

Zur mathematischen Beschreibung von Folgeschaltungen (sequentiellen Schaltsystemen oder Schaltwerken) für digitale Steuerungen wurden bisher vor allem Modelle der "klassischen" Automatentheorie verwendet. Bei diesen Modellen wird vorausgesetzt, daß in den Eingangskombinationen X jeweils die Werte aller Eingangssignale x_i als 0 oder 1 definiert sein müssen. (Belegungen der Eingangssignale mit den Werten 0 oder 1). Bei praktisch vorliegenden Aufgabenstellungen sind jedoch in den einzelnen Schalttakten meist nur die Werte der Signale gegeben, die für den Prozeßablauf wesentlich sind [1].

Auf Grund der auftretenden "Überlappungen" der unvollständigen Eingangsbedingungen ergeben sich Widersprüche, so daß eine direkte Anwendung von Synthesemethoden, die auf den klassischen Automatenmodellen basieren, z.B. [2] , nicht möglich ist. Andererseits ist eine Umwandlung der ursprünglichen Aufgabenstellung in eine Form, die den Anforderungen an die klassischen Modelle genügt, sehr aufwendig und bei umfangreicheren Problemstellungen nicht mit vertretbarem Aufwand durchführbar. Die anschließende Umsetzung der "aufgeblähten" Aufgabenstellung in eine möglichst einfache Schaltung ist wiederum mit einem höheren algorithmischen Aufwand verbunden. Außerdem gelangt man über diesen Umweg oft zu Lösungen, die mit dem Strukturdenken des Entwurfsingenieurs nicht vereinbar sind.

Um die mit den klassischen Automatenmodellen verbundenen Nachteile zu umgehen, ist man gezwungen, diese Modelle so zu modifizieren, daß auch bei einer Beschreibung der Aufgabenstellung durch unvollständige Eingangsbedingungen eine direkte Umsetzung in eine Realisierung auf der Grundlage systematischer Synthesemethoden möglich ist.

In diesem Beitrag wird ein entsprechend modifiziertes Automatenmodell vorgestellt. Außerdem wird am Beispiel der Zustandsreduktion gezeigt, welche Konsequenzen sich dadurch für die Synthese ergeben.

2 Erläuterung der Problemstellung

Bild 1 zeigt als Beispiel eine Aufgabenstellung für eine Folgeschaltung in Form eines Graphen, wie sie in der Praxis vorliegen kann. Den Kanten des Graphen sind Fundamentalkonjunktionen in den Variablen x_3, x_2 und x_1 zugeordnet, die als unvollständige Eingangsbedingungen aufzufassen sind. Den Knoten entsprechen die (inneren) Zustände Z. Außerdem ist an ihnen der Wert des Ausgangssignals y vermerkt.

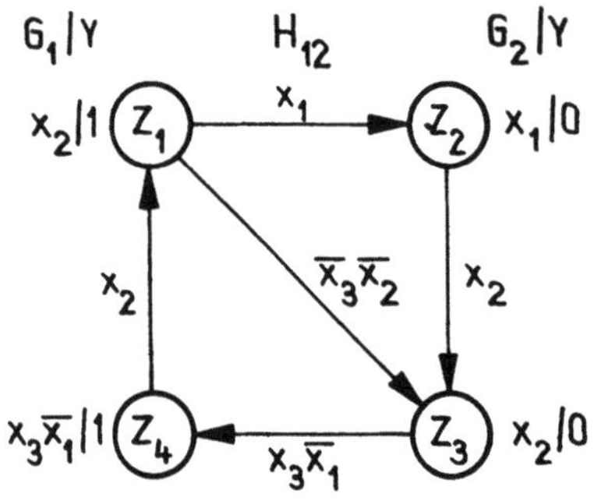

a)

Z \ H	x_1	x_2	$x_3\bar{x}_1$	$\bar{x}_3\bar{x}_2$	Y
Z_1	Z_2			Z_3	$1(x_2)$
Z_2		Z_3			$0(x_1)$
Z_3			Z_4		$0(x_2)$
Z_4		Z_1			$1(x_3\bar{x}_1)$

b)

Bild 1

Aufgabenstellung für eine zu entwerfende Folgeschaltung

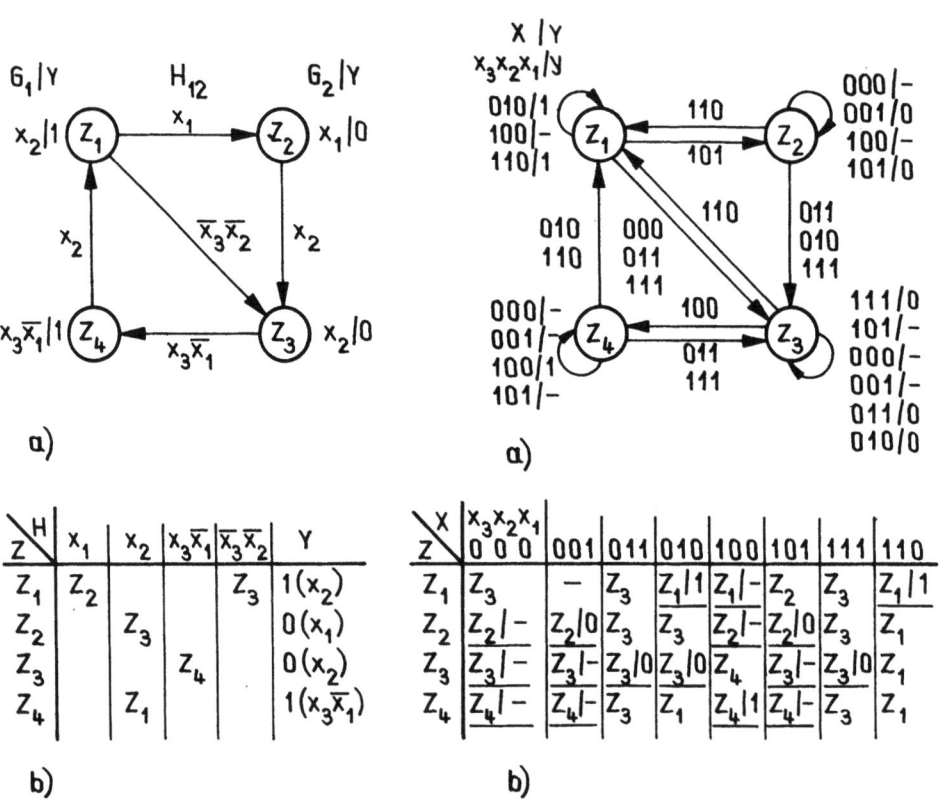

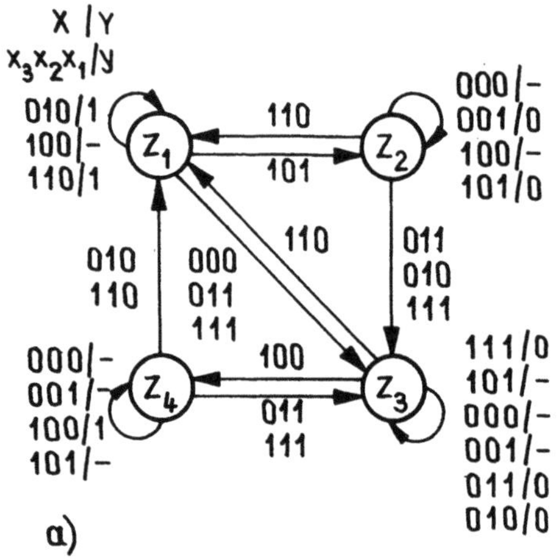

a)

Z \ X ($x_3x_2x_1$)	000	001	011	010	100	101	111	110
Z_1	Z_3	–	Z_3	$Z_1/1$	$Z_1/-$	Z_2	Z_3	$Z_1/1$
Z_2	$Z_2/-$	$Z_2/0$	Z_3	Z_3	$Z_2/-$	$Z_2/0$	Z_3	Z_1
Z_3	$Z_3/-$	$Z_3/-$	$Z_3/0$	$Z_3/0$	Z_4	$Z_3/-$	$Z_3/0$	Z_1
Z_4	$Z_4/-$	$Z_4/-$	Z_3	Z_1	$Z_4/1$	$Z_4/-$	Z_3	Z_1

b)

Bild 2

Darstellung der Aufgabenstellung gemäß Bild 1 auf der Basis des klassischen Automatenmodells

Hat z.B. das Eingangssignal x_1 im Zustand Z_1 den Wert 1, so erfolgt unabhängig von den Werten der anderen Signale ein Übergang in den Zustand Z_2. Dieser Übergang kann also durch die (vollständigen) Eingangskombinationen $X = (x_3,x_2,x_1) = 111, 011, 101$ bzw. 001 verursacht werden. Besitzt das Eingangssignal x_2 in Z_2 den Wert 1, so geht der Automat in den Zustand Z_3 über. Dies wäre bei den Eingangskombinationen 011, 010, 111 bzw. 110 der Fall.

Bereits an diesem einfachen Beispiel kann gezeigt werden, daß bei einer Notierung der Aufgabenstellung auf der Basis unvollständiger Eingangsbedingungen einige Besonderheiten auftreten:

- Es können Zustände "durchlaufen" werden.
  Befindet sich der Automat z.B. im Zustand Z_1 und ist sowohl die durch x_1 als auch durch x_2 repräsentierte Bedingung erfüllt, d.h. treten in Z_1 die Eingangskombinationen 111 oder 011 auf, so wird zunächst der Zustand Z_2 eingenommen. Danach erfolgt dann aber sofort ein Weiterschalten in den Zustand Z_3. Der Zustand Z_2 ist also nicht stabil.
- Es können Widersprüche auftreten.
  Befindet sich der Automat im Zustand Z_1 und tritt die Eingangskombination $(x_3,x_2,x_1) = 001$ auf, so wird die Bedingung x_1 und die Bedingung $\overline{x}_3\overline{x}_2$ erfüllt. Dadurch werden also sowohl die nach Z_2 als auch die nach Z_3 führenden Kanten aktiviert. Das ist ein Widerspruch, denn es kann nicht gleichzeitig in die Zustände Z_2 und Z_3 übergegangen werden.

Sowohl das Durchlaufen von Zuständen als auch das Auftreten von Widersprüchen ist mit den klassischen Automatenmodellen nicht vereinbar. In beiden Fällen könnte es sich aber auch um Forderungen handeln, die aus der Praxis resultieren. Wenn z.B. im Zustnad Z_1 die Eingangskombination 111 auftritt, soll der Zustand Z_2 übersprungen werden. Erscheint in Z_1 die Eingangskombination 001, dann sollen im Sinne einer Parallelarbeit die Zustände 2 und 3 gleichzeitig eingenommen werden. Ob es sich um eine gewollte oder eine verbotene Aktion handelt, muß von Fall zu Fall entschieden werden. Dazu sind die im Graphen enthaltenen Informationen in Form der Bewertung der Kanten durch logische Ausdrücke offensichtlich noch nicht ausreichend. Es müssen u.U. für die einzelnen Zustände zusätzliche Beschränkungen (d.h. Mengen verbotener Eingangskombinationen) angegeben oder die Definitionsbereiche (d.h. die Mengen der zugelassenen oder möglichen Eingangskombinationen) genauer festgelegt werden. Dieser Umstand ist bei der Definition des modifizierten Automatenmodells zu berücksichtigen (vergl. Abschn. 3).

Im folgenden soll noch gezeigt werden, wie der im Bild 1a angegebene Graph in eine äquivalente Darstellung auf der Basis des klassischen Automatenmodells umgeformt werden kann. Dabei wird das folgende Modell zugrunde gelegt:

Überführungsfunktion

$$Z := f(Z,X) \tag{1}$$

Ergebnisfunktion

$$Y = g(f(Z,X),X) \tag{2}$$

Stabilitätsbedingung

$$f(Z,X) = f(f(Z,X),X) \tag{3}$$

Da im klassischen Automatenmodell Parallelarbeit nicht ausgedrückt werden kann und außerdem Widersprüche generell vermieden werden müssen, wird im Zustand 1 (s. Bild 1a) die Eingangskombination 001 im Sinne einer Beschränkung ausgeschlossen. Ansonsten wird vereinbart, daß in allen Zuständen alle möglichen Eingangskombinationen auftreten können. Dann ist bei der Umformung des Graphen gemäß Bild 1a in einen klassischen Automatengraphen wie folgt zu verfahren (s. Bild 2a): Die Belegung $(x_3,x_2,x_1) = 111$ z.B. bewirkt, ausgehend von Z_1, über Z_2 einen Übergang nach Z_3. Dieser Übergang muß in einem Automatengraphen auf der Basis des klassischen Modells gemäß Gl.(1) bis (3) als direkter Übergang von Z_1 nach Z_3 eingetragen werden. In entsprechender Weise existiert bei $(x_3,x_2,x_1) = 110$ ein direkter Übergang von Z_3 nach Z_1 usw. Für den so gewonnenen Automatengraphen zeigt Bild 2b die Automatentabelle. Im Bild 1b ist die tabellarische Form des Graphen gemäß Bild 1a wiedergegeben.

Vergleicht man die Bilder 1 und 2, so gelangt man zu folgenden Feststellungen:

- Die Umwandlung des gegebenen Graphen gemäß Bild 1a in einen klassischen Automatengraphen (Bild 2a) bzw. eine klassische Automatentabelle (Bild 2b) ist vor allem bei umfangreicheren Problemen sehr aufwendig.
- Man ist geneigt, im Sinne der Stabilitätsbedingung z.B. in das zu Z_2 und x_1 gehörende Feld der Tabelle nach Bild 1b den stabilen Zustand Z_2 einzutragen. Das würde jedoch bedeuten, daß sich im Zustand Z_2 beim Auftreten von $(x_3,x_2,x_1) = 111$ oder 011 ein Widerspruch ergibt: einmal soll Z_2 aufrechterhalten bleiben, zum anderen soll ein Übergang nach Z_3 erfolgen.
- Die klassischen Methoden der Zustandsreduktion, z.B. [2], lassen sich auf den Graphen gemäß Bild 1a bzw. auf die ihm entsprechende Tabelle (Bild 1b) nicht unmittelbar anwenden, da die zu den Spalten gehörenden Ausdrücke in den Eingangsvariablen sich "überlappen",

d.h. nicht disjunkt sind.

- Die freien Felder in einer klassischen Automatentabelle werden gewöhnlich als gleichgültig interpretiert, d.h. in sie können bei einer möglichen Zeilenverschmelzung im Sinne einer Zustandsreduktion andere Zustände eingetragen werden. Bei der Aufgabenstellung gemäß Bild 1b können im Zustand Z_1 z.B. die Belegungen (x_3,x_2,x_1) = 110 oder 100 auftreten. Dabei darf aber kein Übergang in irgend einen anderen Zustand erfolgen. Das entsprechende Feld in der Tabelle darf demzufolge bei einer etwaigen Zeilenverschmelzung durch keinen anderen Zustand belegt werden, es ist nicht gleichgültig im gewöhnlichen Sinne.

Um die auftretenden Probleme zu umgehen, ist es notwendig, die klassischen Automatenmodelle (z.B. Gl.(1) bis (3)) derart zu modifizieren, daß nicht unbedingt mit vollständigen Eingangskombinationen gerechnet werden muß, sondern mit Überführungsbedingungen in Form von Fundamentalkonjunktionen oder beliebigen Booleschen Ausdrücken in direkter Weise gearbeitet werden kann.

Eine entsprechende Absicht wurde bereits mit dem Steuergraph-Konzept verfolgt [3] bis [6]. Dort wird das modifizierte Automatenmodell als knoten- und kantenbewerteter Graph definiert. Hier soll von der Definition einer modifizierten Überführungs- und Ergebnisfunktion als automatentheoretisches Modell ausgegangen werden [13]. Zur Darstellung dieser modifizierten Funktionen können dann unterschiedliche tabellarische oder graphentheoretische Mittel, wie modifizierte Automatengraphen, Programmablaufgraphen oder Petri-Netze verwendet werden.

3 Modifizierung der Überführungs- und Ergebnisfunktion

Anknüpfend an die Betrachtungen des Abschnittes 2 werden zunächst folgende Symbole eingeführt:

H, G - Boolesche Ausdrücke in den Eingangsvariablen $x_n,\dots,x_2,x_1$

D_i - Menge der Eingangskombinationen X, die im Zustand Z_i auf Grund technologischer Nebenbedingungen auftreten können (Definitionsbereich für f bzw. g im Zustand Z_i)

W(H,X) - Wert von H beim Auftreten der Eingangskombination X

Der Boolesche Ausdruck H_{ik} beschreibt die Bedingung, unter der ein Übergang vom Zustand Z_i zum Zustand Z_k möglich ist. Der Boolesche Ausdruck $G_{i\nu}$ gibt die Bedingung an, unter der im Zustand Z_i eine Ausgangskombination $Y^{i\nu}$ auftritt. H wird Überführungsbedingung und G Ausgabebedingung genannt.

Damit kann die Überführungsfunktion f für ein modifiziertes Automatenmodell, das den praktischen Problemstellungen besser angepaßt ist, wie folgt definiert werden:

Definition 1:

Sind Z_i und Z_k zwei Zustände eines Automaten und ist H_{ik} die Bedingung, unter der eine Überführung vom Zustand Z_i in den Zustand Z_k erfolgen soll und D_i die Menge der Eingabekombinationen, die in Z_i definiert sind (Definitionsbereich), so gilt für die Überführungsfunktion f die Beziehung:

$$\forall X[(X \in D_i \wedge W(H_{ik}, X) = 1) \rightarrow Z_k = f(Z_i, X)] \quad (4)$$

Durch die so definierte Überführungsfunktion f erfolgt ein Übergang vom Zustand Z_i in einen Zustand Z_k bei allen den Eingangskombinationen X, die die Überführungsbedingung H_{ik} zu Eins machen und im Zustand Z_i auf Grund technologischer Gegebenheiten auftreten können.

Die Ergebnisfunktion g des modifizierten Automatenmodells wird wie folgt definiert:

Definition 2:

Ist Z_i ein Zustand eines Automaten mit dem Definitionsbereich D_i und $G_{i\gamma}$ die Bedingung, unter der in Z_i die Ausgangskombination $Y^{i\gamma}$ auftreten kann (Ausgabebedingung), so gilt für die Ergebnisfunktion g die folgende Beziehung:

$$\forall X[(X \in D_i \wedge W(G_{i\gamma}, X) = 1) \rightarrow Y^{i\gamma} = g(Z_i, X)] \quad (5)$$

Für alle Eingangskombinationen X, die in Z_i auftreten können und bei denen der Ausdruck $G_{i\gamma}$ Eins ist, wird die Ausgangskombination $Y^{i\gamma}$ ausgegeben. Die Komponenten y_b von $Y^{i\gamma}$ können dabei die Werte 0 oder 1 annehmen oder aber auch gleichgültig (-) sein. Für jeden Zustand Z_i gibt es im allgemeinen m_i Ausdrücke $G_{i\gamma}$ (Ausgabebedingungen), denen jeweils eine Ausgangskombination $Y^{i\gamma}$ zugeordnet ist.

Das verallgemeinerte Automatenmodell läßt es zu, daß bei der Realisierung bestimmter Abläufe einzelne Zustände nur momentan eingenommen bzw. durchlaufen werden (vergl. Abschn. 2), falls dies auf Grund technologischer Randbedingungen erforderlich oder aus anderen Gründen zweckmäßig ist. Die Stabilitätsbedingung des klassischen Automatenmodells verliert dann ihre Gültigkeit. Aus technischer Sicht muß aber in den meisten Fällen gewährleistet sein, daß der Automat nach einer endlichen Anzahl durchlaufener Takte einen stabilen Zustand einnimmt.

4 Darstellungsmöglichkeiten für die modifizierte Überführungs- und Ergebnisfunktion

Zur Darstellung der modifizierten Überführungs- und Ergebnisfunktion sind graphentheoretische Mittel besonders geeignet:

- Modifizierte Automatengraphen
  Der Unterschied des modifizierten Automatengraphen gegenüber dem klassischen Automatengraphen besteht darin, daß hier als Kantenbewertungen nicht vollständig bestimmte Eingangskombinationen gefordert sind. Als eine sehr zweckmäßig definierte Form des modifizierten Automatengraphen kann der in [5], [6] vorgestellte Steuergraph angesehen werden. Den Knoten Q_i des Graphen werden die Zustände Z_i, sowie Ausgabebedingungen, zugehörige Ausgangskombinationen und Definitionsbereiche zugeordnet. Die Kanten K_{ik} werden durch Übergangsausdrücke H_{ik} und Übergangsdefinitionsbereiche D_{ik} bewertet (vergl. Beispiel im Bild 4)
- Programmablaufgraphen
  Programmablaufgraphen bestehen aus Operationskästchen und Entscheidungskästchen. Den Operationskästchen werden die Ausgangskombinationen und den Entscheidungskästchen die Eingangssignale zugeordnet [7]. Der Programmablaufgraph ermöglicht eine sehr detaillierte Darstellung eines Steuerungsproblems (Auffächerung bis zu Einzelvariablen). Zur besseren Auswertung im Hinblick auf die Realisierung ist dann jedoch zunächst eine Umformung in einen modifizierten Automatengraphen oder Steuergraphen zweckmäßig. Auch hier ist im Sinne des modifizierten Automatenmodells die Einbeziehung der Definitionsbereiche möglich und mitunter sogar notwendig.
- Petri-Netze
  Sehr vorteilhaft läßt sich das modifizierte Automatenmodell auch durch Petri-Netze darstellen. In der Literatur wurden dazu verschiedene Interpretationen angegeben, z.B. [8] bis [12]. Den Plätzen des Petri-Netzes lassen sich die Zustände und die Ausgaben und den Transitionen die Überführungsbedingungen zuordnen. Auch bei diesem Darstellungsmittel lassen sich ohne Schwierigkeiten die Definitionsbereiche einbeziehen. Gegenüber modifizierten Automatengraphen ist bei Petri-Netzen die Darstellung von Parallelarbeit auf sehr elegante Weise möglich. Die Markierung des Petri-Netzes entspricht dann dem Gesamtzustand des Systems. Einzelne markierte Plätze können als Teilzustände aufgefaßt werden.

5. Zustandsverschmelzung auf der Basis des modifizierten Automatenmodells

Aus der Definition des modifizierten Automatenmodells ergeben sich nun auch Konsequenzen für die einzelnen Syntheseschritte, insbesondere für die Zustandsreduktion, die Zustandskodierung und die Berechnung der Strukturgleichungen. Bezüglich der Zustandsreduktion sollen die Verhältnisse hier etwas näher untersucht werden.

Mit Problemen der Zustandsreduktion in modifizierten Automatengraphen bzw. Steuergraphen befassen sich bereits die Arbeiten [3] bis [6]. In ihnen werden hinreichende Bedingungen für die Verschmelzbarkeit von Zuständen angegeben. Dabei wird aus Gründen der Praktikabilität von vornherein darauf verzichtet, bedingt verträgliche Zustände im Sinne einer echten Fortsetzungsverträglichkeit in die Betrachtungen einzubeziehen.

Hier soll nun versucht werden, das Problem der Zustandsreduktion etwas allgemeiner anzugehen [13]. Trotzdem soll aber Wert darauf gelegt werden, zu möglichst einfachen Algorithmen zu gelangen.
Die Möglichkeit einer Einbeziehung von Parallelarbeit und von Durchläufen wird noch ausgeklammert.
Im Hinblick auf die Formulierung von Bedingungen für die Verträglichkeit von Zuständen ist es zweckmäßig, den Definitionsbereich D_i für einen Zustand Z_i zu spezifizieren und zwischen einem Definitionsbereich D_i^* , der sich auf die Ausgaben bezieht, und einem Definitionsbereich D_{ii_F}, der für die Übergänge in Folgezustände Z_{i_F} maßgebend ist, zu unterscheiden. Es gelte:

$$D_{ii_F} = \{X \mid X \in D_i \wedge W(H_{ii_F}, X) = 1\}$$

$$D_i^* = \{X \mid X \in D_i \wedge \forall i_F (i_F \in F_i \longrightarrow X \notin D_{ii_F}) \wedge \exists \gamma (\gamma \in N_i \wedge W(G_{i\gamma}, X) = 1)\}$$

wobei F_i die Indexmenge der Folgezustände Z_{i_F} von Z_i und N_i die Indexmenge der Ausgabeausdrücke $G_{i\gamma}$ in Z_i angibt.

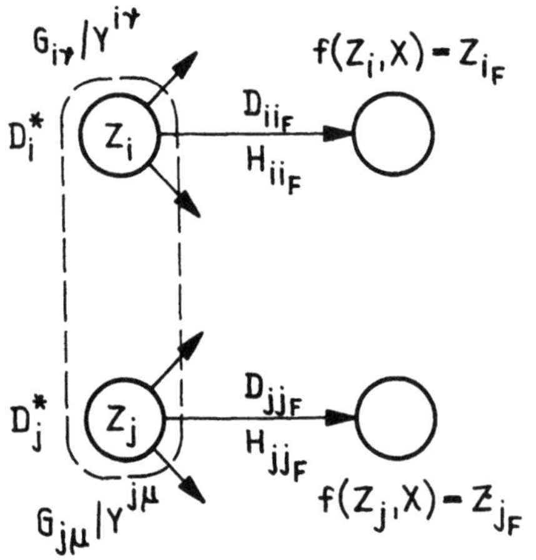

Bild 3
Zur Veranschaulichung der Verträglichkeitsbedingung

Mit dieser Festlegung läßt sich dann auf der Grundlage des modifizierten Automatenmodells gemäß Gl. (3) und (4) die folgende Bedingung für die Verträglichkeit von Zuständen formulieren (vergl. Bild 3):

Verträglichkeitsbedingung:
Zwei Zustände Z_i und Z_j eines Automaten, der auf der Grundlage des modifizierten Automatenmodells gemäß Gl. (4) und (5) beschrieben ist, sind verträglich ($Z_i \simeq Z_j$), wenn die folgenden 3 Teilbedingungen

erfüllt sind:

1) $\forall X \forall \nu \forall \mu [(X \in D_i^* \wedge X \in D_j^* \wedge W(G_{i\nu}, X) = 1 \wedge W(G_{j\mu}, X) = 1) \rightarrow Y^{i\nu} \simeq Y^{j\mu}]$

2) $\forall X \forall i_F \forall j_F [(X \in D_{ii_F} \wedge X \in D_{jj_F}) \rightarrow Z_{i_F} \simeq Z_{j_F}]$

3) $\forall X \forall i_F \forall j_F [((X \in D_i^* \wedge X \in D_{jj_F}) \rightarrow Z_i \simeq Z_{j_F}) \vee$
$\vee ((X \in D_j^* \wedge X \in D_{ii_F}) \rightarrow Z_j \simeq Z_{i_F})]$

Die Teilbedingung 1 beschreibt die Ausgabeverträglichkeit und die Teilbedingung 2 die Fortsetzungsverträglichkeit (bedingte Verträglichkeit). Durch die Teilbedingung 3 wird dafür Sorge getragen, daß die Zustände Z_i bzw. Z_j bei einer Verschmelzung nicht "über Kreuz" durchlaufen werden (hierfür wird der Begriff "Kreuzverträglichkeit" eingeführt).

Um den Forderungen nach Praktikabilität noch weiter gerecht zu werden, wird vereinbart, daß die Elemente der Definitionsbereiche D nicht unbedingt (vollständige) Eingangskombinationen X mit $X \in \{0,1\}^n$ sein müssen, sondern daß hierfür auch unvollständige Eingangsbedingungen E zugelassen sind, wobei gilt $E \in \{0,1,-\}^n$. Eine unvollständige Eingangsbedingung repräsentiert damit wiederum eine Menge von (vollständigen) Eingangskombinationen. So verbergen sich z.B. hinter $E = (x_3, x_2, x_1, x_0) = 0{-}1{-}$ die Eingangskombinationen 0010, 0011, 0110 und 0111.
Zwischen X und E wird eine Abdeckungsrelation (in Zeichen: $\sqsupset$) wie folgt definiert:
Sind X und E n-stellige Zeichenkombinationen mit $X \in \{0,1\}^n$ und $E \in \{0,1,-\}^n$, dann wird E durch X abgedeckt (in Zeichen: $X \sqsupset E$), wenn in X mindestens an den Stellen eine "1" bzw. eine "0" steht, an denen auch in E eine "1" bzw. eine "0" vorhanden ist.

Existiert ein X derart, daß für zwei Eingangsbedingungen E^1 und E^2 die Beziehungen $X \sqsupset E^1$ und $X \sqsupset E^2$ gelten, dann werden die Eingangsbedingungen E^1 und E^2 als nicht disjunkt bezeichnet. Damit gilt:
Zwei Definitionsbereiche D_1 und D_2 sind nicht disjunkt, wenn in D_1 ein Element E^1 und in D_2 ein Element E^2 existiert und E^1 und E^2 nicht disjunkt sind, oder anders ausgedrückt:

$$D_1 \cap D_2 \neq \phi \leftrightarrow \exists X \exists E^1 \exists X^2 (X \in \{0,1\}^n \wedge E^1 \in D_1 \wedge E^2 \in D_2 \wedge X \sqsupset E^1 \wedge X \sqsupset E^2)$$

Mit den getroffenen Vereinbarungen soll nun auf der Grundlage der oben angegebenen Verträglichkeitsbedingungen ein Algorithmus formuliert werden, der es auf relativ einfache Weise gestattet, unverträgliche Zustände auf der Basis des modifizierten Automatenmodells zu bestimmen (vergl. Bild 3). Dabei wird von einer Liste der Definitionsbereiche (D-Liste) ausgegangen.

Algorithmus zur Ermittlung unverträglicher Zustände:

1. Aufstellen der Liste der Definitionsbereiche (D-Liste).
2. Vergleich der Definitionsbereiche D_i^* und D_j^*.
   Die Zustände Z_i und Z_j sind unverträglich, wenn D_i^* und D_j^* nicht disjunkt sind und die zu den nicht disjunkten Elementen aus D_i^* und D_j^* gehörenden Ausgangskombinationen unverträglich sind (gemäß Teilbedingung 1).
3. Vergleich der Definitionsbereiche D_{ii_F} und D_{jj_F} mit $i_F \neq j_F$:
   Die Zustände Z_i und Z_j sind unverträglich, wenn D_{ii_F} und D_{jj_F} nicht disjunkt und die Zustände Z_{i_F} und Z_{j_F} unverträglich sind.
4. Vergleich der Definitionsbereiche D_i^* und D_{jj_F} mit $i \neq j_F$ bzw. D_j^* und D_{ii_F} mit $j \neq i_F$:
   Die Zustände Z_i und Z_j sind unverträglich, wenn die Mengen D_i^* und D_{jj_F} (bzw. D_j^* und D_{ii_F}) nicht disjunkt und die Zustände Z_i und Z_{j_F} (bzw. Z_j und Z_{i_F}) unverträglich sind.
5. Auswertung der Aussagen über bedingte Unverträglichkeit.

Zur Erläuterung des Algorithmus diene das Beispiel aus Bild 1a. Im Bild 4a sind dazu noch die Definitionsbereiche D_i^* und D_{ii_F} eingetragen, deren Spezifizierung aus Bild 4b hervorgeht (D-Liste).

Es werden einige Fälle näher betrachtet:

Vergleich der Zustände Z_1 und Z_3:

D_1^* und D_3^* enthalten als gemeinsames Element die Eingangskombination 010. Die zu den Teiltermen gehörenden Ausgangssignale sind unterschiedlich. Es gilt $Z_1 \neq Z_3$.

Vergleich der Zustände Z_2 und Z_4:

D_2^* und D_4^* enthalten kein gemeinsames Element.

D_{23} und D_{41} enthalten als gemeinsames Element die Eingangskombination 010.

Z_2 und Z_4 sind demzufolge unverträglich, falls die Zustände 1 und 3 unverträglich sind

Vergleich der Zustände Z_3 und Z_4:

D_3^* und D_4^* sowie D_{34} und D_{41} enthalten keine gemeinsamen Elemente. In D_3^* und D_{41} kommt 010 als gemeinsames Element vor. Z_3 und Z_4 sind also unverträglich, falls Z_1 und Z_3 unverträglich sind.

In der Implikationstabelle gemäß Bild 5 sind für das Beispiel aus Bild 4 alle unverträglichen Zustände (gekennzeichnet durch ein ×)

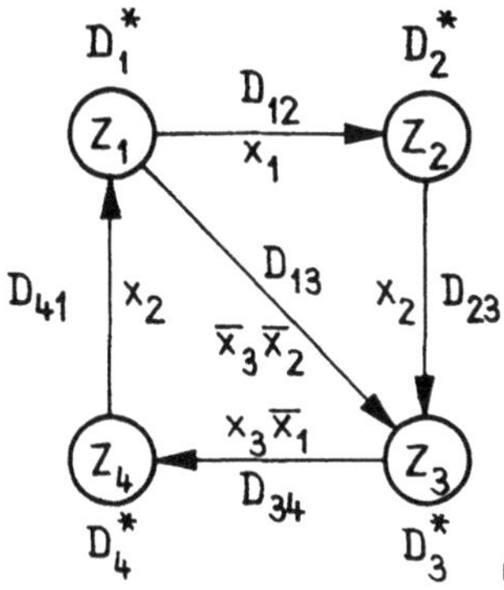

a)

D	x_3	x_2	x_1	y
D_1^*	–	1	0	1
D_2^*	–	0	1	0
D_3^*	0	1	–	0
	–	1	1	0
D_4^*	1	0	0	1
D_{12}	1	0	1	
D_{13}	0	0	0	
D_{23}	0	1	–	
	–	1	1	
D_{34}	1	0	0	
D_{41}	–	1	0	

b)

Bild 4 :
Festlegung der Definitionsbereiche für das Beispiel gemäß Bild 1
a) Steuergraph
b) D-Tabelle

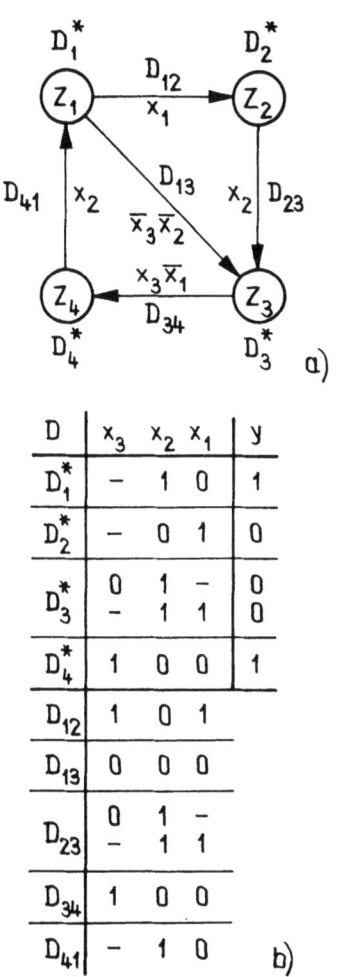

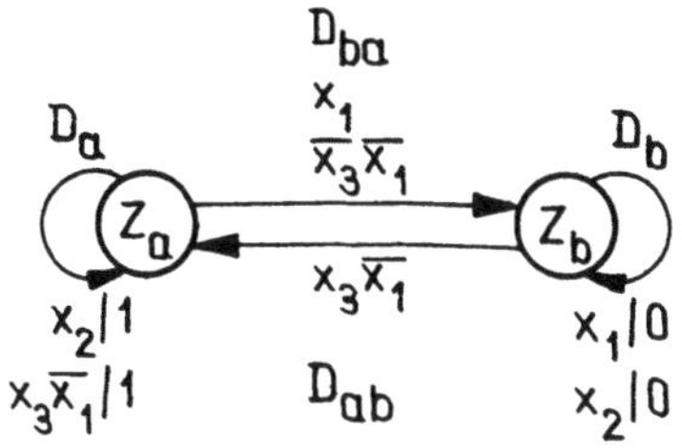

a)

D	x_3	x_2	x_1	y
D_a^*	–	1	0	1
	1	0	0	1
D_b^*	–	0	1	0
	0	1	–	0
	–	1	1	0
D_{ab}	1	0	1	
	0	0	0	
D_{ba}	1	0	0	

b)

Bild 6 :
Reduzierter Automat gemäß Bild 4
a) Steuergraph
b) D-Tabelle

2	×		
3	×		
4		×	×
	1	2	3

Bild 5 :
Implikationstabelle

	$x_3x_2x_1$ 000	001	011	010	100	101	111	110
Z_1	Z_3	–	–	$Z_1/1$	–	Z_2	–	$Z_1/1$
Z_2	–	$Z_2/0$	Z_3	Z_3	–	$Z_2/0$	Z_3	–
Z_3	–	–	$Z_3/0$	$Z_3/0$	Z_4	–	$Z_3/0$	–
Z_4	–	–	–	Z_1	$Z_4/1$	–	–	Z_1

Bild 7 : Klassische Automatentabelle zum Beispiel gemäß Bild 4 eingetragen. Bild 6a zeigt den reduzierten Steuergraphen, dessen Definitionsbereiche (Bild 6b) sich durch Überlagerung der ursprünglichen Definitionsbereiche ergeben. Diese Definitionsbereiche können als Grundlage für die Berechnung der logischen Ausdrücke verwendet werden [5].

Mit den in Bild 4 angegebenen Definitionsbereichen läßt sich für das betrachtete Beispiel durch "Aufblähen" auch eine klassische Automatentabelle erzeugen (s. Bild 7). Würde man zur Kontrolle auf diese Tabelle die entsprechenden klassischen Algorithmen zur Zustandsreduktion anwenden [2], so ergäben sich die gleichen Paare verträglicher und unverträglicher Zustände.

6 Schlußbemerkungen

Das Aufblähen der ursprünglich gegebenen Tabellen zur Verhaltensbeschreibung von Folgeschaltungen mit dem Ziel, die Eingangsbedingungen disjunkt zu machen, und die anschließende Reduktion der aufgeblähten Tabellen mit klassischen Synthesemethoden sind - wie einleitend bereits bemerkt wurde - vor allem bei umfangreicheren Problemstellungen sehr aufwendig. Dieses Vorgehen ist auch mit größeren Rechnern kaum noch praktikabel durchführbar. Der in Abschn. 5 angegebene Algorithmus gestattet es, bei einer Beschreibung auf der Basis des modifizierten Automatenmodells (z.B. in Form von Steuergraphen, Petri-Netzen u.ä.) auf direkte Weise die Paare verträglicher bzw. unverträglicher Zustände durch Vergleich der Definitionsbereiche zu ermitteln. Der dafür erforderliche algorithmische Aufwand ist relativ gering. Für den Fall, daß keine zusätzlichen Definitionsbereiche gegeben sind, können anstelle der Ausgabedefinitionsbereiche D_i^* und der Überführungsdefinitionsbereiche D_{ii_F} auch die Mengen der Ausgabebedingungen $G_{i\gamma}$ bzw. der Überführungsbedingungen H_{ii_F} selbst benutzt werden. Dahinter verbirgt sich dann die Annahme, daß es keine weiteren Beschränkungen gibt und alle möglichen Eingangskombinationen auftreten können.

Abschließend sei noch bemerkt, daß es bei der Zustandsverschmelzung nicht unbedingt darauf ankommt, eine zustandsminimale Lösung zu berechnen. Es geht vielmehr darum, verträgliche Zustände so zusammenzulegen, daß sich bei geringem Entwurfsaufwand eine kostengünstige Realisierung ergibt und daß darüber hinaus auch eine gute Transparenz der Beschreibung und der Realisierung gewährleistet bleibt.

Literatur

1. Zander,H.J.:Erfahrungen bei der Erprobung eines Programmsystems zum logischen Entwurf digitaler Steuerungen.Koll. "Entwurf digitaler Steuerungen" Bochum 1978
2. Paull,M.C.;Unger,S.H.: Minimizing the number of states in incompletely specified sequential switching functions. IRE Trans.,EC-8(1959),356-367
3. Franke,G.;Koegst,M.: Ein Verfahren zur Zustandsreduktion für taktkettenähnliche Steuerungen. Int.Wiss.Koll. TH Ilmenau 1976
4. Franke,G.;Koegst,M.: Zustandsverschmelzung in verallgemeinerten (nichtdisjunkten) Automatengraphen. 2.IFAC-Symp. Discrete Systems Dresden, 1977.vol.1,138-145
5. Oberst,E.;Koegst,M.;Franke.G.: Darstellung industrieller binärer Steuerungen mit Hilfe von Steuergraphen. ZKI-Informationen, 1977,H.2
6. Oberst,E.;Koegst,M.;Franke,G.: Beschreibung binärer Steuerungen durch Steuergraphen. msr 1978,572-578
7. Killenberg,H.: Verhaltensbeschreibung von Schaltsystemen mit Hilfe von Programmablaufgraphen. msr 1976,197-201
8. Patil,S.S.: Micro-control for parallel asynchronous computers. MIT Project MAC,1970
9. Wendt,S.: Petri-Netze und asynchrone Schaltwerke. Elektronische Rechenanlagen, 1974,208-216
10. Cavarroc,I.C.;Blanchard,M .;Gillon,J.: An approach to the modular design of industrial switching systems. 1.IFAC-Symp. Discrete Systems Riga,1974,vol.3,93-102
11. König,R.: Petri-nets and their application for a standardizable design of switching circuits. 2.IFAC-Symp. Discrete Systems Dresden, 1966,vol.2, 112-119
12. Starke,P.: Petri-Netze. ZKI-Informationen 1978,H.3
13. Zander,H.J.: Bemerkungen zum Stand und zu Entwicklungstendenzen auf dem Gebiet des Entwurfs von Schaltsystemen. 2. IFAC-Symp. Discrete Systems Dresden,1977,vol.1,1-25

DIE ALGEBRAISCHE DEKOMPOSITION VON KOMBINATORISCHEN SCHALTUNGEN UND VON SPEICHERN

THE ALGEBRAIC DECOMPOSITION OF COMBINATIONAL AND MEMORY CIRCUITS

P. Vingron

Institut für Informationsverarbeitung der
Österreichischen Akademie der Wissenschaften, Wien

1. DIE BESCHREIBUNG DER VORGANGSWEISE

Die Aufgabe der Dekomposition (Zerlegung) besteht darin, eine vorgegebene Schaltfunktion durch eine ebenfalls vorgegebene Gatterart (z.B. IC-Baustein) und vorgegebene Speicherart optimal zu realisieren. Die Übertragungsfunktionen der zur Realisierung verwendeten Gatter- und Speicherarten heißen Basisfunktionen. Die Menge der Basisfunktionen bildet ein sogenanntes Basissystem; dieses wird stets als funktional vollständig vorausgesetzt, d.h. es ist zur Realisierung jeder Schaltfunktion hinreichend.

Im folgenden Beitrag wird ein Dekompositionsverfahren behandelt, das gleichermaßen die Zerlegung von kombinatorischen und Speicherschaltungen ermöglicht. Der Grundgedanke des Verfahrens ist überaus einfach. Es sei angenommen, daß jede kombinatorische oder Speicherschaltung durch eine Surjektion dargestellt werden kann. Dann kann das zu lösende Problem wie folgt formuliert werden:

(1) Die Dekompositions-Aufgabe: Seien R,S und T endliche Mengen und die Surjektionen $h:R\to T$ und $f:S\to T$ jeweils die zu zerlegende Schaltung (h) und die Basisfunktion (f). Man bestimme die Menge G aller Funktionen von R in S, die die Komposition $h=(gf):R \overset{g}{\to} S \overset{f}{\to} T$ erfüllen. Jede Funktion g heißt Restfunktion.

2. DEFINITION DER KOMBINATORISCHEN-UND SPEICHERFUNKTIONEN

Im folgenden werden Schaltungen mit ℓ Eingängen e_i, aber einem Ausgang a betrachtet. Die Menge der Eingangsbelegungen wird mit

$$E:=\{0,1,\dots,2^{\ell}-1\}$$

bezeichnet. Jedes Element $e\in E$ ist das Dezimaläquivalent eines Eingangszustandes $(e_1,e_2,\dots,e_\ell)$:

$$e := \sum_{1}^{\ell} e_i . 2^{\ell-1} , \quad e_i \in \{0,1\}$$

Für kombinatorische Schaltungen verwenden wir folgende geläufige

(2) Definition. Eine kombinatorische Schaltung mit ℓ Eingängen und einem Ausgang ist eine Surjektion von E auf $\{0,1\}$.

Die obige Definition schließt jene Schaltungen, deren Ausgang entweder identisch Null, oder identisch Eins ist, aus der Menge der kombinatorischen Schaltungen aus.

(3) Definition. Eine kombinatorische Schaltung mit ℓ Eingängen und m Ausgängen ist eine Funktion von $E=\{0,1,\ldots,2^{\ell}-1\}$ in $A=\{0,1,\ldots,2^{m}-1\}$.

Anders als aus der Automatentheorie bekannt - wo ein Speicher als Halbautomat, also als Funktion von $E\times\omega$ in ω erklärt wird - verwenden wir die in [1] eingeführte Begriffsbildung. Im folgenden stellt $e_i(\tau)$ die Eingangsvariable e_i zum Zeitpunkt τ dar, wobei stets $e_i(\tau)\in E$ gilt, während die Menge $\hat{\omega}$ erklärt ist als

$$\hat{\omega} := \{\{0\},\{1\},\{0,1\}\}.$$

(4) Definition. Eine Speicherfunktion (bzw. ein Speicher) ist eine Surjektion $F: E \rightarrow \hat{\omega}$, wobei die Ausgangsvariable $a_{e(\tau)}$ des Speichers, die erklärt ist als

$$a_{e(\tau)} \in F(e(\tau)) \in \hat{\omega} ,$$

folgende Eigenschaft hat: für jedes $e(\tau)\in E$, das auf $\omega=\{0,1\}$ abgebildet wird, und für jedes $e(\tau-\Delta\tau)\in E$ ist die Beziehung

$$a_{e(\tau)} = a_{e(\tau-\Delta\tau)}$$

für den Grenzwert $\Delta\tau$ gegen 0 erfüllt.

Die obige Definition sei kurz besprochen. Jene $e\in E$, die auf $\{0\}$ abgebildet werden, heißen löschende, jene, die auf $\{1\}$ abgebildet werden, setzende, und jene, die auf $\{0,1\}$ abgebildet werden, speichernde Eingangsbelegungen. Die Ausgangsvariable a_e eines Speichers ist stets ein Element aus $\{0,1\}$, weshalb a_e nicht als F(e), sondern als $a_e\in F(e)$ erklärt werden muß. $a_{e(\tau)}$ heißt momentaner Wert der Ausgangsvariable, während $a_{e(\tau-\Delta\tau)}$ - für limes $\Delta\tau\rightarrow 0$ - vorheriger Wert der Ausgangsvariable heißt. Durch die Forderung, daß $a_{e(\tau)}=a_{e(\tau-\Delta\tau)}$ für alle speichernden Eingangsbelegungen $e(\tau)$ ist, wird zweierlei erreicht: (a) während eines Zeitintervalls, in dem $e(\tau)=e(\tau-\Delta\tau)$ ist, bleibt $a_{e(\tau)}$ unverändert, d.h. er kommt zu keinen Schwingungs- oder Oszillationserscheinungen; (b) bei einem Übergang von einer vorherigen zu einer momentanen (speichernden) Eingangsbelegung, wobei $e_{(\tau)} \neq e_{(\tau \; \Delta\tau)}$ gelten möge, wird der vorherige Ausgangswert beibehalten oder gespeichert.

Durch die Definitionen (2) bis (4), in denen die kombinatorischen Schaltungen und Speicher erklärt werden, ist sichergestellt, daß die in (1) formulierte Dekompositions-Aufgabe schaltungsalgebraisch relevant ist.

3. DIE ABBILDUNGSTHEORETISCHE LÖSUNG DER DEKOMPOSITIONS-AUFGABE

Die Formulierung der Dekompositions-Aufgabe nach (1) ist dadurch sehr allgemein gehalten, daß für die Mengen R,S und T nur vorausgesetzt wird, daß sie endlich sein sollen. Die allgemeine abbildungstheoretische Lösung von (1) umfaßt also nicht nur die Dekomposition kombinatorischer und Speicherschaltungen mit binären Signalen, sondern formal auch entsprechende Schaltungen mit mehrwertigen Signalen.

Die Lösung von (1) wird in zwei Schritten vorgenommen. Im ersten Schritt werden wir jene Restriktionen h_t und f_t von $h:R \to T$ und $f:S \to T$ betrachten, die konstante Funktionen sind:

$$R_t := \{r \mid h(r)=t\} \;, \qquad S_t := \{s \mid f(s)=t\}$$

$$h_t : R_t \to \{t\} \;, \qquad f_t : S_t \to \{t\} \;.$$

Für diesen sehr einfachen Fall soll nun die Richtigkeit der folgenden Aussagen gezeigt werden.

(5) Satz. Für $t \in T$ gilt

$$g_t f_t = h_t \Longleftrightarrow g_t : R_t \to S_t \;.$$

Das Zeichen $\Longleftrightarrow$ wird für die "logische Äquivalenz" geschrieben, sodaß die obige Beziehung besagt:

(a) Jede Funktion g_t, die $g_t\, f_t = h_t$ erfüllt, ist eine Funktion von R_t in S_t.

(b) Jede Funktion g_t von R_t in S_t erfüllt die Beziehung $g_t\, f_t = h_t$.

Die Richtigkeit von (5a), $(g_t\, f_t = h_t) \to (g_t : R_t \to S_t)$ kann wie folgt gezeigt werden. Sei $g_t\, f_t = h_t$ wahr. Dann ist der Definitionsbereich von $g_t\, f_t$ (und somit auch von g_t) gleich dem von h_t - nämlich R_t - und der Wertebereich von g_t gleich dem Definitionsbereich von f_t - nämlich S_t. D.h. aber, daß g_t (für jedes $t \in T$) eine beliebige Funktion von R_t in S_t ist, was zu zeigen war. Um die Richtigkeit von (5b), $(g_t : R_t \to S_t) \to (g_t\, f_t = h_t)$ zu zeigen, sei die Prämisse als wahr vorausgesetzt. Da der Wertebereich von g_t gleich dem Definitionsbereich von $f_t : S_t \to \{t\}$ ist, kann die Komposition $g_t\, f_t$ gebildet werden. Der Definitionsbereich von $g_t\, f_t$ ist gleich dem von g_t - nämlich R_t - und somit gleich dem von h_t. Da weiters $(g_t\, f_t)(r)=h_t(r)=t$ für alle $r\in R_t$ ist, folgt aus der Richtigkeit von $g_t: R_t \to S_t$ die der Beziehung $g_t\, f_t = h_t$, wodurch (5) vollständig bewiesen ist.

Der zweite Schritt besteht nun darin, von den Restriktionen h_t und f_t auf ihre Erweiterungen $h=\bigcup_t h_t$ und $f=\bigcup_t f_t$ überzugehen. Hierzu benötigen wir folgende Beziehung

(6) $$\bigcup_t (g_t\, f_t) = (\bigcup_t g_t)(\bigcup_t f_t) \quad ,$$

die ohne Beweis angeführt sei. Beim Übergang von den Restriktionen f_t und h_t auf ihre Erweiterungen f und h nimmt (5) folgende Gestalt an:

$$\bigcup_t (g_t\, f_t) = \bigcup_t h_t \Longleftrightarrow \bigcup_t g_t : R_t \to S_t \ .$$

Unter Verwendung von (6) und $h=\bigcup_t h_t$ bzw. $f=\bigcup_t f_t$ geht die obige Beziehung über in:

$$(\bigcup_t g_t)\, f = h \Longleftrightarrow \bigcup_t g_t : R_t \to S_t \ .$$

Hieraus folgt unmittelbar die nachstehend formulierte allgemeine Lösung der Dekompositions-Aufgabe (1):

(7) Satz. R,S und T seien endliche (nicht-leere) Mengen und $h: R\to T$ bzw. $f: S\to T$ vorgegebene Surjektionen; für jedes $t\in T$ seien $R_t=\{r \mid h(r)=t\}$ und $S_t=\{s \mid f(s)=t\}$ die durch h und f erklärten Äquivalenzklassen von R und S. Dann gilt:

(a) Jede Funktion g, die als Vereinigung beliebig gewählter Funktionen g_t von R_t in S_t gebildet wird, so daß gilt

$$g=\bigcup_t g_t : R_t \to S_t \quad ,$$

erfüllt die Beziehung $g\, f=h$.

(b) Jede Funktion g, die $g\, f=h$ erfüllt, ist darstellbar in der Form

$$g=\bigcup_t g_t : R_t \to S_t \ .$$

Punkt (a) des obigen Satzes sagt, wie eine Lösung der Dekompositions-Aufgabe konstruiert werden kann; Punkt (b) des obigen Satzes besagt, daß jede Lösung der Dekompositions-Aufgabe nach Punkt (a) konstruiert werden kann!

Sei

$$G=\{g \mid g=\bigcup_t g_t : R_t \to S_t\}$$

die Menge aller Funktionen g, die $g\, f=h$ erfüllen. Die Anzahl $|G|$ der

Elemente von G ist dann:

(8) $$|G| = \prod_t |S_t|^{|R_t|} .$$

$|G|$ stellt für alle $t \in T$ die Anzahl der möglichen Lösungen der Dekompositions-Aufgabe dar.

Um nun die in (7) angegebene abbildungstheoretische Lösung schaltungsalgebraisch verwenden zu können, wird die im nächsten Abschnitt verwendete Notation eingeführt.

4. SCHALTUNGSALGEBRAISCHE GRUNDLAGEN

Jeder Eingangsvariablen $e_i \in \{0,1\}$ ordnen wir 'logische Eingangsvariable' wie folgt zu:

$$x_i \Longleftrightarrow e_i = 1 \quad , \qquad \overline{x_i} \Longleftrightarrow e_i = 0 .$$

Die Symbole $\mathbb{0}$ und $\mathbb{1}$ werden, in dieser Reihenfolge, für die Wahrheitswerte falsch und wahr verwendet; $\Omega = \{\mathbb{0}, \mathbb{1}\}$. Die charakteristischen (kurz: char.) Logikfunktionen $u_T : E \to \Omega$ und $w_T : E \to \Omega$ seien für ein beliebiges $E_T \subseteq E$ erklärt als:

$$u_T(e) :\Longleftrightarrow e \in E_T \qquad \text{und} \qquad w_T(e) :\Longleftrightarrow e \notin E_T .$$

Offenbar sind u_T und w_T zueinander negierte Funktionen.

Der wichtige Begriff der Karnaugh- (kurz: K-) Menge E_K wird wie folgt eingeführt: $\varepsilon_i, \varepsilon_j, \ldots, \varepsilon_k$ seien beliebige aber feste Werte der Variablen $e_i, e_j, \ldots, e_k$, wobei $i, j, \ldots, k$ vorgegebene Indizes sind, sodaß $1 \leq |\{i,j,\ldots,k\}| \leq |\{1,2,\ldots \ell\}|$; die K-Menge E_K ist dann erklärt als

$$E_K := \{(e_1, e_2, \ldots, e_\ell) \,|\, e_i = \varepsilon_i \wedge e_j = \varepsilon_j \wedge \ldots \quad e_k = \varepsilon_k\} .$$

Die char. Logikfunktionen von K-Mengen können unmittelbar angegeben werden:

(9a) $$u_K(e) \Longleftrightarrow e \in E_K \Longleftrightarrow e_i = \varepsilon_i \wedge e_j = \varepsilon_j \wedge \ldots \wedge e_k = \varepsilon_k ,$$

(9b) $$w_K(e) \Longleftrightarrow e \notin E_K \Longleftrightarrow e_i = 1-\varepsilon_i \wedge e_j = 1-\varepsilon_j \wedge \ldots \wedge e_k = 1-\varepsilon_k .$$

Eine minimale K-Menge ist eine solche, bei der jeder Eingangsvariablen ein fester Wert zugeordnet ist:

$$E^\varepsilon = \{\varepsilon\} = \{(e_1, \ldots, e_\ell) \,|\, e_1 = \varepsilon_1 \wedge \ldots \wedge e_\ell = \varepsilon_\ell\} .$$

Die Logikfunktionen der minimalen K-Mengen werden aus historischen Gründen mit eigenen Buchstaben bezeichnet und wie folgt erklärt:

$$c_\varepsilon : E \to \Omega , \quad c_\varepsilon(e) \Longleftrightarrow e = \varepsilon \Longleftrightarrow \bigwedge_i e_i = \varepsilon_i \quad \ldots \text{ Minterm,}$$
$$d_\varepsilon : E \to \Omega , \quad d_\varepsilon(e) \Longleftrightarrow e \neq \varepsilon \Longleftrightarrow \bigvee_i e_i = 1-\varepsilon_i \quad \ldots \text{ Maxterm.}$$

Eine maximale K-Menge ist dadurch gekennzeichnet, daß genau eine Eingangsvariable einen beliebigen aber festen Wert aufweist:

$$E_{e_i=\varepsilon_i}=\{(e_1,\dots,e_\ell)\,|\,e_i=\varepsilon_i\}\ .$$

Demnach werden ihre logischen Funktionen offenbar wie folgt berechnet:

$$u_{e_i=\varepsilon_i}(e)\Longleftrightarrow e_i=\varepsilon_i\ , \qquad w_{e_i=\varepsilon_i}(e)\Longleftrightarrow e_i=1-\varepsilon_i\ .$$

Setzt man hierin für ε_i den Wert 1 ein, so erhält man insbesondere:

(10) $$u_{x_i}(e)\Longleftrightarrow x_i \quad \text{und} \quad w_{x_i}(e)\Longleftrightarrow\overline{x_i}\ .$$

Zur Berechnung der char. Logikfunktionen u_T und w_T einer beliebigen aber festen Teilmenge E_T von E wird folgendermaßen verfahren:

Man wählt beliebige K-Mengen $E_{K_1},E_{K_2},\dots,E_{K_\alpha}$, deren Vereinigung gleich E_T ist:

(11) $$E_T=E_{K_1}\cup E_{K_2}\cup\dots\cup E_{K_\alpha}\ .$$

Hieraus folgt unmittelbar

$$e\in E_T\Longleftrightarrow e\in E_{K_1}\vee\dots\vee e\in E_{K_\alpha}\ ,$$

wofür auch

(12a) $$u_T(e)\Longleftrightarrow u_{K_1}(e)\vee\dots\vee u_{K_\alpha}(e)\ , \quad \text{bzw.}$$

(12b) $$w_T(e)\Longleftrightarrow w_{K_1}(e)\vee\dots\vee w_{K_\alpha}(e)$$

geschrieben werden kann. Die einzelnen $u_{K_i}(e)$ und $w_{K_i}(e)$ werden dann nach (9) berechnet.

Wird E_T in minimale K-Mengen so zerlegt, daß (11) gilt, dann erhält man aus (12) und deren Negationen unmittelbar die bekannten kanonischen Formen:

$$u_T(e)\Longleftrightarrow\bigvee_{\varepsilon\in E_T}c_\varepsilon(e)\Longleftrightarrow\bigwedge_{\varepsilon\in\overline{E}_T}d_\varepsilon(e)\ ,$$

$$w_T(e)\Longleftrightarrow\bigwedge_{\varepsilon\in E_T}d_\varepsilon(e)\Longleftrightarrow\bigvee_{\varepsilon\in\overline{E}_T}c_\varepsilon(e)\ .$$

Schreibt man die kanonischen Formen für eine maximale K-Menge an – etwa für $E_T=E_{e_i=1}=E_{x_i}$ – so erhält man im Zusammenhang mit (10):

(13a) $$x_i\Longleftrightarrow\bigvee_{\varepsilon\in E_{x_i}}c_\varepsilon(e)\Longleftrightarrow\bigwedge_{\varepsilon\in\overline{E}_{x_i}}d_\varepsilon(e)\ ,$$

(13b) $$\overline{x_i}\Longleftrightarrow\bigwedge_{\varepsilon\in E_{x_i}}d_\varepsilon(e)\Longleftrightarrow\bigvee_{\varepsilon\in\overline{E}_{x_i}}c_\varepsilon(e)\ .$$

Für alle $i \in \{1,2,\ldots,\ell\}$ stellt (13) die vollständige Lösung der beiden folgenden Systeme logischer Gleichungen dar:

$$c_\varepsilon(e) \Longleftrightarrow \bigwedge_i e_i = \varepsilon_i \qquad \text{und} \qquad d_\varepsilon(e) \Longleftrightarrow \bigvee_i e_i = 1-\varepsilon_i \ .$$

Die oben hergeleiteten Beziehungen (13) werden im nächsten Abschnitt bei der schaltungsorientierten Lösung der Dekompositions-Aufgabe gebraucht.

5. DIE SCHALTUNGSALGEBRAISCHE LÖSUNG DER DEKOMPOSITIONS-AUFGABE

Die im vorigen Abschnitt angegebene prädikatenlogische Notationsweise der Schaltungsalgebra soll nun dazu benutzt werden, einen Algorithmus zu entwickeln, der jede logische Ausgangsvariable $y_j \Longleftrightarrow s_j = 1$ der Restfunktion $g: R \rightarrow S$ für jede vorgegebene Basisfunktion $f: S \rightarrow T$, jede vorgegebene Funktion $h: R \rightarrow T$ und jedes $i \in \{1,\ldots,\ell\}$ in Abhängigkeit von den logischen Eingangsvariablen $x_i \Longleftrightarrow r_i = 1$ darstellt. Statt dies jedoch für eine Funktion $g \in G$ - also eine Funktion, die $gf=h$ erfüllt - zu tun, sollen vorerst die logischen Ausgangsvariablen y_j^* einer beliebigen Funktion g^* von R in S berechnet werden; man beachte, daß eine beliebige Funktion $g^*: R \rightarrow S$ nicht notwendigerweise die Kompositionsbeziehung $g^*f=h$ erfüllt. Die logischen Ausgangsvariablen y_j^* bzw. $\overline{y_j^*}$ der beliebig gewählten Funktion g^* von R in S können unmittelbar nach (13) angeschrieben werden:

(14a) $$y_j^* \Longleftrightarrow \bigvee_{s \in S_{y_j^*}} c_s(\sigma) \Longleftrightarrow \bigwedge_{s \in \overline{S}_{y_j^*}} d_s(\sigma)$$

(14b) $$\overline{y}_j^* \Longleftrightarrow \bigvee_{s \in \overline{S}_{y_j^*}} c_s(\sigma) \Longleftrightarrow \bigwedge_{s \in S_{y_j^*}} d_s(\sigma)$$

Zur Berechnung der obigen Min- und Maxterme $c_s(\sigma)$ bzw. $d_s(\sigma)$ führen wir folgende Teilmengen von R ein:

(15) $$R_{t,s} := \{r \mid g^*(r) = s \wedge f(s) = t\} \ .$$

Man beachte, daß $R_{t,s}$ genau dann leer ist, wenn es kein $r \in R$ gibt, das durch die gewählte Funktion g^* auf das frei gewählte Element $s \in S$ abgebildet wird. Die so erklärten Mengen sind im folgenden Sinne paarweise disjunkt:

(16) <u>Satz.</u> Seien s' und s'' ungleiche, aber sonst beliebige Elemente aus S, mit dem gemeinsamen Bild $t \in T$ unter der Funktion f; $s' \neq s''$ und $f(s') = f(s'') = t$. Dann gilt:

$$R_{t,s'} \cap R_{t,s''} = \emptyset \text{ (leere Menge)}$$

Der Beweis dieses Satzes ist leicht zu führen:

$$R_{t,s'} \cap R_{t,s''} =$$

$$\{r|g^*(r)=s' \wedge f(s')=t\} \cap \{r|g^*(r)=s'' \wedge f(s'')=t\}=$$

$$\{r|g^*(r)=s' \wedge g^*(r)=s'' \wedge f(s')=f(s'')\}$$

Mit $s' \neq s''$ folgt die Kontradiktion $g^*(r) \neq g^*(r)$ aus der die obige Menge erklärenden Eigenschaft, womit jene tatsächlich leer ist.

Mit den in (15) erklärten Mengen können die Min- und Maxterme von (14) wie folgt berechnet werden:

(17) <u>Satz.</u> Sei $\sigma=g^*(r)$, dann gilt für jedes $r \in R$:

(a) $c_s(g^*(r))=u_{t,s}(r)$,

(b) $d_s(g^*(r))=w_{t,s}(r)$.

Der Ausdruck (17a) wird wie folgt bewiesen: Aus $r \in R_{t,s}$ ergibt sich die Richtigkeit von $g^*(r)=s$. Somit kann das Argument von $c_s(g^*(r))$ durch s ersetzt werden und man erhält: $c_s(g^*(r)) \Longleftrightarrow c_s(s) :\Longleftrightarrow$; q.d.e.
(17b) wird analog bewiesen.

Als letzter Schritt bleibt nur noch übrig, die durch (14) und (17) gegebene Lösung auf jene Funktionen $g:S \to T$ zu beschränken, die die Beziehung $gf=h$ erfüllen. Diese Einschränkung ist im nächsten Satz angegeben.

(18) <u>Satz.</u> Für jedes $t \in T$ gilt:

$$R_t = \bigcup_{s \in S_t} R_{t,s} \Longleftrightarrow gf=h \ .$$

Zum Beweis von (18) formen wir die darin vorkommende Mehrfach-Vereini- nach (15) wie folgt um:

$$\bigcup_{s \in S_t} R_{t,s} =$$

$$\bigcup_{s \in S_t} \{r|(r,s) \in g \wedge (s,t) \in f\}=$$

$$\{r| \bigvee_{s \in S_t} [(r,s) \in g \wedge (s,t) \in f]\}=$$

Da g eine Funktion ist, existiert höchstens ein s, sodaß für ein vorgegebenes r die Bezeihung $(r,s) \in g$ gilt. Da f eine Surjektion ist, wird mindestens ein s durch f auf t abgebildet. Hieraus folgt, daß es genau ein $s \in S$ gibt, das für vorgegebne r und t die Beziehung $(r,s) \in g \wedge (s,t) \in f$ erfüllt. Dies ermöglicht es, die obige Mehrfachvereinigung wie folgt umzuschreiben:

$$\{r|(r,s) \in g \wedge (s,t) \in f\}=$$

$$\{r|(r,t) \in gf\}=$$

und da gf=h vorausgesetzt wird, gilt weiter:

$$\{r \mid (r,t) \in h\} =$$

$$\{r \mid h(r)=t\} := R_t \quad , \quad \text{q.d.e.}$$

Durch das Zusammenfassen der obigen Teilergebnisse (14) und (17) und unter Berücksichtigung der Nebenbedingungen (16) und (18) kann die allgemeine schaltungsalgebraische Lösung der Dekompositions-Aufgabe wie folgt formuliert werden:

(19) <u>Satz</u> zur Berechnung der logischen Aussagevariablen

$y_1, y_2, \ldots y_m$ jeder Vorlogik $g: R \to S$, die mit einer vorgegebenen Basisfunktion $f: S \to T$ zur Komposition gf so verkettet ist, daß gf gleich ist einer zu entwerfenden Schaltung $h: R \to T$.

Für jedes $j \in \{1, \ldots, m\}$ und jedes $r \in R$ gilt mit $f(s)=t$

(a) $$y_j \Longleftrightarrow \bigvee_{s \in S_{y_j}} u_{t,s}(r) \Longleftrightarrow \bigwedge_{s \in \bar{S}_{y_j}} w_{t,s}(r) \quad ,$$

(b) $$\bar{y}_j \Longleftrightarrow \bigvee_{s \in \bar{S}_{y_j}} u_{t,s}(r) \Longleftrightarrow \bigwedge_{s \in S_{y_j}} w_{t,s}(s) \quad .$$

Die Mengen $R_{t,s}$ (deren char. Logikfunktionen in (a) und (b) verwendet werden) sind so zu wählen, daß für jedes $s, s', s'' \in S_t$ und jedes $t \in T$ gilt:

(c) $$R_t = \bigcup_{s \in S_t} R_{t,s}$$

(d) $$R_{t,s'} \cap R_{t,s''} = \emptyset \qquad (s' \neq s'') ,$$

wobei gewisse $R_{t,s}$ leer sein dürfen.

Aus der oben angegebenen allgemeinen Lösung der Dekompositions-Aufgabe kombinatorischer und Speicherschaltungen können spezielle Algorithmen für vorgegebene Basisfunktionen entwickelt werden. Solche Algorithmen sind für alle (kombinatorischen) Elementarfunktionen und für alle (technisch sinnvollen) Elementarspeicher in [1] angegeben.

6. DIE DEKOMPOSITION VON SPEICHERN

In der technischen Praxis werden Speicher mit mehreren Eingängen und einem Ausgang meist nicht mittels einer der Speichergleichungen [1]

(20a) $$z \Longleftrightarrow u_1 \vee (u_{1t} \vee u_z) z_- \quad ,$$

(20b) $$z \Longleftrightarrow w_0 (w_{0t}\ w_z \vee z_-)$$

als Selbsthaltekreise berechnet, sondern durch Dekomposition so bestimmt, daß ein vorgegebener Elementarspeicher zum Einsatz kommt. Ein Elementarspeicher ist ein technisch sinnvoller Speicher mit zwei Eingängen und einem Ausgang; ein Speicher mit zwei Eingängen ist technisch sinnvoll, wenn jeder speichernden Eingangsbelegung genau eine löschende und eine setzende Eingangsbelegung benachbart ist. In diesem Abschnitt soll gezeigt werden, wie für jeden Elementarspeicher aus der in (19) formulierten allgemeinen Lösung der Dekompositions-Aufgabe einfache Gleichungen hergeleitet werden können, die jede gewünschte Vorlogik zu bestimmen gestatten. Wie sich zeigen wird, sind die Gleichungen zur Bestimmung der Vorlogik spezifisch oder charakteristisch für jeden Elementarspeicher, sodaß wir von den charakteristischen (kurz: char.) Gleichungen eines Elementarspeichers sprechen werden.

Zur Entwicklung der char. Gleichungen wird zweckmäßigerweise von der Darstellung eines Speichers im K-Diagramm ausgegangen. Der Wertebereich eines Speichers ist nach der Speicherdefinition (4) die Menge $\hat{\omega}=\{\{0\},\{1\},\{0,1\}\}$, sodaß jedem Elementarfeld des K-Diagramms eines Speichers genau eines der Elemente $\{0\}$, $\{1\}$ oder $\{0,1\}$ von $\hat{\omega}$ einzutragen ist und umgekehrt muß jedes der Elemente aus $\hat{\omega}$ im K-Diagramm mindestens einmal vorkommen. Ausschließlich als Schreiberleichterung werden die Elemente von $\hat{\omega}$, gemäß

(21) $$(\{0\},\{1\},\{0,1\})=(0,1,z) \quad ,$$

durch die Symbole 0,1 und z ersetzt. In der rechten oberen Ecke von jedem Elementarfeld eines K-Diagramms können die Eingangsbelegungen eingetragen werden.

Gemäß den obigen Vereinbarungen kann ein beliebig gewählter Elementarspeicher entsprechend dem K-Diagramm des Bildes 1 dargestellt werden. Aus Bild 1 ist auch ersichtlich, daß die maximalen K-Mengen

$$S_{y_1}=\{2,3\} \quad , \quad S_{y_2}=\{1,3\}$$

jeweils jene Eingangsbelegungen s umfassen, die den y_1-, bzw. y_2-Spalten angehören. Somit erhält man aus (19a) und aus der Bedeutung von s und t gemäß Bild 1:

$$y_1 \leftrightarrow \bigvee_{s \in S_{y_1}} u_{t,s}(r) \leftrightarrow u_{z2}(r) \vee u_{13}(r) \quad ,$$

$$y_2 \leftrightarrow \bigvee_{s \in S_{y_2}} u_{t,s}(r) \leftrightarrow u_{01}(r) \vee u_{13}(r) \quad .$$

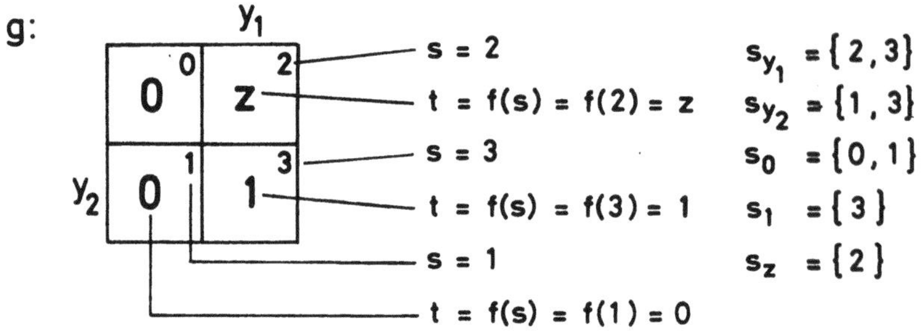

Bild 1: Beispiel eines Elementarspeichers, dessen charakteristische Gleichungen berechnet werden

Aus der Nebenbedingung (19c) erhält man für jedes $t \in \{0,1,z\}$ und mit $S_0=\{0,1\}$, $S_1=\{3\}$, $S_z=\{2\}$ aus Bild 1 die Beziehungen:

$$R_0=R_{00} \cup R_{01} \quad , \quad R_1=R_{13} \quad , \quad R_z=R_{z2} \quad ,$$

während (19d) trivialerweise

$$R_{00} \cap R_{01} = \emptyset$$

liefert. Hieraus, sowie aus $R_0=R_{00} \cup R_{01}$ folgt

$$\emptyset \subseteq R_{01} \subseteq R_0 \quad ,$$

womit R_{01} als eine beliebige (aber feste) Teilmenge von R_0 zu interpretieren ist! Um dies mnemotechnisch hervorzuheben, werden wir R_{01} durch R_{0t} ersetzen. Und da, wie oben gezeigt, $R_{13}=R_1$ und $R_{z2}=R_z$ gilt, erhält man für y_1 und y_2 die Gleichungen

$$y_1 \leftrightarrow u_1(r) \vee u_z(z) \quad ,$$

$$y_2 \leftrightarrow u_1(r) \vee u_{0t}(z) \quad ,$$

in denen u_1, u_z, u_{0t} jeweils die char. Logikfunktionen von R_1, R_z und R_{0t} gemäß Abschnitt 4 sind; R_{0t} ist eine beliebige Teilmenge von R_0:

$$\emptyset \subseteq R_{0t} \subseteq R_0 \quad .$$

In den Tabellen 1 bis 3 sind die char. Gleichungen (mit den jeweiligen Nebenbedingungen) aller technisch sinnvollen Elementarspeicher angeführt. Die beiden Speicher einer beliebigen Zeile der Tabellen unterscheiden sich nur durch das Vertauschen der Eingangsvariablen; d.h., jeder Zeile der Tabellen kann durch genau einer gerätetechnischen Realisierung eines Elementarspeichers entsprochen werden. Werden beispielsweise die Eingänge des Speichers $g_{12,1}$ mit y_1 und y_2 bezeichnet, so wird bei Vertauschung dieser Eingänge y_1 in y_2^* und y_2 in y_1^* umbenannt und die neue Speicherfunktion $g_{10,1}$ erhalten (siehe Tabelle 1, Zeile 1). Die Klassifizierung der Speicher erfolgt gemäß [1]: der erste Index ist das Dezimaläquivalent der löschenden, der zweite Index das der setzenden Eingangsbelegungen. Werden bei einem gegebenen Speicher die ihn klassifizierenden Indizes vertauscht, so erhält man den negierten Speicher; so sind etwa die Speicher $g_{12,1}$ (Tabelle 1) und $g_{1,12}$ (Tabelle 2) zueinander negiert.

Basis-Speicher	Char. Glchn.	Basis-Speicher	Neben-bedingung
$g_{12,1}$ y_1 0 z y_2 0 1	$y_1 \Leftrightarrow u_1 \vee u_z \Leftrightarrow y_2^*$ $y_2 \Leftrightarrow u_1 \vee u_{0t} \Leftrightarrow y_1^*$	$g_{10,1}$ y_1^* 0 0 y_2^* z 1	$\phi \subseteq R_{0t} \subseteq R_0$
$g_{12,2}$ y_1 0 1 y_2 0 z	$y_1 \Leftrightarrow u_z \vee u_1 \Leftrightarrow y_2^*$ $y_2 \Leftrightarrow u_z \vee u_{0t} \Leftrightarrow y_1^*$	$g_{10,4}$ y_1^* 0 0 y_2^* 1 z	
$g_{3,4}$ y_1 z 0 y_2 1 0	$y_1 \Leftrightarrow u_0 \Leftrightarrow y_2^*$ $y_2 \Leftrightarrow u_1 \vee u_{0t} \Leftrightarrow y_1^*$	$g_{5,2}$ y_1^* z 1 y_2^* 0 0	
$g_{3,8}$ y_1 1 0 y_2 z 0	$y_1 \Leftrightarrow u_0 \Leftrightarrow y_2^*$ $y_2 \Leftrightarrow u_z \vee u_{0t} \Leftrightarrow y_1^*$	$g_{5,8}$ y_1^* 1 z y_2^* 0 0	

Tabelle 1:

Charakteristische Gleichungen der überwiegend löschenden Speicher

Basis-Speicher	Char. Glchn.	Basis-Speicher	Neben-bedingung
$g_{1,12}$ $\begin{array}{c\|cc} & y_1 & \\ \hline & 1 & z \\ y_2 & 1 & 0 \end{array}$	$y_1 \Leftrightarrow u_o \vee u_z \Leftrightarrow y_2^*$ $y_2 \Leftrightarrow u_o \vee u_{1t} \Leftrightarrow y_1^*$	$g_{1,10}$ $\begin{array}{c\|cc} & y_1^* & \\ \hline & 1 & 1 \\ y_2^* & z & 0 \end{array}$	
$g_{2,12}$ $\begin{array}{c\|cc} & y_1 & \\ \hline & 1 & 0 \\ y_2 & 1 & z \end{array}$	$y_1 \Leftrightarrow u_z \vee u_o \Leftrightarrow y_2^*$ $y_2 \Leftrightarrow u_z \vee u_{1t} \Leftrightarrow y_1^*$	$g_{4,10}$ $\begin{array}{c\|cc} & y_1^* & \\ \hline & 1 & 1 \\ y_2^* & 0 & z \end{array}$	$\phi \subseteq R_{1t} \subseteq R_1$
$g_{4,3}$ $\begin{array}{c\|cc} & y_1 & \\ \hline & z & 1 \\ y_2 & 0 & 1 \end{array}$	$y_1 \Leftrightarrow u_1 \Leftrightarrow y_2^*$ $y_2 \Leftrightarrow u_o \vee u_{1t} \Leftrightarrow y_1^*$	$g_{2,5}$ $\begin{array}{c\|cc} & y_1^* & \\ \hline & z & 0 \\ y_2^* & 1 & 1 \end{array}$	
$g_{8,3}$ $\begin{array}{c\|cc} & y_1 & \\ \hline & 0 & 1 \\ y_2 & z & 1 \end{array}$	$y_1 \Leftrightarrow u_1 \Leftrightarrow y_2^*$ $y_2 \Leftrightarrow u_z \vee u_{1t} \Leftrightarrow y_1^*$	$g_{8,5}$ $\begin{array}{c\|cc} & y_1^* & \\ \hline & 0 & z \\ y_2^* & 1 & 1 \end{array}$	

Tabelle 2:

Charakteristische Gleichungen der überwiegend setzenden Speicher

Basis-Speicher	Char. Glchn.	Basis-Speicher	Neben-bedingung
$g_{8,1}$ $\begin{array}{c\|cc} & y_1 & \\ \hline & 0 & z \\ y_2 & z & 1 \end{array}$	$y_1 \Leftrightarrow u_1 \vee u_{za}$ $y_2 \Leftrightarrow u_1 \vee u_{zb}$		
$g_{1,8}$ $\begin{array}{c\|cc} & y_1 & \\ \hline & 1 & z \\ y_2 & z & 0 \end{array}$	$y_1 \Leftrightarrow u_o \vee u_{za}$ $y_2 \Leftrightarrow u_o \vee u_{zb}$		$\phi \subseteq R_{za} \subseteq R_z$ $R_{zb} = R_z \cap \bar{R}_{za}$
$g_{4,2}$ $\begin{array}{c\|cc} & y_1 & \\ \hline & z & 1 \\ y_2 & 0 & z \end{array}$	$y_1 \Leftrightarrow u_1 \vee u_{zt} \Leftrightarrow y_2^*$ $y_2 \Leftrightarrow u_o \vee u_{zt} \Leftrightarrow y_1^*$	$g_{2,4}$ $\begin{array}{c\|cc} & y_1^* & \\ \hline & z & 0 \\ y_2^* & 1 & z \end{array}$	$\phi \subseteq R_{zt} \subseteq R_z$

Tabelle 3:

Charakteristische Gleichungen der überwiegend speichernden Speicher

7. DIE RS-FLIPFLOPS ALS BASISSPEICHER

In elektronischen Schaltungen werden häufig NOR- oder NAND-Flipflops eingesetzt. Es handelt sich hierbei um symmetrisch aufgebaute Speicherschaltungen mit zwei Eingängen und zwei zueinander negierten Ausgängen.

Im folgenden sollen die char. Gleichungen dieser Flipflops abgeleitet werden. Hierzu benötigen wir die (ohne Beweis angeführten) Beziehungen:

(22) $$u_1 \vee u_y \Leftrightarrow \overline{u_0}\ , \quad u_0 \vee u_y \Leftrightarrow \overline{u_1}\ , \quad u_0 \vee u_1 \Leftrightarrow \overline{u_y}$$

(23) $$w_1\ w_y \Leftrightarrow \overline{w_0}\ , \quad w_0\ w_y \Leftrightarrow \overline{w_1}\ , \quad w_0\ w_1 \Leftrightarrow \overline{w_y}\ .$$

Nun schreiben wir die Speichergleichungen (20) und ihre Negationen für den Fall vollständiger Hazardfreiheit [1] an ($R_{0t} = R_0$ und $R_{1t} = R_1$):

(24) $$z \Leftrightarrow u_1 \vee (u_1 \vee u_y) z_-\ , \quad \bar{z} \Leftrightarrow u_0 \vee (u_0 \vee u_z) \bar{z}_-$$

(25) $$z \Leftrightarrow w_0 (w_0\ w_z \vee z_-)\ , \quad \bar{z} \Leftrightarrow w_1 (w_1\ w_z \vee \bar{z}_-)\ .$$

Unter Verwendung von (22) können die in (24) angeführten Speichergleichungen weiter umgeformt werden:

$$z \Leftrightarrow u_1 \vee \overline{u_0} z_-\ , \quad \bar{z} \Leftrightarrow u_0 \vee \overline{u_1} \bar{z}_-\ .$$

Durch negiertes Anschreiben der letzten Terme erhält man schließlich:

(26) $$z \Leftrightarrow u_1 \vee \overline{(u_0 \vee \bar{z}_-)}\ , \quad \bar{z} \Leftrightarrow u_0 \vee \overline{(u_1 \vee z_-)}\ .$$

Die beiden Selbsthaltekreise dieser Gleichungen können - obzwar dies mathematisch nicht zulässig ist (!) - nach Vernachlässigung der Verzögerungen in den Rückführungen, zusammengefaßt werden: man erhält die Schaltung des Bildes 2a.

Durch Negation der beiden Gleichungen (26) erhält man unmittelbar

(27) $$\bar{z} \Leftrightarrow \overline{u_1 \vee \overline{(u_0 \vee \bar{z}_-)}}\ , \quad z \Leftrightarrow \overline{u_0 \vee \overline{(u_1 \vee z_-)}}\ ,$$

also jene Gleichungen, die zur Schaltung des Bildes 2b führen. Die beiden Funktionen $u_0 \Leftrightarrow u_0(r)$ und $u_1 \Leftrightarrow u_1(r)$ werden üblicherweise mit S und R abgekürzt:

(28) $$S \Leftrightarrow u_1(r) \qquad R \Leftrightarrow u_0(r)$$

und diese Buchstaben zur Bezeichnung der jeweiligen Eingänge des RS-Flipflops des Bildes 2 verwendet. Man beachte, daß die beiden Eingangsvariablen S und R nicht gleichzeitig wahr sein dürfen, da es bei einem Übergang von (S,R)=(1,1) zur speichernden Eingangsbelegung (S,R)=(0,0) zu einem Wettlauf der rückgeführten Ausgangssignale käme, dessen Ausgang

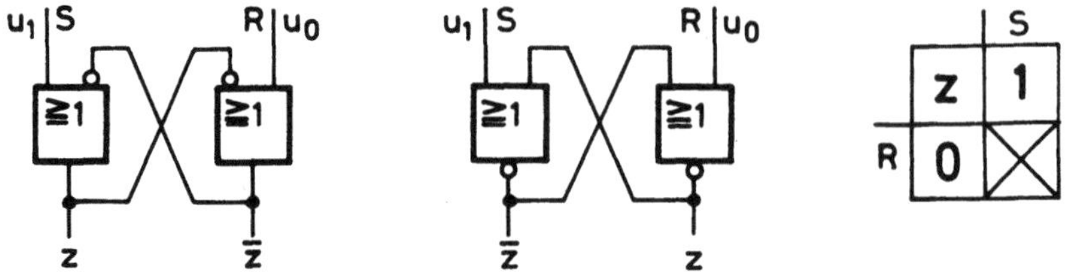

(a) Realisierung durch IMPLIKATION

(b) Realisierung durch NOR

(c) Karnaugh-Diagramm des RS-Flipflops

Bild 2: Realisierungen und Übertragungsverhalten des RS-Flipflops

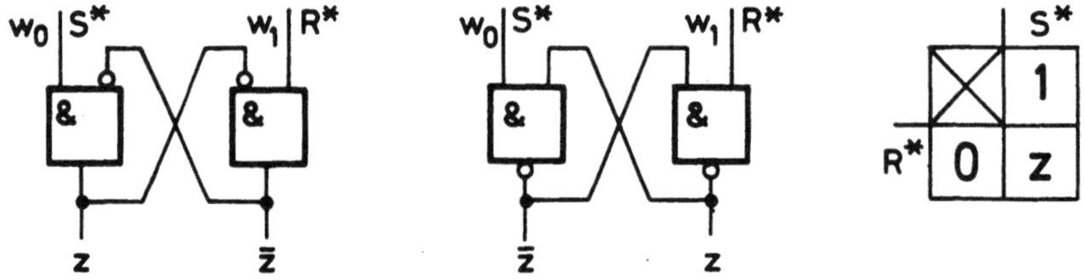

(a) Realisierung durch INHIBITION

(b) Realisierung durch NAND

(c) Karnaugh-Diagramm des SR-Flipflopsss

Bild 3: Realisierungen und Übertragungsverhalten des SR-Flipflops

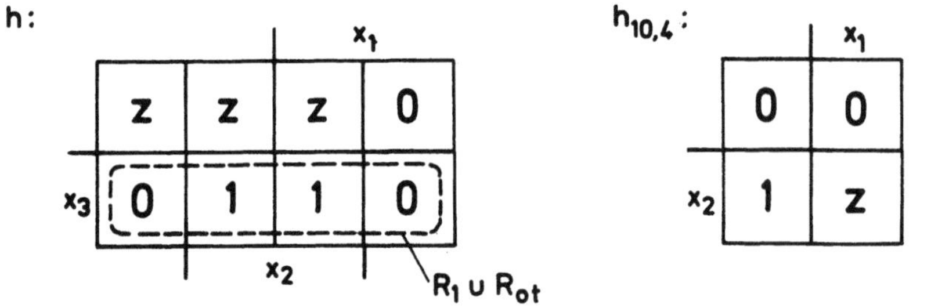

Bild 4: Karnaugh-Diagramme von zwei Speichern, die durch Dekomposition zu realisieren sind

ungewiß wäre. Da die Variablen S und R niemals gleichzeitig 1 sind, wenn sie nach (28) berechnet werden ($u_o(r) \wedge u_1(r)$ ist für alle r kontradiktorisch), stellen diese Gleichungen die char. Gleichungen des RS-Flipflops dar! Diesen Sachverhalt schreiben wir kurz:

(29) $$\text{RS-Flipflop: } S \Leftrightarrow u_1(r) \;,\; R \Leftrightarrow u_o(r) \;.$$

Zur Herleitung des NAND-Flipflops (siehe Bild 3) wird von (25) ausgegangen. Den so erhaltenen Speicher nennen wir SR-Flipflop, um ihn von dem oben hergeleiteten RS-Flipflop (Bild 2) zu unterscheiden. Für das SR-Flipflop dürfen die Eingangsvariablen S^* und R^* nicht gleichzeitig null sein. Die char. Gleichungen können errechnet werden zu:

(30) $$\text{SR-Flipflop: } S^* \Leftrightarrow w_o(r) \;,\; R^* \Leftrightarrow w_1(r) \;.$$

8. DAS AUFFINDEN DER EINFACHSTEN VORLOGIK MITTELS KARNAUGH-DIAGRAMM

Anhand von Beispielen soll im vorliegenden Abschnitt gezeigt werden, wie die char. Gleichungen der Basisspeicher zur Berechnung einer beliebigen, ja einfachsten Vorlogik verwendet werden können.

Vorerst sei angenommen, daß der in Bild 4a durch ein K-Diagramm gegebene Speicher mit drei Eingängen und einem Ausgang auf der Basis eines RS-Flipflops zu realisieren sei. Aus den char. Gleichungen (24) des RS-Flipflops ist ersichtlich, daß die Funktionen $u_1(r)$ und $u_o(r)$ zu berechnen sind; sie sind aus dem K-Diagramm des zu entwerfenden Speichers h zu berechnen. Aus (24) und Bild 4a erhält man für h unmittelbar:

$$\text{SR-Flipflop: } S \Leftrightarrow x_2 \, x_3 \;,\; R \Leftrightarrow \overline{x_2}(x_1 \vee x_3) \;.$$

Da in (24) keine wählbaren Terme vorkommen, existiert für einen gegebenen Speicher h stets genau eine Lösung.

Nun soll der eben betrachtete Speicher h (Bild 4a) auf der Basis des Elementarspeichers $g_{12,1}$ (siehe Tabelle 1, Zeile 1) so realisiert werden, daß die einfachste Vorlogik bestimmt wird. Die char. Gleichungen des Basisspeichers $g_{12,1}$ lauten:

$$y_1 \Leftrightarrow u_1(r) \vee u_z(r) \;,$$

$$y_2 \Leftrightarrow u_1(r) \vee u_{ot}(r) \;.$$

Zur Berechnung von y_1 wird folgendermaßen verfahren: man berechnet die char. Logikfunktion u jener Fläche des K-Diagramms von Bild 4a, die entweder von 1 oder von z bedeckt wird; d.h. $u_1(r) \vee u_z(r) \Leftrightarrow x_2 \vee \overline{x_1}\,\overline{x_3}$. Bei der Berechnung von y_2 muß die char. Logikfunktion u jener Fläche $R_1 \cup R_{0t}$ berechnet werden, die alle 1-Felder und beliebige 0-Felder enthält ($\emptyset \subseteq R_{Ot} \subseteq R_O$). Die Fläche, die offenbar die einfachste char. Logikfunktion u liefert, ist in Bild 4a eingezeichnet; man erhält: $u_1(r) \vee u_{ot} \Longleftrightarrow x_3$. Die einfachste Vorlogik für das eben besprochene Beispiel lautet also:

$$y_1 \Longleftrightarrow x_2 \vee \overline{x}_1 \overline{x}_3 \quad ,$$

$$y_2 \Longleftrightarrow x_3 \quad .$$

Die Bestimmung der einfachsten Vorlogik bei der Speicher-Dekomposition ist, wie oben gezeigt wurde, ebenso einfach wie das konventionelle Minimieren im K-Diagramm.

9. EIN UNGELÖSTES PROBLEM: VORLOGIK - MIT ODER OHNE RÜCKFÜHRUNG

Die Dekomposition des in Bild 4b wiedergegebenen Speichers $h_{10,4}$ nach dem Basisspeicher $g_{2,4}$ (Tabelle 3; Zeile 3) liefert genau zwei mögliche Lösungen für die Vorlogik, je nachdem $R_{zt} = \emptyset$ oder $R_{zt} = R_z$ gesetzt wird. Die Lösungen lauten:

$$y_1 \Longleftrightarrow x_1 \vee \overline{x}_2 \ , \qquad y_1 \Longleftrightarrow \overline{x}_2 \ ,$$

$$y_2 \Longleftrightarrow x_2 \ , \quad \text{bzw.} \quad y_2 \Longleftrightarrow \overline{x}_1 x_2 \ .$$

Nun ist leicht zu zeigen, daß für den zu zerlegenden Speicher $h_{10,4}$ eine andere Art von 'Vorlogik' als oben in Form der intuitiven Ansätze (für die der Autor keine Begründung anzugeben vermag)

$$y_1 \Longleftrightarrow x_1 \vee z_- \ , \qquad y_1 \Longleftrightarrow \overline{x}_2$$

$$y_2 \Longleftrightarrow x_2 \ , \quad \text{bzw.} \quad y_2 \Longleftrightarrow \overline{x}_1 \overline{z}_- \ ,$$

angegeben werden kann. Die eben angeschriebenen Ansätze stellen kombinatorische Schaltungen mit drei Eingängen und zwei Ausgängen dar. Der hinzugekommene dritte Eingang ist das rückgeführte Ausgangssignal! Die durch die obigen Ansätze beschriebenen Lösungen werden nicht durch die in diesem Beitrag dargelegte Dekompositionstheorie erklärt. Eine weitere Verallgemeinerung der Dekompositionstheorie ist also offenbar vonnöten.

Die Richtigkeit der obigen Ansätze ist leicht dadruch zu zeigen, daß sie in der Gleichung

$$z \Longleftrightarrow \overline{y}_1 y_2 \vee (\overline{y}_1 \vee y_2) z_-$$

des Basisspeichers $g_{2,4}$ eingesetzt werden. Man erhält in beiden Fällen die Gleichung

$$z \Longleftrightarrow x_2 (\overline{x}_1 \vee z_-)$$

des zu zerlegenden Speichers $h_{10,4}$.

10. SCHLUSSBEMERKUNG UND LITERATUR

Die derzeitigen Dekompositions-Verfahren sind entweder tabellarische Methoden (etwa [2], [3], [4] oder [5]) oder Matrixmethoden (etwa [6], [7]). Das in diesem Beitrag angegebene Verfahren (das in [8] vorgestellt wurde) dürfte erstmals eine allgemeine Lösung des Dekompositions-Problems enthalten (siehe Satz (19)). Weiters scheint das vorgestellte Verfahren das einzige zu sein, das die Verwendung des Karnaugh-Diagramms erlaubt; hierdurch ist es in einem gewissen Rahmen möglich, auf einfache Weise (und ohne Einsatz eines Rechners) eine einfachste Vorlogik zu ermitteln.

[1] Vingron, P.: Theorie der kombinatorischen Schaltungen und Speicher. Esslingen: Festo-Didactic. (Erscheint voraussichtlich 1979).

[2] Ashenhurst, R.L.: The Decomposition of Switching Functions. Proceedings of an international Symposium on the Theory of Switching, April 2-7, 1957. In: Annals of the Computation Laboratory of Harvard University, vol. 29, pp. 74-116, 1959.

[3] Curtis, H.A.: A New Approach to the Design of Switching Circuits. D. Van Norstrand Company, Inc., Princeton, N.J., 1962.

[4] Marin, M.A.: Investigation of the Field of Problems for the Boolean Analyzer. Ph.D., University of California, Los Angeles, 1968.

[5] Pospelow, D.A.: Analyse und Synthese von Schaltsystemen. Berlin: VEB Verlag Technik, 1973.

[6] Föllinger, O., Weber, W.: Methoden der Schaltalgebra. München, Wien: Oldenbourg, 1967.

[7] Fricke, J.: Dekomposition mehrwertiger logischer Funktionen. Dissertation, Ruhr-Universität, Bochum, 1978.

[8] Vingron, P.: Dekomposition kombinatorischer Schaltungen und Speicher - ein geräteorientiertes Syntheseverfahren. Messen-Steuern-Regeln (msr): Jg. 20 (1977), Heft 5, S. 245-251.

DEKOMPOSITION MEHRWERTIGER LOGISCHER FUNKTIONEN

DECOMPOSITION OF MULTIPLE-VALUED LOGIC FUNCTIONS

Jürgen Fricke
Lehrstuhl für Meß- und Regelungstechnik
Ruhr-Universität Bochum
Bundesrepublik Deutschland

1. Abstract

Die Arbeit beschäftigt sich mit dem Entwurf mehrwertiger logischer Funktionen und mehrwertiger Speicherfunktionen durch komplexe Moduln. Es wird gezeigt, wie logische Funktionen durch postsche Vektoren oder durch Polynome dargestellt werden können. In der Polynomdarstellung werden nur die in der gewöhnlichen Arithmetik gebräuchlichen Operationen Addition und Multiplikation verwendet. Es wird eine Matrizengleichung hergeleitet, durch die alle Probleme der Zweistufendekomposition gelöst werden können. Der Lösungsweg wird mit Hilfe zweier Beispiele beschrieben.

2. Einführung

Der Entwurf logischer Schaltungen beruht auf der Anwendung einer Algebra (R,H,o). Die in dem Klammerausdruck stehenden Relationen R und die Operationen o sind auf der Menge H derart definiert, daß H unter jeder Operation o abgeschlossen ist. Dem mathematischen Begriff *Operation* entspricht der technische Begriff *Elementar-Modul*. Das heißt, die algebraische Darstellung einer mehrwertigen logischen Funktion $f(x_1,\ldots,x_n)$ gibt Auskunft darüber, welche Elementar-Moduln zur Realisierung von f benötigt werden und wie diese miteinander zu verbinden sind. Die Eigenschaft der Abgeschlossenheit mehrwertiger Algebren erlaubt es, den Ausgangswert eines Elementar-Moduls direkt dem Eingang eines anderen Elementar-Moduls zuzuführen. Wie *Wood* /1/ bemerkt, muß eine mehrwertige Algebra zur Beschreibung beliebiger funktionaler Zusammenhänge eine Menge funktional vollständiger Operationen besitzen.

Die algebraische Darstellung einer Funktion gibt dagegen keine Realisierungsvorschriften, wenn *komplexe* Moduln verschaltet werden sollen. Dieser Sachverhalt wird durch die Notwendigkeit der verschiedensten Dekompositionsmethoden unterstrichen. Die in der vorliegenden Arbeit beschriebene Dekompositionsmethode ist für beliebige komplexe Moduln geeignet. Bei der Herleitung wird auf den Gebrauch einer der üblichen funktional vollständigen Algebren verzichtet. Die logischen Funktionen werden durch Polynome beschrieben, wobei die Koeffizienten und Variablen dieser Polynome durch die Operationen der gewöhnlichen Algebra *Addition* und *Multiplikation* miteinander verknüpft sind. Soweit dem Autor bekannt ist, hat *Dujmović* /2/ erstmals ein derartiges mathematisches System zur Beschreibung mehrwertiger logischer Funktionen vorgestellt.

3. Beschreibung mehrwertiger kombinatorischer Funktionen und mehrwertiger Speicherfunktionen

Die Anzahl der Variablen einer mehrwertigen logischen Funktion sei n. Die Komponenten des n-dimensionalen *Belegungsvektors* +)

$$\underline{\delta}(i) := [\delta_j(i)],\ j = 0,1,\dots,n-1 \qquad (1)$$

sind die mit δ bezeichneten Koeffizienten der nicht negativen ganzen Zahl

$$i = \sum_{\nu=0}^{n-1} \delta_\nu(i)\Theta^\nu,\quad \delta_\nu(i) = 0,1,\dots,\Theta-1, \qquad (2)$$

$$\Theta \geq 2$$

die in einem Zahlensystem zur Basis Θ dargestellt ist.

Zwischen den Variablen einer Funktion $f(x_1,x_2,\dots,x_n)$ und den Komponenten des Belegungsvektors $\underline{\delta}(i)$ besteht folgenden Zuordnung:

$$\begin{aligned} x_1 &\ —\ \delta_0(i) \\ x_2 &\ —\ \delta_1(i) \\ &\ \ \vdots \\ x_n &\ —\ \delta_{n-1}(i). \end{aligned}$$

Die Gleichungen (1) und (2) besagen, daß die durch den Vektor $\underline{\delta}(i)$ beschriebene Eingangsbelegung einer logischen Schaltung durch die Dezimalzahl i ausgedrückt werden kann.

Der Minimalwert von i ergibt sich, wenn sämtliche Koeffizienten $\delta_\nu(i)$ in dem Summenausdruck (2) gleich Null sind zu

$$i_{min} = 0.$$

+) Spaltenvektoren werden durch unterstrichene Kleinbuchstaben gekennzeichnet, Zeilenvektoren als transponierte (T) Spaltenvektoren, Matrizen werden durch unterstrichene Großbuchstaben gekennzeichnet.

Der Maximalwert von i ergibt sich, wenn sämtliche Koeffizienten ihren maximalen Wert $\delta_\nu(i) = \Theta-1$ annehmen:

$$i_{max} = \sum_{\nu=0}^{n-1} (\Theta-1)\ \Theta^\nu$$

$$= (\Theta-1)\ (\Theta^0+\Theta^1+\Theta^2+\ldots+\Theta^{n-2}+\Theta^{n-1})$$

$$= \Theta^1+\Theta^2+\Theta^3+\ldots+\Theta^{n-1}+\Theta^n-(\Theta^0+\Theta^1+\Theta^2+\ldots+\Theta^{n-2}+\Theta^{n-1})$$

$$= \Theta^n-\Theta^0 = \Theta^n-1.$$

Daraus folgt für den Gültigkeitsbereich von i

$$0 \leq i \leq \Theta^n-1. \tag{3}$$

Der Belegungsvektor $\underline{\delta}(i)$ ist folglich nur für

$$n \geq \log_\Theta(i+1)$$

definiert.

Beispiel: Für i = 5 und n = 4 ergeben sich folgende Belegungsvektoren

$\underline{\delta}(5) = [1\ \ 0\ \ 1\ \ 0]^T$, falls $\Theta = 2$, und

$\underline{\delta}(5) = [2\ \ 1\ \ 0\ \ 0]^T$, falls $\Theta = 3$.

Mit Hilfe von $\underline{\delta}(i)$ wird der Vektor

$$\underline{k} = [k_i]\ ,\quad i = 0,1,\ldots,\Theta^{n-1}, \tag{4}$$

definiert. Die Komponenten dieses Vektors sind Produkte, die man mit den Variablen $x_1,\ldots,x_n$ bilden kann. Der algebraische Ausdruck für die i-te Komponente von $\underline{k}$ lautet

$$k_i := \prod_{\mu=1}^{n} x_\mu^{\delta_{\mu-1}(j)}\ ,\quad i = 0,1,\ldots,\Theta^n-1. \tag{5}$$

Beispiel: Mit den Variablen x_1,x_2 und $\Theta = 3$ erhält man

$$\underline{k} = [x_1^0x_2^0\ \ x_1^1x_2^0\ \ x_1^2x_2^0\ \ x_1^0x_2^1\ \ x_1^1x_2^1\ \ x_1^2x_2^1\ \ x_1^0x_2^2\ \ x_1^1x_2^2\ \ x_1^2x_1^2]^T$$

$$= [1\ \ x_1\ \ x_1^2\ \ x_2\ \ x_1x_2\ \ x_1^2x_2\ \ x_2^2\ \ x_1x_2^2\ \ x_1^2x_2^2]^T$$

Eine Θ-wertige kombinatorische Funktion $z = f(x_1,\ldots,x_n)$ wird beschrieben, indem jeder der Θ^n möglichen Wertekombinationen der unabhängigen Variablen $x_1,\ldots,x_n$ ein Element der Menge $H = \{0,1,\ldots,\Theta-1\}$ als Wert der abhängigen Variablen z zugeordnet wird. Der dem Belegungsvektor $\underline{\delta}(i)$ zugeordnete Wert von z wird mit u_i bezeichnet. Die Werte u_i werden zu dem Vektor

$$\underline{u} := [u_i] \; , \quad i = 0,1,\ldots,\Theta^n-1, \tag{6}$$

zusammengefaßt. Es gilt

$$u_i \in \{0,1,\ldots,\Theta-1\}.$$

Für mehrwertige Speicherfunktionen gilt

$$y' = f(x_1,\ldots,x_n,y). \tag{7}$$

In dieser Gleichung sind $x_1,\ldots,x_n$ unabhängige Variablen. y ist die abhängige Variable. Während $x_1,\ldots,x_n,y$ die Werte der jeweiligen Variablen zum gegenwärtigen Augenblick darstellen, gibt y' den Wert der abhängigen Variablen im darauffolgenden Augenblick an. y wird auch oft als momentaner Zustand bezeichnet, y' als nächster Zustand.

Der dem Belegungsvektor $\underline{\delta}(i)$ zugeordnete nächste Zustand y' wird mit u_i' bezeichnet. Die Werte u_i' werden zu dem Vektor

$$\underline{u}' := [u_i'] \; , \quad i = 0,1,\ldots,\Theta^n-1 \tag{8}$$

zusammengefaßt. Es gilt

$$u_i' \in \{0,1,\ldots\Theta-1,y\}.$$

Aus der Arbeit von Dujmović folgt, daß eine Θ-wertige logische Funktion mit Hilfe der Operationen Addition und Multiplikation in der folgenden Form beschrieben werden kann:

$$\begin{aligned} z &= f(x_1,\ldots,x_n) = a_o k_o + a_1 k_1 + \ldots + a_{\Theta^n-1} k_{\Theta^n-1} = \underline{a}^T \underline{k} \\ y' &= f(x_1,\ldots,x_n,y) = a_o' k_o + a_1' k_1 + \ldots + a'_{\Theta^n-1} k_{\Theta^n-1} = \underline{a}'^T \underline{k}. \end{aligned} \tag{9}$$

Die spezifischen Eigenschaften der Funktionen $z = f(x_1,\ldots,x_n)$ und $y' = f(x_1,\ldots,x_n,y)$ sind innerhalb dieser Ausdrücke in den Vektoren $\underline{a} := [a_i]$ und $\underline{a}' := [a_i']$, $i = 0,1,\ldots,\Theta^n-1$, enthalten. In /3/ wird gezeigt, daß diese Vektoren mit Hilfe einer Matrix $\underline{M}(\Theta,n)$ in die Vektoren $\underline{u}$ und $\underline{u}'$ überführt werden können. Es gilt

$$\begin{aligned} \underline{u} &= \underline{M}(\Theta,n)\underline{a} \\ \underline{u}' &= \underline{M}(\Theta,n)\underline{a}' \end{aligned} \tag{10}$$

Für n = 1 erhält man als allgemeines Element der Matrix $\underline{M}(\Theta,1) := [m_{ij}(\Theta,1)] \; , \quad i,j = 0,1,\ldots\Theta^1-1$:

$$m_{ij}(\Theta,1) = i^j \tag{11}$$

In der Literatur ist $\underline{M}(\Theta,1)$ als *Vandermondesche Matrix* bekannt. Für beliebige Werte von Θ und n erhält man die Matrix $\underline{M}(\Theta,n)$ rekursiv aus der Matrix $\underline{M}(\Theta,n-1)$, wenn die Matrix $\underline{M}(\Theta,1)$ gegeben ist:

$$\underline{M}(\Theta,n) = \underline{M}(\Theta,1) \times \underline{M}(\Theta,n-1) \tag{12}$$

In der letzten Gleichung bedeutet der Operator "×" das Kronecker-Produkt zweier Matrizen /vergl. Bellman , 5/.

Die Matrix $\underline{M}(\Theta,1)$ ist regulär, folglich existiert die Inverse $\underline{M}^{-1}(\Theta,1)$. Durch Anwendung der Regeln zur Bildung der Inversen eines Kronecker-Produktes kann die Inverse von $\underline{M}(\Theta,n)$ rekursiv aus der Inversen von $\underline{M}(\Theta,n-1)$ gebildet werden:

$$\begin{aligned} \underline{M}^{-1}(\Theta,n) &= (\underline{M}(\Theta,1) \times \underline{M}(\Theta,n-1))^{-1} \\ &= \underline{M}^{-1}(\Theta,1) \times \underline{M}^{-1}(\Theta,n-1). \end{aligned} \tag{13}$$

Die Matrix $\underline{M}^{-1}(\Theta,n)$ transformiert die Vektoren $\underline{u}$ und $\underline{u}'$ in die Vektoren $\underline{a}$ und $\underline{a}'$. Von nun an werden alle Vektoren, die eine logische Funktion in Form der Vektoren $\underline{a}$ und $\underline{a}'$ beschreiben, als transformiert betrachtet. Alle Vektoren, die eine logische Funktion in Form der Vektoren $\underline{u}$ und $\underline{u}'$ beschreiben, werden als nicht transformiert betrachtet. Da die Komponenten dieser Vektoren Elemente der Mengen $\{0,1,\ldots,\Theta-1\}$ und $\{0,1,\ldots, -1,y\}$ sind, werden sie als Postsche Vektoren bezeichnet.

4. Beschreibung der Schaltkreisstruktur

Bild 1 zeigt das Blockschaltbild bei mehrfacher Dekomposition einer kombinatorischen Funktion oder einer Speicherfunktion. Im Falle von kombinatorischen Funktionen wird die Funktion $z = f(x_1,\ldots,x_n)$ in die Funktion

$$z = g(r_1,\ldots,r_m) = \underline{b}^T\underline{t} \tag{14}$$

und m Funktionen

$$r_\nu = h_\nu(x_1,\ldots,x_n) = \underline{c}_\nu^T\,\underline{k}, \qquad \nu = 1,\ldots,m, \tag{15}$$

zerlegt.

Im Falle von Speicherfunktionen wird die Funktion $y' = f(x_1,\ldots,x_n,y)$ in die Speicherfunktion

$$y' = g(r_1,\ldots,r_m,y) = \underline{b}'^T\underline{t} \tag{16}$$

und m kombinatorische Funktionen

$$r_\nu = h_\nu(x_1,\ldots,x_n) = \underline{c}_\nu^T\,\underline{k}, \quad \nu = 1,\ldots,m, \tag{17}$$

zerlegt.

In diesen Gleichungen sind $\underline{b} := [b_i]$ bzw. $\underline{b}' := [b_i']$, $i = 0,1,\ldots\Theta^m-1$, die transformierten Vektoren der Funktionen $z = g(r_1,\ldots,r_m)$ bzw. $y' = g(r_1,\ldots,r_m,y)$. Die Vektoren $\underline{c}_\nu := [c_{i\nu}]$, mit $i = 0,1,\ldots,\Theta^n-1$ und $\nu = 1,\ldots,m$, sind transformierte Vektoren und beschreiben die Funktionen $h_1,\ldots,h_m$. Die korrespondierenden Postschen Vektoren sind $\underline{v} = \underline{M}\,\underline{b}$ +), $\underline{v}' = \underline{M}\,\underline{b}'$ und $\underline{w}_\nu = \underline{M}\,\underline{c}_\nu$. Der Vektor $\underline{t} := [t_j]$, $j = 0,1,\ldots,\Theta^m-1$, der in den Gleichungen (14) und (16) erscheint, dient zur Beschreibung der Funktion g und ist folgendermaßen definert:

$$t_j := \prod_{\nu=1}^{m} r_\nu^{\delta_{\nu-1}(j)}, \quad j = 0,1,\ldots,\Theta^m-1. \tag{18}$$

Ledley und *Huang* /4/ haben 3 typische Probleme beim Entwurf von mehrwertigen kombinatorischen Schaltungen beschrieben (Bild 1 auf S. 73).

1. Die Funktion $g(r_1,\ldots,r_m)$ und die Funktionen $h_1(x_1,\ldots,x_n),\ldots,$ $h_m(x_1,\ldots,x_n)$ sind gegeben. Die unbekannte Funktion $f(x_1,\ldots,x_n)$ soll berechnet werden.

2. Die Funktion $f(x_1,\ldots,x_n)$ und die Funktionen $h_1(x_1,\ldots,x_n),\ldots,$ $h_m(x_1,\ldots,x_n)$ sind gegeben. Die Funktion $g(r_1,\ldots,r_m)$ soll derart berechnet werden, daß sie gemeinsam mit den Funktionen $h_1,\ldots,h_m$ die Funktion f bildet.

3a. Die Funktionen $f(x_1,\ldots,x_n)$ und $g(r_1,\ldots,r_m)$ sind gegeben. Die Funktionen $h_1(x_1,\ldots,x_n),\ldots,$ $h_m(x_1,\ldots,x_n)$ sollen derart berechnet werden, daß sie gemeinsam mit der Funktion g die Funktion f bilden.

Diese Arbeit beschäftigt sich nur mit dem zweiten und dritten dieser drei Probleme. Das erste Problem ist ein Kompositions-Problem und läßt sich leicht lösen, indem die Funktionen $h_1,\ldots,h_m$ in die Funktion $g(r_1,\ldots,r_m)$ eingesetzt werden. Mit Hilfe der Gl. (29) des nächsten Abschnittes kann die Lösung rechnerisch ermittelt werden. Das dritte Problem wird sowohl zur Dekomposition von kombinatorischen Funktionen als auch von Speicherfunktionen verwendet. Wenn eine Speicherfunktion zerlegt werden soll, lautet das Problem folgendermaßen:

3b. Die Speicherfunktionen $f(x_1,\ldots,x_n,y)$ und $g(r_1,\ldots r_m,y)$ sind gegeben. Die kombinatorischen Funktionen $h_1(x_1,\ldots,x_m),\ldots,$ $h_m(x_1,\ldots,x_n)$ sollen derart berechnet werden, daß sie gemeinsam mit der Funktion g die Funktion f bilden.

+) Aus Gründen der Übersichtlichkeit sind bei der Matrix $\underline{M}$ die Argumente Θ und n fortgelassen worden.

5. Herleitung der Gleichungen für die Lösung

In diesem Abschnitt wird die Gleichung $\underline{u} = \underline{S}\,\underline{v}$ hergeleitet, in der der Postsche Vektor $\underline{v}$ einer kombinatorischen Funktion g in den Postschen Vektor $\underline{u}$ einer kombinatorischen Funktion f transformiert wird. Die Matrix $\underline{S}$ der Transformationsgleichung beschreibt die Funktionen $h_1,\dots,h_m$. Für Speicherfunktionen erhält man $u' = \underline{S}\,\underline{v}'$. Die Herleitung beider Gleichungen ist für kombinatorische Funktionen und für Speicherfunktionen gleich. Aus diesem Grunde werden im folgenden nur kombinatorische Funktionen betrachtet.

Gl. (18) wird in Gl. (14) eingesetzt. Durch Übergang zur Summenschreibweise erhält man

$$z = g(r_1,\dots,r_m) = \sum_{j=0}^{\Theta^m-1} b_j \prod_{\nu=1}^{m} r_\nu^{\delta_{\nu-1}(j)} \tag{19}$$

Mit Hilfe des Lösungsansatzes

$$\begin{aligned} z &= f(x_1,\dots,x_n) \\ &= g\left[h_1(x_1,\dots,x_n),\dots,h_m(x_1,\dots,x_n)\right] \end{aligned}$$

erhält man durch Einsetzen von Gl. (17) in Gl. (19)

$$f(x_1,\dots,x_n) = \sum_{j=0}^{\Theta^m-1} b_j \prod_{\nu=1}^{m} \left[\underline{c}_\nu^T\,\underline{k}\right]^{\delta_{\nu-1}(j)} \tag{20}$$

In diesem Ausdruck ist nur das Produkt $\underline{c}_\nu^T\,\underline{k}$ von den Variablen $x_1,\dots,x_n$ abhängig. Die Funktion $r_\nu = h_\nu(x_1,\dots,x_n) = \underline{c}_\nu^T\,\underline{k}$ wird durch den Postschen Vektor $\underline{w}_\nu$ beschrieben. Durch Einsetzen der Komponenten des Belegungsvektors $\underline{\delta}(i)$ in die Komponenten des Vektors $\underline{k} := [k_i]$ entsprechend der Gleichung $x_\mu = \delta_{\mu-1}(i)$, wobei $i = 0,1,\dots,\Theta^n-1$ gilt, erhält man den Vektor $\underline{w}_\nu := [w_{i\nu}]$. Andererseits ist der dem Belegungsvektor $\underline{\delta}(i)$ zugeordnete Wert von z gleich u_i. Durch Einsetzen des Belegungsvektors $\underline{\delta}(i)$ in Gl. (20) erhält man für $i = 0,1,\dots,\Theta^n-1$

$$\begin{aligned} u_0 &= \sum_{j=0}^{\Theta^m-1} b_j \prod_{\nu=1}^{m} w_{0\nu}^{\delta_{\nu-1}(j)} \\ u_1 &= \sum_{j=0}^{\Theta^m-1} b_j \prod_{\nu=1}^{m} w_{1\nu}^{\delta_{\nu-1}(j)} \\ &\cdots\cdots\cdots\cdots \\ u_{\Theta^n-1} &= \sum_{j=0}^{\Theta^m-1} b_j \prod_{\nu=1}^{m} w_{\Theta^n-1,\nu}^{\delta_{\nu-1}(j)} \end{aligned} \tag{21}$$

Mit den Abkürzungen

$$p_{ij} := \prod_{\nu=1}^{m} w_{i\nu}^{\delta_{\nu-1}(j)} \tag{22}$$

läßt sich die Matrix

$$\underline{P} := [p_{ij}] \quad \begin{matrix} i = 0,1,\ldots,\Theta^n-1 \\ j = 0,1,\ldots,\Theta^m-1 \end{matrix} \tag{23}$$

definieren, so daß das Gleichungssystem in übersichtlicher Schreibweise durch die Matrizengleichung

$$\underline{u} = \underline{P}\ \underline{b} \tag{24}$$

angegeben werden kann.

Wie man aus Gl.(22) ableiten kann, ist für $j = \Theta^{\nu-1}$ und $\nu = 1,\ldots,m$ die Spalte j der Matrix $\underline{P}$ gleich dem Vektor $\underline{w}_\nu$.

Für Speicherfunktionen erhält man eine zu Gl.(24) ähnliche Beziehung:

$$\underline{u}' = \underline{P}\ \underline{b}'. \tag{25}$$

Die Gleichung $\underline{u} = \underline{P}\ \underline{b}$ beschreibt eine Beziehung zwischen dem transformierten Vektor $\underline{b}$ der Funktion g und dem Postschen Vektor $\underline{u}$ der Funktion f. Die rechte Seite der Gleichung $\underline{u} = \underline{P}\ \underline{b}$ wird nun mit der Einheitsmatrix $\underline{E}=\underline{M}^{-1}\underline{M}$ multipliziert. Man erhält

$$\underline{u} = (\underline{P}\ \underline{M}^{-1})(\underline{M}\ \underline{b}). \tag{26}$$

In diesem Abschnitt ist der Faktor $\underline{M}\ \underline{b}$ bereits als der Postsche Vektor $\underline{v} = \underline{M}\ \underline{b}$ bekannt, der Faktor

$$\underline{S} := \underline{P}\ \underline{M}^{-1} \tag{27}$$

soll noch genauer untersucht werden.

In /3/ wurde gezeigt, daß für die Elemente s_{ik} der in Gl.(27) definierten Matrix $\underline{S}$

$$s_{ik} \in \{0,1\} \tag{28}$$

gilt. Pro Zeile enthält $\underline{S}$ genau einmal das Element "1". Eine weitere Eigenschaft der Matrix $\underline{S}$ soll nun anhand von Bild 1 beschrieben werden. Jedem Zustand der Variablen $x_1,\ldots,x_n$ wird mit Hilfe der Funktionen $h_1,\ldots,h_m$ ein Zustand der Variablen $r_1,\ldots,r_m$ zugeordnet. Die Zustände der Variablen $x_1,\ldots,x_n$ sind den Zeilen der Matrix $\underline{S}$ zugeordnet, die Zustände der Variablen $r_1,\ldots,r_m$ den Spalten von $\underline{S}$. Das Element s_{ik} ist gleich 1, wenn der Zustand i der Variablen $x_1,\ldots,x_n$ den Zustand k der Variablen $r_1,\ldots,r_m$ hervorruft. Die Zustände i und k werden durch die Belegungsvektoren $\underline{\delta}(i)$ und $\underline{\delta}(k)$ beschrieben.

Aus den Gleichungen (26) und (27) folgt

$$\underline{u} = \underline{S}\ \underline{v} \tag{29}$$

für kombinatorische Funktionen, und

$$\underline{u}' = \underline{S}\ \underline{v}' \tag{30}$$

für Speicherfunktionen.

Mit der Eigenschaft der Matrix $\underline{S}$ ($s_{ik} \in \{0,1\}$, pro Zeile ein Element gleich "1") folgt aus den beiden letzten Gleichungen eine Lösungsmöglichkeit dieser Gleichungen

$$\begin{aligned} &\text{Wenn } s_{ik} = 1, \text{ dann } u_i = v_k, \\ &\qquad \text{oder } u_i' = v_k' , \\ &\qquad\quad \text{für } i = 0,1,\ldots,\Theta^n-1 \\ &\qquad\quad\quad k = 0,1,\ldots,\Theta^m-1 \end{aligned} \tag{31}$$

6. Lösung

Zunächst wird die Lösung von Problem 2 mit Hilfe eines Beispiels beschrieben. Gegeben ist eine dreiwertige kombinatorische Funktion $f(x_1,x_2)$ durch den Vektor $\underline{u} = [210\ \ 210\ \ 000]^T$. Die Funktionen $h_1(x_1,x_2)$ und $h_2(x_1,x_2)$ werden durch die Vektoren $\underline{w}_1 = [222\ \ 222\ \ 000]^T$ und $\underline{w}_2 = [210\ \ 210\ \ 210]^T$ beschrieben. Die unbekannte Funktion $g(r_1,r_2)$ soll berechnet werden. Durch Bildung der Matrix $\underline{S}$ folgt mit der Gleichung $\underline{u} = \underline{S}\ \underline{v}$:

x_1x_2 \ r_1r_2	00	10	20	01	11	21	02	12	22		$\underline{v}$		$\underline{u}$
00	0	0	0	0	0	0	0	0	1		v_0		2
10	0	0	0	0	0	1	0	0	0		v_1		1
20	0	0	1	0	0	0	0	0	0		v_2		0
01	0	0	0	0	0	0	0	0	1		v_3		2
11	0	0	0	0	0	1	0	0	0		v_4	=	1
21	0	0	1	0	0	0	0	0	0		v_5		0
02	0	0	0	0	0	0	1	0	0		v_6		0
12	0	0	0	1	0	0	0	0	0		v_7		0
22	1	0	0	0	0	0	0	0	0		v_8		0

In diesem Beispiel ist $s_{08} = 1$ und $u_o = 2$. Daher folgt aus Bedingung (31) $v_8 = 2$. Die vollständige Lösung zur Berechnung der Funktion $g(r_1,3_2)$ ist durch den Vektor $v = [0 - 0 \;\; 0 - 1 \;\; 0 - 2]^T$ gegeben. Da die Spalten 1, 4 und 7 der Matrix $\underline{S}$ kein 1-Element enthalten, sind die Vektorkomponenten v_1, v_4 und v_7 des Vektors $\underline{v}$ "don't care"-Elemente. Andererseits sind in Spalte 8 der Matrix $\underline{S}$ zwei Elemente gleich "1", nämlich s_{08} und s_{38}. Hieraus folgt, daß das Problem nur dann eine Lösung hat, wenn $u_o = u_3$ gilt. Als zweites Beispiel wird die Lösung eines Problems vom Typ 3 beschrieben. Gegeben sind die drei-wertigen Speicherfunktionen $f(x_1,x_2,y)$ bzw. $g(r_1,r_2,y)$ durch die Vektoren $\underline{u}' = [yy0 \;\; yy1 \;\; 012]^T$ bzw. $\underline{v}' = [yy0 \;\; yy1 \;\; yy2]^T$. Die Funktionen $h_1(x_1,x_2)$ und $h_2(x_1,x_2)$ sollen derart bestimmt werden, daß sie gemeinsam mit der Funktion g die Funktion f bilden. Mit Bedingung (31) hat die Gleichung $\underline{u}' = \underline{S}\,\underline{v}'$ folgende Form:

$$\begin{bmatrix} s_{00} & s_{01} & 0 & s_{03} & s_{04} & 0 & s_{06} & s_{07} & 0 \\ s_{10} & s_{11} & 0 & s_{13} & s_{14} & 0 & s_{16} & s_{17} & 0 \\ 0 & 0 & 1 & 0 & 0 & 0 & 0 & 0 & 0 \\ s_{30} & s_{31} & 0 & s_{33} & s_{34} & 0 & s_{36} & s_{37} & 0 \\ s_{40} & s_{41} & 0 & s_{43} & s_{44} & 0 & s_{46} & s_{47} & 0 \\ 0 & 0 & 0 & 0 & 0 & 1 & 0 & 0 & 0 \\ 0 & 0 & 1 & 0 & 0 & 0 & 0 & 0 & 0 \\ 0 & 0 & 0 & 0 & 0 & 1 & 0 & 0 & 0 \\ 0 & 0 & 0 & 0 & 0 & 0 & 0 & 0 & 1 \end{bmatrix} \cdot \begin{bmatrix} y \\ y \\ 0 \\ y \\ y \\ 1 \\ y \\ y \\ 2 \end{bmatrix} = \begin{bmatrix} y \\ y \\ 0 \\ y \\ y \\ 1 \\ 0 \\ 1 \\ 2 \end{bmatrix} \qquad (32)$$

In dieser Darstellung sind alle Elemente von $\underline{S}$, die in allgemeiner Form mit s_{ik} bezeichnet worden sind, unbestimmt und können sowohl gleich 0 als auch gleich 1 sein. Matrix $\underline{P}$ enthält explizit eine Beschreibung der gesuchten Funktionen $h_1(x_1,x_2)$ und $h_2(x_1,x_2)$ in Form der Vektoren $\underline{w}_1$ und $\underline{w}_2$. $\underline{P}$ ergibt sich, indem beide Seiten von Gl.(27) mit $\underline{M}$ multipliziert werden:

$$\underline{P} = \underline{S}\,\underline{M}\;. \qquad (33)$$

Die Spalten 1 und 3 von $\underline{P}$ enthalten die Vektoren $\underline{w}_1$ und $\underline{w}_2$:

$$\underline{w}_1 = \begin{bmatrix} s_{01} + s_{04} + s_{07} \\ s_{11} + s_{14} + s_{17} \\ 2 \\ s_{31} + s_{34} + s_{37} \\ s_{41} + s_{44} + s_{47} \\ 2 \\ 2 \\ 2 \\ 2 \end{bmatrix}, \quad \underline{w}_2 = \begin{bmatrix} s_{03} + s_{04} + 2s_{06} + 2s_{07} \\ s_{13} + s_{14} + 2s_{16} + 2s_{17} \\ 0 \\ s_{33} + s_{34} + 2s_{36} + 2s_{37} \\ s_{43} + s_{44} + 2s_{46} + 2s_{47} \\ 1 \\ 0 \\ 1 \\ 2 \end{bmatrix}$$

Da in Zeile i der Matrix $\underline{S}$ nur eines der Elemente s_{ik} gleich 1 sein darf, existieren mehrere Lösungen für $\underline{w}_1$ und $\underline{w}_2$. Zur Berechnung der Anzahl dieser Lösungen werden folgende Bezeichnungen eingeführt: μ_ℓ sei die Anzahl der Werte ℓ, die als ein Element von $\underline{u}$ bzw. $\underline{u}'$ erscheinen, ν_ℓ sei die Anzahl der Werte ℓ, die als Element von $\underline{v}$ bzw. $\underline{v}'$ erscheinen. Dabei gilt $l \in \{0,1,\ldots,\Theta-1,y\}$. Die Gesamtzahl aller Lösungen von $\underline{S}$ erhält man durch das Produkt

$$\kappa = \left[\prod_{\ell=0}^{\Theta-1} \nu_\ell^{\ \mu_\ell}\right] \nu_y^{\ \mu_y} . \tag{34}$$

Es gibt $\kappa = 1^2\ 1^1\ 6^4 = 1296$ Lösungen von $\underline{S}$ innerhalb der Gleichung (32). Eine spezielle Lösung erhält man, indem $s_{00} = s_{31} = s_{44} = 1$ gesetzt werden. Für diesen Fall ergeben sich folgende Vektoren:

$$\underline{w}_1 = [0\ 1\ 2\quad 1\ 1\ 2\quad 2\ 2\ 2]^T$$

$$\underline{w}_2 = [0\ 0\ 0\quad 0\ 1\ 1\quad 0\ 1\ 2]^T$$

d.h.

$$h_1(x_1,x_2) = \max(x_1,x_2),$$

$$h_2(x_1,x_2) = \min(x_1,x_2).$$

Dieses Beispiel zeigt, daß ein Problem des Typs 3 nur dann eine Lösung hat, wenn jede Komponente des Vektors $\underline{u}$ bzw. $\underline{u}'$ mindestens einmal als Komponente des Vektors $\underline{v}$ bzw. $\underline{v}'$ vorkommt. Das Beispiel zeigt weiterhin, daß durch das vorliegende Verfahren nur solche mehrwertigen Speicherfunktionen zerlegt werden können, die sich durch die Postschen Vektoren $\underline{u}'$ und $\underline{v}'$ beschreiben lassen.

7. Zusammenfassung

Es wird eine Methode zur Zerlegung mehrwertiger kombinatorischer Funktionen und mehrwertiger Speicherfunktionen beschrieben. Dabei wird für Speicherfunktionen vorausgesetzt, daß sie sich durch Postsche Vektoren $\underline{u}'$ bzw. $\underline{v}'$ beschreiben lassen. Das Verfahren wird mit Hilfe der Operationen Addition und Multiplikationen, wie sie von der gewöhnlichen Arithmetik bekannt sind, durchgeführt. Alle Probleme der Zwei-Stufen-Dekomposition werden mit Hilfe zweier Gleichungen $\underline{u} = \underline{S}\ \underline{v}$ und $\underline{u}' = \underline{S}'\ \underline{v}'$ gelöst. Dabei sind $\underline{u}$, $\underline{v}$, $\underline{u}'$ und $\underline{v}'$ Postsche Vektoren. $\underline{S}$ ist eine Matrix, die nur ein 1-Element pro Zeile enthält und im übrigen nur aus Nullen besteht.

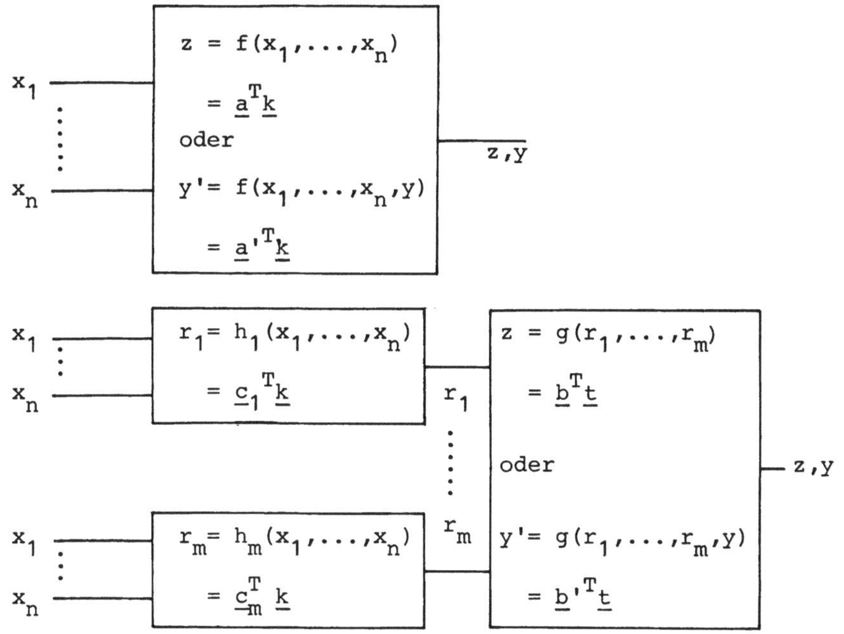

Bild 1: Blockdiagramm für mehrfache Dekomposition

8 Literatur

1. Wood, P.E.: Switching theory, New York: McGraw-Hill, 1968.

2. Dujmović, J.J.: The interpolated algebraic equivalence of functions in k-valued logic, 5th Yugoslav Internat. Symp. for Information Processing, Bled, Oct. 8-11, 1969, paper A 1-5.

3. Fricke, J.: Dekomposition mehrwertiger logischer Funktionen - Ein Beitrag zur Realisierung mehrwertiger digitaler Schaltungen, Schriftenreihe des Lehrstuhls für Meß- und Regelungstechnik, Ruhr-Universität, 4630 Bochum, West-Germany. Dissertation 1977.

4. Ledley, R.S., Huang, H.K.: Multy-valued logic design and Postian matrices, Proc. Internat. Symp. on Multiple-valued-Logic, May 13-16. 1975, Indiana-University, Bloomington, pp. 67-75.

5. Bellman, R.: Introduction to matrix analysis, New York: McGraw-Hill, 2ed. (1970).

INVESTIGATION OF MULTILEVEL DELAY ARRAYS BY MEANS OF UNIVERSAL CELLULAR SYSTEMS

UNTERSUCHUNG VON MEHRWERTIGEN VERZÖGERUNGSSYSTEMEN MIT HILFE VON ALLGEMEINEN ZELLULAREN SYSTEMEN

J. Rochez
Service des Systèmes logiques et numeriques
Université Libre de Bruxelles

Zusammenfassung

Eine mehrwertige Verzögerungseinheit ist ein Element mit zwei binären Eingängen und einem mehrwertigen Ausgang. In Abhängigkeit von der Eingangsbelegung wird der Wert am Ausgang erhöht, vermindert oder er bleibt konstant. Die Schaltfrequenz wird durch innere Verzögerungen bestimmt. Aus solchen Verzögerungseinheiten aufgebaute Systeme werden mit Hilfe von allgemeinen zellularen Systemen untersucht.

Summary

A binary delay is a circuit which has a binary input and a binary output; the output follows the binary input level with a "turn-on delay" and a "turn-off delay".

Recent work of R. Thomas and P. Van Ham on delays showed how much this delay's notion was useful for the study of problems concerning very various fields, such as genetic, integrated pulse structures, oceanography, aso... Appreciable practical results are even obtained when using binary delays of which setting and resetting times are modifiable by the delays array itself. Direction of the phenomena evolution clearly appears in such arrays, as well as the stability in time of the possible system behaviours.

A multi-levelled delay is a circuit which has two binary inputs and one multi-levelled output. According to the input configuration, the output may either remain constant, or increase, or decrease, at a rhythm given by the internal circuit setting and resetting times imposed between each pair of successive levels.

The use of multi-levelled delays is more adequate when the simulated system behaviour must be more accurately specified; for example, if we want to go further than the approximation "this chemical compound is or is not present in the test-tube" and to be able to compare its concentration with other compounds. P. Van Ham has built hardware structures for multi-levelled delays. This paper concerns multi-levelled delays arrays investigation by programmation on a universal cellular computer.

The programmation principle consists to associate a cell to each delay; the internal memory of a cell holds the setting and resetting times between each pair of successive levels, and all cells work simultaneously. Moreover, according to the studied problem,we insert in the memory of each cell what requirements the delay must meet in order to increase or decrease its output. Then, the cells simultaneously compute what to perform from imposed initial conditions, complying with the evolution rules to which they are submitted.

Typical requirements for increasing or decreasing the output consist to compare some delays outputs. So, the global configuration is a complex function of local evolution rules and the simulated system may be suitably studied by using the cellular tool power.

References

Leussler, A.: Ph. D. Thesis, 1975. Université libre de Bruxelles.

Rochez, J.: Symposium: Discrete Systems Dresden, 1977, p 202, vol.2.

Rochez, J.: Digital Processes p. 121 - vol. 3 (1977).

Thomas, R.: (1973) J. theor. Biol. 42, 563.

Thomas, R.; Van Ham, P.: (1974). Biochemie. 56, 1529.

Thomas, R.; Gathoy, A.; Lambert, L.: (1976). Eur. J. Biochemistry.71,211.

Van Ham, P.: Ph. D. Thesis, 1975, Université libre de Bruxelles.

Van Ham, P.: Symposium: Applied aspects of the automata theory. Varna, 1975, p. 728 - vol. 2.

Van Ham, P.: Symposium: Discrete Systems Dresden, 1977; p. 27 - vol. 5.

Anmerkung: Der vollständige Text des Beitrags ist nicht eingegangen.

A UNIVERSAL MODULE FOR SEQUENCES OF TRANSITIONS

EIN UNIVERSELLER MODUL FÜR SEQUENTIELLE SCHALTUNGEN

O. Yenersoy

Service des Systèmes logiques et numeriques
Université Libre de Bruxelles

Zusammenfassung

Sequentielle Maschinen werden in gleiche pulsgesteuerte Module dekomponiert. Diese Vorgehensweise ermöglicht die Erkennung von Sequenzen sowie die rasche Realisierung der sequentiellen Schaltung, ohne die gesamte Flußtabelle betrachten zu müssen. Aufgrund der Synthesemethode und der eingeführten inneren Struktur der Module ist es nicht erforderlich, die Rücksetzbedingungen der einzelnen Module zu berücksichtigen.

1 Introduction

Modularity is today a recognized concept for simplicity of representation, implementation and fault detection. The modular approach to the digital automation systems consists of using universal modules connected together, each module having a few inputs and control actions on the process (1,2,3).

In the first part, we introduce a Universal Module for Sequences of Transitions (UMST). Then, to gain some insight into the design technique using these modules, we consider the sequence detector. An implementation method for sequence detectors will be given in the second part.

2 A Universal Module for sequences of transitions

The basic element of a Universal Module for Sequences of Transitions, is a special flip-flop which will be called an "s_p-r" flip-flop.

Both of the inputs of a s_p-r flip-flop are edge-sensitive let us say for example positive edge-sensitive.

From this section on, we shall represent an up-transition of the variable x_i by "$x_i\uparrow$", and a down-transition by "$x_i\downarrow$"(4).

The main featur of a s_p-r flip-flop can be stated as follows :

- when up-transitions occur simultaneously on both of the inputs, or
- when an up-transition at the input r occurs within a defined

time interval following an up-transition at the input s_p, the changes in the input r has no effect on the output value, in other words, the input s_p has a priority over the input r.

A possible realization of a s_p-r flip-flop is given in the figure 1.

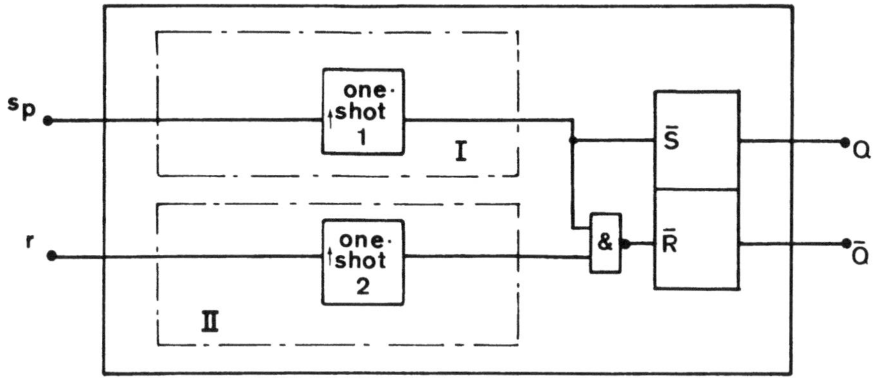

Figure 1

Then, a Universal Module for Sequences of Transitions may be obtained by applying some minor modifications to this flip-flop. The modified version is shown in the figure 2.

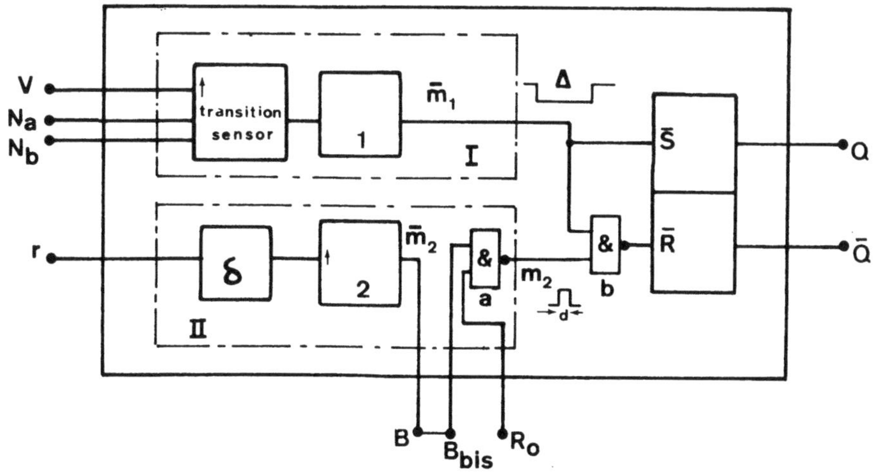

Figure 2

The block I is composed of a "transition-sensor" (5) circuit followed by a one-shot. The lenght of the negative pulse $\bar{m}_1$ at the output of the one-shot-1, is represented by Δ. The input V is a positive-edge sensitive input. N_a and N_b constitute the inhibitions for the input V : the up-transitions at the input V may have an effect on the output only if $N_a = 1$ and $N_b = 0$, otherwise the input V is inhibited.

The block II is formed by a delay element δ followed by another one-shot. The input r is also positive-edge sensitive, but, without inhibition. The lenght of positive pulse $\bar{m}_2$ appearing at the output of the one-shot-2, is represented by d.

R_o is a reset input which may be used for general purposes. Finally it should be noted that, the B output will remain connected to the B_{bis} input for all of the realisations which will be considered here.

The timing diagram of the Universal Module is given in figure 3.

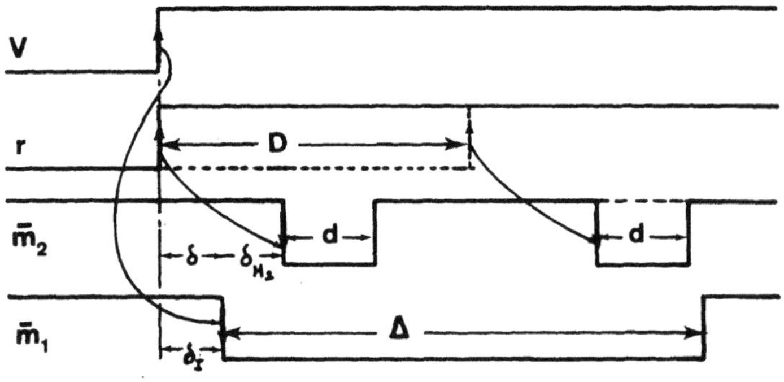

Figure 3

In this diagram it is assumed that $N_a = 1$ and $N_b = 0$. D represents the maximum time interval between an active-edge of the input V, and a possible consecutive up-transition at the input r. δ_{M2} represents the response time of the one-shot-2 and for the sake of simplicity, we assume that the stray delay corresponding to the gate NAND(a) following the one-shot-2, is included in δ_{M2}.

The gate NAND(b) connected to the input $\bar{R}$ of the $\bar{S}$-$\bar{R}$ flip-flop is provided in order to realize the priority of V over r. So, the signal $\bar{m}_1$ which excites the set input of the $\bar{S}$-$\bar{R}$ flip-flop, is also used for the inhibition of the reset input of the same flip-flop.

To guarantee the priority of V over r in the time interval D, we can show that we must have these inequalities :

$$\delta > \delta_I - \delta_{M2} \quad (1)$$

$$\Delta > \delta + \delta_{M2} + D + d - \delta_I \quad (2)$$

On the other hand, the one-shot-2 has an Open-Collector output connected to B (and also to B_{bis}). Then the "OR" ing of $\bar{m}_2$ signals of many modules may be performed by wiring the B outputs together. This wiring forms a "bidirectional bus" as illustrated in the figure 4.

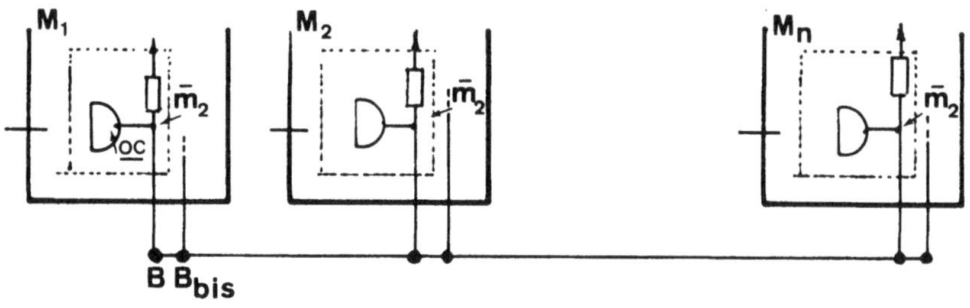

Figur 4

Therefore, when such a bus - called a BUS for Common Reset (BCR) - is wired between n modules, the B output of each module corresponds to the following common reset function:

$$R = (\bar{m}_2)_1 + (\bar{m}_2)_2 + \dots\dots + (\bar{m}_2)_n \, .$$

3 Modular design technique for a sequence detector

A sequence detector is used to detect a specific sequence of transitions which occur one after the other. In (6) the author proposes the sequencer. In this paper , a design technique using Universal Modules for Sequences of Transitions will be presented. The implementation is direct, in other words, we don't need to use any representation mode like tables or graphes. In fact, the verbal statement of a specific sequence is sufficient for a realisation. However, we will transform the verbal statement into a symbolic representation, this for the sake of simplicity in the design rules establishment .

We assume that two successive input changes are always spaced by an interval greater than a given value, namely this interval corresponds to Δ (as defined in the first part)..

3.1 The description of a sequence of transitions

Now, let us see the verbal statement of a specific sequence and the corresponding symbolic description. Such a description should be implementation-independent on the one hand, but should on the other hand precisely define the outcome of any possible input-output experiment.

Let us suppose that, for example, the sequence S corresponds to the transitions $x_1\uparrow$, $x_3\downarrow$ and $x_2\uparrow$ occuring each one after the other in the given order, and this, independently of the transitions which may precede the first one, that is $x_1\uparrow$. We will represent this sequence by the following symbolic form :

$$x_1\uparrow \longrightarrow x_3\downarrow \longrightarrow x_2\uparrow \xrightarrow{S}$$

To each directed line may be associated an output variable.

Now, let us define the "Set of Significant Transitions" (SST) as the set of all transitions to be taken into account when all of the possible sequences which may occur are considered. Therefor a thorough statement of a specific sequence must be accompanied by its "Set of Significant Transitions".

For example, the sequence S will be given by

1. $x_1\uparrow \longrightarrow x_3\downarrow \longrightarrow x_2\uparrow \xrightarrow{S}$, and

2. SST : $(x_1\uparrow, x_1\downarrow, x_2\uparrow, x_3\uparrow, x_3\downarrow)$.

3.2 Wiring rules for the implementation of a sequence detector

The implementation technique of a modular structure performing the detection of a sequence, is formalized as the following rules.

Rule 1 : An UMST is associated to each directed line (⟶)

Rule 2 : The transition preceding a directed line is connected to the V input of the UMST corresponding to this directed line.

Rule 3 : The inhibition input N_a of each UMST is connected to the output Q of the predecessor. Note that the predecessor output of the first UMST is always equal to 1 (Remember that wiring nothing to input N_a or N_b corresponds to $N_a = 1$ and $N_b = 0$).

Rule 4 : Each one of the transitions included in the Set of Significant Transitions is connected to the r input of an UMST.

Rule 5 : A bidirectional bus is formed by wiring together the B input-outputs of all UMST.

Example 1

The sequence S_1 is given by

$$1, \; X_1\uparrow \longrightarrow X_1\downarrow \longrightarrow X_2\uparrow \xrightarrow{S_1}$$

$$2, \; SST = (X_1\uparrow \; , \; X_1\downarrow \; , \; X_2\uparrow \;)$$

1. According to the first rule an UMST is associated to each ⟶(fig.5a)

2. Then, according to the second rule X_1, $\bar{X}_1$ and X_2 are connected to V_1, V_2 and V_3 respectively (fig. 5b)

3. Q_1 is wired to $(N_a)_2$, and Q_2 to $(N_a)_3$ (fig. 5c) (It is obvious that the complement of an output Q of a module can be wired to the input N_b of the following module in order to obtain the same object).

4. Then X_1, $\bar{X}_1$ and X_2 are connected to r_1, r_2 and r_3 respectively (fig. 5d).

5. So, finally according to the fifth rule B_1, B_2 and B_3 are wired together (fig. 5e).

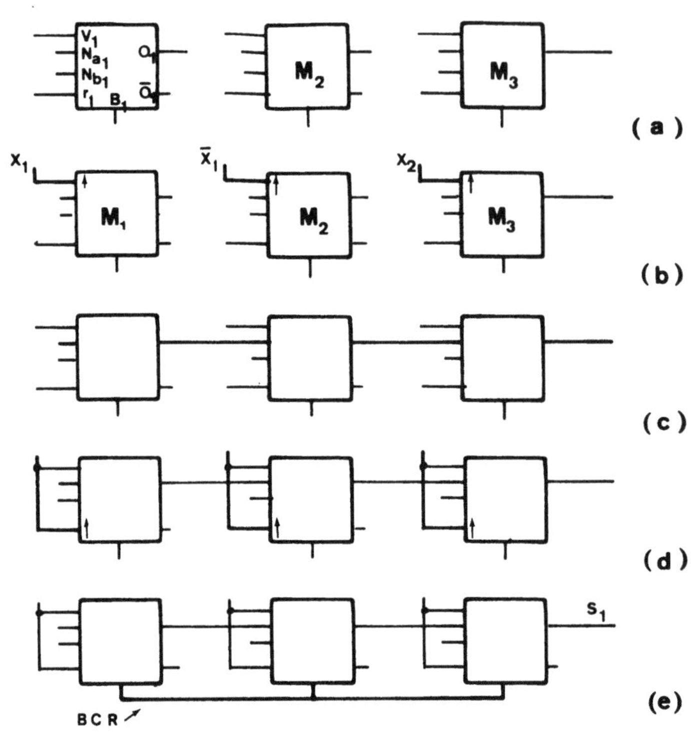

Figure 5

Example 2

Now, let us consider the same sequence of transitions as in the first example, but with a different SST, namely SST = ($X_1\uparrow$, $X_1\downarrow$, $X_2\uparrow$, $X_2\downarrow$).

The application of the rules 1, 2 and 3 leads to the same results as for the example 1.
However, as the $X_2\downarrow$ is added to the SST, in according to the forth rule, another module (M_4) will be used only to allow the generation of the reset pulse corresponding to $X_2\downarrow$ (fig. 6).

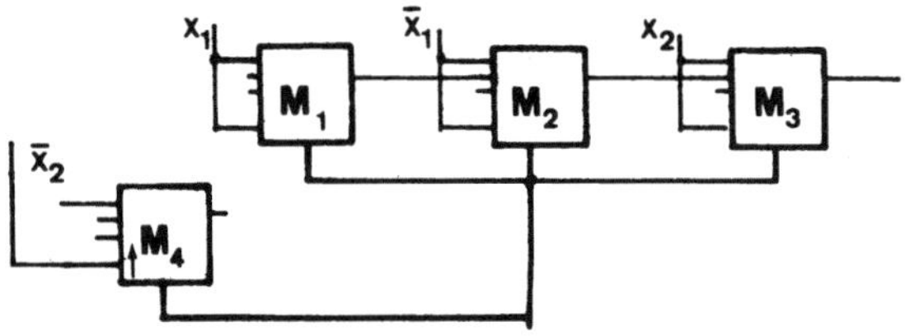

Figure 6

3.3 The operation mode of a sequence detector

First, let us consider again the sequence detector operation for the example 1 (fig. 7)

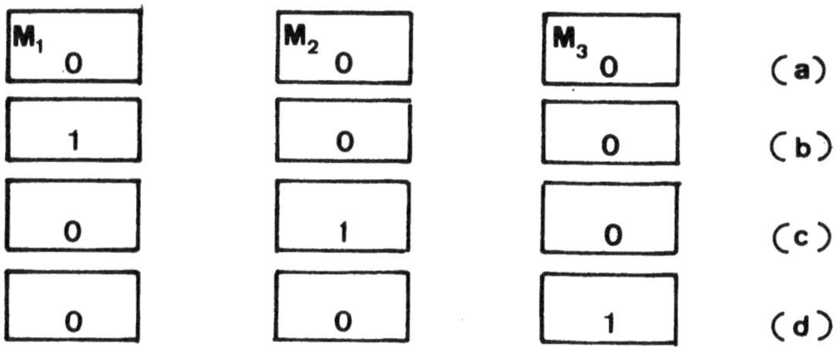

Figure 7

Let us suppose that initially the output of each module is 0.
We will say that the state of the network is 000 (fig. 7a).
When a transition other then $X_1\uparrow$ (namely $X_1\downarrow$ or $X_2\uparrow$), occurs, all of the modules receive a reset pulse via BCR.
Then the network state remains 000.
Now, if $X_1\uparrow$ occurs, as the V input is not inhibited ($(Na)_1 = 1$ and $(Nb)_1 = 0$), M_1 is setted and all of the modules receive a reset pulse via BCR. As V has a priority over r, M_1 remains in its new state, while the others maintain their state at 0. Then the new value of the network state is 100 (fig. 7b).

Next, if a transition other than $X_1\downarrow$ occurs (namely $X_1\uparrow$ or $X_2\uparrow$), all of the modules receive a reset pulse. This causes the M_1 to be resetted and so the network returns to the initial state 000.

However if the transition which occurs is $X_1\downarrow$, as M_1 is 1, M_2 will be setted and M_1 resetted by the reset pulse produced by this transition (fig. 7c).

And finally, when $X_2\uparrow$ occurs, M_3 is setted and M_2 is resetted (fig.7d) otherwise the network will return to its initial state.

Now let us show that in certain cases an UMST network may present states in which a certain number of modules are 1 at the same time.
We will consider an example which will allow to see such a situation.

Example 3

Let us considere the sequence S_3 :

1. $X_1\uparrow \longrightarrow X_2\downarrow \longrightarrow X_1\uparrow \xrightarrow{S_3}$

2. SST $= (X_1\uparrow \ , X_2\downarrow)$.

Suppose that initially the state of the network is 000 (fig. 8). When $X_1\uparrow$ occurs M_1 is setted (fig. 8b). Next if $X_2\downarrow$ occurs M_2 is setted and M_1 is resetted (fig. 8c). Finally if $X_1\uparrow$ occurs a second time, M_3 and M_1 are setted by resetting M_2 (fig. 8d). Figure 8dcorresponds to the network state 101.

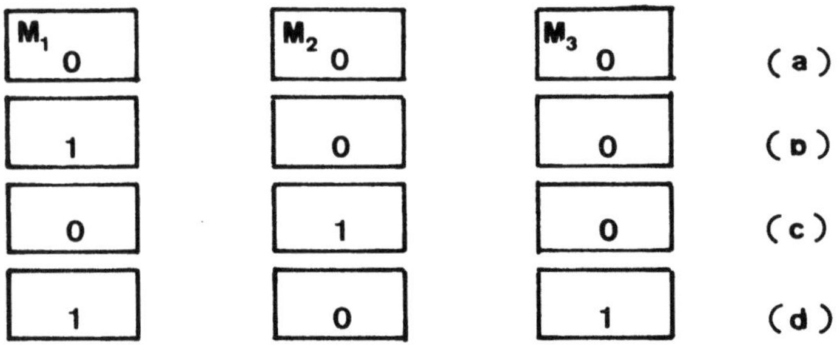

Figure 8

It is interresting to note that when an input variable changes, to determine the next state of the network it is not necessary to consider all of the modules. In fact, the inspection of the modules which are at 1, is sufficient.

Furthermore note that in a network corresponding to a sequence detector, at a given time, the state of each module gives an information about the part of the sequence which have occuried. In fact, if for example the sequence to be detected is $X_1\uparrow \rightarrow X_1\downarrow \rightarrow X_2\uparrow \rightarrow$ and the network state is 010 (fig. 8c), this means that, just at the time we records this state, the part of the sequence which have taken place is only $X_1\uparrow \rightarrow X_1\downarrow \rightarrow$, but neither $X_1\uparrow \rightarrow$, nor $X_1\uparrow \rightarrow X_1\downarrow \rightarrow X_2\uparrow \rightarrow$.

Moreover, combination of a certain number of detectors may be realised if the considered sequences have common parts.
For example the network for sequence S_A and S_B is given in the figure 9a, and the network corresponding to S_C and S_D in the figure 9b.

Note that, the OR ing of outputs may be realized by simply connecting them together if open collector type output is used for each module.

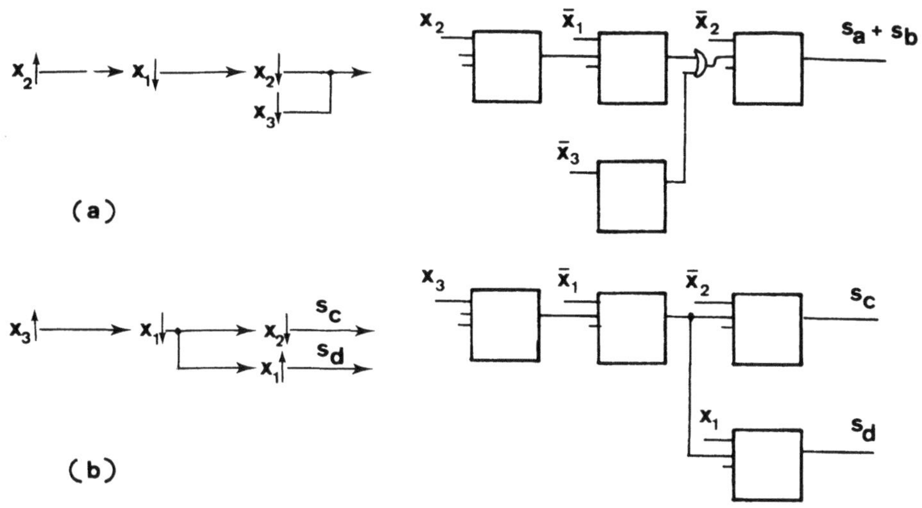

Figure 9

3.4 Application

It consists of a circuit verifying if the sequence of operations performed by an operator is ccomplised accurately or not. The circuit is started by pushing on the set button "s" just before a new sequence of operations. A lamp L_{OK} is activated if the operator was successful, otherwise an alarm L_A is triggered as soon as he does a mistake. We consider that the inputs are pulse-inputs, and each of them corresponds to a different operation performed by the operator.

Figure 10 illustrates the network composed of UMST wired to detect the sequence $X_1\uparrow \rightarrow X_3\uparrow \rightarrow X_1\uparrow \rightarrow X_2\uparrow \rightarrow$ only if the network is presetted to the initial state 10000 by the set button s. The output L_{OK} corresponds to the output of the last module. Then, when the sequence is entered correctly L_{OK} is on. The alarm L_A is tiggered when the network state 00000 is reached : L_A is implemented by using OR gates. The alarm can be resetted only by pushing on the set button.

Note that the sequence to be detected may be easily changed by simply modifying the inputs of each module and - if necessary - the number of modules.

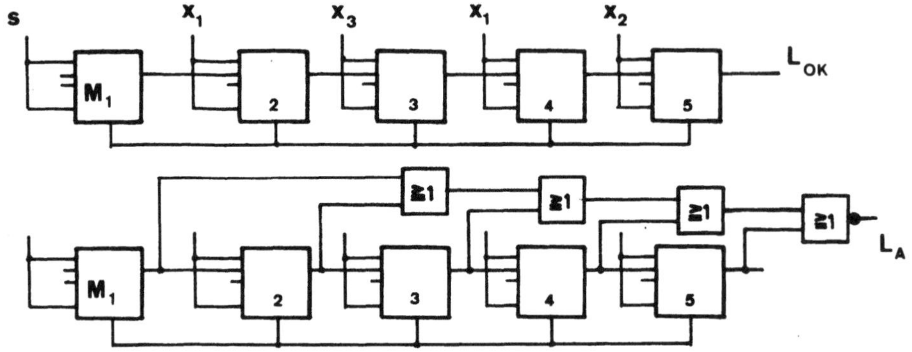

Figure 10

4 Conclusion

Due to the internal structure of a UMST, the reset conditions need not to be considered separately for each one of the modules. In fact, a unique and simple reset function is used for all of the modules of a system.
Moreover, the use of the common reset function reduces considerably the number of modules as well as the design time of a sequence detector.

Let us to point out also that the set of significant transitions concept may result in important simplifications when the network state must be maintained for a specific variable transition. In fact, the common reset feature makes easy to consider or not a specific transition in the sequence.

Furethermore, MUST may be also utilized to implement digital automation systems by using different setsof significant transitions for each module.

References

(1) R. David, "Modular design of asynchronous circuits defined by graphs", IEEE Transactions on Computers, August 1977.

(2) M. Blanchard, "Rapport de la "Commission de normalisation de la représentation du cahier des charges d'un automatisme logique"", Automatisme, Mars-Avril 1978.

(3) Y. Foussard, "Automates décrits par réseau de Petri réalisés avec un seul type de module", Automatisme, Janvier-Février 1976.

(4) O. Yenersoy, "Two clock-circuits for the self-synchronization of normal and non-normal mode asynchronous machines", IFAC Symposium on Discret Systems, Dresden 1977.

(5) A. Leussler, "Synthèse impulsionnelle des systèmes séquentiels", Ph. D. Thesis, Bruxelles 1976.

(6) J. Florine, "Complex module trends in design", IFAC Symposium on Discret Systems, Dresden 1977.

DER ENTWURF VON MEHRZWECK-AUTOMATEN +)

MULTIFUNCTIONAL AUTOMATA DESIGN

E.I. Pupirew

Institut für Steuerungsprobleme an der
Akademie der Wissenschaften der UdSSR
Moskau

1 Einleitung

Als Mehrzweckautomaten werden solche Schaltsysteme bezeichnet, die aus einer gegebenen Menge von Algorithmen, einen beliebigen Algorithmus realisieren können. Diese Definition umfaßt die gesamte Breite von diskreten Steuerungssystemen bis hin zur Rechenanlage.

In dieser Arbeit betrachten wir im wesentlichen zwei Arten der Mehrzweckautomaten: Einerseits den universellen logischen Modul (ULM) für beliebige Boolesche Funktionen mit n Variablen und andererseits den Automaten, der einen beliebigen Automatengraph mit q Knoten, n Eingangsvariablen und einer vorgegebenen Anzahl b der aus jedem Knoten fortführenden Kanten realisieren kann. Dabei werden einige Methoden des architektonischen Entwurfs, d.h. der Aufbau der Block-Schemata der Mehrzweckautomaten betrachtet. Die vorgeschlagenen Block-Schemata haben den Vorteil der Gleichartigkeit, weshalb man beim Entwurf die Standardblöcke der Rechentechnik (Register, Dekodierer, PLA usw.) in großem Maße verwenden kann. Die geringe Zahl der Blöcke erlaubt es, den Entwurf der relativ komplizierten Schaltsysteme von Hand durchzuführen. Charakteristisch für die vorgeschlagenen Block-Schemata ist die Verminderung des Aufwands im Vergleich zu einigen bereits bekannten vergleichbaren Verfahren.

Im ersten Teil des Beitrags wird der Entwurf von kombinatorischen Mehrzweckautomaten behandelt, im zweiten Teil wird dann der Entwurf von sequentiellen Mehrzweckautomaten betrachtet. Die Komplexheit eines Blockschemas ergibt sich dabei aus der Anzahl der zur Realisierung notwendigen Bausteine (UND, ODER) mit jeweils zwei Eingängen.

+) Diese Arbeit wurde unter der Leitung von Professor M.A.Gavrilov (Korresp. Mitglied der Akademie der Wissenschaften der UdSSR) durchgeführt.

++) $]\mathrm{ld}\ q[$ bedeutet die kleinste natürliche Zahl $\geq$ ld q. $[\mathrm{ld}\ q]$ bedeutet die größte natürliche Zahl $\leq$ ld q.

2 Der Entwurf von universellen logischen Moduln (ULM)

Die zu entwerfenden ULM's stellen multifunktionale kombinatorische Automaten dar, die zur Realisierung jeder beliebigen Booleschen Funktion einer gegebenen Anzahl von Variablen eingestellt werden können. Die dazu nötigen Einstellungen liegen an *einstellbaren Eingängen* an. Die Variablen der zu bildenden Booleschen Funktion liegen an den *Informationseingängen* des Moduls an. Haben die an den einstellbaren Eingängen anliegenden Signale lediglich die Werte 0,1, dann spricht man von *einfacher Einstellung*. Erfolgt die Einstellung durch Variable, ihre Negationen bzw. deren Verknüpfungen und Konstante 0,1, dann werden die Einstellungen als *komplex* bezeichnet.

2.1 ULM's mit einfacher Einstellung

Es ist offensichtlich, daß die minimale Anzahl der einstellbaren Eingänge für diese ULM's $K = \rfloor \mathrm{ld}\ 2^{2^n} \lfloor$ ++) ist.

In /2/ wurde ein Block-Schema des ULM's beschrieben, das im Bild 1 dargestellt ist. Der Dekodierer (1) hat d Eingänge und realisiert 2^d Minterme von d Variablen $x_1,\ldots,x_d$. Der Dekodierer (5) erzeugt 2^{n-d} Minterme von (n-d) anderen Variablen $x_{d+1},\ldots,x_n$. Jeder Block (2) enthält 2^d UND-Bausteine. Der eine Eingang eines jeden dieser UND-Glieder ist mit einem entsprechenden Ausgang des Dekodierers (1) gekoppelt, der andere Eingang ist ein einstellbarer Eingang des ULM's. Die Ausgänge eines jeden Blocks (2) sind jeweils in den Blöcken (3) disjunktiv verknüpft. Der Ausgang eines jeden Blocks (3) ist dann mit dem entsprechenden Ausgang des Dekodierers (5) im Baustein (4) konjunktiv verknüpft. Der Ausgang des Blocks (6) ist der Ausgang des ULM's.

Unter der *Komplexheit* eines Mehrzweckautomaten wird die Anzahl der zur

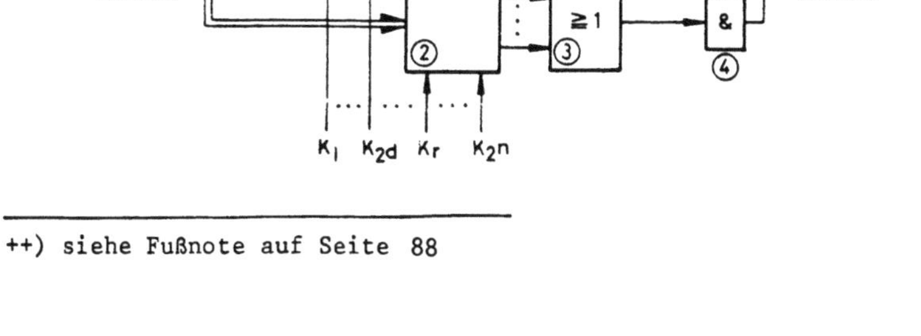

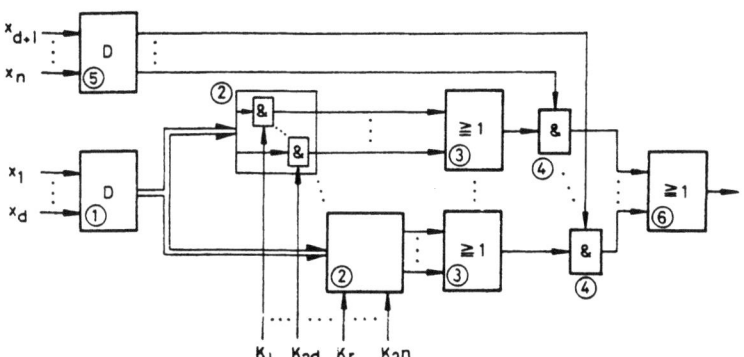

Bild 1: Universeller logischer Modul

++) siehe Fußnote auf Seite 88

Realisierung notwendigen UND- und ODER-Bausteine mit jeweils zwei Eingängen verstanden. Die Komplexheit des ULM's nach dem Block-Schema im Bild 1 ergibt sich

$$L \leq 2.2^n + 2.2^d + 3.2^{n-d}-1.$$

Wenn $d = \frac{n}{2}$, dann ergibt sich die Komplexheit asymptotisch zu

$$L \lesssim 2.2^n.$$

Man kann beweisen, daß die Komplexheit des ULM's mit einfacher Einstellung nicht weniger als 2.2^n ist.

Theorem 1: Die minimale Komplexheit des ULM's mit einfacher Einstellung ergibt sich zu $L \approx 2.2^n$ und die Anzahl der einstellbaren Eingänge zu 2^n.

2.2 ULM's mit komplexer Einstellung

Wird die Einstellung des ULM's durch Einstellungs-Funktionen aus $\{x_1,\ldots,x_n;\ \bar{x}_1,\ldots,\bar{x}_n;\ 0,1\}$ durchgeführt, so soll die Anzahl K der Einstellungseingänge nicht weniger als $2^n/\mathrm{ld}2(n+1)$ sein. Der ULM wird so aufgebaut, daß jedem einstellbaren Eingang eine Untermenge M_i; $i = 1,\ldots,K$ der Menge der Eingangsbelegungen zugeordnet ist. Eine Veränderung der Funktion an diesem Eingang führt zur Veränderung der Booleschen Funktion des ULM's auf den Belegungen nur dieser Untermenge M_i. Einige Algorithmen der Bestimmung der Untermengen M_i sind bekannt /4,5/. Deren hauptsächliche Nachteile sind ein beträchtlicher Rechenaufwand und eine nur geringe Anzahl der Variablen. Die Tabelle 1 hingegen bietet eine einfache Möglichkeit der Bestimmung der Untermengen M_i an. Um für eine gegebene Anzahl n der Eingangsvariablen alle Untermengen M_i mit Hilfe der Tabelle 1 zu erhalten, setzt man in der Tabelle 1 alle möglichen Kombinationen der Werte 0,1 ein. Werden zum Beispiel für n = 3 statt a (Tab. 1 a) zuerst 1, dann 0 substituiert, dann werden die Untermengen

$$M_1 = \left\{\begin{matrix} 0\ 0\ 0 \\ 1\ 0\ 1 \\ 0\ 1\ 1 \end{matrix}\right\} \quad M_2 = \left\{\begin{matrix} 1\ 0\ 0 \\ 0\ 0\ 1 \\ 1\ 1\ 1 \end{matrix}\right\} \quad M_3 = \left\{\begin{matrix} 0\ 1\ 0 \\ 1\ 1\ 0 \end{matrix}\right\}$$

bestimmt Es werden für n = 8,9,...,14 aus der Tabelle 1,e ähnliche Tabellen entstehen, wenn zusätzliche Spalten "x_8", "x_9",...,"x_{14}" zur Tabelle 1,e hinzugefügt werden.

Die Anzahl der Untermengen M_i, die aus der Tabelle 1 erhalten wird, ergibt sich für n Variable zu

$$B(n) = 2^{(n-w)} + (2^{w} - v)\, B(n - w),$$

wobei $v = \lfloor \mathrm{ld}\, 2(n+1) \rfloor$, $w = \rfloor \mathrm{ld}\, v \lfloor$, und wobei $B(n - w)$ auf ähnliche Weise bestimmt ist.

a) n = 3

x_1	x_2	x_3
a	0	0
$\bar{a}$	0	1
a	1	1
0	1	0
1	1	0

b) n = 4

x_1	x_2	x_3	x_4
a	0	0	b
$\bar{a}$	0	1	b
a	1	1	b
0	1	0	b
1	1	0	b

c) n = 5

x_1	x_2	x_3	x_4	x_5
a	0	0	b	c
$\bar{a}$	0	1	b	c
a	1	1	b	c
d	1	0	0	0
$\bar{d}$	1	0	0	1
d	1	0	1	1
0	1	0	1	0
1	1	0	1	0

d) n = 6

x_1	x_2	x_3	x_4	x_5	x_6
a	0	0	b	c	e
$\bar{a}$	0	1	b	c	e
a	1	1	b	c	e
d	1	0	0	0	e
$\bar{d}$	1	0	0	1	e
d	1	0	1	1	e
0	1	0	1	0	e
1	1	0	1	0	e

Tabelle 1: Bestimmung der Untermengen M_i für die Einstellung des ULM

e) n = 7

x_1	x_2	x_3	x_4	x_5	x_6	x_7
a	b	c	d	0	0	e
$\bar{a}$	b	$\bar{c}$	d	1	0	$\bar{e}$
a	$\bar{b}$	$\bar{c}$	d	0	1	$\bar{e}$
a	b	c	$\bar{d}$	1	1	$\bar{e}$

f) n = 8

x_1	x_2	x_3	x_4	x_5	x_6	x_7	x_8
a	b	c	d	0	0	e	g
$\bar{a}$	b	$\bar{c}$	d	1	0	$\bar{e}$	g
a	$\bar{b}$	$\bar{c}$	d	0	1	$\bar{e}$	g
a	b	c	$\bar{d}$	1	1	$\bar{e}$	g

Als P_i wird eine Boolesche Funktion bezeichnet, die den Funktionswert 1 nur auf den Belegungen der Untermengen M_i hat. Dabei ist die Tabelle 1 so aufgebaut, daß die Boolesche Funktion, die nur auf den Belegungen einer beliebigen Teilmenge der Untermenge M_i gleich 1 ist, als $p_i = P_i \alpha$ bestimmt wird.

Somit kann der ULM mit komplexer Einstellung aus 3 Blöcken aufgebaut werden. Im Block (1) werden alle B(n) Funktionen P_i realisiert. Jeder Ausgang des Blocks (1) ist mit dem entsprechenden einstellbaren Eingang im Block (2) konjunktiv verknüpft. Alle Ausgänge des Blocks (2) sind im Block (3) disjunktiv verknüpft.

Es wird nun ein anderes detailliertes Block-Schema des ULM's betrachtet (Bild 2), in dem folgende Eigenschaft der Tabelle 1 benutzt wird:

Für jedes n in der Tabelle 1 kann man w Variable aussuchen (in der Tabelle 1 sind diese Variablen durch Einrahmen hervorgehoben), deren Belegungen in 2^{n-w} Untermengen M_i unterschiedlich sind, in den anderen Untermengen einander gleich sind. Also hat das Block-Schema aus dem Bild 2 einen Dekodierer ①, der alle 2^w Terme mit w Variablen erzeugt.

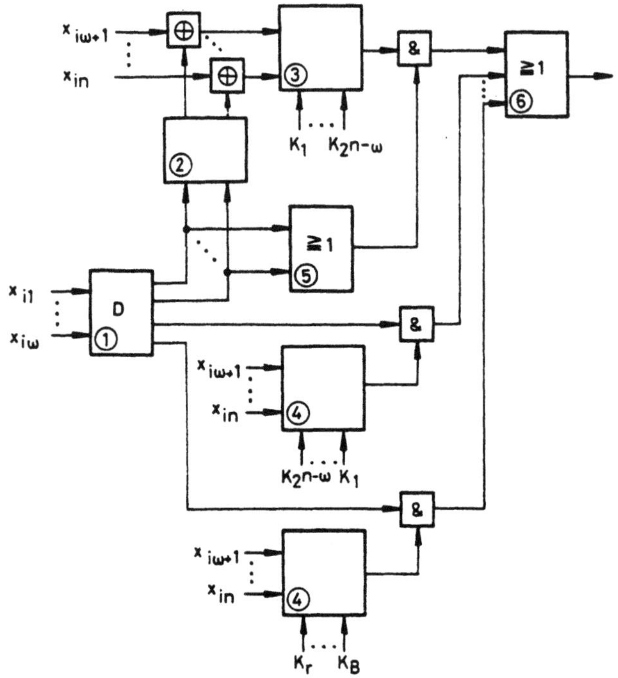

Bild 2: Universeller logischer Modul

Durch den Kommutator ② und n-w Antivalenz-Bausteine werden aus jeder Eingangsbelegung mit $x_{iw+1},\ldots,x_{in}$ Variablen die ersten Belegungen entsprechender Untermengen M_i erzeugt. Der Block ③ ist ein ULM, der nach Bild 1 aufgebaut wird. Der ULM hat auch 2^w-v Blöcke ④, wobei jeder Block ein ULM mit komplexer Einstellung von anderen n-w Variablen ist.

Für das Block-Schema aus Bild 2 wird nun die Komplexheit abgeschätzt. Die Komplexheit des Blockes ① ist nicht größer als 2.2^w; /3/, die des Kommutators ② ist (n - w)v, die des Blockes ③ ist nicht größer als $(2.2^{n-w} + 5.2^{(n-w)/2})$. Die Komplexheit des Blockes ⑤, bzw. ⑥ ist (v-1) und $(2^w$-v). Die Komplexheit des Blockes ④ wird als L(n-w) bezeichnet. Das Block-Schema aus dem Bild 2 enthält noch 2^w-v+1 Bausteine UND und n-w Bausteine "Antivalenz", wobei jeder Antivalenz-Baustein die Komplexheit 5 hat. Somit ergibt sich die Gesamtkomplexheit zu

$$L(n) \leq 2.2^{n-w} + (2^w - v)\, L(n - w) + 5.2^{(n-w)/2} + 4.2^w + (v + 5)(n - w) + 1 - 2v;$$

dabei wird L(n - w) durch den selben Ausdruck bestimmt. Asymptotisch ergibt sich die Komplexheit zu

$$L(n) \leq 2.2^{n-w} + (2^{w} - v)\ L(n - w).$$

Es ist zu beweisen, daß die Gesamtkomplexheit des ULM's mit komplexer Einstellung nicht weniger als $\frac{2.2^n}{v}$ ist.

In der Tabelle 2 sind die Komplexheit L und die Anzahl K der einstellbaren Eingänge von ULM's mit einfacher und komplexer Einstellung für mit 2 bis 7 Variable angegeben. Bei der Einstellung des ULM's wird für jeden einstellbaren Eingang S_i eine Funktion $\alpha_i = P_i f$ berechnet, welche die Einstellungsfunktion an dem Eingang S_i bestimmt; f ist die zu realisierende Funktion.

	n	2	3	4	5	6	7
KOMPLEXE EINSTELLUNG	L	4	14	29	50	88	111
	K	2	3	6	11	22	32
EINFACHE EINSTELLUNG	L	13	21	47	87	163	305
	K	4	8	16	32	64	128

Tabelle 2: Komplexheiten L und Anzahl K der einstellbaren Eingänge von ULM's

3 Der Entwurf von sequentiellen Mehrzweckautomaten

Es werden die Block-Schemata von *Mehrzweckautomaten* beschrieben, die einen beliebigen Automatengraph mit angegebener Anzahl q der Knoten, mit angegebenen Anzahlen b_i $(i = 1,\dots,q)$ der aus jedem Knoten C_i fortführenden Kanten mit gegebener Anzahl n der Eingangsvariablen realisieren können. Die Schemata werden ohne Ausgangsblock betrachtet, wobei die Zustandsreduktion als bereits durchgeführt vorausgesetzt wird. Die vorgeschlagenen Block-Schemata werden nach dem Prinzip der Doppelkodierung aufgebaut /6,7/.

Nach dem Prinzip der Doppelkodierung werden im Automatengraph nicht nur Knoten, sondern auch Kanten kodiert. Dabei enthält das Block-Schema einen Block, in dem für jeden Zustand und Eingangsbelegung ein Kantenkodewort gerechnet wird. Beispielsweise werden die aus dem Knoten C_1 fortführenden Kanten durch die Belegungen der Variablen $f_1^1\ f_2^1$ kodiert (Bild 3 in eckigen Klammern). Dabei werden die Variablen f_1^1, f_2^1, f_1^2, f_1^3, f_2^3 als Boolesche Funktionen von Eingangsvariablen $x_1,\dots,x_n$ beschrieben. Als K^i wird eine Variable bezeichnet, der der Wert 1 zugeordnet wird, wenn der Automat sich im Zustand (Knoten) C_i befindet. Es wird die Funktion f_i; $i = 1,\dots,a = \max\limits_i \operatorname{ld} b_i$ als

$$f_i = f_i^1 K^1 \vee \ldots \vee f_i^q K^q = \bigvee_{j=1}^{j=q} f_i^j \cdot K^j$$

definiert.

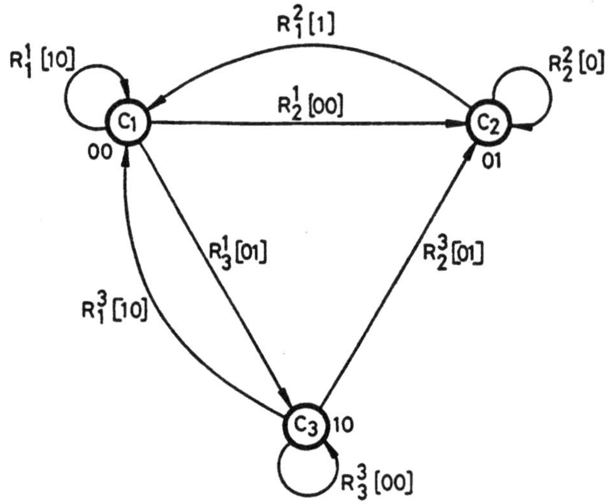

Bild 3:
Automatengraph

Die Übergangsfunktion des Automaten kann jetzt als

$$C(t) = \delta(C(t-1),\ f_1(t),\ldots,f_a(t)) \tag{1}$$

beschrieben werden, wobei C(t), bzw. C(t-1) die Zustände in der Zeit t und t-1 sind. Wenn die Knotenworte mit Variablen $y_1,\ldots,y_p$ die Knoten kodieren, wobei $p = \rceil \mathrm{ld}\ q \lceil$ ist, dann kann Gl.(1) dargestellt werden:

$$Y_1 = Y_1(y_1,\ldots,y_p,\ f_1,\ldots,f_a),$$
$$\vdots$$
$$Y_p = Y_p(y_1,\ldots,y_p,\ f_1,\ldots,f_a).$$

Gemäß dem Theorem von Shannon wird dieses System transformiert zu:

$$\begin{aligned} Y_1 &= \sigma_1\, Y_1(y_1,\ldots,y_p,\ \sigma_1) \vee \ldots \vee \sigma_{2^a}\, Y_1(y_1,\ldots,y_p,\ \sigma_{2^a}), \\ &\vdots \\ Y_p &= \sigma_1\, Y_p(y_1,\ldots,y_p,\ \sigma_1) \vee \ldots \vee \sigma_{2^a}\, Y_p(y_1,\ldots,y_p,\ \sigma_{2^a}) \end{aligned} \tag{2}$$

wobei $\sigma_1,\ldots,\sigma_{2^a}$ die Belegungen von Variablen $f_1,\ldots,f_a$ sind.

Somit enthält das Block-Schema (Bild 4) bei logarithmischer Kodierung die Blöcke (1), (5), die die Systeme von Funktionen $\{f_i^j\}$, $\{Y_i(\tilde{y},\sigma_j)\}$, realisieren, und die Blöcke (2) , (6) bzw. (3) , (7) die die Konjunktionen $f_i^j\ K^j$, $\sigma_j\ Y_i(\tilde{y},\sigma_j)$ und Disjunktionen dieser Konjunktionen bilden.

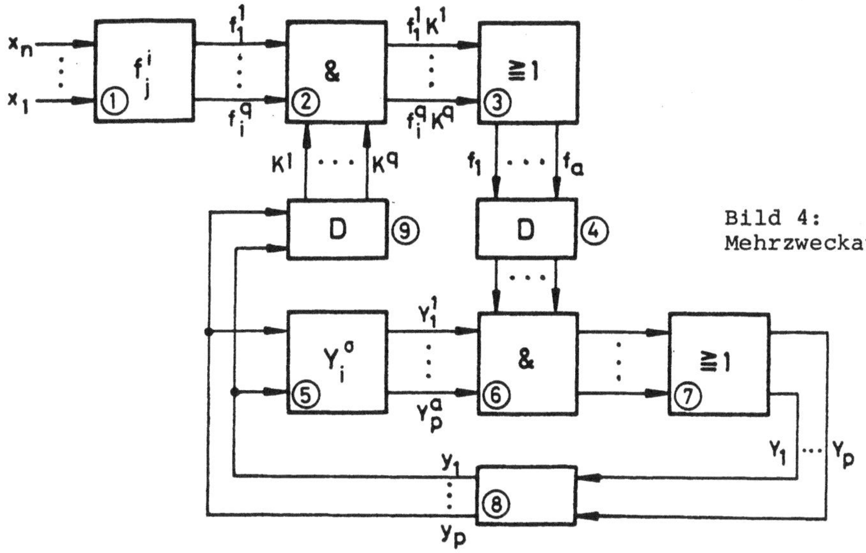

Bild 4:
Mehrzweckautomat

Im Bild 5 ist ein Block-Schema des Mehrzweckautomaten dargestellt. Jeder ULM (1) realisiert alle Booleschen Funktionen mit n Variablen, wobei eine Anzahl a von ULM (1) beliebige Systeme der Booleschen Funktionen $f_1^j,\dots,f_a^j$ realisieren. Das Block-Schema im Bild 5 enthält auch eine Anzahl $p = \rceil ld\ q \lceil$ von ULM (2) , wobei jeder ULM (2) alle Booleschen Funktionen mit p Variablen realisiert. Dekodierer (3) , (6) und Einstellungsblöcke (4) , (5) . Wenn beispielsweise n = 3, q = 3, b = max b_i = 3 , dann erhält der Mehrzweckautomat 2 ULM (1) und 2 ULM (2) mit 3 Eingängen. Dekodierer (3) , (6) haben je 2 Eingänge und 4 Ausgänge, der Block (7) enthält 2 Speicherelemente. Wenn der Automat für den Graph im Bild 4

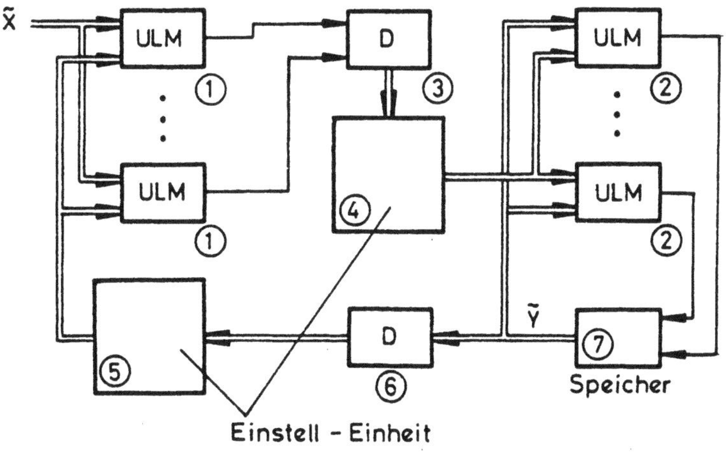

Bild 5:
Mehrzweckautomat

eingestellt ist und sich im Zustand C_1 befindet, dann stellt der Block (5) ein ULM (1) auf die Funktion f_1^1 und ein anderes ULM (1) auf die Funktion f_2^1 ein. Wenn für einige Belegungen die ULM's (1) das Kodewort 01 realisieren, dann stellt der Block (4) die ULM (2) auf die Funktionen $Y_1(\tilde{y},01)$, $Y_2(\tilde{y},01)$ ein. Für die Eingangsbelegung $\bar{y}_1\bar{y}_2$ die dem Zustand C_1 entspricht, realisieren die ULM (2) das Kodewort 10, das dem Zustand C_3 zugeordnet ist. Der Block (5) stellt die ULM (1) auf die Funktionen f_1^3, f_2^3 ein usw.

Für das Block-Schema aus Bild 5 wird nun die Komplexheit abgeschätzt. Die ULM werden nach dem Block-Schema aus Bild 1 realisiert. Die Komplexheit der Dekodierer (3) , bzw. (6) ist nach /3/ nicht größer als 2b bzw. 2q. Die Blöcke (4) und (5) haben ähnliche Konstruktion. Der Block (5) enthält a gleichartige Zellen. Jede Zelle wird beispielsweise so realisiert, wie es im Bild 6 angegeben ist. Sie hat q Register, q 2^n UND-Bausteine mit jeweils zwei Eingängen, und 2^n ODER-Bausteinen mit jeweils q Eingängen. Somit ergibt sich die Komplexheit der Zelle zu $2^n(2q-1)$ und die Komplexheit des Blockes (5) ergibt sich zu a $2^n(2q-1)$. Beziehungsweise ergibt sich die Komplexheit des Blockes (4) zu q ld q(2b-1). Die Komplexheit des Blockes (7) ist $\gamma_\nu$ld q, wobei mit γ_ν die Komplexheit eines Verzögerungselementes bezeichnet wird. Somit ergibt sich die Gesamtkomplexheit des Mehrzweckautomaten zu

$$L < a\ 2^n(2q - 1) + q \text{ ld } q(2b - 1) + a.2.2^n + 2\ q \text{ ld } q +$$

$$2q + 2b + 5a\ 2^{n/2} + 5\ \sqrt{q} \text{ ld } q + \gamma_\nu \text{ ld } q \cong$$

$$\cong a\ 2^n(2q + 1) + q \text{ ld } q\ (2b + 1).$$

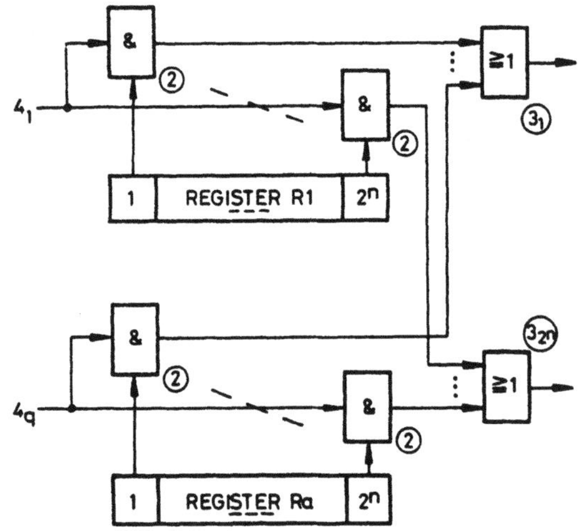

Bild 6:
Zelle einer Einstell-
einheit

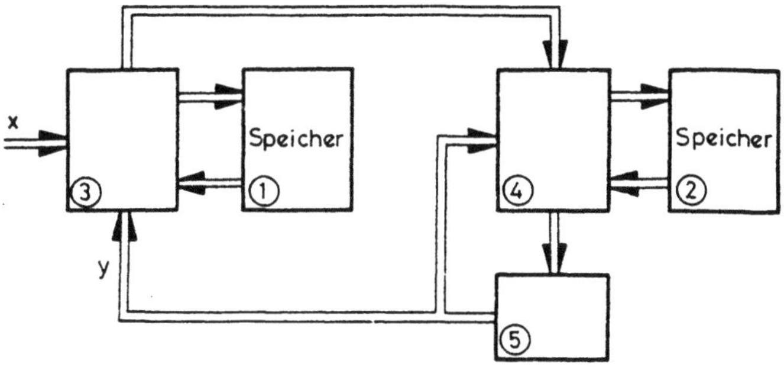

Bild 7:
Mehrzweckautomat

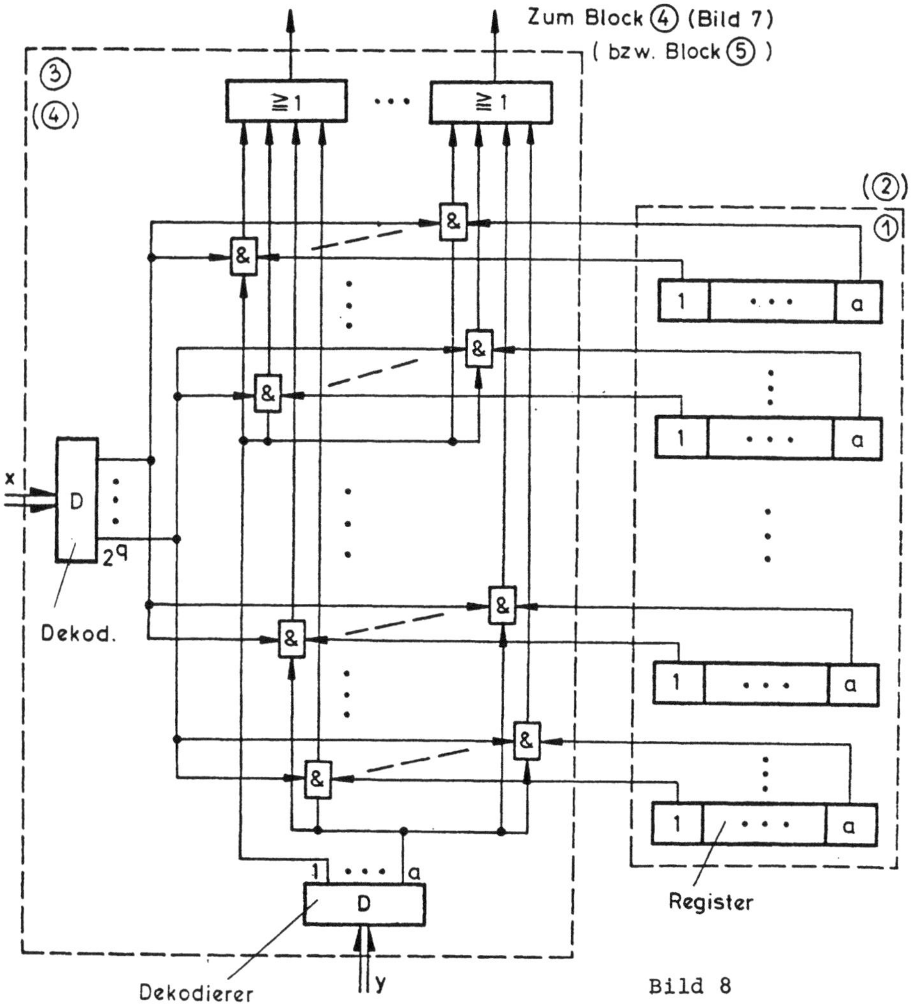

Bild 8

Im Bild 7 ist eine andere Möglichkeit eines Block-Schemas des Mehrzweckautomaten dargestellt. Es enthält q 2^n Register im Block ① , b ld q Register im Block ② , ld q Verzögerungselemente im Block ⑤ und Eingangs-Ausgangs-Blöcke ③ , ④ , die ähnliche Konstruktion haben. Der Mehrzweckautomat funktioniert auf folgende Weise: Der Automat befinde sich im Zustand C_j. Bei der Eingangsbelegung $\tilde{x}$ wird im Block ① ein Register bestimmt, in dem das Kantenkodewort $f_1^j(\tilde{x}),\ldots,f_a^j(\tilde{x})$ geschrieben ist. Dieses Kantenkodewort wird im Block ④ übergeben, von dem ein Register im Block ② ausgewählt wird, in dem das Knotenkodewort des folgenden Zustands geschrieben ist. Dieses Knotenkodewort wird im Block ③ übergeben, dann wiederholt sich das Arbeitsspiel.

Im Bild 8 ist schließlich eine mögliche Konstruktion des Blockes ③ (bzw. ④) dargestellt. Das Bild zeigt, daß die Blöcke ③ , ① (bzw. ④ , ②) als PROM oder REPROM mit Leistung $q\ 2^n$, bzw. b ld q Bit realisiert werden können. Die Komplexheit des Block-Schemas aus Bild 7 kann auch abgeschätzt werden. Dabei ergibt sich die Anzahl der UND-ODER Bausteine mit jeweils zwei Eingängen zu:

$$L < 3\,a\,q\,2^n + 3\,q\,b\,\mathrm{ld}\,q + 2.2^n + 4q + 2b - a - \mathrm{ld}\,q \cong$$

$$\cong 3\,a\,2^n\,q + 3\,q\,b\,\mathrm{ld}\,q\ .$$

Aus dem Vergleich der für die Schaltung nach Bild 5 und für den Automaten nach Bild 7 abgeschätzten Komplexheiten geht der Vorteil des Blockschemas nach Bild 5 hervor.

Literatur

1. Якубайтис Э.Я. Логические автоматы и микромодули. Рига, Зинатне, 1975.
2. Э.В.Евреинов, И.В.Прангишвили. Цифровые автоматы с настраиваемой структурой. М. Энергия, 1974, глава 2.
3. О.Б.Лупанов. О синтезе некоторых классов управляющих систем. Сб. Проблемы кибернетики № 10, М., Наука, 1962.
4. Preparata,F.P.: On the design of Universal Boolean Functions. IEEE Trans. on Computers. April 1971, V.C-20, pp. 418 - 424 .
5. Patt,Y.N.: Optimal and Near-Optimal Universal Logic Modules with Interconnected External Terminals. IEEE Trans. on Computers. Oct. 1973, V.C-22, pp. 903 - 908.
6. Pupirew,E.I.:Block-Schema von Automaten. msr 21(1978),H.1,S.12 - 15.
7. Е.И.Пупырев. Реализация автоматов по блок-схемам двойного кодирования. Труды II Симпозиума ИФАК "Дискретные системы", 1977, том I.

EINIGE METHODEN ZUM ENTWURF VON ZWANGSFOLGESTEUERUNGEN +)

SOME METHODS FOR THE DESIGN OF SEQUENTIAL SWITCHING CIRCUITS WITH FEEDBACK SIGNALS

D. Pessen

Technion - Israel Institute of Technology
Department of Mechanical Engineering
Haifa, Israel

D. Streppel

Lehrstuhl für Meß- und Regelungstechnik
Ruhr - Universität Bochum

G. Zahn

Lehrstuhl für Fluidenergiemaschinen
Ruhr - Universität Bochum

1. Einleitung

In den beiden letzten Jahrzehnten sind zahlreiche Methoden zum Entwurf von sequentiellen Schaltungen entwickelt worden. Eingeleitet wurde diese Entwicklung 1954 durch das inzwischen klassisch gewordene Huffman-Verfahren /4/. Die Zielsetzung von Huffman war es, für eine asynchrone sequentielle Schaltung, deren Eingangssignale sich in einer beliebigen Reihenfolge ändern können (Freifolgesteuerung), einen Entwurfs-Algorithmus anzubieten. Aufgrund der damals hauptsächlich verwendeten Relaistechnik legte Huffman das Verfahren so aus, daß zur Realisierung der Steuerung möglichst wenige Relais (Speicher) notwendig waren. Die Zahl der benötigten kombinatorischen Funktionen war erst in zweiter

---

+) Einem großen Teil dieses Beitrages liegt die Diplomarbeit von G. Zahn /1/ zugrunde. Diese wurde von D. Pessen angeregt und gemeinsam mit D. Streppel betreut. Der Abschnitt 5 dieses Beitrags ist dem Skript über die Vorlesung "Steuerungstechnik" von K.H. Fasol /2/ entnommen. Die verwendeten Beispiele stammen aus den zitierten Arbeiten. Für eine ausführliche Fassung der Thematik siehe /3/.

Dieser Beitrag wurde für diesen Band verfaßt und ersetzt einen Kolloquiumsvortrag von D. Pessen.

Linie interessant, weil durch die Relaistechnik diese Funktionen praktisch kostenlos durch Serien-/Parallelschaltung der Relaiskontakte realisiert wurden.

Die Entwickler von pneumatischen Steuerungen griffen diese Methode auf, nachdem spezielle pneumatische Schaltelemente und miniaturisierte Ventile auf den Markt gekommen waren. Im Vordergrund stand aber nun nicht mehr die Minimierung der Zahl der Speicher, sondern die Minimierung der Zahl der insgesamt benötigten Elemente, weil zwischen Speicherelementen und Elementen, die kombinatorische Funktionen realisieren, kaum ein Kostenunterschied bestand. Es ist daraufhin eine große Zahl von Modifikationen und Erweiterungen der Huffman-Methode erschienen, für die stellvertretend hier nur die Arbeit von Zander /5/ genannt werden soll. Obwohl die klassische Methode von Huffman für Freifolgesteuerungen konzipiert ist, kann sie auch mit gutem Erfolg für den Entwurf von Zwangsfolgesteuerungen (Steuerungen, deren Eingangsbelegungen in einer bestimmten, vorgeprägten Folge auftreten) angewendet werden. Die Huffman-Methode kann prinzipiell als Entwurfsverfahren für Steuerungen mit den verschiedensten Elementetypen und unterschiedlichen Technologien dienen. Es ist jedoch möglich, günstigere Resultate mit geringerem Entwurfsaufwand zu erzielen, wenn eine Methode verwendet wird, die stark auf eine bestimmte Klasse von Problemen und auf bestimmte Realisierungsmöglichkeiten ausgerichtet ist. Ein typischer Vertreter solcher Methoden ist die von Cole und Fitch /6/. Diese Methode eignet sich zum Entwurf von Zwangsfolgesteuerungen, die mit Wegeventilen realisiert werden. Die Cole/Fitch-Methode erfordert jedoch, ebenso wie die Huffman-Methode und die erweiterte Huffman-Methode nach Zander, ein Maß an Wissen und Zeit, das aus wirtschaftlichen Gründen nicht jedem Entwickler zur Verfügung steht. Es ist dann eine Methode gesucht, die weniger Entwurfsaufwand erfordert als die bisher erwähnten Verfahren. Dafür wird in Kauf genommen, daß diese Methode eine hardwaremäßig nicht so minimale Lösung liefert. Hier bietet sich die Verwendung der Schrittregister an. Die zu realisierende Zwangsfolgesteuerung wird dann als ein aus mehreren Schritten bestehendes Programm aufgefaßt und jedem Programmschritt wird eine Registerstufe zugeordnet. Die Verknüpfung der Registerstufen untereinander kann schnell und leicht durchgeführt werden, so daß der Entwurfsaufwand minimal ist. Der Preis dafür ist ein höherer Aufwand an Schaltelementen.

Ein großer Vorteil der Schrittregister ist die problemlose Umarbeitung der Steuerung bei Programmänderungen, ohne daß ein kompletter Neuentwurf der Steuerung notwendig ist. Schrittregister sind zwar fest programmiert, aber der Freiraum für Programmänderungen ist sehr groß.

Hier wird der erste Schritt in Richtung der programmierbaren Steuerungen getan.

Die programmierbaren Steuerungen erobern zur Zeit den Markt und sie werden ohne Zweifel die problemspezifischen Entwurfsmethoden in vielen Bereichen verdrängen. Es sollte aber nicht außer Acht gelassen werden, daß für eine Fülle von Steuerungsproblemen in der Klein- und Mittelautomatisierung eine programmierbare Steuerung gar nicht erforderlich ist oder im Preis höher liegt als eine festprogrammierte Steuerung. Für diese Anwendungsfälle sollen nachstehend die oben erwähnten Entwurfsverfahren diskutiert werden.

2. Methode von Cole und Fitch /6/

Die Methode nach J.H. Cole und E.C. Fitch ist zum logischen Entwurf eines sequentiellen Systems konzipiert, welches bewirkt, daß Ereignisse in einer vorbestimmten, genau festgelegten Reihenfolge aktiviert und die erfolgreiche Beendigung dieser Ereignisse durch Signale rückgemeldet werden. Bei diesen Ereignissen handelt es sich vorwiegend um die Stellbewegungen von Zylindern. Die Bewegungen der Zylinder bzw. der Kolben werden durch Arbeitsventile veranlaßt und die Positionen der Stellkolben durch Endlagenschalter rückgemeldet (Bild 1). Das Verfahren ist auch besonders auf die Verwendung von Wegeventilen zugeschnitten.

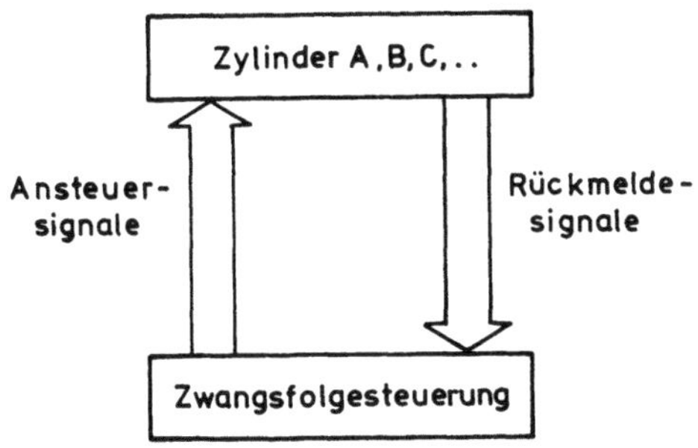

Zylinder A,B,C,...
Zylinderbewegungen $A^+, A^-, B^+, \ldots$
Ansteuersignale der Arbeitsventile $A_1, A_0, B_1, \ldots$
Endlagenschaltersignale $a_1, a_0, b_1, \ldots$

Bild 1: Schematische Darstellung einer Zylindersteuerung

Beispiel 1:

An einem Zweizylindersystem soll die Methode demonstriert werden. Es werde der zehnschrittige Zyklus

$$A^+ \; B^+ \; B^- \; A^- \; B^+ \; A^+ \; A^- \; B^- \; A^+ \; A^-$$

betrachtet. Zu Beginn des Zyklusses seien beide Zylinder eingefahren.

In der Tabelle 1 ist dieser Zyklus zusammen mit den Endlagenschaltersignalen aufgeführt. Die Spalte IV enthält die Endlagenschaltersignale zu dem Zeitpunkt, der dem der beendeten Ausführung des vorhergehenden Schrittes entspricht. In dem hier betrachteten sequentiellen Problem müssen

Tabelle 1: Zehnschrittiger Zylinderzyklus

I	II	III	IV
1	A fährt aus	A^+	$a_o b_o$
2	B fährt aus	B^+	$a_1 b_o$
3	B fährt ein	B^-	$a_1 b_1$
4	A fährt ein	A^-	$a_1 b_o$
5	B fährt aus	B^+	$a_o b_o$
6	A fährt aus	A^+	$a_o b_1$
7	A fährt ein	A^-	$a_1 b_1$
8	B fährt ein	B^-	$a_o b_1$
9	A fährt aus	A^+	$a_o b_o$
10	A fährt ein	A^-	$a_1 b_o$

zur Unterscheidung von gleichen Kombinationen der Rückmeldesignale, die unterschiedliche Ereignisse bewirken, Speicher eingeführt werden. Bild 2 zeigt eine Möglichkeit dieser Signalunterscheidung. Abhängig davon,

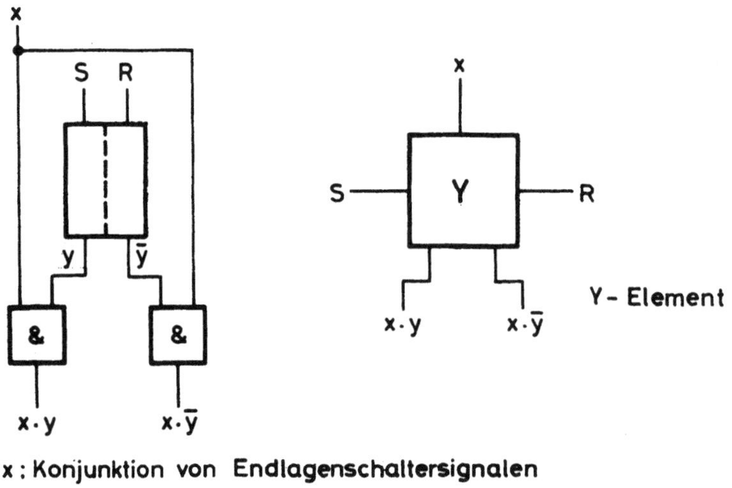

Bild 2: Signalunterscheidung durch Verwendung eines Speichers (links), Symbol für ein Y-Element

ob der Speicher gesetzt oder gelöscht ist, wird entweder das Signal $x \cdot y$ oder das Signal $x \cdot \bar{y}$ verfügbar sein. Tritt eine Kombination der Rückmeldesignale n mal auf, so können mit Hilfe von (n-1) Y-Elementen nach Bild 2 die n unterschiedlichen Signale erzeugt werden. Bild 3 zeigt die Realisierung eines aktiven Y-Elementes durch Wegeventile.

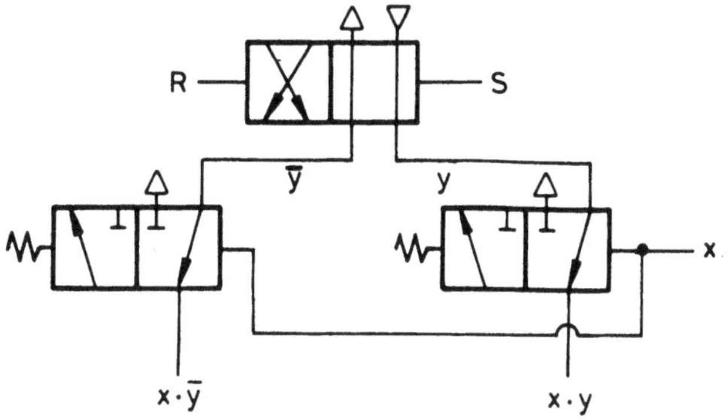

Bild 3: Realisierung eines aktiven Y-Elementes durch Wegeventile

Neben der aktiven Realisierung des Y-Elementes bietet sich als Variante die passive Realisierung an (Bild 4). Diese Schaltung liefert ebenfalls die Terme $x \cdot y$ und $x \cdot \bar{y}$, benötigt aber nur ein einziges Wegeventil. Wegeventile sind auf diese Weise sehr rationell zu verwenden. Die be-

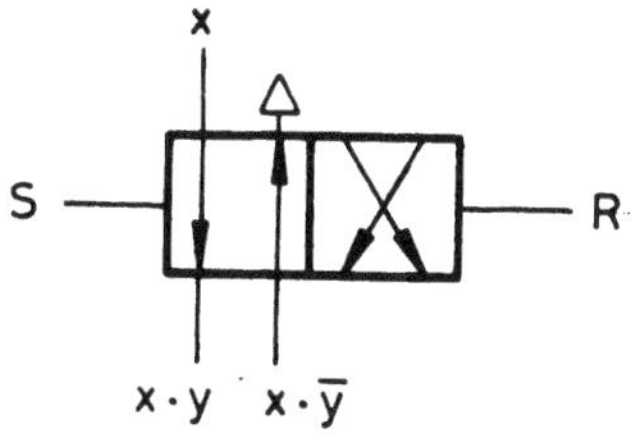

Bild 4: Realisierung eines passiven Y-Elementes durch ein Wegeventil

schriebene Methode beruht im wesentlichen auf dieser Art (Bild 4) der Signalunterscheidung.

Im ersten Schritt der Methode wird eine *Synthesetabelle* (Tabelle 2) entwickelt. Die drei ersten Spalten dieser Tabelle sind mit den Spalten I, III und IV von Tabelle 1 identisch. In die vierte Spalte werden für jede Konjunktion aus Rückmeldesignalen diejenigen Zylinderbewegungen eingetragen, die diese Signale bewirken müssen. In dem Beispiel ergeben sich vier Zeilen mit jeweils zwei eingetragenen Ereignissen. So muß z.B. die Kombination a_1b_o in Zeile 2 das Ereignis B^+ erzeugen, in den Zeilen 4 und 10 jedoch das Ereignis A^-. Zur Unterscheidung von zwei

I	II	III	IV	V Y	VI S	 R	VII Y_H
1	A^+	a_ob_o	A^+,B^+	1	2		5
2	B^+	a_1b_o	B^+,A^-	2	3		
3	B^-	a_1b_1	B^-,A^-	3		1,2	
4	A^-	a_1b_o		$\bar{2}$	5		
5	B^+	a_ob_o		$\bar{1}$	4		
6	A^+	a_ob_1	A^+,B^-	4		3	
7	A^-	a_1b_1		$\bar{3}$		4	
8	B^-	a_ob_1		$\bar{4}$	1	5	
9	A^+	a_ob_o		1			$\bar{5}$
10	A^-	a_1b_o		$\bar{2}$	5		

Tabelle 2: Synthesetabelle nach Cole und Fitch

Eingangskombinationen ist ein passsives Y-Element notwendig. Deshalb werden in Spalte V vier Speicher $y_1,\ldots,y_4$ eingeführt. Es bedeutet die "1" in Spalte V und Zeile 1, daß der Speicher y_1 gesetzt sein muß, um das Ereignis A^+ zu bewirken. Ebenso wird in Zeile 9 eine "1" für das Ereignis A^+ eingetragen. Dagegen wird in Zeile 5 für das Ausfahren des Zylinders B ein rückgesetzter Speicher y_1 erforderlich. Auf diese Weise werden auch den übrigen Eingangsbelegungen die entsprechenden Speicherbelegungen zugeordnet. Die Ausgangsgleichungen können jetzt unmittelbar aus den Spalten II, III und V entnommen werden:

$$A_1 = a_ob_oy_1 \vee a_ob_1y_4$$
$$A_o = a_1b_o\bar{y}_2 \vee a_1b_1\bar{y}_3$$
$$B_1 = a_1b_oy_2 \vee a_ob_o\bar{y}_1$$
$$B_o = a_1b_1y_3 \vee a_ob_1\bar{y}_4$$

Um die Setz- und Rücksetzbedingungen für die Speicher zu ermitteln, wird im allgemeinen so vorgegangen, daß ein Speicher in jenem Schritt gesetzt bzw. gelöscht wird, der dem Schritt vorausgeht, in dem das Signal zur Verfügung stehen muß. Z.B. muß y_3 in Zeile 3 gesetzt sein und wird somit in Zeile 2 gesetzt. In die Spalte VI wird als Setzbedingung in Zeile 2 eine "3" eingetragen. Das Signal $a_1b_oy_2$ aus Zeile 2 bewirkt dann das Setzen des Speichers y_3. In Zeile 7 muß y_3 zurückgesetzt sein, dies geschieht in Zeile 6 durch das Signal $a_ob_1y_4$.

Beim Zuweisen dieser Setz- und Rücksetzsignale können allerdings auch Schwierigkeiten auftreten. In Zeile 5 muß der Speicher y_1 zurückgesetzt sein und würde normalerweise in Zeile 4 durch das Signal $a_1b_o\bar{y}_2$ gelöscht. Das Signal $a_1b_o\bar{y}_2$ erscheint jedoch auch in Zeile 10, wo y_1 dann auch zurückgesetzt würde. Dies läßt sich nicht damit vereinbaren, daß y_1 in Zeile 1 aber gesetzt sein muß. Umgehen läßt sich diese Schwierigkeit durch Verschieben des Rücksetzsignals in Zeile 3 und des Setzsignals in Zeile 8. Für den Speicher y_2 lassen sich zunächst keine Setz- und Rücksetzsignale festlegen. Der Speicher muß auf jeden Fall in Zeile 1 gesetzt werden, da er in Zeile 10 zurückgesetzt und in Zeile 2 gesetzt gebraucht wird. Das Setzsignal wäre also $a_ob_oy_1$. Diese Kombination tritt jedoch auch in Zeile 9 auf, wo y_2 auf keinen Fall gesetzt werden darf. Dieser Widerspruch läßt sich in diesem Fall nicht durch Verschieben der Signale in andere Zeilen lösen. Deshalb wird das Signal $a_ob_oy_1$ durch ein weiteres Hilfs-Speichersignal y_5 modifiziert.

Die Gleichungen aller Setz- und Rücksetzbedingungen lauten:

$$S_1 = a_ob_1\bar{y}_4 \qquad R_1 = a_1b_1y_3$$
$$S_2 = a_ob_oy_1y_5 \qquad R_2 = a_1b_1y_3$$
$$S_3 = a_1b_oy_2 \qquad R_3 = a_ob_1y_4$$
$$S_4 = a_ob_o\bar{y}_1 \qquad R_4 = a_1b_1\bar{y}_3$$
$$S_5 = a_1b_o\bar{y}_2 \qquad R_5 = a_ob_1\bar{y}_4$$

Bedingt durch die Realisierung mit passiven Speicherelementen tritt ein Speicher immer nur in Konjunktion mit genau einer Kombination von Rückmeldesignalen auf.

2.1 Modifizierung der Methode

Die Methode nach Cole und Fitch nützt die Logikkapazität eines Wegeventils besonders vorteilhaft aus, weil mit nur einem Ventil ein Y-Element nach Bild 2 und damit zwei Terme $x \cdot y$ und $x \cdot \bar{y}$ realisiert werden können.

Soll eine Steuerung mit einem Elementesystem aufgebaut werden, das für ein passives Y-Element mehr als ein Schaltelement benötigt, so ist es sinnvoll, die Methode etwas zu modifizieren /1/. Im wesentlichen setzt sich diese Modifizierung aus drei Schritten zusammen, die anhand des

Beispiels 2 gemäß Tabelle 3 demonstriert werden.

I	II	III	IV	V	Y	y_1	y_2	y_3	y_4	y_5	y_6	S	R
1	A^+	$a_o b_o c_o$	$a_o b_o$	A^+, B^+	$\bar{1}$	0	0	1	0	1	1		
2	B^+	$a_1 b_o c_o$	$a_1 b_o$	B^+, A^-	$\bar{2}$	0	0	1	0	1	1		
3	C^+	$a_1 b_1 c_o$	$a_1 b_1 c_o$	C^+, B^-	$\bar{4}$	0	0	1	0	1	0		6
4	C^-	$a_1 b_1 c_1$	$a_1 c_1$	C^-, A^-	$\bar{6}$	1	1	0	1	0	0	4	
5	B^-	$a_1 b_1 c_o$	$a_1 b_1 c_o$		4	1	1	0	1	0	0		
6	A^-	$a_1 b_o c_o$	$a_1 b_o$		2	1	1	0	1	0	0		
7	B^+	$a_o b_o c_o$	$a_o b_o$		1	1	1	0	1	0	0		
8	C^+	$a_o b_1 c_o$	$a_o b_1 c_o$	C^+, B^-	$\bar{3}$	1	1	0	1	0	0		
9	A^+	$a_o b_1 c_1$	$a_o c_1$	A^+, C^-	$\bar{5}$	1	1	0	1	0	0	6	
10	A^-	$a_1 b_1 c_1$	$a_1 c_1$		6	0	0	1	0	1	1		4
11	C^-	$a_o b_1 c_1$	$a_o c_1$		5	0	0	1	0	1	1		
12	B^-	$a_o b_1 c_o$	$a_o b_1 c_o$		3	0	0	1	0	1	1		

Tabelle 3: Synthesetabelle nach der modifizierten Methode

a) Reduzierung der Eingangskombinationen

Da in vielen Fällen im Verlaufe eines bestimmtes Zyklusses nicht alle möglichen Kombinationen der Endlagenschaltersignale vorkommen, kann diese Redundanz zur Vereinfachung dieser Terme ausgenutzt werden. Als Hilfsmittel bietet sich das Karnaugh-Diagramm an (Bild 5). Die verkürz-

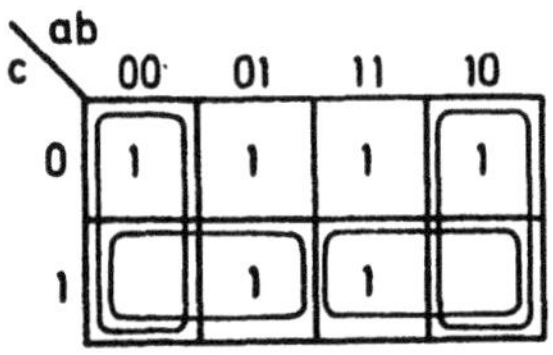

Bild 5: Reduzierung der Eingangskombinationen

ten Terme sind in Tabelle 3 in Spalte IV eingetragen.

b) Verschmelzung der Zustandsvariablen

Für den Zyklus des Beispiels 2 (Tabelle 3) werden nach der ursprünglichen Methode sechs Speicher benötigt. Jedem dieser Speicher wird nur an zwei Stellen des Zyklusses ein bestimmter Wert zwingend zugewiesen, in den übrigen Zeilen ist die Belegung frei wählbar. Der Speicher y_4 muß in Zeile 4 gesetzt werden, da er in Zeile 3 gelöscht und in Zeile 5 gesetzt benötigt wird. Bei der Festlegung des Rücksetzsignals wird die Wahl so getroffen, daß andere Speicher ersetzt werden können, wobei die Wahl deren Setz- und Rücksetzbedingungen ebenfalls unter dem Gesichtspunkt der Gleichheit von Speichervariablen getroffen wird. So können Speicher y_1, y_2 durch y_4 sowie y_3 und y_5 durch $\bar{y}_4$ ersetzt werden. Der Speicher y_6 kann nicht durch einen anderen Speicher eliminiert werden, sodaß insgesamt nur zwei Speicher statt ursprünglich sechs erforderlich sind.

Im Gegensatz zu der nicht modifizierten ursprünglichen Methode kommen dann durchaus die Speicher in Konjunktion mit verschiedenen Eingangskombinationen vor. Damit liegen jetzt folgende Zustands- und Ausgangsgleichungen fest:

$$S_4 = a_1 c_1 \bar{y}_6 \qquad R_4 = a_1 c_1 y_6$$

$$S_6 = a_o c_1 y_4 \qquad R_6 = a_1 b_1 c_o \bar{y}_4$$

c) Vereinfachung der Ausgangsgleichungen

Die Ausgangsgleichungen werden nicht wie bei der ursprünglichen Methode der Synthesetabelle entnommen, sondern über eine Flußtabelle und über Karnaugh-Diagramme entwickelt. Die Kodierung der Flußtabelle kann der Synthesetabelle unmittelbar entnommen werden. Ausgehend von der Flußtabelle wird nun für jeden Ausgang eine Ausgangstabelle erstellt und die Ausgangsgleichung abgelesen. Es ergibt sich folgendes Gleichungssystem:

$$A_1 = b_o \bar{y}_4 \ \text{v}\ a_o c_1 y_4$$

$$A_o = b_o y_4 \ \text{v}\ a_1 c_1 y_6$$

$$B_1 = a_1 \bar{y}_4 \ \text{v}\ a_o y_4$$

$$B_o = a_1 c_o y_4 \ \text{v}\ a_o c_o \bar{y}_4$$

$$C_1 = a_1 b_1 c_o \bar{y}_4 \ \text{v}\ a_o b_1 y_4$$

$$C_o = a_1 c_1 \bar{y}_6 \ \text{v}\ a_o \bar{y}_4$$

3. Methode von Huffman bei Zustandszuweisung mit minimaler Speicheranzahl

Die Methode von D.A. Huffman /4/ wird in den meisten Büchern über Schaltungstheorie oder Automatentheorie ausführlich beschrieben. Deshalb soll dieses Verfahren hier nur knapp dargestellt und in seiner Anwendung auf Zylindersteuerungen beschrieben werden. Die einzelnen Schritte der Methode laufen wie folgt ab:

- Die einzelnen Schritte des Zylinderzyklusses (Programmablauf) werden in eine *primitive Flußtabelle* eingetragen. Jedem Programmschritt wird eine Zeile und jeder Eingangsbelegung wird eine Spalte zugeordnet. Für jede Ausgangsvariable wird eine zusätzliche Spalte hinzugefügt.
- Jede Zeile wird mit jeder anderen verglichen und überprüft, ob Zeilen verschmelzbar sind. Alle Verschmelzungsmöglichkeiten werden in ein *Verschmelzungsdiagramm* eingetragen.
- Aus dem Verschmelzungsdiagramm wird eine Verschmelzung von Zeilen so ausgewählt, daß eine minimale Anzahl von Zeilen erhalten wird. Diese bilden die *verschmolzene Flußtabelle*.
- Um 2^n Zeilen einer verschmolzenen Flußtabelle voneinander unterscheiden zu können, sind n Speicher notwendig. Die Ausgänge dieser Speicher (Flipflops) heißen *innere Variable* oder *Zustandsvariable*. Jeder Zeile wird eine von allen anderen Zeilen unterschiedliche Kombination von Zustandsvariablen zugeordnet. Dieser Schritt wird *Zustandszuweisung* genannt.
- Jeder Speicher (Flipflop) besitzt zwei Eingänge, den Setz- und den Löscheingang. Für jede Eingangsvariable und für jede Ausgangsvariable werden mit Hilfe eines Karnaugh-Diagrammes die vereinfachten Ein- und Ausgangsfunktionen hergeleitet.

Das Verfahren soll anschließend an zwei Beispielen demonstriert werden. Zunächst wird das Beispiel 1 (aus Abschnitt 2) mit dem Zylinderzyklus

$$A^+ \; B^+ \; B^- \; A^- \; B^+ \; A^+ \; A^- \; B^- \; A^+ \; A^-$$

behandelt. Es wird vorausgesetzt, daß jeder Zylinder X von einem 4/2-Wegeventil angesteuert wird, das die Steuereingänge X_1 und X_o besitze (d.h. keine Rückstellfeder) und daß pro Zylinder zwei Endlagenschalter existieren (3/2-Wegeventile mit Federrückführung), die die Zylinderstellungen eingefahren (-) oder ausgefahren (+) anzeigen. Die primitive und die verschmolzene Flußtabelle für das Beispiel 1 sind in den Bildern 6 und 7 dargestellt. Die Setz- und Rücksetzgleichungen sowie die Ausgangsgleichungen ergeben sich zu:

$$S_1 = a_o b_1 \bar{y}_2 \qquad S_2 = a_1 b_1$$

$$R_1 = a_o b_o \bar{y}_2 \qquad R_2 = a_1 b_o y_1 \vee a_o b_1 \bar{y}_1$$

$$A_1 = a_o \bar{y}_2 \vee b_o y_1 y_2 \qquad B_1 = a_1 \bar{y}_1 \bar{y}_2 \vee a_o \bar{y}_1 y_2$$

$$A_o = A_1 y_1 \vee b_o \bar{y}_1 y_2 \qquad B_o = a_1 \bar{y}_1 y_2 \vee a_o y_1 y_2$$

Eingangsbelegungen				Ausgangsvariable			
a_0b_0	a_1b_0	a_1b_1	a_0b_1	A_1	A_0	B_1	B_0
(1)	2	-	-	1	0	0	-
-	(2)	3	-	-	0	1	0
-	4	(3)	-	-	0	0	1
5	(4)	-	-	0	1	0	-
(5)	-	-	6	0	-	1	0
-	-	7	(6)	I	0	-	0
-	-	(7)	8	0	1	-	0
9	-	-	(8)	0	-	0	1
(9)	10	-	-	1	0	0	-
1	(10)	-	-	0	1	0	-

Bild 6: Primitive Flußtabelle für Beispiel 1

Eingangsbelegungen				Zustands-variable
a_0b_0	a_1b_0	a_1b_1	a_0b_1	$y_1\ y_2$
(1)	(2)	3	-	00
(5)	(4)	(3)	6	01
(9)	10	(7)	(8)	11
1	(10)	7	(6)	10

Bild 7: Verschmolzene Flußtabelle für Beispiel 1

Die Anzahl der Schaltelemente, die zur Realisierung der Lösung benötigt wird, hängt natürlich von dem verwendeten Elementetyp ab. Wenn Und-Elemente mit einem fan-in von 3 verfügbar sind, so werden 20 Schaltelemente (2 Flipflops, 5 Oder-Elemente und 13 Und-Elemente) benötigt. Wenn Ventile (fan-in = 2) verwendet werden, so sind insgesamt 17 Stück erforderlich, da ein einzelnes Ventil den Logikinhalt eines Flipflops und eines passiven Und-Elementes hat. Es ist jedoch schwierig, die optimale Kombination von nur 17 Ventilen zu erkennen.

Beispiel 3:

Sechs Zylinder sollen in folgendem Zyklus arbeiten

$$A^+\ B^+\ C^+\ B^-\ C^-\ A^-\ D^+\ F^+\ E^+\ E^-\ D^-\ F^-$$

Das Merkmal dieser Sequenz ist, daß jeder Zylinder nur einmal aus- und einfährt. Bestimmte Entwurfsmethoden sind auf Sequenzen solchen Typs zugeschnitten und erleichtern dadurch die Lösung sehr. Die Huffman- Methode wird jedoch in diesem Fall durch die große Anzahl von Ausgangs- und Eingangsvariablen unübersichtlich, weil die primitive Flußtabelle sehr groß wird. Deshalb ist in Bild 8 nur die verschmolzene Flußtabelle gezeigt. Durch die große Anzahl der Variablen ist die Minimierung der Funktionen mittels Karnaugh-Diagramm praktisch kaum durchführbar. Die Setz- und Rücksetzbedingungen sowie die Ausgangsfunktionen wurden der primitiven und der verschmolzenen Flußtabelle direkt entnommen.

$a_0b_0c_0$ $d_0e_0f_0$	$a_1b_0c_0$ $d_0e_0f_0$	$a_1b_1c_0$ $d_0e_0f_0$	$a_1b_1c_1$ $d_0e_0f_0$	$a_1b_0c_1$ $d_0e_0f_0$	$a_0b_0c_0$ $d_1e_0f_0$	$a_0b_0c_0$ $d_1e_0f_1$	$a_0b_0c_0$ $d_1e_1f_1$	$a_0b_0c_0$ $d_0e_0f_1$	y
(1)	(2)	(3)	4	-	-	(11)	(10)	(12)	0
(7)	(6)	-	(4)	(5)	(8)	(9)	10	-	1

Bild 8: Verschmolzene Flußtabelle für Beispiel 3

$$S = c_1 \quad A_1 = f_o\bar{y} \quad B_1 = a_1\bar{y} \quad C_1 = b_1$$
$$R = e_1 \quad A_o = c_o y \quad B_o = c_1 \quad C_o = b_o$$
$$D_1 = a_o y \quad E_1 = f_1 y \quad F_1 = d_1$$
$$D_o = e_o\bar{y} \quad E_o = e_1 \quad F_o = d_o$$

Für die Lösung sind 7 Elemente (1 Flipflop und 6 Und-Elemente) erforderlich. Wenn jedoch Wegeventile verwendet werden, so ist ein Ventil als Flipflop ausreichend. Die beiden Ausgänge y und $\bar{y}$ versorgen die Endlagenschalter a_o, a_1, c_o, e_o, f_o und f_1, die als passive Und-Elemente arbeiten, mit Druckluft. Diese extrem wirtschaftliche Lösung ist in diesem Beispiel möglich, weil keine Zylinderbewegungen wiederholt auftreten. Würde eine andere der möglichen Zeilenverschmelzungen gewählt, so wäre mehr als ein Wegeventil erforderlich.

3.1 Diskussion der Methode

Huffman's Methode basiert auf der Idee, die Zahl der Speicherelemente oder Flipflops zu minimieren und ist mit der ursprünglichen Verwendung von Relais als Schaltelemente zu begründen. Die benötigten Und- und Oderfunktionen werden realisiert, indem die Relais und die Endlagenschalter seriell oder parallel miteinander verbunden werden, d.h. es ist keine zusätzliche Logik notwendig und die Gesamtzahl der Relais ist mit der Zahl der erforderlichen Speicherelemente identisch.

Wenn andere Elementetypen zur Realisierung der Schaltung verwendet werden, so werden zusätzliche Elemente benötigt, um die verschiedenen Und- und Oderfunktionen bereitzustellen. Die Zahl der erforderlichen Speicherelemente ist nicht mehr die relevante Größe. Vielmehr bedeutet die Gesamtzahl der benötigten Elemente das Hauptkriterium bei der Auswahl einer Entwurfsmethode. Es ist möglich, daß die Systemgleichungen einfacher werden, wenn mehr Speicherelemente als mindestens erforderlich, verwendet werden. Eine zweite Einschränkung der Verwendbarkeit der Methode liegt darin, daß für die Vereinfachung der Funktionen das Karnaugh-Diagramm herangezogen wird. Dies ist nur möglich bei Problemen kleineren und mittleren Umfangs. Es wird schnell die Zahl der Variablen überschritten, für die das Karnaugh-Diagramm noch gut handhabbar ist. In den meisten Büchern über Schaltungstheorie wird die obere Zahl der Variablen mit 5 oder 6 angegeben. In /7/ wird gezeigt, daß die Karnaugh-Diagramm Methode jedoch auch leicht auf Probleme mit bis zu 12 Variablen erweitert werden kann, indem sogenannte erweiterte Karnaugh-Diagramme verwendet werden. Der Gebrauch solcher Diagramme ist zulässig, wenn Flipflops anstelle von Relais und wenn Wegeventile mit zwei Impulseingängen zur Zylinderansteuerung verwendet werden. Pessen /7/ diskutiert dieses Problem und gibt Regeln für die korrekte Anwendung dieser Diagramme.

Reicht auch die Kapazität der erweiterten Karnaugh-Diagramme nicht aus, so werden die verschiedenen Funktionen der primitiven und der verschmolzenen Flußtabelle direkt entnommen. Der Erfolg einer solchen Vorgehensweise hängt stark von der Erfahrung des Anwenders ab, eine optimale Vereinfachung der Funktionen ist nicht gewährleistet. Es können numerische Methoden wie etwa die Quine-McClusky-Methode /8/ verwendet werden, um Boolesche Funktionen mit einer großen Zahl von Variablen zu minimieren. Aber diese Methoden sind sehr zeitaufwendig, wenn sie nicht für einen Rechner programmiert sind.

4. Methode von Huffman bei Zustandszuweisung nach Zander

Bei der Methode nach Zander /5/ wird eine Zustandszuweisung ermittelt, die die Gesamtzahl der Schaltelemente minimiert. Auf das Problem der Zustandskodierung soll etwas näher eingegangen werden. Ausgangspunkt ist die verschmolzene Flußtabelle. Jede Zeile der Flußtabelle entspricht einem inneren Zustand der Schaltung. Bei der Zustandskodierung wird jedem inneren Zustand, d.h. jeder Zeile der Flußtabelle, ein Codezeichen zugeordnet. Dieses Codezeichen setzt sich aus den Belegungen der inneren Speicher y_i zusammen. Zur Unterscheidung von n Zeilen einer Flußtabelle sind mindestens $l = \log_2 n$ Zustandsvariablen erforderlich. Findet in der Schaltung ein Übergang von einem Zustand i zu einem Zustand j statt und unterscheiden sich die Codezeichen dieser Zustände in den Werten von k Zustandsvariablen, so können durch *Wettläufe*, d.h. durch unterschiedlich schnelle Zustandsänderung der inneren Speicher 2^k mögliche verschiedene Codezeichen während dieses Übergangs auftreten. Gehört eines dieser Codezeichen zu einem inneren Zustand, als dessen Folgezustand nicht der Zustand j vorgesehen ist, so ist ein Fehlverhalten der Schaltung möglich. Solche *kritischen Wettläufe* müssen durch die Art der Kodierung ausgeschlossen werden.

Die Menge der 2^k verschiedenen Codezeichen wird als M (i,j) bezeichnet und *charakteristische Menge* genannt. Hat der Zustand i z.B. das Codezeichen 01100 und der Zustand j das Zeichen 00110, so unterscheiden sich die beiden Zeichen in den Werten der zweiten und vierten Zustandsvariablen. Die charakteristische Menge M(i,j) hat somit $2^k = 2^2 = 4$ Elemente:

$$M(i,j) = \{01100, 01110, 00100, 00110\}$$

Da jedes dieser Codezeichen während des Übergangs $i \rightarrow j$ auftreten kann, muß zur Vermeidung einer Fehlschaltung jedem inneren Zustand, der zu einem Codezeichen aus M(i,j) gehört, als Folgezustand der Zustand j zugeordnet sein. Gibt es in einer Spalte der Flußtabelle zwei Übergänge $i \rightarrow j$ und $m \rightarrow n$ mit verschiedenen Anfangs- und Endzuständen, so gibt es für jeden Übergang die entsprechende charakteristische Menge. Zur Vermeidung kritischer Wettläufe muß jedem Zustand, der einem Codezeichen aus M(i,j) entspricht der Folgezustand j, und jedem Zustand, der einem Codezeichen aus M(m,n) entspricht, der Folgezustand n zugeordnet sein. Haben beide Mengen gemeinsame Elemente, so müßten den dieser Durchschnittsmenge entsprechenden Zuständen zwei verschiedene Folgezustände, nämlich j und n, zugeordnet sein. Da dies nicht möglich ist, müssen als Voraussetzung für eine von kritischen Wettläufen freie Codierung die charakteristischen Mengen zweier Übergänge in einer Spalte elementefremd sein.

Eine triviale Möglichkeit zur Erreichung dieser Elementefremdheit besteht darin, die Codezeichen des Anfangs- und Endzustandes eines Übergangs so zu wählen, daß sie sich nur in dem Wert einer Zustandsvariablen unterscheiden. Die charakteristische Menge besteht dann nur aus $2^1 = 2$ Elementen. Diese beiden Elemente sind gerade die Codezeichen des Anfangs- und Endzustandes des Übergangs. Kommen zwei Übergänge dieser Art in einer Spalte vor, so sind dann natürlich, bei verschiedenen Anfangs- und Endzuständen der beiden Übergänge, die betreffenden charakteristischen Mengen disjunkt, da sie gerade aus den Codezeichen der Anfangs- und Endzustände bestehen.

Eine andere Möglichkeit, die Bedingung der Elementefremdheit zu erfüllen, soll gezeigt werden. Existiert eine Zustandsvariable y_i, die beim Übergang $i \rightarrow j$ ihren Wert 1 nicht ändert, und während des Übergangs $m \rightarrow n$ den Wert 0 beibehält, so sind die charakteristischen Mengen der Übergänge disjunkt, weil sich die Elemente von M(i,j) auf jeden Fall durch den Wert der Variablen y_i von allen Elementen der Menge M(m,n) unterscheiden. Ist nun jeder stattfindende Übergang von jedem anderen, in der gleichen Spalte der Flußtabelle stattfindenden Übergang auf diese Weise durch wenigstens eine Zustandsvariable getrennt, so sind die Voraussetzungen für eine von kritischen Wettläufen freie Zustandskodierung gegeben.

Dieser Weg wird von Zander beschritten /5/. Als erster Schritt seiner Methode werden bei einer gegebenen Flußtabelle die sogenannten *Übergangstrennungen* gebildet. Jede Übergangstrennung dient zur Unterscheidung von zwei durch die gleiche Eingangskombination verursachten Übergängen. Jede dieser Übergangstrennungen muß nun durch wenigstens eine Zustandsvariable abgedeckt sein, d.h. für jede gibt es wenigstens eine Variable, die bei dem einen Übergang den Wert 0 und bei dem zweiten den Wert 1 beibehält. Dies sei an der verschmolzenen Flußtabelle für ein beliebiges Beispiel in Bild 9 gezeigt.

ab	00	01	11	10
1	(1)	(1)	2	(1)
2	(2)	1	(2)	3
3	-	-	4	(3)
4	-	-	(4)	5
5	-	6	(5)	(5)
6	2	(6)	(6)	(6)
	1	2	3	4

Bild 9: Verschmolzene Flußtabelle

In der Spalte mit der Eingangsbelegung 00 findet ein möglicher Übergang statt: $6 \rightarrow 2$. Dieser Übergang darf nicht im Zustand 1 enden. Deshalb wird für Spalte 1 eine Übergangstrennung notiert:

$$ÜT1 = (1,26)$$

In Spalte 2 muß der Übergang $2 \rightarrow 1$ vom Übergang $5 \rightarrow 6$ getrennt werden:

ÜT2 = (12,56)

Die benötigten Trennungen in Spalte 3 lauten:

ÜT3 = (12,34)
ÜT4 = (12,5)
ÜT5 = (12,6)
ÜT6 = (34,5)
ÜT7 = (34,6)

Für Spalte 4:

ÜT8 = (1,23)
ÜT9 = (1,45)
ÜT10= (23,45)
ÜT11= (23,6)
ÜT12= (45,6)

Es gibt also 12 Übergangstrennungen, die von den Zustandsvariablen überdeckt werden müssen, damit eine von kritischen Wettläufen freie Kodierung möglich ist.

Zander will mit seiner Methode jedoch nicht nur eine von kritischen Wettläufen freie Kodierung erreichen, sondern auch eine Auswahl von Zustandsvariablen treffen, die eine aufwandsarme Realisierung versprechen. Dazu definiert er einige Eigenschaften, die, wenn sie bei möglichst vielen Zustandsvariablen vorhanden sind, auf einfache funktionale Abhängigkeiten in den Zustandsgleichungen und damit auf eine günstige Realisierung schließen lassen. Zur Erläuterung dieser Überlegungen seien vorab folgende Begriffe definiert:

Zustandsmenge Z: Die Zustandsmenge Z ist die Menge aller inneren Zustände einer sequentiellen Schaltung.

Die Anzahl der Elemente der Zustandsmenge Z ist also gleich der Zeilenzahl der Flußtabelle.

π-Partition: Eine Partition π einer Zustandsmenge Z ist eine Kollektion von disjunkten Untermengen von Z, so daß ihre Vereinigung Z ergibt.

In Zusammenhang mit der Kodierung interessieren in erster Linie Partitionen mit zwei Blöcken. Jeder solchen Zweiblockpartition kann eine Zustandsvariable derart zugeordnet werden, daß die Variable bei allen Zuständen des einen Blocks den Wert 0 und bei allen Zuständen des anderen Blocks den Wert 1 hat oder umgekehrt.

Nun lassen sich die drei Eigenschaften E, G und P einer Zustandsvariablen bzw. einer π-Partition definieren:

Eigenschaft E: Sind bei einer π-Partition alle Zustände, die bezüglich der Eingangskombination I_p als Folgezustände auftreten (also alle stabilen Zustände), im gleichen Block dieser Partition, so hat π die Eigenschaft E bezüglich I_p. Bild 10 soll diese Eigenschaft veranschaulichen.

	I	II	III	IV	
	y_i	I_p	y_i'	S	R
1	0	①	0	0	-
2	1	4	0	0	1
3	0	③	0	0	-
4	0	④	0	0	-
5	1	4	0	0	1

Bild 10: Demonstration der Eigenschaft E

Spalte II stellt eine Spalte p einer Flußtabelle dar, die zu der Eingangsbelegung I_p gehört. In Spalte I sind die Werte eingetragen, die die Zustandsvariable y_i in den einzelnen Zuständen bei einer Partition π_i = (134,25) annimmt. In Spalte III sind die zu den Folgezuständen gehörenden Werte der Variablen y_i eingetragen. Diese Spalte würde in der Zustandstabelle für y_i als Spalte p erscheinen. Wird die Steuerung nicht durch Verwendung freier Rückführkreise sondern mit Hilfe separater Speicherelemente realisiert, so sind die Stellsignale S und R wichtig. Die dafür benötigten Signale sind in Spalte IV eingetragen. Da in Spalte III nur Nullen auftreten, würde die Spalte p in der Gleichung für $y_i' = f(\underline{y},\underline{I})$ keine Elementarkonjunktion liefern. Dies verspricht günstige Verhältnisse. Auch bei Realisierung durch separate Speicherelemente bringt das Vorhandensein der Eigenschaft E Vorteile: für das Setzsignal liefert die Spalte p keine Elementarkonjunktion; das Rücksetzsignal kann in dieser Spalte unabhängig vom Zustand der Schaltung Eins sein. Würde man (anders als in der Tabelle) dem Block (25) der Partition π_i die Null und dem Block (134) die Eins zuordnen, so würden die Nullen und Einsen in den Spalten III und IV vertauscht auftreten. Auch dann noch würde die Spalte nur Terme liefern, in denen nur Eingangsvariablen, aber keine Zustandsvariablen vorkommen.

Eigenschaft G: Ist bei einer π-Partition jeder Zustand zusammen mit seinem Folgezustand bezüglich einer Eingangskombination I_p in einem Block, so hat die Partition die Eigenschaft G. Diese Eigenschaft ist in Bild 11 dargestellt.

Wie zu erkennen ist, stimmen die Werte y_i und y_i' überein. Der Zustand

	I	II	III	IV	
	y_i	I_p	y_i'	S	R
1	0	(1)	0	0	-
2	1	(2)	1	-	0
3	0	1	0	0	-
4	0	1	0	0	-
5	1	2	1	-	0

Bild 11: Demonstration der Eigenschaft G

des inneren Speichers y_i braucht also bei keinem Übergang in Spalte p geändert zu werden. Für die Stellsignale bei separaten Speicherelementen ergeben sich damit sehr günstige Verhältnisse, während diese Eigenschaft bei Verwendung freier Rückführkreise zu keiner so starken Vereinfachung führt.

Eigenschaft P: Eine Partition π_i hat die Eigenschaft bezüglich der Eingangskombination I_p wenn gilt: Es gibt eine Partition π_j, so daß das Paar (π_i,π_j) folgende Bedingung erfüllt: Für alle Zustände, die in einem Block von π_j enthalten sind gibt es einen Block von π_i, in dem die Folgezustände enthalten sind. Zur Demonstration dient Bild 12.

	I	II	III	IV	V	
	y_i	y_j	I_p	y_i'	S	R
1	0	1	2	1	1	0
2	1	1	(2)	1	-	0
3	0	1	2	1	1	0
4	0	0	(4)	0	0	-
5	1	1	(5)	1	-	0

Bild 12: Demonstration der Eigenschaft P

Man sieht, daß in der Gleichung für $y_i' = f(\underline{y},\underline{I})$ die Spalte p nur eine Elementarkonjunktion liefert, in der neben den Eingangsvariablen nur noch die der Partition π_j zugeordnete Variable y_j vorkommen kann. Bei Verwendung separater Speicherelemente gilt das entsprechend für das Setzsignal. Für das Rücksetzsignal liefert die Spalte p sogar überhaupt keinen Term.

Vorgehensweise bei Anwendung der Methode: Werden zur Kodierung Zustandsvariablen verwendet, deren zugeordnete π-Partitionen die Eigenschaften E, G und P bezüglich möglichst vieler Spalten der Flußtabelle besitzen, so sind einfach zu realisierende Gleichungen zu erwarten. Die Frage, ob diese Zustandsvariablen auch alle Übergangstrennungen bedecken, ist von den vorhandenen Eigenschaften unabhängig. Die Bestimmung einer günstigen und auch gleichzeitig von kritischen Wettläufen freien Kodierung geht folgendermaßen vor sich:

Es wird eine Gruppe von π-Partitionen, die sogenannten *Startpartitionen*, gebildet. Zander schlägt vor, diese Startpartitionen aus den Spaltenpartitionen zu bilden. Aus diesen π-Partitionen werden Kollektionen gebildet, die sämtliche Übergangstrennungen der Flußtabelle abdecken. Diese Kollektionen ermöglichen also alle eine von kritischen Wettläufen freie Kodierung. Nun werden die π-Partitionen auf die eventuell vorhandenen Eigenschaften E, G und P untersucht. Für diese Eigenschaften werden Punkte verteilt. Jede Kollektion von π-Partitionen erhält dadurch eine Punktzahl, die der Summe der Punkte für die einzelnen Partitionen entspricht. Von den nun bewerteten Kollektionen werden die herausgesucht, die möglichst wenig Zustandsvariable enthalten (minimale Kollektionen). Von diesen wird diejenige, die am meisten Punkte erhalten hat, zur Kodierung verwendet.

Da diese Methode von allen betrachteten Synthesemethoden für den Anwender den größten Arbeitsaufwand mit sich bringt, ist der Algorithmus programmiert worden. Das entsprechende Rechenprogramm ZALG ist in /1/ beschrieben. Eine Programmierung lohnt sich auch deshalb, weil die Methode durch ihre Verwendbarkeit sowohl für Zwangs- als auch für Freifolgesteuerungen ein breiteres Anwendungsgebiet hat als z.B. die Methode nach Cole und Fitch.

Behandlung von Redundanzen: In den meisten praktisch vorkommenden Fällen treten in der Flußtabelle redundante Zustände auf, die auch möglichst weitgehend zur Verringerung des Bauelementeaufwands herangezogen werden sollen. Dies ist insbesondere bei der Synthese von Zylindersteuerungen der Fall.

Sind nach der Synthese die Zustands- und Ausgangsgleichungen festgelegt, so haben auch alle auftretenden Redundanzen eine Bestimmung erhalten. Alle redundanten Eintragungen in der Flußtabelle könnten jetzt also nachträglich spezifiziert werden.

Bei der Bestimmung der Eigenschaften E, G und P treten Schwierigkeiten auf, wenn nicht alle Zustände der Flußtabelle spezifiziert sind. Dies ist am Beispiel von Bild 13 zu sehen. Die zur Eingangsbelegung I_p gehörende Spalte p der Flußtabelle enthält zwei redundante Eintragungen in Zeile 4 und Zeile 6. Nun soll das Vorhandensein der Eigenschaften E und G der Partition $\pi_i = (1235,46)$ in Bezug auf Spalte p geprüft werden.

	I_p	y_i
1	(1)	0
2	5	0
3	1	0
4	-	1
5	(5)	0
6	-	1

Bild 13: Flußtabelle mit Redundanzen

Nach den Definitionen der Eigenschaften sind beide vorhanden: Es ist jeder Zustand mit seinem Folgezustand in einem Block der Partition, gleichzeitig sind auch alle auftretenden Folgezustände zusammen im gleichen Block. Dennoch kann man der Partition π_i nur eine der beiden Eigenschaften E oder G zuordnen. Eigenschaft E verlangt nämlich, daß sich durch das Festlegen der Zustandsgleichungen, womit ja auch alle Redundanzen belegt werden, auf keinen Fall die Eintragung von neuen stabilen Zuständen (4) oder (6) in Zeile 4 oder 6 ergeben darf. Dann wäre Eigenschaft E in Bezug auf Spalte p nicht mehr vorhanden. Die Eigenschaft G verlangt in diesem Fall jedoch gerade die Belegung von beiden Feldern mit stabilen Zuständen (4) und (6) . Grundsätzlich schließen sich die Eigenschaften E und G bei vollständig spezifizierten Flußtabellen immer gegenseitig aus. Hat man einer Partition π_i eine Eigenschaft zugeordnet in Bezug auf eine Spalte, die Redundanzen enthält, so sind damit gleich Bedingungen an die spätere Belegung dieser Redundanzen verbunden. Es ist natürlich möglich, die Eigenschaft auszuwählen, die man als günstiger ansieht. Dies geht jedoch nicht mehr, wenn die Gesamtpunktzahl einer Kollektion von mehreren Variablen bestimmt werden soll. Ist nämlich für jede Variable der Kollektion einfach die günstigere Eigenschaft in Bezug auf eine Spalte p ausgewählt worden, so sind die damit verbundenen Bedingungen für die unspezifizierten Eintragungen in der Regel widersprüchlich. Die so berechnete Gesamtpunktzahl läge dann zu hoch, weil die Eigenschaften, die ausgewählt worden sind, gar nicht alle gleichzeitig vorhanden sein können. Es ist dann auch kein Vergleich mit anderen Kollektionen mehr möglich.

Aus diesen Gründen ist es sinnvoll, auch die redundanten Felder der

Flußtabelle zu Beginn der Rechnung zu spezifizieren. Natürlich brauchen die entsprechenden Übergangstrennungen nicht von den Zustandsvariablen bedeckt zu werden. Nur die wirklich auftretenden Übergänge müssen frei von kritischen Wettläufen sein. Deshalb dient die Spezifizierung der Redundanzen nur zum Bestimmen der Eigenschaften und damit zum Vergleich verschiedener Kollektionen von Variablen. Das Ergebnis dieses Vergleichs hängt natürlich von der Belegung der Redundanzen ab. Um eine endgültige Lösung zu finden, ist es also nötig, die Belegungen systematisch zu variieren, um dann die Kollektion mit der höchsten vorkommenden Punktzahl auszuwählen. Dies ist mit Hilfe des Rechenprogramms ZALG auch mit erträglichem Aufwand möglich.

Berücksichtigung der Ausgangsgleichungen /1/: Bei der Methode nach Zander werden die verwendeten Zustandsvariablen lediglich auf Eigenschaften hin untersucht, die Vereinfachungen der Zustandsgleichungen bringen. Keine der Eigenschaften E, G und P macht Aussagen über die Kompliziertheit und damit über den Bauelementeaufwand der Ausgangsgleichungen. Das Miteinbeziehen der Ausgangsgleichungen ist auf folgende Weise möglich: Das gewünschte Verhalten der Ausgangssignale einer Steuerung wird durch die zur Flußtabelle gehörende Ausgabetabelle beschrieben, in der für jeden Ausgang z_l jedem Feld der Flußtabelle eine Null, eine Eins oder ein redundanter Zustand zugeordnet wird. Definiert man nun g_l^p als diejenige Zweiblockpartition, die bezüglich der Eingangskombination I_p und dem Ausgang z_l alle Zustände mit $z_l = 1$ und $z_l = 0$ trennt, so läßt sich mit Hilfe dieses Begriffes eine für die Ausgangsgleichungen günstige Eigenschaft bestimmen:

Eigenschaft A: Eine Partition π_i hat die Eigenschaft A bezüglich eines Ausgangs z_l und einer Eingangskombination I_p wenn gilt: $\pi_i \geq g_l^p$.

Hat π_i die Eigenschaft A, so liefert die Spalte p in der Ausgangsgleichung für z_l einen Term, der außer von den Eingangsvariablen nur noch von der Variablen y_i abhängt. Diese Verhältnisse entsprechen etwa der Eigenschaft P bei der Zustandsgleichung. Das Vorhandensein der Eigenschaft A sollte also mit der gleichen Punktzahl bewertet werden wie das Auftreten der Eigenschaft P. Durch diesen Zusatz zur Methode Zander können dann sowohl die Verhältnisse in den Zustands- als auch in den Ausgangsgleichungen vorausgesehen werden.

5. Register-Steuerungen

Die einfachste Möglichkeit des Schaltungsentwurfs besteht in der Verwendung von Schrittregistern (Ringzählern). Diese Realisierung von Zwangsfolgesteuerungen ist daher weit verbreitet, wenngleich auch der Bedarf an Schaltelementen höher ist als bei anderen Möglichkeiten. In diesem Abschnitt sollen mehrere Registertypen besprochen werden.

Unter einem Register versteht man im allgemeinen eine kettenförmige Anordnung von Speicherzellen, in denen binär kodierte Informationen gespeichert werden. Die Informationen können seriell und/oder parallel ein- oder ausgelesen werden. Im allgemeinen besteht eine Registerstufe (Bild 14) aus dem eigentlichen speichernden Element und einer Logik. Eingangsgrößen der Logik sind Ausgangssignale y anderer Registerstufen und Rückmeldesignale x. Die Ausgangslogik dekodiert die Speicherausgangs-

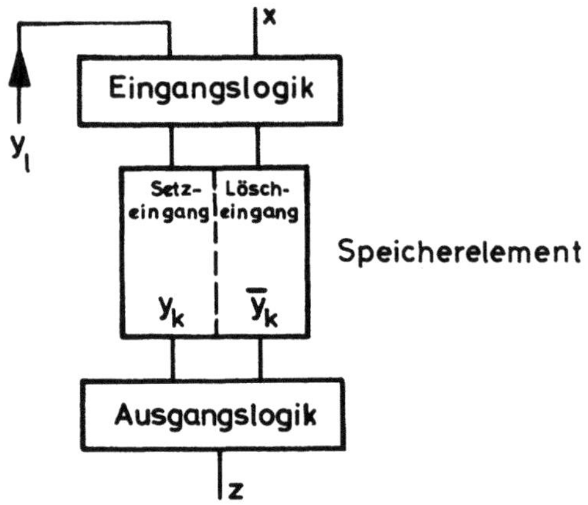

Bild 14: Registerstufe

signale y und liefert die Ansteuerungssignale z, durch die die Elemente des zu steuernden Systems aktiviert werden. Registersteuerungen weisen gegenüber anderen Problemlösungen eine Reihe von Vorteilen auf. Das Register wird aus Standardmodulen aufgebaut (Flip-Flops oder andere Speicherelemente, die selbst wieder mit Standardelementen aufgebaut werden). Die Verknüpfungen zwischen den einzelnen Registerstufen sind leicht zu erstellen und gegebenenfalls bei Programmodifizierungen einfach abzuändern. Ebenso kann die Registerlänge leicht der Programmlänge angepaßt werden. Aus dem übersichtlichen Aufbau der Register ergeben sich weitere Vorteile für etwaige Fehlersuche usw., die hier aber nicht aufgeführt werden sollen. Die angedeuteten Vorzüge einer Problemlösung durch Register begründen ihre weitere Verwendung.

Register gibt es in zahlreichen Variationen, weil ihr Aufbau oft auf den jeweiligen Anwendungsfall zugeschnitten wird. Im nachfolgenden werden drei Registertypen beschrieben, die besonders in der pneumatischen Steuerungstechnik zum Aufbau von Zylindersteuerungen angewendet werden. Die drei Registertypen sollen anhand eines Beispiels eingeführt werden, wobei für jeden Registertyp das gleiche Beispiel verwendet wird.

Beispiel 4:

Es soll eine Zylindersteuerung für zwei Zylinder A und B entworfen werden. Die beiden Zylinder sollen den im Funktionsdiagramm gezeigten Bewegungsablauf durchführen (Bild 15)

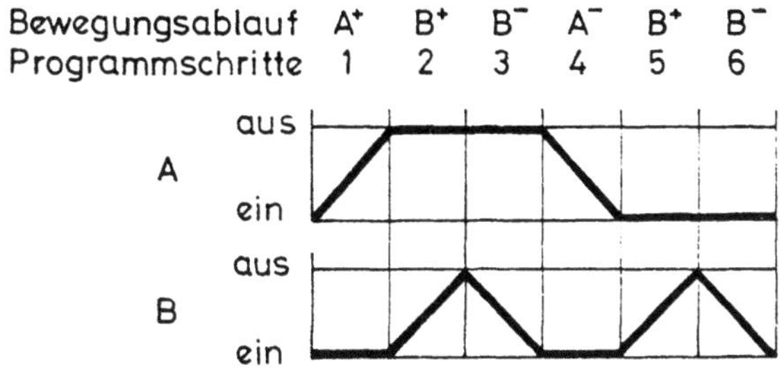

Bild 15: Zylinderzyklus

5.1 Schrittregister mit (1 aus n)-Code

Dieser Registertyp wird so aufgebaut, daß jedem Programmschritt eine Registerstufe zugeordnet wird. In dem gestellten Problem sind sechs Programmschritte zur Abarbeitung des geforderten Zyklusses notwendig, es wird also ein sechsstufiges Register benötigt. Die Stufen des Registers werden nach erfolgter Ausführung von Programmschritten sukzessive gesetzt, das Register "zählt"die abgearbeiteten Programmschritte. Nach Beendigung des letzten Schrittes wird wieder mit der Ausführung des ersten Programmschrittes (bei entsprechendem Signal der Bedienungseinheit) begonnen, da die erste Registerstufe mit der letzten Stufe verbunden ist. Aus dieser Struktur des Registers leitet sich die Bezeichnung "Ringzähler" ab. Hier soll der Begriff Schrittregister verwendet werden, um eine Abgrenzung zum Schieberegister hervorzuheben. Die sechs Registerstufen weisen die sechs Ausgangsvariablen $y_1, y_2, \ldots, y_6$ auf. Jedem Programmschritt muß nun eindeutig eine Belegung dieser sechs Ausgangsvariablen zugewiesen werden. In der Tabelle ist eine sehr einfache Möglichkeit gezeigt. In jedem Schritt ist genau eine Variable $y_i = 1$ gesetzt, während die übrigen Variablen $y_k = 0$, $k = 1, \ldots, 6$, $k \neq i$ gesetzt sind. Angenommen, der (i-1) te Schritt sei gerade ausge-

Schritt	y_1	y_2	y_3	y_4	y_5	y_6
1	1	0	0	0	0	0
2	0	1	0	0	0	0
3	0	0	1	0	0	0
4	0	0	0	1	0	0
5	0	0	0	0	1	0
6	0	0	0	0	0	1

führt und die i-te Registerstufe werde gesetzt. In diesem Moment laufen bei der oben gewählten Kodierung drei Vorgänge ab:

- die i-te Stufe wird gesetzt und durch das Signal z_i das zu steuernde System aktiviert,
- die (i-1)te Registerstufe wird gelöscht,
- die (i+1)te Stufe wird durch das Ausgangssignal y_i der i-ten Stufe über ein Und-Element auf den (i+1)ten Programmschritt vorbereitet.

Das Bild 16 zeigt drei Stufen i-1, i, i+1 eines Schrittregisters mit dem (1 aus n)-Code.

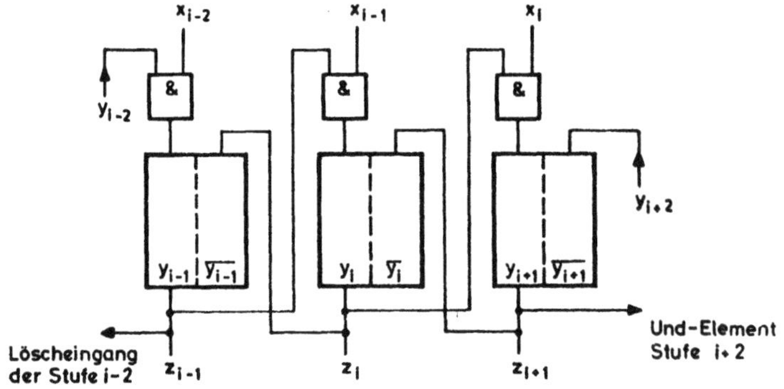

Bild 16: Struktur eines Schrittregisters mit (1 aus n)-Code

Im Bild 17 ist noch einmal das Funktionsdiagramm der zu entwerfenden Zylindersteuerung und darunter das Schaltfolgediagramm bei Verwendung eines Schrittregisters mit (1 aus n)-Code gezeigt. Damit die erste Stufe des Registers gesetzt werden kann, muß die letzte Bewegung B^- ausgeführt, d.h. die Rückmeldung b_0 vorhanden sein. Die letzte Stufe des Registers ist noch gesetzt und bereitet damit die erste Stufe vor. Wird durch die Bedienungseinheit ein Signal "Start" gegeben, so wird die erste Registerstufe gesetzt, die letzte Stufe gelöscht und damit der erste Bewegungsablauf A^+ ausgelöst. Nach Beendigung der ersten Bewegung

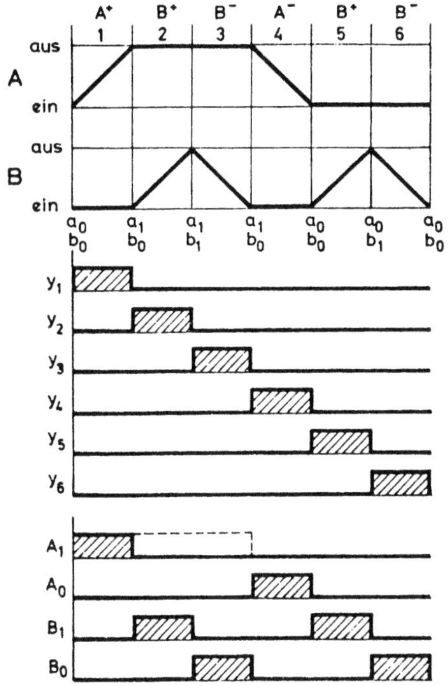

Bild 17: Zylinderzyklus (Beispiel 4) und Schaltfolgediagramm für Register mit (1 aus n)-Code

wird das Rückmeldesignal a_1 gegeben, wodurch die durch y_1 vorbereitete Registerstufe 2 gesetzt wird. Gleichzeitig wird Stufe 1 gelöscht und Stufe 3 vorbereitet. Das y_2-Signal bewirkt das Ausfahren des Zylinders B, was nach Beendigung dieses Vorganges durch das Signal b_1 rückgemeldet wird. Sinngemäß werden die restlichen Stufen des Registers programmiert (Bild 18). Tritt ein Ansteuerungssignal für die Impulsventile mehrmals während des Zyklusses auf (hier B_1 bzw. B_0), so werden diese Signale durch ein Oder-Element verknüpft. Würden statt der Arbeitsventile mit zwei Steuereingängen Ventile mit Federrückführung verwendet werden, so müßte das Signal A_1 den im Bild 17 gestrichelt eingezeichneten Verlauf annehmen. Um diesen Verlauf zu bewirken, müßten die Ausgangssignale der ersten drei Registerstufen durch ein Oder-Element zu A_1 verknüpft werden. Der Verlauf des Signals B_1 bliebe unverändert. Für Ventile mit Federrückführung ist insbesondere der im nächsten Abschnitt beschriebene Registertyp günstig.

Wie durch das Beispiel gezeigt wird, bereitet der Aufbau eines solchen Registers keine prinzipiellen Schwierigkeiten. Bei diesem Registertyp ist die Eingangslogik auf eine Konjunktion pro Stufe reduziert. Die Konjunktionen sind aber unbedingt notwendig, weil mehrmaliges Auftreten

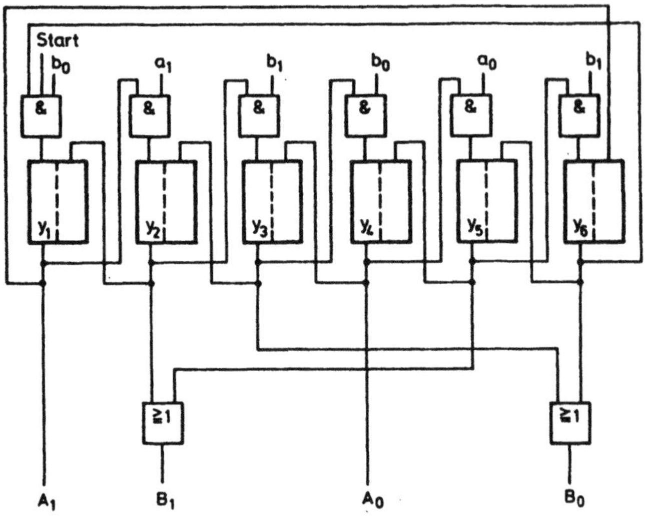

Bild 18: Schrittregister für Beispiel 4 bei Verwendung von Impulsventilen ohne Federrückführung

eines Rückmeldesignals (z.B. von b_o,b_1) bei Fehlen der Konjunktionen die entsprechenden Stufen unmittelbar setzen würde und somit nicht der geforderte Bewegungsablauf erzeugt werden würde. Außerdem verhindern die Konjunktionen das Setzen von nicht vorbereiteten Registerstufen durch evtl. auftretende fehlerbedingte Rückmeldesignale. Die Dekodierung auf der Ausgangsseite entfällt hier, es sind lediglich Disjunktionen notwendig, um die Rückwirkungsfreiheit zu erhalten. Bei Fehlen der Disjunktionen würde z.B. das Signal y_5 auf das Und-Elemente der Stufe 3 rückwirken können und so die Stufe 3 scheinbar vorbereiten können.

5.2 Schrittregister mit summierendem Code

Bei diesem Registertyp wird ein sogenannter summierender Code verwendet. Für jeden Programmschritt wird wieder eine Registerstufe benötigt. Bei

Schritt	y_1	y_2	y_3	y_4	y_5	y_6
1	1	0	0	0	0	0
2	1	1	0	0	0	0
3	1	1	1	0	0	0
4	1	1	1	1	0	0
5	1	1	1	1	1	0
6	1	1	1	1	1	1

jedem Schritt wird eine Registerstufe gesetzt und die nächste Stufe vorbereitet. Im Unterschied zu dem Schrittregister mit (1 aus n)-Code wird jedoch nicht die vorhergehende Stufe gelöscht. Während der Ausführung des letzten Schrittes sind alle Registerstufen gesetzt. Ist der Befehl der letzten Stufe ausgeführt, so kann mit dem Rückmeldesignal x_n und dem Ausgangssignal y_n der letzten Stufe das Register wieder gelöscht werden. Es ist möglich, ein für alle Registerstufen gemeinsames Lösch-

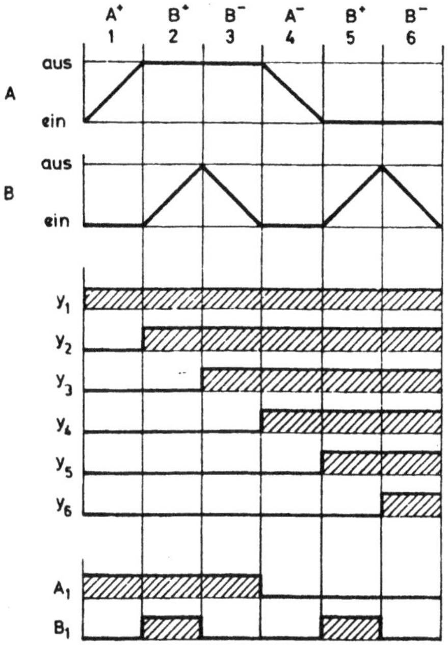

Bild 19: Zylinderzyklus (Beispiel 4) und Schaltfolgediagramm für Register mit summierendem Code

signal (y_n, x_n) vorzusehen oder das Löschen der Stufen sukzessive vorzunehmen. Die letztere Methode ist im Bild 20 gezeigt. Nach Beendigung des letzten Schrittes wird die erste Registerstufe gelöscht, d.h. $\bar{y}_1$ wird eins, löscht die 2. Stufe usw. Für einen neuen Programmdurchlauf

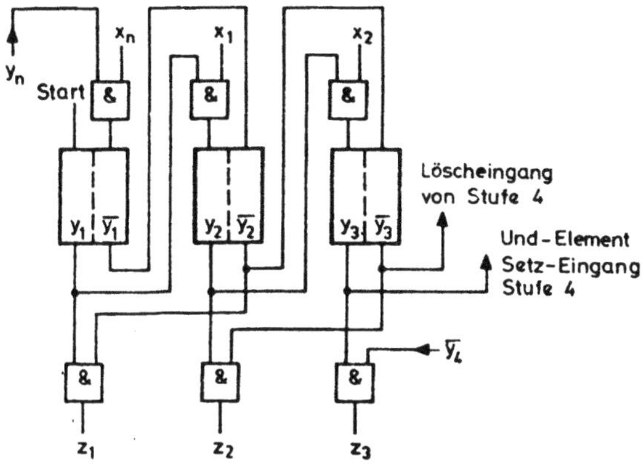

Bild 20: Struktur eines Schrittregisters mit summierendem Code

muß von der Bedienungseinheit das Signal Start gegeben werden. Bei der in Bild 20 dargestellten Konfiguration wird das Ausgangssignal y_i der Stufe i mit dem Ausgangssignal $\overline{y_{i+1}}$ der nächsten Stufe konjunktiv verknüpft. Das bedeutet, daß z_i nur dann eins ist, wenn die i-te Stufe gesetzt und die (i+1)te Stufe noch nicht gesetzt ist. Soll ein z-Signal jedoch über mehrere Schritte eins bleiben, so muß das $\bar{y}$-Signal an einer der der Stufe (i+1) folgenden Stufe (entsprechend der gewünschten Länge des z-Signals) abgegriffen werden. Aus diesem Grund ist dieser Registertyp besonders dann vorteilhaft, wenn Impulsventile mit Federrückführung verwendet werden (Bild 21).

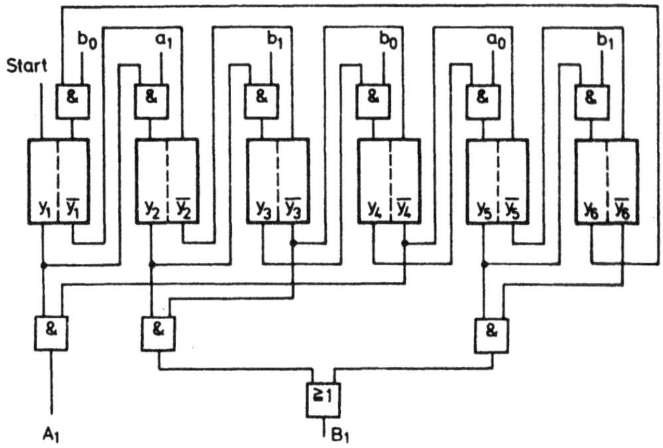

Bild 21: Schrittregister für Beispiel 4 bei Verwendung von Impulsventilen mit Federrückführung

5.3 Schrittregister mit Johnson-Code

Bei den beiden bisher besprochenen Registertypen wird für jeden Programmschritt eine Registerstufe benötigt. Soll ein Programm mit einer hohen Schrittzahl realisiert werden, so kann es vorteilhaft sein, die Anzahl der Registerstufen zu senken, indem die Informationen über ausgeführte bzw. auszuführende Schritte kodiert gespeichert werden. Als besonders günstig hat sich der sogenannte Johnson-Code erwiesen, da für die Dekodierung nur einfach Und- bzw. Oder-Funktionen benötigt werden. Für zwei Programmschritte ist eine Registerstufe erforderlich, d.h. für einen n-schrittigen Bewegungsablauf werden n/2 Registerstufen benötigt, falls n eine gerade Zahl ist und (n+1)/2 Registerstufen, falls n eine ungerade Zahl ist. Für die sechs Bewegungsabläufe des Beispiels werden also 3 Registerstufen benötigt.

Schritt	y_1	y_2	y_3	Dekodierung
1	1	0	0	$y_1\ \bar{y}_2$
2	1	1	0	$y_2\ \bar{y}_3$
3	1	1	1	$y_1\ y_3$
4	0	1	1	$\bar{y}_1\ y_2$
5	0	0	1	$\bar{y}_2\ y_3$
6	0	0	0	$\bar{y}_1\ \bar{y}_3$

Während der ersten n/2 Schritte werden die Registerstufen in gleicher Weise wie beim Schrittregister mit summierendem Code fortlaufend gesetzt und bleiben gesetzt, während bei den restlichen n/2 Schritten die Stufen wieder nacheinander gelöscht werden. Der prinzipielle Aufbau ist in Bild 22 gezeigt. Im Vergleich zum Schrittregister mit summierendem Code wird dem Löscheingang der Registerstufe ein Und-Element vorgeschaltet und auf der Ausgangsseite ist ein weiteres Und-Element zur Dekodierung notwendig. Die zur Kodierung erforderlichen Beziehungen werden folgen-

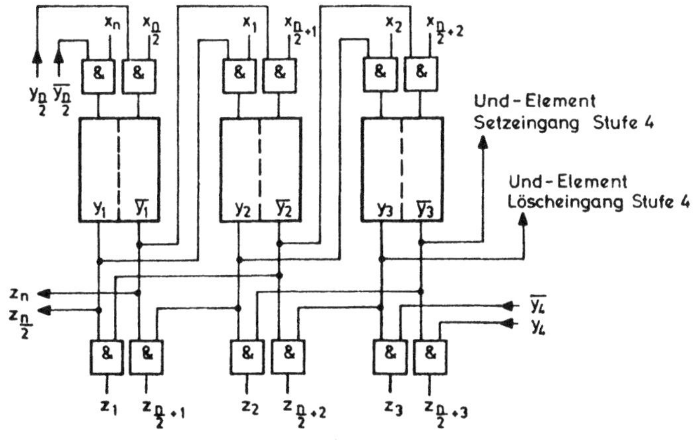

Bild 22: Struktur eines Schrittregisters mit Johnson-Code

dermaßen ermittelt:

Es soll die Kodierung für den i-ten Schritt gefunden werden.

Es werden dasjenige y_k-Signal, das im (i-1)ten Schritt und im i-ten Schritt unterschiedliche Werte aufweist

und dasjenige y_l-Signal, das im i-ten Schritt und im (i+1)ten Schritt unterschiedliche Werte besitzt konjunktiv zum Steuersignal z_i verknüpft. Die Belegung von y_k und y_l ist identisch mit der im betrachteten

Schritt i.

Wird die Kodierung der sechs Schritte in der Tabelle betrachtet, so zeigt sich z.B. für den Schritt 1, daß sich der Wert von y_1 im 1.Schritt und von y_1 im 6. (vorherigen) Schritt unterscheidet, weiterhin haben y_2 im ersten und y_2 in zweiten Schritt unterschiedliche Belegungen. Somit wird für die Dekodierung des ersten Schrittes die Beziehung $y_1 \cdot \bar{y}_2$ erhalten. Für die restlichen Schritte wird in analoger Weise verfahren. Das Bild 23 zeigt das Johnson-Register für den vorgegebenen Bewegungsablauf und in Bild 24 sind noch einmal die sechs Bewegungsvorgänge mit den zugehörigen y- und z-Signalen dargestellt.

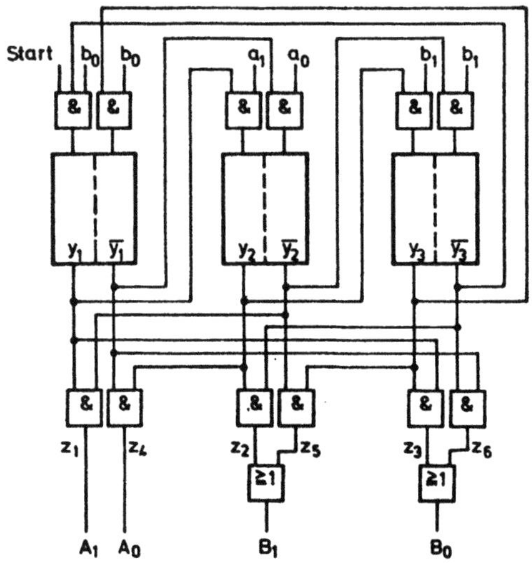

Bild 23: Johnson-Register bei Verwendung von Impulsventilen ohne Federrückführung

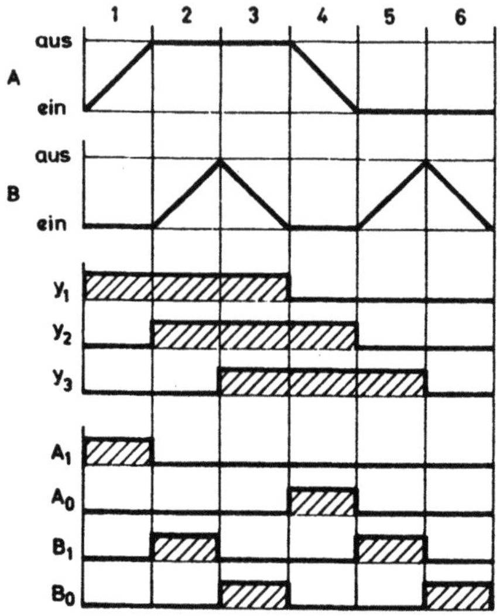

Bild 24: Schaltfolgediagramm für Johnson-Register

Soll ein z-Signal über mehrere Programmschritte verfügbar sein (z.B. bei Verwendung von Impulsventilen mit Federrückführung), so kann dies beim Johnson-Register nur durch Verwendung von einem Und-Element mit zwei Eingängen oder einem Oder-Element mit zwei Eingängen erreicht werden. Es sei m die Anzahl der aufeinanderfolgenden Schritte, für die ein z-Signal Eins bleiben soll und n die Anzahl der Registerstufen. Es können dann drei Fälle auftreten:

a) $m < n$

b) $m > n$

c) $m = n$

Im Fall a) wird ein Und-Element, im Fall b) ein Oder-Element und im Fall c) kein Element (das z-Signal ist identisch mit einem y-Signal) erforderlich. Die beiden Eingangssignale in den Fällen a) und b) bzw. das y-Signal im Fall c) werden nach dem beschriebenen Kodierungs-Verfahren ermittelt. Nur werden hier nicht die y-Signale von zwei aufeinanderfolgenden Schritten verglichen, sondern die Signale im ersten und letzten Programmschritt der betrachteten Schrittdauer. In dem Beispiel muß das Signal A_1 während der Schritte 1,2 und drei gleich eins sein, es gilt $m = 3$. Das Register besitzt drei Stufen, $n = 3$. Es ist also keine Verknüpfung zur Dekodierung von A_1 erforderlich. Es muß nur noch bestimmt werden, welches y-Signal mit A_1 identisch ist. Dazu werden die Belegungen der y-Variablen im 1. und 3. Schritt betrachtet. Wird das Kodierungsverfahren angewendet, so ergibt sich: $A_1 = y_1$.

Die Dekodierung für B_1 bleibt unverändert:

$$B_1 = y_2\bar{y}_3 \vee \bar{y}_2 y_3$$

Diese gefundenen Beziehungen sind auch dann gültig, wenn Impulsventile ohne Federrückführung verwendet werden, weil ein einmal in einen bestimmten Zustand gesetztes Ventil solange in diesem Zustand verharren kann, bis ein entgegengesetzt wirkender Befehl erfolgt. Z.B. wird das den Zylinder A ansteuernde Ventil im ersten Schritt durch A_1 gesetzt und bleibt im zweiten und dritten Schritt gesetzt, obwohl der Zylinder A schon ausgefahren ist. Die Befehle A_o und B_o werden durch Negieren von A_1 und B_1 erzeugt. Damit kann die im Bild 23 angegebene Ausgangslogik noch etwas vereinfacht werden.

6 Zusammenfassung

Es werden mehrere Methoden zum Entwurf von Zwangsfolgesteuerungen besprochen. Die Entwurfsmethoden können in zwei Gruppen eingeteilt werden: Methoden zum Entwurf von Freifolgesteuerungen und Methoden zum Entwurf von Zwangsfolgesteuerungen. Der ersten Gruppe gehört das Huffman-Verfahren und die darauf aufbauende Erweiterung nach Zander an. Beide Verfahren werden in diesem Beitrag zum Entwurf von Zwangsfolgesteuerungen benutzt, obwohl sie für den allgemeineren Fall der Freifolgesteuerungen konzipiert sind. Zu den Vertretern der zweiten Gruppe zählen die Methode von Cole und Fitch, einschließlich der Modifizierung nach Zahn, und die Schrittregistersteuerungen. Die Methode nach Cole und Fitch ist nicht nur auf den Entwurf von Zwangsfolgesteuerungen beschränkt, sie ist darüberhinaus für solche Steuerungen gedacht, die mit Wegeventilen realisiert werden. Die Schrittregistersteuerungen nehmen eine Sonderstellung unter den hier erwähnten Methoden ein. Während alle anderen Verfahren darauf abzielen, daß bei der Realisierung der Steuerung nur eine minimale Zahl von Schaltelementen benötigt wird, ist dies bei den Registersteuerungen nicht der Fall. Es wird vielmehr Wert auf minimalen Entwurfsaufwand und Übersichtlichkeit der Steuerung gelegt.

Literatur

1. Zahn, G.: Untersuchung und Vergleich von Methoden zur Synthese asynchroner Schaltungen hinsichtlich des hardware-mäßigen Aufwandes. Diplomarbeit am Lehrstuhl für Meß- und Regelungstechnik, Ruhr-Universität Bochum, 1976.
2. Fasol, K.H.: Steuerungstechnik. Vorlesungsskript am Lehrstuhl für Meß- und Regelungstechnik, Ruhr-Universität Bochum, 1976.
3. Pessen, D., Hübl, W.: Programmable Sequence Controllers for Automation Systems. London: Longman, 1979.
4. Huffman, D.A.: The synthesis of sequential switching circuits. Journal Franklin Institute, Vol. 257, No. 3 (1954), 161-190.
5. Zander, H.J.: Entwurf von Folgeschaltungen. Berlin: VEB Verlag Technik, 1974.
6. Cole, J.H., Fitch, E.C.: Synthesis of Fluid Logic Circuits with Combined Feedback Input Signals. Fluidics Quarterly, Vol. 2, No. 5 (1970), 14-21.
7. Pessen D.: Use of Karnaugh maps to simplify Boolean Functions of up to 12 variables. Paper X2, Seventh Cranfield Fluidics Conference, Stuttgart 1975.
8. McClusky, E.J.: Minimization of Boolean Functions. Bell System Tech. Journal, Vol.35, No. 6 (1956) 1417-1444.
9. Zahn, G.: Darstellung und Vergleich von Methoden zur Synthese von Zwangsfolgesteuerungen. msr. Manuskript eingereicht April 1978.
10. Cheng, R.M.H., Foster, K.: A computer-aided design method specially applicable to fluidic-pneumatic sequential control circuits. ASME Paper 70-WA/Flcs-17.
11. Fitch, E.C.: Fluid Logic. Oklahoma State University, Stillwater, OK, 1966.
12. Cheng, R.M.H., Foster, K.: Systematic method for designing fluidic-pneumatic control circuits. Proc. 1972 of Institution of Mechanical engineers, Vol. 186 - 29/72, 401-408.
13. Shafri, Z.: Industrial Automation. Vol. II, (in Hebrew), Israel Productivity Institute, Tel Aviv.
14. Pessen, D., Golan, G.: Do-it-yourself programmable controllers. Hydraulics & Pneumatics, Oct. 1975, 182-187.
15. Vingron, P.: An assembly technique for sequential circuits. Proc. Fifth Cranfield Fluidics Conference, June 1972, Uppsala, Schweden, Paper F6.
16. Cheng, R.M.H.: Application of fluidic shift-register modules for sequential control of pneumatic sequential circuits. Proc. Fifth Cranfield Fluidics Conference, June 1972, Uppsala, Schweden, Paper F2.
17. Pessen, D.: Optimum codes for sequential system programmers. Israel Journal of Technology, 1978.

18. Pessen D.: A critical Comparison of asynchronous-system Design Methods; A State-of-the-art Survey. Part I: Asynchronous Systems with Feedback Inputs. (February 1978, presented at the Colloquium "Entwurf digitaler Steuerungen", Ruhr-Universität Bochum), Part II: Asynchronous Systems with Random Input Signals. (January 1979). Report TME-321, Technion-Israel Institute of Technology, Department of Mechanical Engineering, Control Group. Haifa, Israel.

ENTWURF VON SCHALTNETZEN MIT MEHREREN AUSGÄNGEN

DESIGN OF MULTIPLE - OUTPUT SWITCHING CIRCUITS

D. Streppel

Lehrstuhl für Meß- und Regelungstechnik
Ruhr - Universität Bochum

1. Einleitung

Es ist ein Schaltnetz mit n Eingängen und m Ausgängen zu entwerfen. Das logische Verhalten dieses Schaltnetzes sei durch die m Booleschen Funktionen

$$z_\mu = f_\mu(x_1, x_2, \ldots, x_n) \qquad \mu = 1,2,\ldots,m$$

charakterisiert. Das Problem bestehe darin, die m Booleschen Ausdrücke der Booleschen Funktionen so zu modifizieren, daß die Gesamtheit der sich dann ergebenden Ausdrücke unter Beachtung bestimmter Nebenbedingungen eine optimale Lösung des Entwurfproblems darstellt. Zur Lösung des gestellten Problems genügt es im allgemeinen nicht, jede der m Booleschen Funktionen für sich zu betrachten, jeweils eine optimale Einzellösung zu ermitteln und aus diesen optimalen Einzellösungen die Gesamtlösung zusammenfügen zu wollen. Bei dem hier betrachteten Entwurfsproblem ist es vielmehr erforderlich, die optimale Gesamtlösung aus nicht optimalen Einzellösungen zusammenzusetzen. Diese nicht optimalen Einzellösungen sind unter dem Gesichtspunkt zu bestimmen, daß ein Term, der in einem Booleschen Ausdruck enthalten ist, möglicherweise ganz oder zumindest teilweise in einem oder mehreren anderen Booleschen Ausdrücken ebenfalls enthalten ist. Dieser Term braucht nur einmal realisiert werden und kann dann wiederholt für die Realisierung anderer Boolescher Funktionen verwendet werden. Die Booleschen Ausdrücke sind so zu modifizieren, daß möglichst viele solcher Terme existieren und daß darüberhinaus diese Terme noch möglichst einfach sind. Unter Berücksichtigung der wiederholten Verwendbarkeit solcher Terme ist es dann möglich, eine optimale Gesamtlösung aus nicht optimalen Einzellösungen aufzubauen.

Um der Forderung nach möglichst vielen gemeinsamen Termen in den Booleschen Ausdrücken zu genügen, werden Produktfunktionen gebildet. Produktfunktionen sind Boolesche Funktionen, die durch konjunktives Verknüpfen der gegebenen Booleschen Funktionen entstehen. Die Booleschen Ausdrücke der Produktfunktionen enthalten diejenigen Terme, die allen Booleschen Ausdrücken der Funktionen, aus denen die Produktfunktionen gebildet werden, gemein sind. Damit wird die Voraussetzung geschaffen, die notwendig ist, um die Forderung nach möglichst vielen gemeinsamen Termen zu erfüllen. Darüberhinaus sollen diese Terme möglichst einfach sein. Es werden deshalb sowohl die Produktfunktionen als auch die Einzelfunktionen einem Optimierungsalgorithmus unterworfen, in dessen letztem Schritt die günstigste Auswahl der Terme in Bezug auf ein vorgegebenes Gütekriterium getroffen wird.

In diesem Beitrag wird das Gütekriterium so formuliert, daß eine Minimierung der Anzahl der x-Symbole in den Booleschen Ausdrücken angestrebt wird. In der Literatur existieren eine Reihe von Verfahren, die die Booleschen Ausdrücke in diesem Sinne optimieren. Bekannt sind die Verfahren von Quine-McCluskey und Karnaugh sowie die iterative Konsensusmethode. Die prinzipielle Strategie dieser Methoden liegt darin, zuerst die Menge aller Primimplikanten einer Booleschen Funktion zu ermitteln und aus dieser Menge beispielsweise mit Hilfe einer Bedeckungstabelle diejenigen Primimplikanten herauszusuchen, die zur vollständigen Darstellung der Funktion unbedingt erforderlich sind.

In den nächsten Abschnitten soll ein Algorithmus vorgestellt werden, der nicht wie die oben erwähnten Methoden auf der Schaltalgebra basiert. Es wird der Zustandsbegriff, der von den sequentiellen Schaltungen her bekannt ist, erweitert und auf die kombinatorischen Schaltungen übertragen. Dadurch wird die Möglichkeit geschaffen, sowohl für die Eingänge als auch für die Ausgänge Partitionen von Zustandsmengen zu bilden und zusammen mit noch zu definierenden Operationen ein mathematisches System aufzubauen. Im Rahmen dieses mathematischen Systems wird ein Algorithmus entwickelt, der alle Primimplikanten einer Funktion berechnet. Durch die Schreibweise der Booleschen Funktionen als Partitionen lassen sich die Produktfunktionen leicht ermitteln. Die Produktfunktionen werden ebenfalls dem Algorithmus unterworfen, sodaß auch alle Primimplikanten der Produktfunktionen bekannt sind. Aus der Menge aller Primimplikanten wird schließlich eine optimale Menge mit Hilfe eines linearen binären Programms ausgewählt. Die Verwendung eines solchen Programms ermöglicht die exakte Formulierung eines gewünschten Gütekriteriums in Form einer Zielfunktion.

2. Partitionen von Ein- und Ausgangszustandsmengen

In der Theorie der sequentiellen Schaltungen sind Verfahren bekannt, die sich der Partitionentheorie bedienen, um bestimmte Probleme zu lösen. Es sind dieses vorzugsweise Probleme der Zustandskodierung, der Dekomposition von Maschinen usw. Bei diesen Methoden werden Partitionen erklärt, die die Menge der inneren Zustände einer sequentiellen Schaltung in Klassen zerlegen.

Es ist nun auch möglich, Probleme, die beim Entwurf von kombinatorischen Schaltungen auftreten, ebenfalls durch Anwendung der Partitionentheorie zu lösen, wenn der Begriff des Zustandes auch für kombinatorische Schaltungen definiert wird.

Sequentielle Schaltungen können durch Automatentabellen beschrieben werden. Den Zeilen der Automatentabellen entsprechen die inneren Zustände, während die Spalten der Tabelle den Eingangszuständen zugeordnet sind. Das geordnete Paar (innerer Zustand , Eingangszustand) wird als totaler Zustand oder Gesamtzustand bezeichnet.

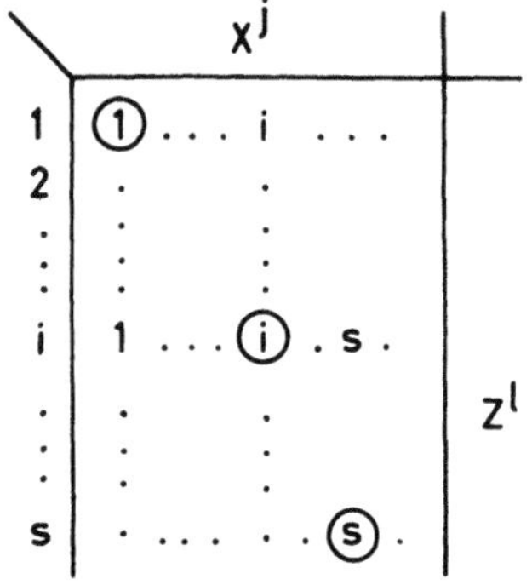

x^j: Eingangsbelegung

z^l: Ausgangsbelegung

j : Einganszustand

l : Ausgangszustand

i : innerer Zustand

Bild 1: Allgemeine Automatentabelle einer asynchronen sequentiellen Schaltung

Der Übergang von den sequentiellen zu den kombinatorischen Schaltungen wird vollzogen, indem die erste Koordinate des geordneten Paares, der innere Zustand, durch einen partiellen Eingangszustand ersetzt wird. Die zweite Koordinate, der Eingangszustand, wird ebenfalls durch einen partiellen Eingangszustand ersetzt. Ein Eingangszustand wird definiert als ganze Zahl (z.B. das Dezimaläquivalent), die einer Eingangsbelegung, die aus allen x-Variablen der Menge $X = \{x_1, x_2, \ldots, x_n\}$ gebildet ist, zugeordnet werden kann. Wird die Menge X aller Eingangsvariablen in σ disjunkte Untermengen X_i zerlegt,

$$X = \bigcup_{i=1}^{\sigma} X_i$$

so können für die Eingangsbelegungen, die aus den x-Variablen einer Untermenge X_i gebildet werden, analog zur obigen Definition partielle Eingangszustände erklärt werden. Diese partiellen Eingangszustände werden in einer Zustandsmenge

$$\hat{X}_i = \{j_i\}$$

zusammengefaßt. Das kartesische Produkt aller partiellen Zustandsmengen $\hat{X}_i$, $i = 1,2,\ldots,\sigma$, führt zu einer Menge von geordneten σ-Tupeln.

$$\hat{X} = \hat{X}_1 \times \hat{X}_2 \times \ldots \times \hat{X}_\sigma = \{(j_1,j_2,\ldots,j_\sigma)\}$$

Ein geordnetes σ-Tupel als Element des σ-fachen kartesischen Produktes wird als Gesamtzustand einer kombinatorischen Schaltung definiert. Die Zerlegung der Menge $X = \{x_1,x_2,\ldots,x_n\}$ in disjunkte Untermengen X_i kann beliebig erfolgen. In diesem Beitrag wird sich auf den zweidimensionalen Fall beschränkt, um den Bezug zu den sequentiellen Schaltungen zu erhalten.

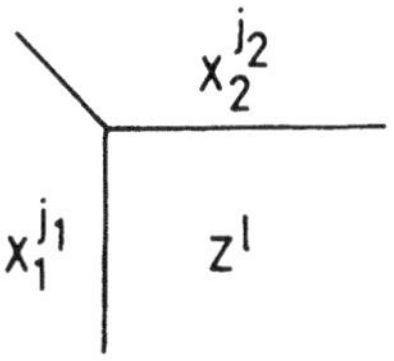

$$X = X_1 \cup X_2, \quad X_1 \cap X_2 = \phi$$

$$X_1 = \{x_1,x_2,\ldots,x_k\}, X_2 = \{x_{k+1},x_{k+2},\ldots,x_n\}$$

$$\hat{X} = \hat{X}_1 \times \hat{X}_2 = \{(j_1,j_2)\}$$

Bild 2: Allgemeine tabellarische Darstellung einer kombinatorischen Schaltung für die zweifache Zerlegung der Menge $X = \{x_1,x_2,..,x_n\}$

Es werde eine partielle Eingangszustandsmenge

$$\hat{X}_i = \{1,2,\ldots,2^{n_i}\}, \quad i = 1,2$$

$$n_1 = k, \quad n_2 = n-k$$

betrachtet. Zwischen den beiden Elementen a und b aus dieser Menge $\hat{X}_i$ soll eine Relation R_p definiert werden. Die Relation bestehe darin, daß die Eingangsvariable x_p aus der Menge X_i in den beiden Zuständen a und b den Wert eins besitze und in allen anderen Zuständen den Wert null. Diese Relation gehört zur Klasse der Äquivalenzrelationen und erzeugt somit eine Partition der Zustandsmenge $\hat{X}_i$, d.h. es existiert eine geordnete Zweiblockpartition

$$\kappa_p = (a,b\ ;\ 1,2,\ldots,a-1,\ a+1,\ldots,b-1,b+1,\ldots,2^{n_i})$$

mit dem linken Block $B_1^{\kappa_p} = \{a,b\}$ und dem rechten Block $B_2^{\kappa_p} = \{1,2,\ldots,a-1,a+1,\ldots,b-1,b+1,\ldots,2^{n_i}\}$. Solche geordneten Zweiblockpartitionen werden Eingangspartitionen genannt und können für alle x-Variablen aus den Mengen X_i entwickelt werden. Um für jede beliebige Konjunktion von Eingangsvariablen aus einer Menge X_i eine korrespondierende Zustandspartition ermitteln zu können, wird eine Operation zwischen Zweiblockpartitionen definiert, die als Durchschnitt von Partitionen bezeichnet werden soll. Die Mehrfachoperation lautet:

$$\kappa_{p\,q\ldots r} = \kappa_p \sqcap \kappa_q \sqcap \ldots \sqcap \kappa_r$$

$$= \bigsqcap_{\nu} \kappa_\nu = \left(\bigcap_{\nu} B_1^{\kappa_\nu} \; ; \; \bigcup_{\nu} B_2^{\kappa_\nu}\right)$$

Wenn die linken Blöcke von mindestens zwei durch die Operationen verknüpfte Partitionen disjunkt sind, so ergibt sich für den Durchschnitt der Partitionen

$$(\phi \; ; \; 1,2,\ldots,2^{n_i}).$$

Die so erhaltene Partition wird mit dem Symbol **0** bezeichnet und sie korrespondiert mit der Nullfunktion in der Booleschen Ebene. Das Komplement dieser Partition **0** ist die Partition

$$(1,2,\ldots,2^{n_i} \; ; \; \phi),$$

sie wird mit dem Symbol **1** bezeichnet und korrespondiert mit der Einsfunktion in der Booleschen Ebene. Insgesamt können bezüglich einer Menge X_i mit n_i Eingangsvariablen

$$2 + \sum_{\nu=1}^{n_i} 2^\nu \binom{n_i}{\nu}$$

Zustandspartitionen κ generiert werden, die in einer Partitionenmenge K_i zusammengefaßt werden.

Beispiel 1:

Es werde die Teilmenge $X_1 = \{x_1,x_2\}$ der Menge $X = \{x_1,x_2,\ldots,x_n\}$ betrachtet. Den vier möglichen Eingangsbelegungen werden als Zustände ganze Zahlen zugeordnet, wobei die Zuordnung frei wählbar ist.

x_1x_2	j_1
0 0	1
0 1	2
1 1	3
1 0	4

Nach der Definition der Eingangspartitionen folgt

$$\kappa_1 = (3,4 \; ; \; 1,2) \qquad \kappa_{\bar{1}} = (1,2 \; ; \; 3,4)$$
$$\kappa_2 = (2,3 \; ; \; 1,4) \qquad \kappa_{\bar{2}} = (1,4 \; ; \; 2,3)$$

Durch die Anwendung der Operation "Durchschnitt von Partitionen" auf die obigen Partitionen κ kann die Menge K_1 aller möglichen Eingangspartitionen bezüglich der Menge $\hat{X}_1$ erzeugt werden.

$$K_1 = \{(\phi\ ;\ 1,2,3,4),(1,2,3,4\ ;\ \phi),(3,4\ ;\ 1,2),(2,3\ ;\ 1,4),$$
$$(1,2\ ;\ 3,4),(1,4\ ;\ 2,3),(1\ ;\ 2,3,4),(2\ ;\ 1,3,4),$$
$$(3\ ;\ 1,2,4),(4\ ;\ 1,2,3)\}$$

Die Elemente aus der Menge K_1 korrespondieren mit den entsprechenden Eingangsbelegungen bzw. Konjunktion von Eingangsvariablen aus der Menge X_1. ■

Nach der Definition von Partitionen der Eingangszustandsmengen müssen noch Partitionen bezüglich der Ausgangszustandsmengen eingeführt werden. Es wird von der Booleschen Funktion als Untermenge F des kartesischen Produktes

$$\hat{X} = \hat{X}_1 \times \hat{X}_2 = \{(j_1,j_2)\},\ j_1 \in \{1,2,\dots,2^{n_1}\},\ j_2 \in \{1,2,\dots,2^{n_2}\}$$

ausgegangen. Für jede partielle Zustandsmenge $\hat{X}_i$ wird eine Ausgangspartition $\gamma^i_{j_i}$ definiert. Die Ausgangspartition $\gamma^1_{j_1}$ ($\gamma^2_{j_2}$) wird definiert als eine geordnete Zweiblockpartition, die in ihrem linken Block $B_1^{\gamma^1_{j_1}}$ ($B_1^{\gamma^2_{j_2}}$) die zweiten (ersten) Koordinaten der geordneten Paare (j_1,j_2) der Funktion F mit j_1 (j_2) als erster (zweiter) Koordinate enthält. Der rechte Block $B_2^{\gamma^1_{j_1}}$ ($B_2^{\gamma^2_{j_2}}$) der Ausgangspartition $\gamma^1_{j_1}$ ($\gamma^2_{j_2}$) ergibt sich als Komplement des linken Blockes $B_1^{\gamma^1_{j_1}}$ ($B_1^{\gamma^2_{j_2}}$) zur Zustandsmenge $\hat{X}_2(\hat{X}_1)$. An einem Beispiel soll das Aufstellen der Ausgangspartitionen demonstriert werden.

<u>Beispiel 2:</u>

Es werde eine Boolesche Funktion $z = f(x_1,x_2,x_3)$ betrachtet. Die Menge der x-Variablen wird in zwei beliebige disjunkte Untermengen zerlegt. Hier soll beispielhaft die Zerlegung

$$X = X_1 \cup X_2 = \{x_1\} \cup \{x_2,x_3\}$$

gewählt werden.

Mit den Eingangsvariablen aus den beiden Mengen X_1 und X_2 können zwei bzw. vier partielle Eingangsbelegungen gebildet werden. Diesen Eingangsbelegungen werden als Zustände ganze Zahlen zugeordnet, wobei die Zuordnung frei wählbar ist.

$$\hat{X}_1 = \{1,2\} = \{j_1\}$$

$$\hat{X}_2 = \{1,2,3,4\} = \{j_2\}$$

Eine Funktion F sei als Untermenge des kartesischen Produktes $\hat{X}_1 \times \hat{X}_2$ gegeben:

$$F = \{(1,3),(1,4),(2,1),(2,2),(2,3),(2,4)\}.$$

Der linke Block der Ausgangspartition γ_1^1 enthält die Zustände 3 und 4, weil diese die zweiten Koordinaten der geordneten Paare (1,3) und (1,4) mit $j_1 = 1$ als erster Koordinate sind. Der rechte Block folgt aus dem Komplement des linken Blockes zur Menge $\hat{X}_2$. Sinngemäß werden alle Ausgangspartitionen bezüglich der Mengen $\hat{X}_1$ und $\hat{X}_2$ entwickelt. Es ergeben sich dann folgende Ausgangspartitionen:

$\hat{X}_1$: $\gamma_1^1 = (3,4\ ;\ 1,2)$

$\gamma_2^1 = (1,2,3,4\ ;\ \phi)$

$\hat{X}_2$: $\gamma_1^2 = (1\ ;\ 2)$

$\gamma_2^2 = (1\ ;\ 2)$

$\gamma_3^2 = (1,2\ ;\ \phi)$

$\gamma_4^2 = (1,2\ ;\ \phi)$ ∎

Meist wird eine Boolesche Funktion nicht, wie in dem obigen Beispiel vorausgesetzt wurde, durch ein kartesisches Produkt, sondern durch einen Booleschen Ausdruck beschrieben. Wenn von der disjunktiven Normalform des Booleschen Ausdrucks ausgegangen wird, so kann die Transformation von der Booleschen Ebene in die Partitionenebene nach den Beziehungen

$$j_1 = B_1 \left[\prod_{\nu=1}^{k} \kappa_\nu \right] \quad \text{und} \quad j_2 = B_1 \left[\prod_{\nu=k+1}^{n} \kappa_\nu \right]$$

durchgeführt werden. Liegt der Boolesche Ausdruck nicht in kanonischer Form, sondern nur in einer disjunktiven Form vor, so ist die Zahl der Operanden auf die Zahl der Eingangsvariablen in dem jeweils betrachteten Teilimplikanten zu reduzieren.

3. Minimierungsalgorithmus

3.1 Einzelfunktionen

In diesem Abschnitt wird ein Algorithmus vorgestellt, mit dessen Hilfe alle Primimplikanten einer Booleschen Funktion berechnet werden können. Es wird vorausgesetzt, daß die Boolesche Funktion gemäß der Transformation aus dem vorigen Abschnitt in der Partitionendarstellung vorliegt, d.h. es steht eine Menge von Ausgangspartitionen $\gamma^1_{j_1}$ und eine Menge von Ausgangspartitionen $\gamma^2_{j_2}$ zur Verfügung.

Schritt 1:

Eine Partition $\gamma^1_{j_1}$ enthalte in ihrem linken Block die Zustände $\alpha,\beta,\ldots,\delta \,\hat{\varepsilon}\, X_2$. Die Rechenvorschrift besagt, daß der Durchschnitt

$$\gamma^2_\alpha \sqcap \gamma^2_\beta \sqcap \ldots \sqcap \gamma^2_\delta$$

der Partitionen γ^2_α, $\gamma^2_\beta,\ldots,\gamma^2_\delta$ zu bilden ist. Der linke Block der sich dann ergebenden Partition wird dann mit dem linken Block der Partition $\gamma^1_{j_1}$ zu einem geordneten Paar

$$\left(\begin{matrix} \gamma^2_\alpha \sqcap \gamma^2_\beta \sqcap \ldots \sqcap \gamma^2_\delta \\ B_1 \end{matrix} \; ; \; \begin{matrix} \gamma^1_{j_1} \\ B_1 \end{matrix} \right)$$

zusammengefaßt. Diese Rechenvorschrift wird auf alle Partitionen $\gamma^1_{j_1}$, deren linker Block ungleich der leeren Menge ist, angewendet.

Schritt 2:

Eine Partition $\gamma^2_{j_2}$ enthalte in ihrem linken Block die Zustände $\phi,\chi,\ldots,\psi \,\hat{\varepsilon}\, X_1$. Dann ist der Durchschnitt

$$\gamma^1_\phi \sqcap \gamma^1_\chi \sqcap \ldots \sqcap \gamma^1_\psi$$

der Partitionen γ^1_ϕ, $\gamma^1_\chi,\ldots,\gamma^1_\psi$ zu bilden. Der linke Block der Partition $\gamma^2_{j_2}$ und der linke Block der durch die Durchschnittsoperationen erzeugten Partition bilden ein geordnetes Paar. Diese Vorschrift wird ebenfalls auf alle Partitionen $\gamma^2_{j_2}$, deren linker Block ungleich der leeren Menge ist, angewendet.

Schritt 3:

Aus der Liste von geordneten Paaren, die nach Anwendung der Schritte 1 und 2 erhalten wird, werden die Paare gestrichen, die mehrfach auftreten. Weiter können solche Paare eliminiert werden, die von einem anderen Paar bedeckt werden. Ein geordnetes Paar wird von einem anderen geordneten Paar bedeckt, wenn sowohl die erste Koordinate des bedeckten Paares eine Untermenge der ersten Koordinate des bedeckenden Paares ist als auch die zweite Koordinate.

Schritt 4:

Für jedes geordnete Paar wird überprüft, ob die beiden Partitionen γ^1 und γ^2, aus deren linken Blöcken ein Paar zusammengesetzt worden ist, jeweils gleich einer Eingangspartition aus der Menge K_2 bzw. K_1 ist. Ist die Bedingung für alle Paare erfüllt, so bricht der Algorithmus ab. Ist die Bedingung nicht erfüllt, so wird die betreffende Ausgangspartition γ^1 (γ^2) in alle größtmöglichen Partitionen aus der Menge $K_2(K_1)$ aufgesplittet, so daß aus der Vereinigung der Partitionen wieder die Ausgangspartition γ^1 (γ^2) resultiert. Durch die Aufsplittung werden Paare gebildet, die das betrachtete Paar ersetzen.

Schritt 5:

Es wird der Schritt 3 wiederholt. ∎

Nach der Abarbeitung der Schritte 1 bis 5 wird eine Liste von Paaren erhalten, die alle Primimplikanten einer Booleschen Funktion in der Partitionenebene repräsentieren.

Im weiteren Verlauf soll der Entwurf eines Schaltnetzes mit vier Eingängen x_1, x_2, x_3, x_4 und drei Ausgängen z_1, z_2, z_3 behandelt werden. An der Funktion $z_1 = f_1(x_1, x_2, x_3, x_4)$ wird der Algorithmus ausführlich demonstriert, für die beiden anderen Funktionen wird nur das Ergebnis angegeben.

Beispiel 3:

Es werde die Boolesche Funktion

$$z_1 = f_1(x_1, x_2, x_3, x_4) = \bar{x}_2\bar{x}_3x_4 \vee x_1\bar{x}_2x_3x_4 \vee \bar{x}_1x_2x_3 \vee x_1x_2x_3$$
$$\vee\ x_2x_3\bar{x}_4$$

betrachtet. Mit der Zerlegung der Menge $X = \{x_1, x_2, x_3, x_4\}$ in $X_1 = \{x_1, x_2\}$ und $X_2 = \{x_3, x_4\}$ und der Zuordnung der Eingangsbelegungen zu den Zuständen gemäß Beispiel 1 für beide Mengen X_1 und X_2 folgt für die Ausgangspartitionen $\gamma^i_{j_i}$:

$\gamma_1^1 = (2\ ;\ 1,3,4)$ $\gamma_1^2 = (\phi\ ;\ 1,2,3,4)$

$\gamma_2^1 = (3,4\ ;\ 1,2)$ $\gamma_2^2 = (1,4\ ;\ 2,3)$

$\gamma_3^1 = (3,4\ ;\ 1,2)$ $\gamma_3^2 = (2,3,4\ ;\ 1)$

$\gamma_4^1 = (2,3\ ;\ 1,4)$ $\gamma_4^2 = (2,3\ ;\ 1,4)$

Schritt 1:

$\gamma_1^1 = (2\ ;\ 1,3,4)$ $\gamma_2^2 = (1,4\ ;\ 2,3)$

$\gamma_2^1 = (3,4\ ;\ 1,2)$ $\gamma_3^2 \sqcap \gamma_4^2 = (2,3\ ;\ 1,4)$

$\gamma_4^1 = (2,3\ ;\ 1,4)$ $\gamma_2^2 \sqcap \gamma_3^2 = (4\ ;\ 1,2,3)$

Für die Paare $(B_1^{\gamma_\alpha^2 \sqcap \gamma_\beta^2 \sqcap \ldots \sqcap \gamma_\delta^2}\ ;\ B_1^{\gamma_{j_1}^1})$ ergibt sich:

(1,4 ; 2)
(2,3 ; 3,4)
(4 ; 2,3)

Schritt 2:

$\gamma_2^2 = (1,4\ ;\ 2,3)$ $\gamma_1^1 \sqcap \gamma_4^1 = (2\ ;\ 1,3,4)$

$\gamma_3^2 = (2,3,4\ ;\ 1)$ $\gamma_2^1 \sqcap \gamma_3^1 \sqcap \gamma_4^1 = (3\ ;\ 1,2,4)$

$\gamma_4^2 = (2,3\ ;\ 1,4)$ $\gamma_2^1 \sqcap \gamma_3^1 = (3,4\ ;\ 1,2)$

Für die Paare $(B_1^{\gamma_{j_2}^2}\ ;\ B_1^{\gamma_\phi^1 \sqcap \gamma_\chi^1 \sqcap \ldots \sqcap \gamma_\psi^1})$ gilt:

(1,4 ; 2)
(2,3,4 ; 2)
(2,3 ; 3,4)

Schritt 3:

Die Paare (1,4 ; 2) und (2,3 ; 3,4) in Schritt 2 treten mehrfach auf und werden eliminiert

Schritt 4:

Das Paar (2,3,4 ; 3) wird ersetzt durch die Paare

(2,3 ; 3)

(3,4 ; 3)

Schritt 5:

Nach Schritt 3 wird das Paar (2,3 ; 3) eliminiert.

Die endgültige Liste von Paaren lautet:

f_1
(1,4 ; 2)
(2,3 ; 3,4)
(4 ; 2,3)
(3,4 ; 3)

Die Booleschen Funktionen für die Ausgänge z_2 und z_3 seien

$$z_2 = f_2(x_1,x_2,x_3,x_4) = x_1x_3\bar{x}_4 \vee x_1x_2x_4 \vee x_2x_3x_4 \vee \bar{x}_1x_2\bar{x}_4 \vee x_2x_4 \vee x_1x_2\bar{x}_3\bar{x}_4$$

und $$z_3 = f_3(x_1,x_2,x_3,x_4) = x_1x_3 \vee x_2\bar{x}_3 \vee \bar{x}_3x_4$$

Durch die Anwendung des Algorithmus folgt:

f_2	f_3
(2,3 ; 1,2,3,4)	(1,2,3,4 ; 2)
(3,4 ; 4)	(2,3 ; 1,2)
	(3 ; 1,2,3,4)
	(3,4 ; 2,3)
	(3,4 ; 3,4)

■

3.2 Produktfunktionen

Zur Ermittlung von Termen, die den Booleschen Ausdrücken von mehreren Booleschen Funktionen gemein sind, ist es erforderlich, Produktfunktionen zu bilden. Die Produktfunktionen sind als konjunktive Verknüpfungen der Booleschen Funktionen $f_i, f_j, \ldots, f_k$ definiert.

$$f_i \wedge f_j \wedge \ldots \wedge f_k \qquad i,j,\ldots,k \in \{1,2,\ldots,m\}$$

Es sind alle Möglichkeiten, Konjunktionen mit zwei, drei,...,m Operanden zu bilden, auszuschöpfen. Wenn die Einzelfunktionen f_i, $f_j,\ldots,f_k$

in der Partitionendarstellung vorliegen, ist es besonders einfach, die Produktfunktionen zu berechnen. Dazu werden die Ausgangspartitionen der Funktionen geschnitten.

$$\gamma^1(f_i \wedge f_j \wedge \ldots \wedge f_k) = \gamma^1(f_i) \sqcap \gamma^1(f_j) \sqcap \ldots \sqcap \gamma^1(f_k)$$

$$\gamma^2(f_i \wedge f_j \wedge \ldots \wedge f_k) = \gamma^2(f_i) \sqcap \gamma^2(f_j) \sqcap \ldots \sqcap \gamma^2(f_k)$$

Beispiel 4:

Für den Entwurf des Schaltnetzes mit drei Ausgängen (Abschnitt 3.1) müssen die Produktfunktionen $f_1 \wedge f_2$, $f_1 \wedge f_3$, $f_2 \wedge f_3$ sowie $f_1 \wedge f_2 \wedge f_3$ ermittelt werden. Als Beispiel wird die Produktfunktion $f_1 \wedge f_2$ herausgegriffen. Sie lautet in Partitionendarstellung:

$f_1 \wedge f_2$:	$\gamma_1^1 = (\phi\ ;\ 1,2,3,4)$	$\gamma_1^2 = (\phi\ ;\ 1,2,3,4)$
	$\gamma_2^1 = (3,4\ ;\ 1,2)$	$\gamma_2^2 = (\phi\ ;\ 1,2,3,4)$
	$\gamma_3^1 = (3,4\ ;\ 1,2)$	$\gamma_3^2 = (2,3\ ;\ 1,4)$
	$\gamma_4^1 = (\phi\ ;\ 1,2,3,4)$	$\gamma_4^2 = (2,3\ ;\ 1,4)$

Alle Produktfunktionen werden dem Algorithmus aus Abschnitt 3.1 unterworfen. Es ergeben sich dann folgende Mengen von geordneten Paaren:

$f_1 \wedge f_2$	$f_1 \wedge f_3$	$f_2 \wedge f_3$	$f_1 \wedge f_2 \wedge f_3$
(2,3 ; 3,4)	(1,4 ; 2)	(2,3 ; 1,2)	(3 ; 3,4)
	(3 ; 3,4)	(3 ; 1,2,3,4)	
	(4 ; 2,3)	(3,4 ; 4)	
	(3,4 ; 3)		

■

3.3 Auswahl einer optimalen Gesamtlösung

Die optimalen Lösungen für die Einzelfunktionen sowie für die Produktfunktionen sind bekannt. Aus diesem Lösungsvorrat von geordneten Paaren muß eine Untermenge ausgewählt werden, die bezüglich eines bestimmten Kriteriums eine optimale Gesamtlösung für das Entwurfsproblem darstellt. Diese Auswahl wird mit Hilfe eines linearen binären Programmes getroffen. Das lineare binäre Programm hat folgende Form:

$\underline{A}\ \underline{x} + \underline{b} \geq \underline{0}$	Nebenbedingungen
$\underline{c}^T\ \underline{x} \stackrel{!}{=} \text{Min}$	Zielfunktion
$\underline{x} \geq \underline{0}$	Nichtnegativitätsbedingung

$\underline{A}$: Matrix (m,n)
$\underline{b}$: Spaltenvektor (m,1)
$\underline{c}$: Spaltenvektor (n,1)
$\underline{x}$: Spaltenvektor (n,1)
$\underline{0}$: Nullvektor (m,1)

Jeder Zustand $(j_1,j_2) \in F_\mu$, $\mu = 1,2,\ldots,m$, muß mindestens einmal durch ein geordnetes Paar bedeckt sein. Diese Forderung wird durch die Nebenbedingungen des linearen Programms berücksichtigt. Die Matrix $\underline{A}$ wird so aufgebaut, daß ihren Spalten die geordneten Paare aus den optimalen Lösungen für Einzel- und Produktfunktionen und ihren Zeilen die Zustände (j_1,j_2) zugeordnet werden. Die Elemente a_{kl} der Matrix $\underline{A}$ werden als Anzeigevariable definiert. Sie können nur die Werte 0 und 1 annehmen. Ein Element a_{kl} ist gleich Eins, wenn das geordnete Paar, das der k-ten Spalte zugeordnet ist, den Zustand aus der l-ten Zeile bedeckt. Andernfalls ist a_{kl} gleich Null. Alle Elemente des Spaltenvektors $\underline{b}$ werden wegen der Forderung, alle Zustände mindestens einmal zu bedecken, gleich -1 gesetzt. Die Zielfunktion formuliert das geforderte Gütekriterium. Es wird hier beispielhaft die Minimierung der Anzahl der x-Symbole in dem vereinfachten Booleschen Ausdruck angestrebt. Die Zahl der x-Symbole, die ein möglicherweise gewähltes geordnetes Paar zur Gesamtzahl beisteuert, kann aus der Anzahl der Zustände in den beiden Koordinaten berechnet werden. Die erste Koordinate enthalte m_1 Elemente. Für $m_1 \neq 0$ wird die Zahl der x-Symbole nach der Beziehung

$$n_1 - \mathrm{ld}(m_1)$$

berechnet. Für die m_2 Elemente der zweiten Koordinate gilt:

$$n - n_1 - \mathrm{ld}(m_2).$$

Ein Element c_l des Bewertungsvektors $\underline{c}$ ist gleich

$$n - \mathrm{ld}(m_1) - \mathrm{ld}(m_2).$$

Die Zielfunktion des linearen Programms ist diskontinuierlich, da die Komponenten des Vektors $\underline{x}$ als Anzeigevariable nur die Werte 0 oder 1 annehmen können. Bei diskontinuierlichen Zielfunktionen existieren im allgemeinen mehrere optimale Lösungen, von denen eine beliebige ausgewählt werden kann. Die durch den Lösungsvektor $\underline{x}$ angezeigten geordneten Paare werden in die Boolesche Ebene rücktransformiert. Die Disjunktion aller dann erhaltenen Terme bildet den gesuchten vereinfachten Booleschen Ausdruck.

Beispiel 5:

Die Lösung des linearen binären Programmes für das Entwurfsproblem aus den Beispielen 3 und 4 führt zu den geordneten Paaren:

f_1	f_2	f_3
(1,4 ; 2)	(2,3 ; 3,4)	(1,4 ; 2)
(2,3 ; 3,4)	(2,3 ; 1,2)	(3,4 ; 3)
(3,4 ; 3)	(3,4 ; 4)	(2,3 ; 1,2)
		(3,4 ; 4)

Die Rücktransformation in die Boolesche Ebene ergibt folgende Boolesche Ausdrücke:

$$z_1 = \bar{x}_2\bar{x}_3x_4 \vee x_2x_3 \vee x_1x_3x_4$$

$$z_2 = x_2x_3 \vee x_2\bar{x}_3 \vee x_1x_3\bar{x}_4$$

$$z_3 = \bar{x}_2\bar{x}_3x_4 \vee x_1x_3x_4 \vee x_2\bar{x}_3 \vee x_1x_3\bar{x}_4$$

Der Vergleich zu der aus optimalen Einzellösungen zusammengesetzten Gesamtlösung zeigt,

$$z_1 = \bar{x}_2\bar{x}_3x_4 \vee x_2x_3 \vee x_1x_3x_4$$

$$z_2 = x_2 \vee x_1x_3\bar{x}_4$$

$$z_3 = \bar{x}_3x_4 \vee x_2\bar{x}_3 \vee x_1x_3$$

daß keine sich wiederholende Terme auftreten. Insgesamt werden 18 x-Symbole benötigt. Aus den Booleschen Ausdrücken für die optimale Gesamtlösung ist ersichtlich, daß jeder der Terme mehrmals auftritt. Wird berücksichtigt, daß die Terme nur einmal realisiert werden müssen, so sind nur 13 x-Symbole erforderlich.

4. Zusammenfassung

Es wird ein Verfahren zum Entwurf von Schaltnetzen mit mehreren Ausgängen vorgestellt. Das Verfahren basiert nicht auf den Rechenregeln der Schaltalgebra, sondern es wurde eine partitionentheoretische Darstellung von Booleschen Funktionen eingeführt. Der Boolesche Ausdruck einer Funktion wird in die Partitionenebene transformiert und dort einem Minimierungsalgorithmus unterworfen. Dieser Algorithmus ist speziell unter dem Gesichtspunkt der leichten Programmierbarkeit ausgelegt. Um eine optimale Gesamtlösung des Entwurfsproblems zu erhalten, müssen die gemeinsamen Terme von Funktionen ermittelt werden. Zu diesem Zweck werden Produktfunktionen in der Partitionenebene gebildet und der Algorithmus ebenfalls auf diese Produktfunktionen angewendet. Es ergibt sich eine Menge von Lösungselementen, aus der unter Beachtung bestimmter Forderungen eine Auswahl getroffen werden muß. Dieses Auswahlproblem wird mit Hilfe eines linearen binären Programmes gelöst.

Literatur

1. Birkhoff, G., Bartee, T.C.: Angewandte Algebra. München, Wien: R. Oldenbourg 1973.
2. Schorn, G.: Mengen und Algebraische Strukturen. München, Wien: R. Oldenbourg 1976.
3. Kohavi, Z.: Switching and Finite Automata Theory. New York:McGraw-Hill 1970.
4. Klir, G.J.: An Approach to General Systems Theory. New York : Van Nostrand Reinhold 1969.
5. Späth, H.: Ausgewählte Operations Research-Algorithmen in FORTRAN. München, Wien: R. Oldenbourg 1975.

PROBLEMEINGABE, -ANALYSE UND -KORREKTUR BEIM RECHNERGESTÜTZTEN ENTWURF VON ABLAUFSTEUERUNGEN

INPUT, ANALYSIS, AND CORRECTION OF THE CONTROL PROBLEM FOR THE COMPUTER AIDED DESIGN OF SEQUENTIAL CIRCUITS

W.D. Goedecke

Institut für hydraulische und pneumatische Antriebe und Steuerungen
Rheinisch - Westfälische Technische Hochschule Aachen

1 Probleme und Möglichkeiten beim rechnergestützten Entwurf

Heute werden bereits ca. 20% aller Steuerungen mit PCs (Programmable Controllers) speicherprogrammiert ausgeführt. Ferner rechnet man damit, daß in den nächsten fünf Jahren etwa 80% aller Steuerungen speicherprogrammiert realisiert werden /1/. Daraus folgt, daß in Zukunft nur noch Steuerungen mit geringer Verarbeitungstiefe verbindungsprogrammiert ausgeführt werden - in ähnlicher Form wie dies heute bei Pneumatiksteuerungen der Fall ist.

Aus dieser Blickrichtung ergibt sich die Frage, ob die in der Vergangenheit intensiv betriebenen Anstrengungen zur Synthese und Optimierung von Steuerungen mit kompliziert aufgebauten Algorithmen zur Zustandsreduktion, Zustandskodierung, Gleichungsminimierung, Dekomposition usw. überhaupt noch sinnvoll einzusetzen sind. Da alle diese Algorithmen für einen praxisgerechten Einsatz im wesentlichen nur mit Rechnerunterstützung durchzuführen sind, erhebt sich gleichzeitig die Frage nach dem rechnergestützten Entwurf schlechthin.

Diese Frage erscheint umso dringender, als bisher kaum Rechnerprogramme bekannt geworden sind, die sich im echten industriellen Einsatz bewährt haben. Als Gründe hierfür können z.B. die beschränkten Einsatzmöglichkeiten der Programme und die aufwendigen Verfahren zur Eingabe der Steuerungsprobleme genannt werden.

Trotz dieser ungünstigen Ausgangsposition soll nachfolgend versucht werden, einige - auch in der nahen Zukunft - mögliche Einsatzgebiete des Rechners zum Entwurf und zum Aufbau von Binärsteuerungen aufzuzeigen.

- Eine der wichtigsten Einsatzmöglichkeiten des Rechners besteht bereits in der Eingabe des Steuerungsproblems. Sofern das Eingabeverfahren auch bei komplexen Ablaufsteuerungen mit häufigen Programmverzweigungen, -zusammenführungen, -aufspaltungen und -sammlungen leicht verständlich und einfach aufgebaut ist, bestehen hier entscheidende Vorteile gegenüber den bisher bekannten Eingabeverfahren bei speicherprogrammierbaren Steuerungen.

- Nach der Eingabe des Steuerungsproblems besteht über den Rechner die Möglichkeit, das Steuerungsproblem zu analysieren und gegebenenfalls auf widersprüchliche Formulierungen hinzuweisen oder direkt logische Korrekturen durchzuführen.
- Ist die Ausführung der Steuerung in verbindungsprogrammierter Technik geplant, so können mit Rechnerunterstützung Optimierungsstrategien hinsichtlich Steuerungsaufwand, Steuerungsstruktur, Signalübertragungszeit und Funktionssicherheit vorgenommen werden.
- Mit der vom Rechner gefundenen Problemlösung und der geeigneten Auswahl an Steuer- und Antriebselementen kann ferner die Ausgabe eines spezifizierten Kundenangebotes erstellt werden /2/.
- Bei Festliegen der Problemlösung ist das Zeichen von detaillierten Pneumatikschaltplänen, Stromlaufplänen, Stücklisten und der eingegebenen Funktionspläne in Reinschrift möglich.
- Sollen bei Schaltungsrealisierung die Pneumatikelemente nicht in der Verschlauchungs- sondern in der Kanalplattentechnik miteinander verbunden werden, so besteht auch hier vorteilhaft die Möglichkeit des Rechnereinsatzes. Entsprechend der Problemlösung erstellt der Rechner z.B. einen Lochstreifen, über den eine NC-Fräsmaschine die erforderlichen Kanalplatten fertigt /3/.
- Beim Einsatz speicherprogrammierter Steuerungen wird die vom Rechner ermittelte Problemlösung direkt oder über eine Magnetbandkassette zur Programmierung der Steuerung verwendet. Einfache Problemeingabe und funktionsfähige Steuerungslösungen sind die Vorteile bei dieser Programmierungsart.
- Besonders vorteilhaft ist bei Verwendung des Rechners die Möglichkeit zur Steuerungsdokumentation. Neben der oben beschriebenen Ausgabe von Schalt- und Funktionsplänen können detaillierte Zuordnungslisten und Verweislisten - auch unter Verwendung symbolischer Parameter - erstellt werden. Damit wird auch bei Steuerungsänderungen die zugehörige Dokumentation in kurzer Zeit auf den neuesten Stand gebracht.

2 Eingabe des Steuerungsproblems

Die eigentlich kreative Tätigkeit des Steuerungstechnikers wird in Zukunft im wesentlichen darin bestehen, das Steuerungsproblem eindeutig verbal zu formulieren und daran anschließend das Problem in eine übersichtliche - meist graphische - Darstellungsform zu bringen. Diese Darstellungsform muß dann eine systematische und problemlose Eingabe des Steuerungsproblems in den Rechner gestatten. Das Eingabeverfahren sollte so einfach aufgebaut sein, daß es auch vom fachfremden Personal nach kurzer Einweisungszeit zum Steuerungsentwurf eingesetzt werden kann. Zur Auswahl einer geeigneten graphischen Darstellungsform für Ablaufsteuerungen sollen einige der bekanntesten kurz gegenübergestellt werden. Zur Veranschaulichung der einzelnen Darstellungsformen soll eine Ablaufsteuerung mit je einer Programmaufspaltung, -sammlung, -verzweigung und -zusammenführung für fünf doppelt wirkende Zylinder (Z1-Z5) betrachtet werden.

2.1 Das Funktionsdiagramm

Bild 1 zeigt das Funktionsdiagramm (VDI-Richtlinie 3260) für die zu berechnende Zylindersteuerung.
Die Variablen E1-E7 sind für die Betriebsarten als auch für Start und Stopp vorgesehen. Zur Erfassung der inneren und äußeren Endlagen der fünf Zylinder dienen Endlagenschalter mit den Bezeichnungen E8-E17.
Eine Programmaufspaltung wird im Funktionsdiagramm hinter Schritt 3 in den Schritt 4 und den Schritt 9 vorgenommen. Die zugehörige Programmsammlung erfolgt in Schritt 8. Je nach logischem Wert der Steuervariablen E18 (z.B. von einem Prozeßsensor) kann von Schritt 9 entweder in den Schritt 10 oder den Schritt 12 verzweigt werden. Die zugehörige Programmzusammenführung erfolgt ebenfalls in Schritt 8.
Funktionsdiagramme werden hauptsächlich bei einfachen unverzweigten Ablaufsteuerungen verwendet, da hier das Zusammenwirken der Ein- und Ausgangsvariablen noch anschaulich darstellbar ist. Das hier angeführte Beispiel aber zeigt bereits, wie mit zunehmender Vermaschung der Steuerung das Funktionsdiagramm undurchschaubarer wird und schwerer zu handhaben ist. Verknüpfungen, Warte- und Überwachungszeiten lassen sich nur mit hohen Zeichenaufwand einfügen.

Das Funktionsdiagramm ist somit für eine einfache Problemeingabe in den Rechner nicht geeignet.

2.2 Der Zustandsgraph

Eine andere Möglichkeit zur Darstellung des Steuerungsproblems ergibt sich aufgrund der Graphenmethode. In Bild 2 ist für dieselbe Steuerungsaufgabe der zugehörige Mooresche Zustandsgraph dargestellt.

Um die Graphenmethode anwendungsbezogen einzusetzen, werden entgegen der üblichen Darstellungsform nur die beabsichtigten Zustandsänderungen unter Verwendung nicht vollständiger Ein- und Ausgangszustände angegeben.

Da alle Zustände untereinander durch eine einfache Verbindungslinie erreicht werden können, ist mit dem Zustandsgraphen der vermaschte Aufbau

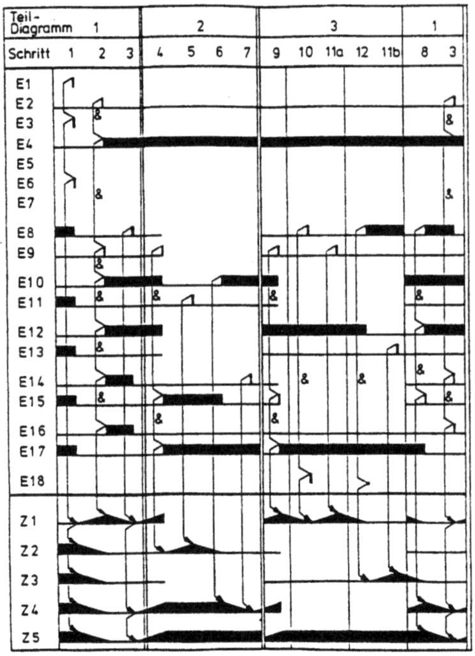

Bild 1:

Funktionsdiagramm für
Zylindersteuerung

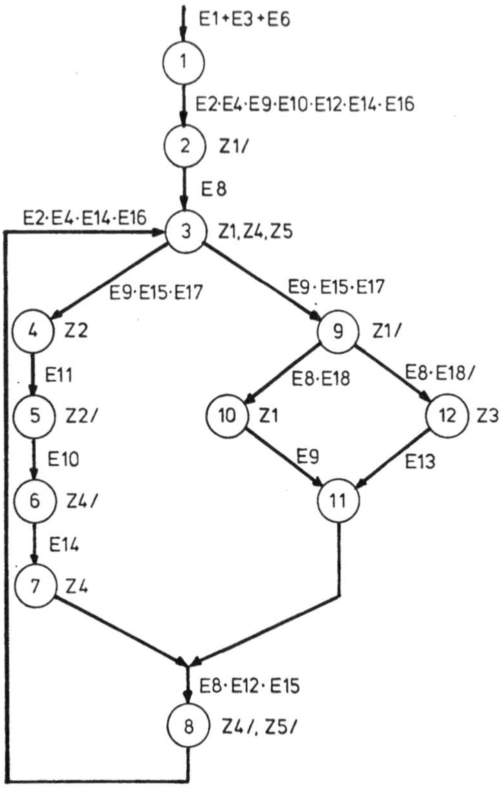

Bild 2:

Zustandsgraph für
Zylindersteuerung

des Steuerungsproblems erheblich besser darstellbar. Schwierigkeiten können sich jedoch bei der Beschreibung von Aufspaltungen und Sammlungen ergeben. Ferner sind beim Zustandsgraphen Angaben über die zu verwendenden Ausgänge (z.B. gespeichert, nicht gespeichert, verzögert) nicht vorgesehen.

2.3 Der Programmablaufplan

Aus dem Zustandsgraphen läßt sich der aus der Rechnertechnik her bekannte Programmablaufplan (DIN 66001) entwickeln. Bild 3 zeigt den Programmablaufplan für das oben angegebene Steuerungsbeispiel.

Der Programmablaufplan besteht im wesentlichen aus den "Sobald-Abfragen" und den Ausgaben.

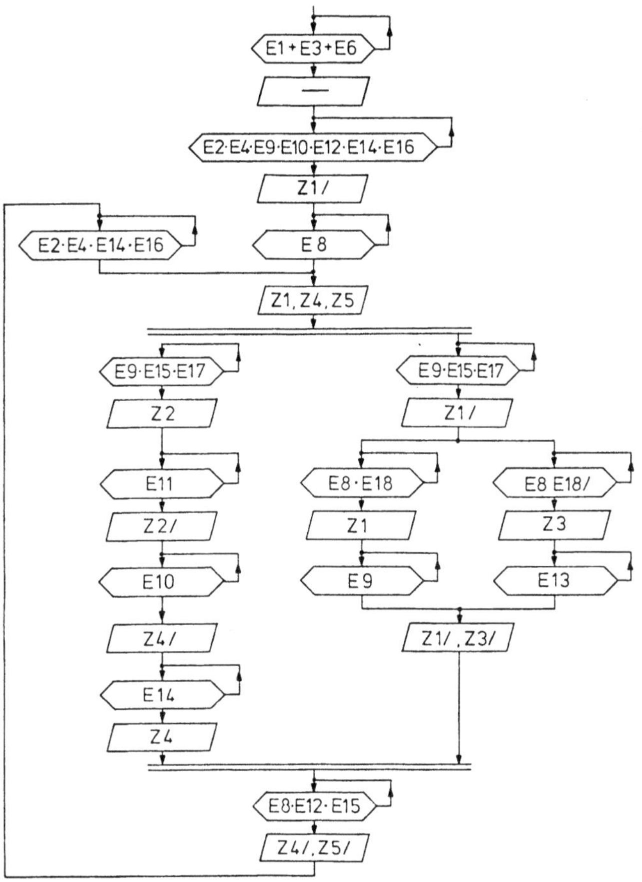

Bild 3: Programmablaufplan für Zylindersteuerung

Da Aufspaltungen, Sammlungen, Verzweigungen und Zusammenführungen durch entsprechende Symbole bezeichnet werden, sind auch vermaschte Steuerungsstrukturen übersichtlich darstellbar. Auch im Programmablaufplan sind Angaben über die Art der verwendeten Ausgänge nicht vorgesehen. Als nachteilig erweist sich auch der relativ hohe Zeichnungsaufwand, der zur Beschreibung des Steuerungsproblems erforderlich ist.

2.4 Der Funktionsplan

Der Funktionsplan (DIN 4o719) vereint nicht nur die Vorteile des Zustandsgraphen (geringer Zeichenaufwand) und des Programmablaufplanes (Darstellbarkeit vermaschter Steuerungsstrukturen), sondern er enthält zudem Angaben über Warte- und Überwachungszeiten und über die Art der zu verwendenden Ausgänge (Bild 4).

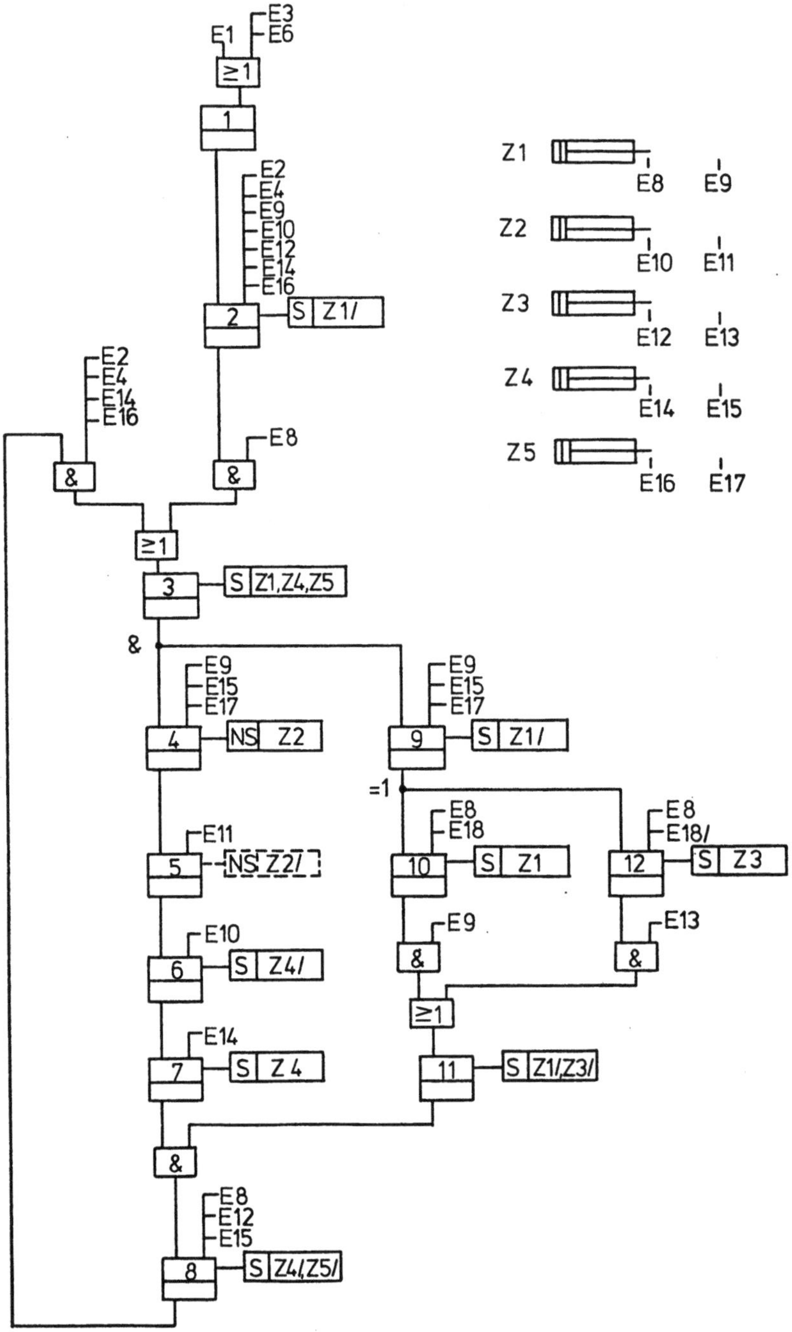

Bild 4: Funktionsplan für Zylindersteuerung

Der Funktionsplan ist eigens zum Entwurf von Ablaufsteuerungen entwickelt worden. Mit Ausnahme der Schritt- und Befehlssymbole werden die graphischen Symbole aus DIN 4o 7oo verwendet.

Da jedem Schritt ein Speicherglied zugeordnet wird, erfolgt die schaltungstechnische Ausführung der Ablaufsteuerung bevorzugt mit Ablaufketten (DIN 19 237).

Zur Umsetzung der verbalen Problemformulierung in eine übersichtliche, allgemein verständliche graphische Darstellungsform ist der Funktionsplan im Vergleich zu den übrigen Verfahren am besten geeignet.

2.5 Die Flußtabelle

Die tabellenartige Darstellung des Steuerungsproblems ermöglicht die sogenannte Flußtabelle (Bild 5).

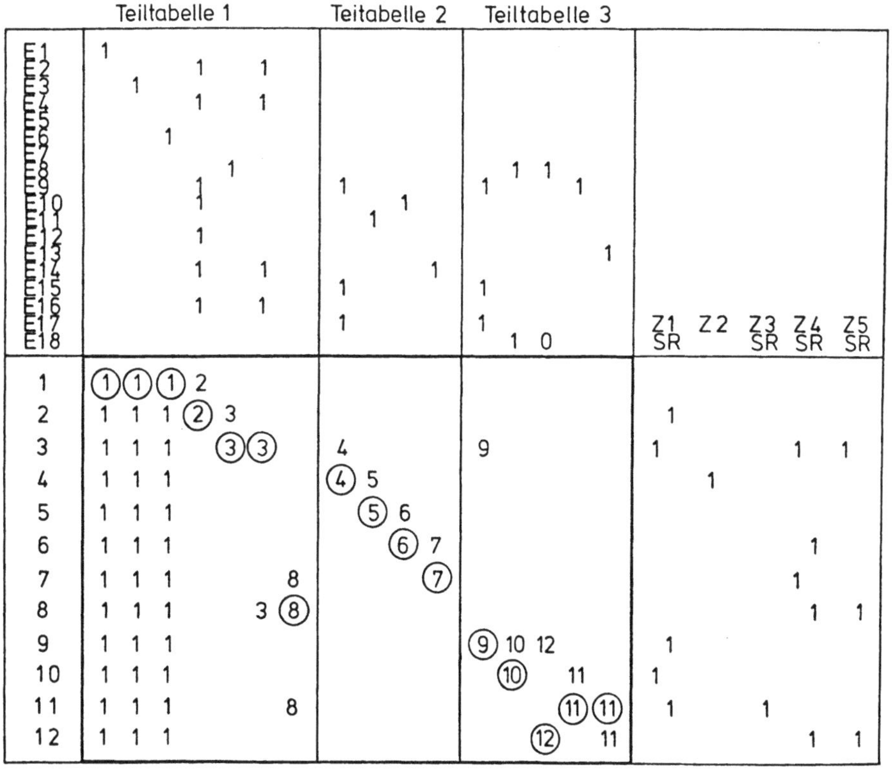

Bild 5: Flußtabelle für Zylindersteuerung

Hierin kennzeichnen die Zeilen die gegenwärtigen Zustände und die Spalten die Eingangszustände. Innerhalb der Flußtabelle (dick umrahmt) befinden sich die Folgezustände. Zur Kennzeichnung der Ausgänge wird jeder Zeile ein Ausgangszustand zugeordnet. Sowohl die Ein- als auch die Ausgangszustände werden zunächst noch unvollständig angegeben.

In der Flußtabellendarstellung sind Programmaufspaltungen und -sammlungen nicht vorgesehen. Bild 5 zeigt wie dieser Nachteil durch die Bildung von Teiltabellen ausgeräumt werden kann.

Eine Programmaufspaltung liegt in einer Flußtabelle dann vor, wenn man von einem Zustand einer Teiltabelle (hier Zustand 3) in mindestens zwei Zustände gelangt, die sich in anderen Teiltabellen befinden (Zustände 4 und 9). Dagegen ist eine Programmsammlung dadurch bestimmt, daß man von mindestens zwei Zuständen, die sich in unterschiedlichen Teiltabellen befinden (Zustände 7 und 11), in einen Zustand in einer anderen Teiltabelle gelangt (Zustand 8). Die Umsetzung der verbalen Problemformulierung in eine Flußtabelle ist im Vergleich zum Funktionsplan relativ schwierig durchzuführen. Durch die systematische matrixähnliche Darstellungsform eignet sich jedoch die Flußtabelle als Speicherungs- und Bearbeitungsverfahren innerhalb des Rechners.

2.6 Forderungen an das Eingabeverfahren

Voraussetzung zur Eingabe der Steuerungsaufgabe in den Rechner soll ein ausgearbeiteter Funktionsplan sein, während die Abspeicherung im Rechner mit der Flußtabellenmethode durchgeführt werden soll. Um die praktischen Einsatzmöglichkeiten von Rechnerprogrammen zum Steuerungsentwurf zu verbessern, müssen folgende Anforderungen an das Eingabeverfahren gestellt werden:

- Möglichkeit zur Eingabe beliebig strukturierter Funktionspläne
- Berücksichtigung der Betriebsarten und der Antriebssteuerungen
- Eingabe einer Zuordnungsliste
- einfach anzuwendendes Eingabeverfahren
- ausschließliche Verwendung der genormten Zeichen und Symbole im Funktionsplan
- Ausdrucken von Syntaxfehlern bei der Problemeingabe
- Ausdrucken und gegebenenfalls Korrektur von Fehlern im Funktionsplan

2.7 Eingabe der Antriebssteuerungen

Die Betriebsarten wie Automatik, Einzelzyklus, Einzelschritt und das Richten der Ablaufsteuerung können im Funktionsplan durch Verknüpfen der Eingangsvariablen an den entsprechenden Takteingängen berücksichtigt werden. Betriebsarten wie Hand, Not-Stopp und das Richten der Ausgangsspeicher sind jedoch dem Funktionsplan nicht zu entnehmen. Die Einbeziehung der letztgenannten Betriebsarten in den Steuerungsentwurf kann durch einen Logikplan für die sogen. Antriebssteuerungsebene erreicht werden. In diesem Logikplan werden die noch fehlenden Verknüpfungen für die gespeicherten und nicht gespeicherten Ausgänge angegeben. In Bild 6 sind die Antriebssteuerungen für die fünf Zylinderantriebe im Logikplan dargestellt.

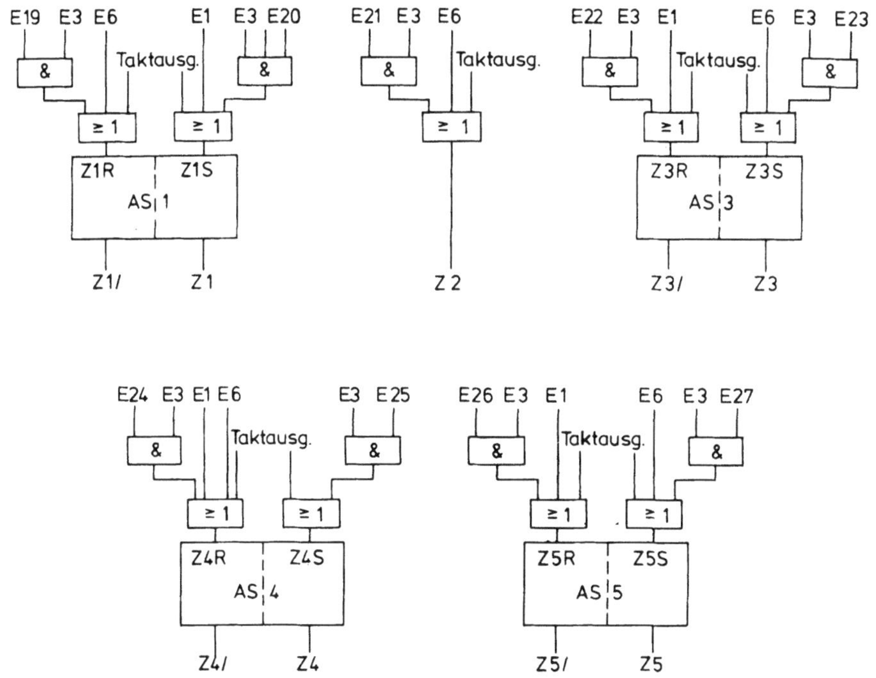

Bild 6: Logikplan für die Antriebssteuerungen

Aus dem Logikplan geht z.B. hervor, daß der Zylinder Z3 durch Betätigung des Handtasters E22 einfährt, sofern der Wahlschalter auf E3=1 (Handbetrieb) gestellt wurde. Gleichzeitig wird die Ablaufsteuerung (Bild 4) mit E3 derart gerichtet, daß nur noch Takt 1 gesetzt ist. Damit können die Taktausgänge der Ablaufsteuerung die Antriebssteuerungen über die Eingänge "Taktausg." nicht mehr beeinflussen.

Durch die Eingangsvariable E1=1 werden nicht nur die Takte der Ablaufsteuerung, sondern auch die Speicher der Antriebssteuerungen zu Betriebsbeginn gerichtet. Aus dem Logikplan geht hervor, daß mit E1=1 alle Zylinder mit Ausnahme von Zylinder Z1 einfahren. Durch den Richtimpuls E1 werden somit sämtliche Antriebe in eine definierte Ausgangsstellung gebracht. Da die Kenntnis dieser Ausgangsstellung auch zur Berechnung der Ablaufsteuerung erforderlich ist, erfolgt zunächst über den Logikplan die Eingabe der Antriebssteuerungen und anschließend über den Funktionsplan die Eingabe der Ablaufsteuerung.

Die Eingabe der Antriebssteuerungen soll anhand des Logikplans in Bild 6 gezeigt werden. Zur Eingabe der gespeicherten Ausgänge ist die Angabe der Setz- und Rücksetzgleichungen der Ausgangsspeicher und zur Eingabe der nicht gespeicherten Ausgänge die Angabe der entsprechenden Ausgangsgleichungen erforderlich. In Bild 7 ist die Lochkartenfolge zur Eingabe sowohl der Antriebssteuerungen als auch der Ablaufsteuerung dargestellt.

Hinter der Karte "Antriebssteuerungen" sind auf je einer Lochkarte die einzelnen Gleichungen der Antriebssteuerungen angeordnet. Die Setz- und Rücksetzgleichung für den gespeicherten Ausgang Z1 und die Ausgangsgleichungen für den nicht gespeicherten Ausgang Z2 werden wie folgt verbal formuliert.

a) Wenn die Eingangsvariable 19 und die Eingangsvariable 3 (E19.E3) oder die Eingangsvariable 6 anliegt (+E6), dann wird der Ausgangsspeicher für die Ausgangsvariable Z1 rückgesetzt (=Z1R).
b) Wenn die Eingangsvariable 1 (E1) oder die Eingangsvariable 3 und die Eingangsvariable 2o anliegen (+E3.E2o), dann wird der Ausgangsspeicher für die Ausgangsvariable Z1 gesetzt (=Z1S).
c) Wenn die Eingangsvariable 21 und die Eingangsvariable 3 (E21·E3) oder die Eingangsvariable 6 anliegt (+E6), dann nimmt die Ausgangsvariable Z2 den logischen Wert 1 an (=Z2). Wie auf den Lochkarten in Bild 3 dargestellt, lauten die drei ersten booleschen Gleichungen:

E19·E3 + E6 = Z1R

E1 + E3·E2o = Z1S

E21·E3 + E6 = Z2

Die Angabe der Taktausgänge in den Antriebssteuerungen ist nicht erforderlich, da diese in der Ablaufsteuerung den Gleichungen automatisch disjunktiv hinzugefügt werden.

Nach der Eingabe aller Antriebssteuerungen aus dem Logikplan werden die entsprechenden Daten in Form einer Wahrheitstabelle abgespeichert (Bild 8).

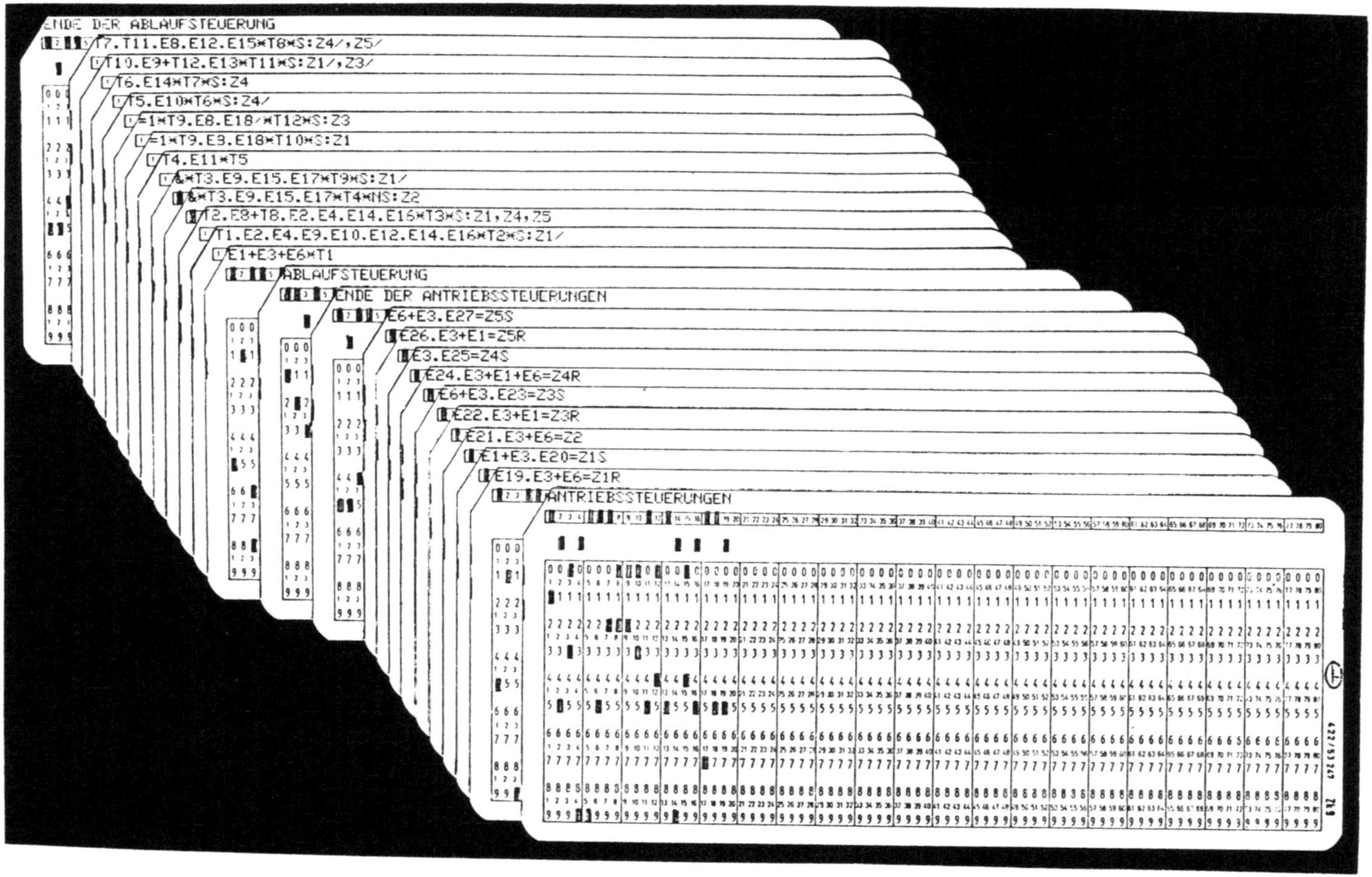

Bild 7: Lochkartenfolge für die Antriebssteuerungen und die Ablaufsteuerung

DIE WAHRHEITSTABELLE FUER DIE ANTRIEBSSTEUERUNGEN LAUTET :

E1	E3	E6	E19	E20	E21	E22	E23	E24	E25	E26	E27	Z1S	Z1R	Z2	Z3S	Z3R	Z4S	Z4R	Z5S	Z5R
-	1	-	1	-	-	-	-	-	-	-	-	0	1	0	0	0	0	0	0	0
-	-	1	-	-	-	-	-	-	-	-	-	0	1	0	0	0	0	0	0	0
1	-	-	-	-	-	-	-	-	-	-	-	1	0	0	0	0	0	0	0	0
-	1	-	-	1	-	-	-	-	-	-	-	1	0	0	0	0	0	0	0	0
-	1	-	-	-	1	-	-	-	-	-	-	0	0	1	0	0	0	0	0	0
-	-	1	-	-	-	-	-	-	-	-	-	0	0	1	0	0	0	0	0	0
-	1	-	-	-	-	1	-	-	-	-	-	0	0	0	0	1	0	0	0	0
1	-	-	-	-	-	-	-	-	-	-	-	0	0	0	0	1	0	0	0	0
-	-	1	-	-	-	-	-	-	-	-	-	0	0	0	1	0	0	0	0	0
-	1	-	-	-	-	-	1	-	-	-	-	0	0	0	1	0	0	0	0	0
-	1	-	-	-	-	-	-	1	-	-	-	0	0	0	0	0	0	1	0	0
1	-	-	-	-	-	-	-	-	-	-	-	0	0	0	0	0	0	1	0	0
-	-	1	-	-	-	-	-	-	-	-	-	0	0	0	0	0	0	1	0	0
-	1	-	-	-	-	-	-	-	1	-	-	0	0	0	0	0	1	0	0	0
-	1	-	-	-	-	-	-	-	-	1	-	0	0	0	0	0	0	0	0	1
1	-	-	-	-	-	-	-	-	-	-	-	0	0	0	0	0	0	0	0	1
-	-	1	-	-	-	-	-	-	-	-	-	0	0	0	0	0	0	0	1	0
-	1	-	-	-	-	-	-	-	-	-	1	0	0	0	0	0	0	0	1	0

Bild 8: Wahrheitstabelle zur Abspeicherung der Antriebssteuerungen

Im linken Teil der Tabelle werden die Eingangsvariablen angeordnet, die in die Antriebssteuerung hineinführen, während im rechten Teil die Setz- und Rücksetzvariablen bei gespeicherten Ausgängen und die Ausgänge selbst bei nicht gespeicherten Ausgängen (Z2) angegeben werden.

2.8 Eingabe der Ablaufsteuerung mit dem Funktionsplan

Gegenüber den Antriebssteuerungen können die Ablaufsteuerungen aufgrund häufiger Programmaufspaltungen und -Verzweigungen kompliziert vermaschte Strukturen annehmen. Das Eingabeverfahren für die Ablaufsteuerungen muß deshalb so gestaltet sein, daß auch derartige Strukturen einfach einzugeben sind.

Ferner sollten nur die in genormter Form vorliegenden Bezeichnungen aus dem Funktionsplan und keine zusätzlichen Bezeichnungen Verwendung finden.

Die Eingabe der Ablaufsteuerung mit dem Funktionsplan in Bild 4 soll anhand der Lochkartenfolge in Bild 7 gezeigt werden.

Die Lochkarten für die Ablaufsteuerung befinden sich zwischen den Karten "Ablaufsteuerung" und "Ende der Ablaufsteuerung". Jedem der insgesamt zwölf Takte wird mindestens eine Lochkarte zugeordnet, auf der die Daten des entsprechenden Taktes vermerkt werden. Beispielhaft soll mit der 9. Karte hinter der Karte "Ablaufsteuerung" die Dateneingabe beschrieben werden, die für Takt 6 notwendig ist.

Die verbale Formulierung lautet:
Wenn Takt 5 gesetzt ist (T5) und die Eingangsvariable 1o anliegt (.E1o), dann soll der Takt 6 gesetzt werden (T6). Über einen gespeicherten Ausgang (Impulsventil) fährt der Zylinder 4 ein (S:Z4/).

In ähnlicher Form können Takte, die an Verzweigungen, Zusammenführungen, Aufspaltungen und Sammlungen beteiligt sind, eingegeben werden. Die 11. Karte vor der Karte "Ablaufsteuerung" zeigt z.B. die Dateneingabe von Takt 11, in den die Takte 1o und 12 zusammengeführt werden. Die Formulierung des Taktes 11 lautet:
Wenn Takt 1o gesetzt ist (T1o), und die Eingangsvariable 9 anliegt(.E9) oder wenn Takt 12 gesetzt ist (+T12), und die Eingangsvariable 13 anliegt (·E13), dann soll Takt 11 gesetzt werden (T11). Über gespeicherte Ausgänge fahren die Zylinder 1 und 3 ein (S:Z1/,Z3/).

Wie aus den angeführten Beispielen ersichtlich ist, gehen die Daten auf den einzelnen Lochkarten aus der verbalen Formulierung des Funktionsplanes in abgekürzter Schreibweise hervor.

Das Eingabeprogramm ist so flexibel gehalten, daß die Eingabefolge der Takte aus dem Funktionsplan sowohl spaltenweise (T1, T2,....,T12) als auch wie in Bild 3 zeilenweise (T1,T2,T3,T4,T9,T5,....,T8) vorgenommen werden kann.

Nach ordnungsgemäßer Eingabe aller Takte wird die Ablaufsteuerung inform einer Flußtabelle abgespeichert (Bild 5).

3 Fehlererkennung

Bereits während der Eingabe der Antriebs- und Ablaufsteuerungen wird vom Rechner sowohl die rein formale Dateneingabe (Syntax) als auch der sinnvolle logische Zusammenhang innerhalb der Steuerungen überprüft. Erst bei fehlerfreiem Durchlauf erfolgt die eigentliche Berechnung des Steuerungsproblems.

3.1 Erkennung von Syntaxfehlern

Zur Verdeutlichung der Fehlererkennung zeigt Bild 9 je einen Syntaxfehler in den Antriebssteuerungen und in der Ablaufsteuerung.

Die Fehler sind durch entsprechende Kommentare unterhalb der fehlerhaften Karte zu erkennen. In den Antriebssteuerungen wurde in der Karte 3 statt des Gleichheitszeichens ein Minuszeichen eingegeben. Durch einen entsprechenden Kommentar wird auf die fehlerhafte Dateneingabe hingewiesen. In der Ablaufsteuerung wurde in Karte 16 bei der Eingabe des Eingangssignals E9 versehentlich bei der Zahl 9 die SHIFT - Taste betätigt und dadurch fälschlicherweise E) eingegeben. Das Rechnerprogramm reagiert mit dem entsprechenden Kommentar: "BEI EINGANGSVARIABLEN FEHLT ZAHL".

3.2 Erkennung und Korrektur von Funktionsfehlern

Sowohl widersprüchliche als auch nicht eindeutige Angaben im Funktionsplan können zu Funktionsfehlern der Ablaufsteuerung führen. Mit dem Rechnerprogramm besteht die Möglichkeit, die Ursachen derartiger Funktionsfehler zu erkennen und entsprechende Korrekturen auszuführen.

Eine Fehlerquelle, die vom Rechner durch einen entsprechenden Kommentar erkannt wird, kann sich z.B. im Funktionsplan in Bild 4 bei der Zusammenführung in Takt 11 ergeben. Es gilt allgemein, daß die Ausgänge bei

```
KARTE  1     ANTRIEBSSTEUERUNGEN

KARTE  2     E19.E3+E6=Z1R

KARTE  3     E1+E3.E20-Z1S
NACH EINGANGSVARIABLEN FEHLT EIN . ODER + ODER =

KARTE  4     E21.E3+E6=Z2

KARTE  5     E22.E3+E1=Z3R

KARTE  6     E6+E3.E23=Z3S

KARTE  7     E24.E3+E1+E6=Z4R

KARTE  8     E3.E25=Z4S

KARTE  9     E26.E3+E1=Z5R

KARTE 10     E6+E3.E27=Z5S

KARTE 11     ENDE DER ANTRIEBSSTEUERUNGEN
ANTRIEBSSTEUERUNGEN SIND FEHLERHAFT EINGEGEBEN



KARTE 12     ABLAUFSTEUERUNG

KARTE 13     E1+E3+E6*T1

KARTE 14     T1.E2.E4.E9.E10.E12.E14.E16*T2*S:Z1/

KARTE 15     T2.E8+T8.E2.E4.E12.E14.E16*T3*S:Z1,Z4,Z5

KARTE 16     &*T3.E).E15.E17*T4*NS:Z2
BEI EINGANGSVARIABLEN FEHLT ZAHL

KARTE 17     &*T3.E9.E15.E17*T9*S:Z1/

KARTE 18     T4.E11*T5

KARTE 19     =1*T9.E8.E18*T10*S:Z1

KARTE 20     =1*T9.E8.E18/*T12*S:Z3

KARTE 21     T5.E10*T6*S:Z1,Z4/

KARTE 22     T6.E14*T7*S:Z4

KARTE 23     T10.E9+T12.E13*T11*S:Z1/
ZUSAMMENFUEHRUNG MIT UNTERSCHIEDLICHEN AUSGANGSKOMBINATIONEN

KARTE 24     T7.T11.E6.E12.E15*T8*S:Z4/,Z5/
IN AUFSPALTUNGSZWEIGEN BEFINDEN SICH GLEICHE AUSGAENGE

KARTE 25     ENDE DER ABLAUFSTEUERUNG
ABLAUFSTEUERUNG IST FEHLERHAFT EINGEGEBEN
```

Bild 9: Fehler in der Dateneingabe

einer Programmzusammenführung eine (unabhängig vom gerade durchlaufenden Zweig) eindeutige Kombination annehmen müssen. In Takt 11 liegt z. B. die gemeinsame Ausgangskombination Z1,Z3=0,0 an. Wird dagegen der Ausgang Z3 in Takt 11 nicht angegeben, so können sich je nach durchlaufendem Zweig die unterschiedlichen Ausgangskombinationen Z1, Z3=0,0 und 0,1 ergeben. Zur Vermeidung nicht eindeutig bestimmter Ausgangskombinationen bei Programmzusammenführungen wird vom Rechner an den entsprechenden Stellen der Kartenfolge durch den Kommentar "ZUSAMMENFUEHRUNG MIT UNTERSCHIEDLICHEN AUSGANGSKOMBINATIONEN" hingewiesen (s.Karte 23 in Bild 9).

Eine weitere Fehlermöglichkeit kann sich nach einer Programmaufspaltung innerhalb der parallel ablaufenden Zweige einstellen. Wird z.B. im Funktionsplan in Bild 1 in Takt 6 der Ausgang Z1 gesetzt, so steht diese Angabe (durch die voneinander unabhängige Bearbeitung der Zweige) in Widerspruch zu den Angaben Z1/ in den Takten 9 und 11. Um derartige Widersprüche frühzeitig zu korrigieren, wird über das Rechnerprogramm der Kommentar "IN AUFSPALTUNGSZWEIGEN BEFINDEN SICH GLEICHE AUSGAENGE" ausgedruckt (s. Karte 24 in Bild 9).

Die Möglichkeit einer Fehlerkorrektur über den Rechner wird anhand der Programmaufspaltung in Bild 1o gezeigt.

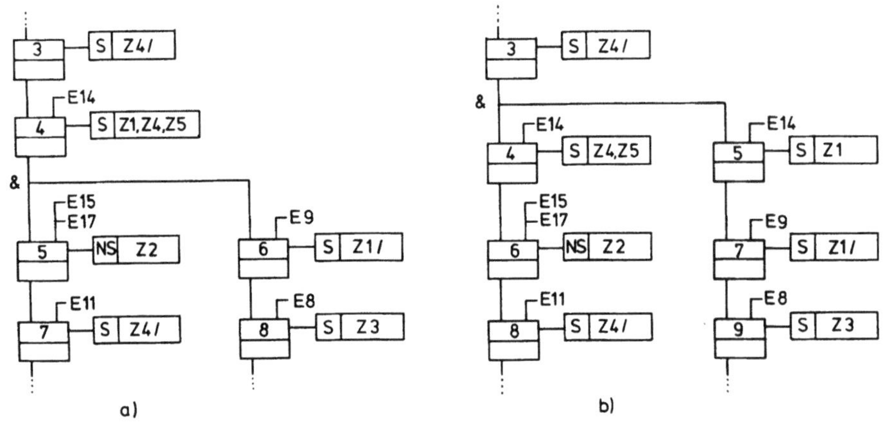

Bild 1o: a) fehlerhafte Aufspaltung
b) korrigierte Aufspaltung

Würde unabhängig von diesem Widerspruch der Befehl in Takt 6 ausgeführt werden, so könnte Takt 8 gesetzt und entsprechend Takt 6 rückgesetzt werden. Wird nun mit E15·E17=1 Takt 5 gesetzt, so ist ein Rücksetzen von Takt 4 nicht mehr möglich. Ein falscher Bewegungsablauf der Zylinder ist die Folge.

Wie in Bild 1ob gezeigt, könnte der Fehler durch Verlegen der Aufspaltung an den Ausgang des vorausgehenden Taktes vermieden werden. Mit dem gemeinsamen Eingangssignal E14 wäre durch diese Maßnahme ein gleichzeitiges Setzen der Takte 4 und 5 und ein darauffolgendes Rücksetzen des Taktes 3 möglich. Die Abarbeitung der übrigen Takte in den Parallelzweigen erfolgt dann widerspruchsfrei.

Über das Rechnerprogramm können ferner Fehlschaltungen, die aufgrund unterschiedlich großer Signallaufzeiten entstehen (z.B. der sogen. "essential hazard") erkannt und korrigiert werden. Auf diese Korrekturmöglichkeiten soll jedoch im Rahmen dieser Ausführungen nicht näher eingegangen werden.

Gewöhnlich wird ein Schritt durch die Rückmeldungen der ausgeführten Befehle des vorangegangenen Schrittes gesetzt. So wird im Funktionsplan in Bild 4 Schritt 4 gesetzt, wenn die äußeren Endlagenschalter E9, E15 und E17 der Zylinder Z1, Z4 und Z5 betätigt werden. Es besteht somit eine eindeutige Zuordnung zwischen den Weiterschaltbedingungen eines Schrittes und den Befehlen des vorausgehenden Schrittes.

Ist die Zuordnung der Eingangsgrößen zu den entsprechenden Ausgangsgrößen bekannt, so kann mit Rechnerunterstützung der Funktionsplan auf eine korrekte Zuordnung zwischen Ein- und Ausgangsgrößen überprüft werden. Auf fehlerhafte Zuordnung wird durch entsprechende Kommentare hingewiesen.

Die Zuordnungen können einer Zuordnungsliste entnommen werden, die im Anschluß an die Ablaufsteueurng eingegeben wird. In dieser Liste werden den Ein- und Ausgangsgrößen entsprechende Ein- und Ausgabegeräte im Klartext zugeordnet (Bild 11).

4 Optimierung der Steuerung

Wenn von einer optimalen Steuerung die Rede ist, so wird darunter häufig eine Steuerung mit einer minimalen Anzahl an Schaltelementen verstanden. Diese Vorstellung ist jedoch nur teilweise richtig. Der Entwurf einer optimalen Steuerung richtet sich u.a. nach einer Reihe von Auslegungskriterien, die in der zu entwerfenden Steuerung bestmöglich erfüllt werden sollen.

```
KARTE 26     ZUORDNUNGSLISTE
KARTE 27     ---------------
KARTE 28
KARTE 29
KARTE 30     EINGANGSGROESSEN:
KARTE 31
KARTE 32     E1          -RICHTEN DER ABLAUF- UND ANTRIEBSSTEUERUNGEN BEI BETRIEBSBEGINN
KARTE 33     E2          -START(TASTSCHALTER FUER AUTOMATIK UND EINZELZYKLUS)
KARTE 34     E3          -HAND(RICHTEN DER ABLAUFSTEUERUNG)
KARTE 35     E4          -AUTOMATIK
KARTE 36     E5          -STOPP(ABSCHALTEN DES VERSORGUNGSDRUCKES DER ENDLAGENSCHALTER)
KARTE 37                 -DIE EINGANGSSIGNALE E3-E5 WERDEN UEBER EINEN WAHLSCHALTER EINGEGEBEN
KARTE 38     E6          -NOT-STOPP(RICHTEN DER ABLAUF- UND DER ANTRIEBSSTEUERUNGEN)
KARTE 39     E8,E9       -ENDLAGENSCHALTER FUER ZYLINDER Z1
KARTE 40     E10,E11     -ENDLAGENSCHALTER FUER ZYLINDER Z2
KARTE 41     E12,E13     -ENDLAGENSCHALTER FUER ZYLINDER Z3
KARTE 42     E14,E15     -ENDLAGENSCHALTER FUER ZYLINDER Z4
KARTE 43     E16,E17     -ENDLAGENSCHALTER FUER ZYLINDER Z5
KARTE 44     E18         -EXTERNES SIGNAL FUER PROGRAMMVERZWEIGUNG
KARTE 45     E19,E20     -TASTER FUER HANDBETRIEB VON ZYLINDER Z1
KARTE 46     E21         -SCHALTER FUER HANDBETRIEB VON ZYLINDER Z2
KARTE 47     E22,E23     -TASTER FUER HANDBETRIEB VON ZYLINDER Z3
KARTE 48     E24,E25     -TASTER FUER HANDBETRIEB VON ZYLINDER Z4
KARTE 49     E26,E27     -TASTER FUER HANDBETRIEB VON ZYLINDER Z5
KARTE 50     TAKTAUSG.   -DISJUNKTIV VERKNUEPFTE AUSGAENGE ENTSPR.TAKTE
KARTE 51     Z1R,Z1S     -RUECKSETZ- BZW. SETZEINGANG FUER AUSGANGSSPEICHER AS1
KARTE 52     Z3R,Z3S     -RUECKSETZ- BZW. SETZEINGANG FUER AUSGANGSSPEICHER AS3
KARTE 53     Z4R,Z4S     -RUECKSETZ- BZW. SETZEINGANG FUER AUSGANGSSPEICHER AS4
KARTE 54     Z5R,Z5S     -RUECKSETZ- BZW. SETZEINGANG FUER AUSGANGSSPEICHER AS5
KARTE 55
KARTE 56
KARTE 57     AUSGANGSGROESSEN:
KARTE 58
KARTE 59     Z1/,Z1      -AUSGAENGE ZUM EIN- UND AUSFAHREN VON ZYLINDER Z1
KARTE 60     Z2          -AUSGANG ZUM AUSFAHREN VON ZYLINDER Z2
KARTE 61     Z3/,Z3      -AUSGAENGE ZUM EIN- UND AUSFAHREN VON ZYLINDER Z3
KARTE 62     Z4/,Z4      -AUSGAENGE ZUM EIN- UND AUSFAHREN VON ZYLINDER Z4
KARTE 63     Z5/,Z5      -AUSGAENGE ZUM EIN- UND AUSFAHREN VON ZYLINDER Z5
```

Bild 11: Zuordnungsliste

Um einen Überblick über die unterschiedlichen Auslegungskriterien zu erhalten, wird im folgenden auf Steuerungen mit

- systematischer Schaltungsstruktur,
- geringem Aufwand,
- hohen Sicherheitsanforderungen,
- geringer Signalübertragungszeit

kurz eingegangen.

4.1 Systematische Schaltungsstruktur

Eine systematische Schaltungsstruktur liegt dann vor, wenn die Takte im Funktionsplan z.B. mit der sogen. $\binom{1}{n}$-Universalkodierung kodiert werden. Diese Kodierungsart entspricht dem Verfahren der Ablaufkette. Die Leitungsverbindungen der einzelnen Speicherglieder können systematisch und übersichtlich ausgeführt werden. Ferner ist der Signalfluß einfach zu verfolgen. Derartige Steuerungen zeichnen sich somit durch ein hohes Maß an Übersichtlichkeit und durch gute Wartungs- und Montageeigenschaften aus.

Wird den Zuständen in der Flußtabelle in Bild 5 z.B. eine $\binom{1}{n}$-Kodierung zugewiesen, so wird der Rechner die Ausgabe der Steuerungslösung in Form von booleschen Gleichungen vornehmen, die in Bild 12 angegeben sind.

Zur vollständigen Beschreibung der Steuerungslösung sind insgesamt drei Gleichungssysteme erforderlich:

- Setz- und Rücksetzgleichungen für die Speicherglieder der Ablaufsteuerung

- Setz- und Rücksetzgleichungen für die Speicherglieder der Antriebssteuerungen

- Ausgangsgleichungen

Im Gleichungssystem für die "Ausgangsspeicher" wird z.B. der Ausgangsspeicher 4 (AS4) gesetzt, wenn entweder der Takt 6 (T6) gesetzt ist, oder die Eingangsbedingung $E24 \cdot E3 + E6 = 1$ erfüllt ist.

4.2 Geringer Steuerungsaufwand

Unter geringem Aufwand einer Steuerung soll eine Steuerung verstanden werden, die z.B. geringes Bauvolumen, geringe Bauelementenzahl oder geringe Kosten aufweist. Zur Berechnung solcher "Minimalsteuerungen" wer-

SR-GLEICHUNGEN FUER DIE ABLAUFSTEUERUNG:

T1S= E1 + E3 + E6

T1R= T2

T2S= T1.E2.E4.E9.E10.E12.E14.E16

T2R= T3 + E1 + E3 + E6

T3S= T2.E8 + T8.E2.E4.E12.E14.E16

T3R= T4.T9 + E1 + E3 + E6

T4S= T3.E9.E15.E17

T4R= T5 + E1 + E3 + E6

T5S= T4.E11

T5R= T6 + E1 + E3 + E6

T6S= T5.E10

T6R= T7 + E1 + E3 + E6

T7S= T6.E14

T7R= T8 + E1 + E3 + E6

T8S= T7.T11.E8.E12.E15

T8R= T3 + E1 + E3 + E6

T9S= T3.E9.E15.E17

T9R= T10+T12 + E1 + E3 + E6

T10S= T9.E8.E18

T10R= T11 + E1 + E3 + E6

T11S= T10.E9 + T12.E13

T11R= T8 + E1 + E3 + E6

T12S= T9.E8.E18

T12R= T11 + E1 + E3 + E6

SR-GLEICHUNGEN FUER DIE ANTRIEBSSTEUERUNGEN:

Z1S= T3+T10 + E1+E3.E20

Z1R= T2+T9+T11 + E3.E19+E6

Z3S= T12 + E6+E3.E23

Z3R= T11 + E3.E22+E1

Z4S= T3+T7 + E3.E25

Z4R= T6+T8 + E3.E24+E1+E5

Z5S= T3 + E6+E3.E27

Z5R= T8 + E3.E26+E1

AUSGANGSGLEICHUNGEN:

Z1 = AS1S

$\overline{\text{Z1}}$ = AS1R

Z2= T4 + E3.E21+E6

Z3 = AS3S

$\overline{\text{Z3}}$ = AS3R

Z4 = AS4S

$\overline{\text{Z4}}$ = AS4R

Z5 = AS5S

$\overline{\text{Z5}}$ = AS5R

Bild 12: Gleichungssysteme der Steuerungslösung

den z.T. aufwendige Zustandsreduktionsverfahren (sogen. problemspezifische Kodierungs- und Dekompositionsverfahren) angewandt. Im allgemeinen weisen Minimalsteuerungen keine systematische Schaltungsstruktur auf. Ihr Einsatz ist hauptsächlich für Seriensteuerungen geeignet.

Zur Berechnung derartiger Minimalsteuerungen ist die Flußtabelle in Bild 5 jedoch nicht geeignet. Zu diesem Zweck müssen für die einzelnen Teiltabellen vollständige Ein- und Ausgangszustände gebildet werden. Erst dann sind z.B. Zustandsreduktionsverfahren sinnvoll durchzuführen. Bild 13 zeigt den Rechnerausdruck einer derartigen Flußtabelle, die aufgrund der Daten der Flußtabelle in Bild 5 und der Zuordnungsliste in Bild 11 entwickelt wurde.

DIE GEORDNETE FLUSSTABELLE LAUTET :

TNR.	1	1	1	1	1	1	1	2	2	2	2	3	3	3	3	3					
IE 1	1	-	-	-	-	-	-	-	-	-	-	-	-	-	-	-					
IE 2	-	-	-	1	-	1	-	-	-	-	-	-	-	-	-	-					
IE 3	-	1	-	-	-	-	-	-	-	-	-	-	-	-	-	-					
IE 4	-	-	-	1	-	1	-	-	-	-	-	-	-	-	-	-					
IE 5	-	-	-	-	-	-	-	-	-	-	-	-	-	-	-	-					
IE 6	-	-	1	-	-	-	-	-	-	-	-	-	-	-	-	-					
IE 7	-	-	-	-	-	-	-	-	-	-	-	-	-	-	-	-					
IE 8	-	-	-	0	1	1	1	0	-	-	-	0	1	1	0	1					
IE 9	-	-	-	1	0	0	0	1	-	-	-	1	0	0	1	0					
IE10	-	-	-	1	1	1	1	1	0	1	1	1	-	-	-	-					
IE11	-	-	-	0	0	0	0	0	1	0	0	0	-	-	-	-					
IE12	-	-	-	1	1	1	1	1	-	-	-	1	1	1	1	0					
IE13	-	-	-	0	0	0	0	0	-	-	-	0	0	0	0	1					
IE14	-	-	-	1	1	1	0	0	0	0	1	0	-	-	-	-					
IE15	-	-	-	0	0	0	1	1	1	1	0	1	-	-	-	-					
IE16	-	-	-	1	1	1	0	0	-	-	-	0	-	-	-	-					
IE17	-	-	-	0	0	0	1	1	-	-	-	1	-	-	-	-	Z1	Z2	Z3	Z4	Z5
IE18	-	-	-	-	-	-	-	-	-	-	-	-	1	C	-	-	SR	SR	SR	SR	SR
1	1	1	1	2	0	0	0	0	0	0	0	0	0	0	0	0	-0	00	00	0-	0-
2	1	1	1	2	3	0	0	0	0	0	0	0	0	0	0	0	01	00	00	0-	0-
3	1	1	1	0	3	3	0	4	0	0	0	9	0	0	0	0	10	00	00	10	10
4	1	1	1	0	0	0	0	4	5	0	0	0	0	0	0	0	00	1-	00	-0	00
5	1	1	1	0	0	0	0	0	5	6	0	0	0	0	0	0	00	0-	00	-0	00
6	1	1	1	0	0	0	0	0	0	6	7	0	0	0	0	0	00	0-	00	01	00
7	1	1	1	0	0	0	8	0	0	0	7	0	0	0	0	0	00	0-	00	10	00
8	1	1	1	0	0	3	8	0	0	0	0	0	0	0	0	0	0-	00	00	01	01
9	1	1	1	0	0	0	0	0	0	0	0	9	10	12	0	0	01	00	0-	00	00
10	1	1	1	0	0	0	0	0	0	0	0	0	10	0	11	0	10	00	0-	00	00
11	1	1	1	0	0	0	8	0	0	0	0	0	0	0	11	11	01	00	01	00	00
12	1	1	1	0	0	0	0	0	0	0	0	0	0	12	0	11	0-	00	10	00	00

Bild 13: Flußtabelle mit vollständigen Ein- und Ausgangszuständen

Auf die einzelnen Optimierungsverfahren soll im Rahmen dieser Ausführungen nicht näher eingegangen werden.

4.3 Hohe Sicherheitsanforderungen

Hohe Sicherheitsanforderungen werden zum Schutze von Menschenleben und Sachwerten z.B. in der Eisenbahntechnik und in der Reaktortechnik gefordert. Diese Steuerungen sind so auszulegen, daß bei Bauteildefekten, Störbeeinflussungen und unzulässigen Betriebsbedingungen keine gefährlichen Situationen hervorgerufen werden (fail-safe-Verhalten). Gegenüber herkömmlichen Steuerungen ist i.a. für Steuerungen mit fail-safe-Verhalten ein höherer Aufwand an Bauelementen notwendig.

4.4 Geringe Signalübertragungszeit

Eine geringe Signalübertragungszeit kann sowohl durch ein entsprechendes Bauelementensystem als auch durch geeignete Maßnahmen beim Steuerungsentwurf erreicht werden. Zu diesen Maßnahmen gehören z.B. die Entwicklung einer dreistufigen Logik und die Verwendung von Zustandskodierungen, die eine direkte Zustandsübertragung gewährleisten.

Allen Auslegungskriterien gemeinsam sollte die Anpassung der ermittelten Steuerungslösung an das zu verwendende Bauelementensystem sein.

Literatur

1. Stute, G.: Grundgedanken von MPST, Vorabdruck der Beiträge zu der Informationstagung MPST, Stuttgart 23.2.1978, S. 17-3o

2. Köllner, L.: Pneumatik mit Computer projektiert, Fluid, August 1977, S. 28,29

3. Kinds, J.C.F.: Rechnergestützte Projektierung und numerisch gesteuerte Fertigung von Kanalplatten für pneumatische Steuerungen, Vortragsunterlagen 3. AFK, "Fachgebiet der Pneumatik", März 1978, Aachen

ERFAHRUNGEN BEI DER ERPROBUNG EINES PROGRAMMSYSTEMS ZUM LOGISCHEN ENTWURF DIGITALER STEUERUNGEN

EXPERIENCES IN TESTING A PROGRAMME SYSTEM FOR THE DESIGN OF DIGITAL CONTROL CIRCUITS

H.J. Zander

Zentralinstitut für Kybernetik und Informationsprozesse
(Institutsteil Dresden) der Akademie der Wissenschaften
der DDR, Dresden

1 Einleitung

Der Entwurf digitaler Steuerungen der Automatisierungstechnik, der Nachrichtentechnik und der Rechentechnik erfolgt gewöhnlich auf verschiedenen Ebenen mit unterschiedlichem Detaillierungsgrad, z.B. [1]:

a) Entwurf auf der Systemebene (System- oder Architekturentwurf)
b) Entwurf auf der Modulebene (Modul- oder Registerentwurf)
c) Entwurf auf der Gatterebene (Feinentwurf).

Innerhalb jeder dieser Ebenen sind iterativ folgende Teilprozesse zu durchlaufen:

- Spezifizierung der Aufgabenstellung
  Das Ziel dieses Teilprozesses besteht darin, ausgehend von globalen Vorstellungen bzw. Vorgaben das gewünschte Verhalten (Soll-Verhalten) der zu entwerfenden Steuerung zu spezifizieren und in einer formalen Sprache auszudrücken.
- Synthese
  In diesem Teilprozeß geht es darum, das gewünschte Verhalten unter Berücksichtigung verschiedener Randbedingungen und Optimierungskriterien in eine geeignete Struktur umzusetzen.
- Analyse
  Dieser Teilprozeß dient der Entwurfsüberprüfung. Dabei wird das tatsächliche Verhalten (Ist-Verhalten) der durch die Synthese erhaltenen Struktur ermittelt und mit dem gewünschten Verhalten verglichen.

Seit vielen Jahren werden verstärkt Bemühungen unternommen, das intuitive Vorgehen im gesamten Entwurfsprozeß durch ein rechnergestütztes Vorgehen abzulösen. Wenn man heute Bilanz zieht, stellt man fest, daß zur Analyse in den verschiedenen Entwurfsebenen in vielfältiger Weise Rechnerprogramme (Analyse- bzw. Simulationsprogramme) eingesetzt werden. Die eigentliche Synthese erfolgt jedoch nach wie vor in allen Ebenen manuell, d.h. auf der Basis der Intuition, obwohl aus Veröffentlichungen hervorgeht, daß hierfür in verschiedenen Einrichtungen ebenfalls Rechnerprogramme entwickelt wurden, vor allem für den logischen Feinentwurf auf der Gatterebene, z.B. [2] bis [12].

In diesem Beitrag soll der Versuch unternommen werden, mögliche Gründe dafür zusammenzustellen. Dabei wird von den Erfahrungen ausgegangen, die bei der industriellen Erprobung des Programmsystems RENDIS gewonnen wurden, das im Zentralinstitut für Kybernetik und Informationsprozesse der Akademie der Wissenschaften der DDR entwickelt wurde [4].

2 Aufbau des Programmsystems RENDIS

Das Programmsystem RENDIS zum rechnergestützten Entwurf digitaler Steuerungen bezieht sich auf den logischen Feinentwurf. Es basiert auf dem Synthesekonzept der Automatentheorie und umfaßt folgende Syntheseschritte:

- Spezifizierung der Aufgabenstellung
- Zustandsreduktion
- Zustandskodierung
- Berechnung der Ansteuerbedingungen für die Speicherelemente
- Optimierung der Strukturgleichungssysteme (Systeme Boolescher Gleichungen)

Für diese Syntheseschritte existieren in der Literatur eine Vielzahl von Verfahren, mit denen es prinzipiell möglich ist, Schaltsysteme systematisch zu berechnen. Bei den meisten dieser Verfahren steigt jedoch der Rechenaufwand mit der Anzahl der Variablen exponentiell an, so daß diese Verfahren für den Entwurf industrieller Steuerungen mit mehr als 20 Eingangsvariablen auch bei Verwendung leistungsfähiger Rechner ungeeignet sind.
Die wissenschaftliche Zielstellung bei der Entwicklung des Programmsystems RENDIS bestand daher zunächst darin, für die einzelnen Syntheseschritte praktikable Näherungsverfahren zu entwickeln, mit denen es auch bei umfangreicheren Aufgabenstellungen möglich ist, mit vertretbarem Rechenaufwand eine dem erreichbaren Minimum nahekommende Lösung zu berechnen. Spezielle Algorithmen von RENDIS wurden in [13] bis [18] vorgestellt.

Um aufwandsgünstige Lösungen zu erhalten, kam es vor allem darauf an, die Schritte Zustandsreduktion und Zustandskodierung enger zu verzahnen, da die sonst übliche getrennte Berechnung einer zustandsminimalen Lösung und, davon ausgehend, einer aufwandsminimalen Kodierung keinerlei Gewähr für das Erreichen des Gesamtminimums gibt. In diesem Zusammenhang wurde eine neuartige Methode zur Kodierung bei gleichzeitiger Zustandsreduktion entwickelt [14], [15], mit der man Lösungen erhält, die dem erreichbaren Gesamtminimum an Bauelementen (Speicher- und Logikelementen) sehr nahe kommen. Außerdem ist auch der Aufwand an Rechenzeit bei dieser Methode geringer als bei getrennt ausgeführter Zustandsreduktion und Zustandskodierung.

Bei der Optimierung der Strukturgleichungssysteme ist es mit Hilfe von RENDIS möglich, entweder jeden logischen Ausdruck eines Systems für sich zu minimieren (Einzelminimierung) oder die Minimierung jedes Ausdrucks unter Berücksichtigung des gesamten Strukturgleichungssystems durchzuführen (Gesamtminimierung). Im Zusammenhang mit der zweiten Zielstellung wurden neue Methoden zur Bestimmung und Auswahl von Mehrfach-Primkonjunktionen entwickelt. Dabei entstand auch ein sehr effektives Näherungsverfahren zur Bestimmung sog. p_{max}-facher Primkonjunktionen [17]. Die für die Bestimmung und Auswahl der p_{max}-fachen Primkonjunktionen benötigte Rechenzeit ist im allgemeinen wesentlich kleiner als die Rechenzeit, die für die separate Minimierung der Einzelausdrücke des Systems (Bestimmung und Auswahl von Einfach-Primkonjunktionen) erforderlich wäre. Außerdem ergeben sich aufwandsgünstigere Lösungen, was vor allem bei der Minimierung von PLA-Strukturen von Bedeutung ist. Als Realisierungsbasis kommen UND-, ODER-, NICHT-Elemente sowie NOR- und NAND-Elemente in Frage.

RENDIS ist sowohl für die Berechnung von synchronen als auch für die Berechnung von asynchronen Schaltungen ausgelegt. Die Algorithmen für asynchrone Schaltungen sind so gestaltet, daß kritische Wettläufe der Speichervariablen bei der Kodierung vermieden werden [14]. Ein mögliches Fehlverhalten infolge von Hasards wird durch eine geeignete Wahl der Grundstruktur (RS-Flipflops mit einer 1- bzw. 0-Hasard-freien Ansteuerlogik) ausgeschlossen [20].

Bei der Entwicklung von RENDIS wurde davon ausgegangen, daß die Algorithmen für die einzelnen Syntheseschritte in der einheitlichen Konzeption eines Programmsystems unter der Regie zentraler Steuerprogramme arbeiten müssen [19]. Nur so ist es möglich, den Benutzer von der Behandlung rechentechnischer Spezialprobleme weitgehend zu entlasten. Als Programmiersprache wurde PL/1 verwendet.
Die steuerungstechnische Problemstellung wird in Form einer Automatentabelle oder einer Schaltbelegungstabelle eingegeben, je nachdem

ob es sich um eine sequentielle oder kombinatorische Schaltung handelt. Darüber hinaus kann die Problemstellung auch in Form von "Bändern oder Schaltfolgediagrammen notiert werden, die durch Spezialprogramme im Rechner zunächst in Automatentabellen umgeformt werden [18].

Abgesehen von der Erarbeitung bzw. Spezifizierung der Problemstellung wird der gesamte logische Entwurf also selbsttätig vom Rechner ausgeführt. Der Projektant hat dabei die Möglichkeit, bestimmte Randbedingungen (z.B. Betriebsarten, Art und Eigenschaften der verwendeten Bauelemente) vorzugeben, Zwischenresultate zu kontrollieren und zu bewerten und danach gegebenenfalls in den Entwurfsprozeß einzugreifen. Darüber hinaus kann er durch Vorgabe bestimmter Gütekriterien die Güte der zu berechnenden Näherungslösung beeinflussen. Damit entscheidet er, ob in einer relativ kurzen Rechenzeit eine grobe Näherungslösung berechnet wird oder ob auf Kosten der Rechenzeit eine Lösung ermittelt wird, die dem absolut erreichbaren Minimum an Bauelementen möglichst nahe kommt.

3 Auswertung der Erfahrungen bei der industriellen Erprobung von RENDIS

Zur Erprobung von RENDIS wurden eine Reihe von digitalen Steuerungen aus unterschiedlichen industriellen Bereichen rechnergestützt entworfen. Als Beispiele sollen folgende Bereiche genannt werden:

- Energiewesen (Einheiten zur Kraftwerkssteuerung, Verriegelungseinrichtungen für Umspannwerke)
- Chemische Industrie (Steuerung einer PVC-Anlage)
- Werkzeugmaschinenbau (Greifersteuerung für Fertigungsmaschinen)
- Landwirtschaft (Steuerung einer 2000er Milchviehanlage)
- Lebensmittelindustrie (Steuerung einer Zuckerzentrifuge)
- Antriebs- und Fördertechnik (Steuerung einer Saugförderanlage zum automatischen Mülltransport, Standardbausteine für Antriebssteuerungen)
- Rechentechnik

Die von Mitarbeitern des Entwicklerkollektivs bei der Erprobung gewonnenen positiven Erfahrungen lassen sich wie folgt zusammenfassen:

- RENDIS ermöglicht im Prinzip die systematische rechnergestützte Synthese industrieller digitaler Steuerungen unterschiedlichen Umfangs und unterschiedlicher Aufgabenklassen.
- Gegenüber dem intuitiven Entwurf läßt die rechnergestützte Synthese folgende Vorteile erkennen:
  Bei der Formalisierung der Aufgabenstellung wird der Projektant

zielgerichtet gezwungen, die Aufgabenstellung im erforderlichen Maße systematisch zu durchdenken.
Damit sichert die rechnergestützte Synthese in jedem Fall eine vollständige und fehlerfreie Lösung.
Dadurch können Funktionsprüfungen weitgehend eingeschränkt, Nachprojektierungen und Umbauten vermieden und Inbetriebnahmezeiten verkürzt werden.
Insgesamt ergibt sich dadurch eine wesentliche Verkürzung der Projektierungszeit.
- Die rechnergestützte Synthese bietet die Möglichkeit, für eine Aufgabenstellung mehrere Varianten mit relativ geringem zusätzlichem Rechenaufwand zu berechnen.

Trotz dieser positiven Erfahrungen, die bei der Erprobung des Programmsystems RENDIS gewonnen wurden, haben sich bei der Überführung in die industrielle Projektierungspraxis eine Reihe von Problemen ergeben, die sich zu folgenden Komplexen zusammenfassen lassen:

- Subjektive Vorbehalte von seiten der Projektanten, denn die rechnergestützte Synthese erfordert die Einführung neuer Arbeitsmethoden und die Umstellung der gesamten Projektierungstechnologie eines Betriebes.
- Fehlende Durchgängigkeit des Entwurfs
  Die Vorteile von rechnergestützten Methoden bei der Projektierung digitaler Steuerungen werden nur dann voll wirksam, wenn der gesamte Projektierungsprozeß durchgängig und mit einer einheitlichen Datenorganisation bearbeitet werden kann. Das bedeutet, daß die Programmsysteme zum logischen Entwurf ergänzt werden müssen durch entsprechende Programmsysteme zum technischen Entwurf (Dokumentation, Leiterplattenentwurf usw.) einschließlich Programmen zur Fehlerdiagnose.
- Mangelhafte rechentechnische Basis
  Die relativ komplizierten Algorithmen für die Synthese von Schaltsystemen erfordern bei einer durchgängigen Bearbeitung den Einsatz größerer Rechner. Vor allem kleine Projektierungsbüros haben meist nicht den notwendigen Zugriff zu derartigen Rechnern. Ein besonders effektives Vorgehen wird dann möglich sein, wenn der Projektant im Dialogbetrieb mit dem Rechner verkehren kann.
- Unzulänglichkeiten im Synthesekonzept der Theorie der Schaltsysteme
  Bei der Bearbeitung von Steuerungsaufgaben treten immer dann Schwierigkeiten auf, wenn die Belegungen der Eingangssignale in der Aufgabenstellung nicht in vollständiger Form gegeben sind. Auf Grund der dadurch vorhandenen Überlappungen (infolge nicht disjunk-

ter Eingangsbedingungen) können Widersprüche auftreten, die die Anwendung der bisher verfügbaren Synthesemethoden der Automatentheorie bzw. der Theorie der Schaltsysteme ausschließen. Die Umwandlung der in dieser Form vorliegenden Aufgabenstellung in eine Form, die den klassischen Automatenmodellen gerecht wird, indem durch Aufblähen vollständige oder wenigstens disjunkte Eingangskombinationen erzeugt werden, ist sehr aufwendig und bei umfangreicheren Problemstellungen nicht mit vertretbarem Aufwand durchführbar.

Diese Nachteile führen zu der Frage, ob es möglich ist, die klassischen Automatenmodelle derart zu verallgemeinern und auf dieser Basis die Synthesemethoden der Theorie der Schaltsysteme so zu modifizieren, daß eine direkte Weiterverarbeitung und Umsetzung einer Aufgabenstellung mit unvollständigen Eingangsbedingungen möglich ist. Diese Fragestellung wird in dem Beitrag [21] erörtert. Darüber hinaus muß festgestellt werden, daß die bisher zur Verfügung stehenden Mittel zur Beschreibung der Aufgabenstellung noch zu wenig problemorientiert und demzufolge für den Anwender schlecht handhabbar sind. Außerdem wird die gegenwärtig vorhandene Realisierungsbasis (z.B. komplexe Bausteine) durch das gesamte Synthesekonzept der Theorie der Schaltsysteme zu wenig berücksichtigt.

<u>Literatur</u>

1. Hoyer, A.; Schwarzer, H.: Der Entwurfsprozeß der Hardware von Datenverarbeitungsanlagen und seine Unterstützung durch Programme und Geräte. Nachrichtentechn. Fachberichte 1974, S. 23-29

2. Zakrevskij, A.D.; Pottosin, J.W.; Rotko, W.F.; Toropow, N.R.; Jankowskaja, A.E.: Ein System zur automatischen Synthese diskreter Automaten (in Russ.). Sammelband "Informationije Materiali" Verlag "Winiti", Moskau 1971, S. 42-62

3. Zakrevskij, A.D.: Automatization of the logical synthesis of discrete automata. Preprints of the 5th World IFAC Congress, Paris 1972, Part 4b, 39.5

4. Zander, H.J.; Oberst, E.; Hummitzsch, P.: RENDIS - ein universelles Programmsystem zum rechnergestützten Entwurf digitaler Steuerungen. messen-steuern-regeln (msr) 1973, S. 142-144 und 281-284

5. Cavarroc, J.C.; Blanchard, M.; Gillon, J.: An approach to the modular design of industrial switching systems. Preprints of the 1.IFAC-Symp. "Discrete Systems", Riga 1974, v.3, S. 93-102

6. Gawrilow, M.A.; Dewjatkow, W.W.: DASP - Ein dialogunterstütztes System zur Projektierung digitaler Steuereinrichtungen (in Russ.) Preprints des 1.IFAC-Symp. "Discrete Systems",Riga 1974, Bd. 3, S. 49-59

7. Butakow, E.A.; Wasiltschenko, A.K.; Shuk, W.F.: Ein System von Algorithmen und Programmen zur Automatisierung der Projektierung von Automaten (in Russ.). Preprints des 1.IFAC-Symp. "Discrete Systems", Riga 1974, Bd. 3, S. 40-48

8. Djatschenko, W.F.; Lasarew, W.G.; Piehl, E.J.; Saweljow, A.G.; Janschina, L.K.: Grundsätzlicher Aufbau eines automatischen Systems zur Projektierung von Mikroprogramm-Automaten (in Russ.) Preprints des 1.IFAC-Symposiums Diskrete Systeme, Riga 1974, Bd.3 S. 79-83

9. Dakowski, L.; Filjow, K.; Shoslev, J.; Videnov, V.: MOS LSJ design automation system. Preprints of the 3.Int. Seminar on Applied Aspects of the Automata Theory, Varna 1975, S. 269-277

10. Kalninsch, J.J.; Friznowitsch, G.W.: Über den Aufbau eines Systems zur Automatisierung der Projektierung digitaler Steuerungen (in Russ.). Preprints des Seminars "Automatisierung der Projektierung", Budapest 1976, S. 192-202

11. Albizki, A.; Kaminski, T.: Ein System zur automatischen Projektierung logischer Schaltungen (in Russ.). Preprints des 2.IFAC-Symposiums Diskrete Systeme, Dresden 1977, Bd.1, S. 154-163

12. Lipp, H.M.; Grass, W.: Der rechnergestützte Entwurf von Steuerwerken. Elektronik 1977, H.11, S. 81-85

13. Heltzig, H.F.; Hummitzsch, P.: Über das Programmsystem RENDIS-S zum Entwurf sequentieller Schaltsysteme. msr 17 (1974)H.3, S.98-102

14. Hallbauer, G.: Wettlauffreie Kodierung mit gleichzeitiger Zustandsreduktion bei ungetakteten Folgeschaltungen. EIK (1976), S.193-225

15. Hallbauer, G.: Zustandskodierung mit gleichzeitiger Zustandsreduktion hinsichtlich eines möglichst geringen Logik-Aufwandes. EIK (1977), S. 643-653

16. Heltzig, H.F.; Oberst, E.: Primfix - ein flexibler Algorithmus zur Ermittlung von Primkonjunktionen. msr 16 (1973) H.1, S.32-36

17. Zander, H.J.; Heltzig, H.F.: Verfahren zur Optimierung von Systemen logischer Ausdrücke. msr 17 (1974) H.3, S.86-91

18. Oberst, E.: Programm zur Erzeugung einer Automatentabelle aus Bändern. msr 20 (1977) H.6, S.311-312

19. Frenzel, F.M.; Heltzig, H.F.: Zum Aufbau problemorientierter Programmsysteme. msr 17 (1974) H.3, S.92-94

20. Zander, H.J.: Hasardfreie Strukturen von Folgeschaltungen. EIK (1971), S.137-152

21. Zander, H.J.: Ein modifiziertes Automatenmodell zur Beschreibung von digitalen Steuerungen. Kolloquium "Entwurf digitaler Steuerungen", Bochum, Febr. 1978

ZUR PROBLEMATIK VON ENTWURFSSYSTEMEN AUS INDUSTRIELLER SICHT

ON THE PROBLEMS OF DESIGN SYSTEMS FROM AN INDUSTRIAL POINT OF VIEW

P. Mehring +)
AEG-TELEFUNKEN, Forschungsinstitut Berlin

Zusammenfassung

Der Beitrag behandelt die technische und wirtschaftliche Problematik von Entwurfssystemen aus dem Gebiet der funktionellen Entwicklung von Steuerungen an Hand von Beispielen aus dem Hause AEG-TELEFUNKEN.

Die funktionelle Entwicklung von Steuerungen wird zunächst in die Teilschritte Logiksynthese und Realisierungssynthese unterteilt. Dann werden die Logiksynthese binärer Schaltwerke, die Realisierungssynthese verbindungsprogrammierter Steuerungen und die Realisierungssynthese speicherprogrammierter Steuerungen näher behandelt.

The paper deals with the technical and economic problems of design systems in the field of functional development of controls at three examples from AEG-TELEFUNKEN.

The functional development of controls is first divided in the steps logic synthesis and realization synthesis. Then the logic synthesis of binary sequential circuits, the realization synthesis of hard-wired programmed controllers and the realization of stored-program controllers are treated more detailed.

+) unter Mitarbeit von G. Heiner und E.-W. Jüngst

1. Einleitung

Der Beitrag beschäftigt sich mit der Problematik von Entwurfssystemen aus dem Gebiet der funktionellen Entwicklung von Steuerungen, auf dem auch der Schwerpunkt des Kolloquiums lag.

Aufgabe der funktionellen Entwicklung ist, wie Bild 1 zeigt, aus einer genauen Spezifikation der Funktion einer Steuerung in einem ersten Entwicklungsschritt über eine Logiksynthese eine abstrakte, logische Struktur zu erzeugen, die die Steuerungsfunktion erfüllt, und dann in einem zweiten Entwicklungsschritt daraus eine konkrete Realisierungsstruktur aus vorgegebenen Realisierungsbausteinen abzuleiten.

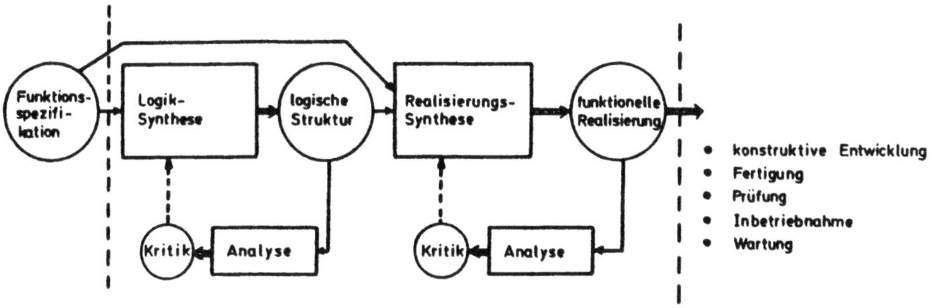

Bild 1 **Entwicklungsschritte in der funktionellen Entwicklung**

Realisierungsbausteine können dabei in verbindungsprogrammierter Technik etwa die Elemente einer speziellen Bausteinfamilie z.B. der LOGISTAT-Familie unseres Hauses sein oder in speicherprogrammierter Technik die Befehle des Befehlssatzes einer Steuereinheit, z.B. einer CP55o, oder einer darauf implementierten virtuellen Maschine.

Beide Entwicklungsschritte, nämlich Logiksynthese und Realisierungssynthese, können durch Entwurfssysteme automatisiert werden. Im folgenden werden drei Beispiele für solche Systeme vorgestellt und daran deren technische und wirtschaftliche Problematik erläutert.

Generell kann man aus wirtschaftlicher Sicht sagen, daß bei Serienprodukten die Hardwareminimierung und damit die Logiksynthese besonders Gewicht hat, während bei Einzelprodukten z.B. Anlagensteuerungen der Schwerpunkt auf der Realisierungssynthese liegt. Für die Entwurfssysteme selbst gilt, daß Systeme für die Logiksynthese wegen der relativen Technologieunabhängigkeit langlebiger sind als die technologieabhängigen Realisierungssysteme.

Als typische Beispiele für Entwurfssysteme werde ich nun zunächst unser LOGOP-System für die Schaltwerksynthese als Teilgebiet der Logiksynthese binärer Steuerungen behandeln, dann unser ADDIS-System zur Realisierungssynthese für binäre Steuerungen in verbindungsprogrammierter, diskreter Technik und abschließend ein neues Programmiersystem zur Synthese von speicherprogrammierten, digitalen Steuerungen. Dieses Programmiersystem deckt beide Syntheseschritte ab.

2. Logiksynthese

Die Logiksynthese von Schaltwerken umfaßt die Teilschritte: Zustandsreduktion, Zustandscodierung und Synthese des reduzierten, codierten Schaltwerks. Für den letzten Teilschritt davon, nämlich die Schaltwerksynthese, wurde von uns Anfang der 7oer Jahre das System LOGOP [1] (steht für Logikoptimierung) entwickelt. Prinzip des Verfahrens ist, die Schaltwerksynthese auf die Synthese von Schaltnetzen zurückzuführen (s. Bild 2). Dazu wird jeder Zustandsvariablen eines Schaltwerks ein Speicherelement, und zwar ein Flip-Flop, zugeordnet. Der wesentliche Teil der Schaltwerksynthese besteht dann darin, die Schaltnetze für die Ansteuerung der Flip-Flops zu erzeugen, die die geforderten Übergänge der Zustandsvariablen bewirken. Die dafür benö-

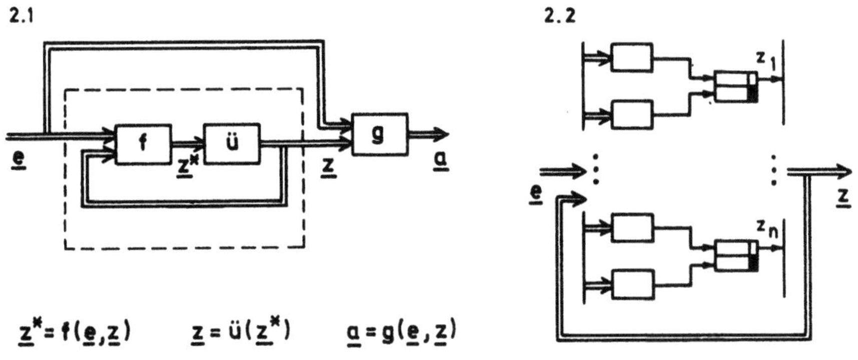

Bild 2 Reduktion der Schaltwerksynthese auf Schaltnetzsynthese
2.1 Schaltwerk
2.2 Realisierung des Moore-Automaten

tigten inversen Flip-Flop-Tabellen sind für die zulässigen Flip-Flop-Typen im System gespeichert. Die 2n Ansteuernetze für einen Zustandsvektor der Länge n werden einzeln mit einem bei uns Mitte der 6oer Jahre entwickelten Minimierungsverfahren in disjunktiver Normalform erzeugt.

Bei asynchronen Schaltwerken sind zusätzliche Maßnahmen erforderlich, um die Hazardfreiheit zu gewährleisten. Diese Maßnahmen seien am Beispiel eines Bohrwerks kurz erläutert.

Bild 3.1 zeigt einen vereinfachten Ausschnitt aus dem Bewegungsdiagramm des Bohrwerks. Durch Betätigen eines Schalters (e) fährt ein Spannzylinder in Arbeitsstellung (g_2), verbleibt für die Dauer (t) des Arbeitsvorganges in dieser Stellung und fährt dann wieder in Ruhestellung (g_1). Die Zylinderstellungen werden durch Grenztaster (g_1, g_2) erfaßt. Die Zylinderbewegung wird über Ventile gesteuert. Das zugehörige Zeitablaufdiagramm ist in Bild 3.2 angegeben.

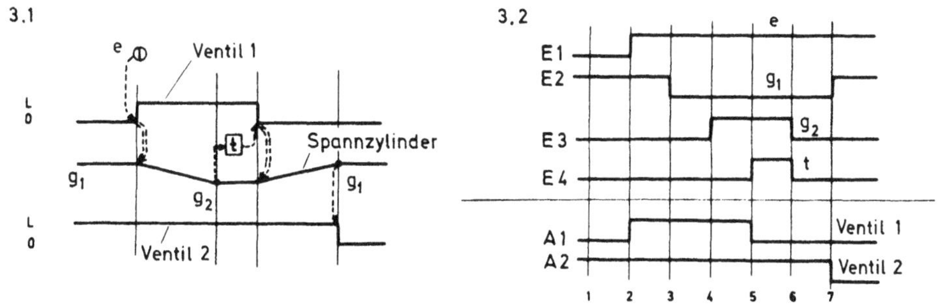

----> **Wirkungsweg: elektrisch**

====> **Wirkungsweg: hydraulisch**

Bild 3 Beispiel zum Prinzip der Aufdeckung von Hazards
3.1 Vereinfachtes Bewegungsdiagramm für Bohrwerk
3.2 Zeitablaufdiagramm der Steuerung
(E1,...,E4: Eingänge; A1,A2: Ausgänge)

Aus dem Zeitablaufdiagramm kann als LOGOP-Eingabe die Wertetabelle abgelesen werden. Sie muß nach dem Ablauf geordnet und unterteilt nach Eingangskombinationen (E), Ausgangskombinationen (A) und jeweiligen Vorzuständen (V) der Ausgangskombinationen angegeben werden (Bild 4.1). Die Vorzustände müssen nur für den 1. Schritt einer Folge angegeben werden.

Um Hazards auszuschließen, erzeugt das System nun aus dieser Wertetabelle eine erweiterte Wertetabelle (Bild 4.2). Darin wird für jeden Übergang einer Schalt-Variablen ein Zwischenschritt eingeschoben, in dem alle Eingangs- und Ausgangsvariable, die beim Übergang ihren Wert ändern, auf unbestimmt (don't care) gesetzt werden, wie z.B. zwischen Schritt 1 und 2.

4.1

Schritt	E 1	2	3	4	V 1	2	A 1	2
1	0	L	0	0	0	L	0	L
2	L	L	0	0			L	L
⋮								
6	L	0	0	0			0	L
7	L	L	0	0			0	0

4.2

-	L	0	0	0	L	-	L	1*
L	-	0	0	0	L	0	-	6*

Bild 4 **Aufdeckung von Hazards**
4.1 Wertetabelle (LOGOP-Eingabe)
4.2 Erweiterte Wertetabelle

Diese erweiterte Tabelle wird nun auf Widerspruchsfreiheit geprüft, d.h. auf Schritte mit Forderungen, die sich widersprechen, wie z.B. bei den Schritten 2 und 6*. Widersprüche bedeuten kritische Übergänge; sie müssen durch zusätzliche Bedingungen - meist durch Einführung einer weiteren Zustandsvariablen - beseitigt werden.

Wenn keine Widersprüche in der erweiterten Tabelle mehr entdeckt werden, ist das erzeugte Schaltwerk hazardfrei.

Der im Syntheseverfahren benutzte Minimierungsalgorithmus, der Mitte der 6oer Jahre bei uns entwickelt wurde [2], ist sehr effizient; er deckt sich mit dem entsprechenden Algorithmus in RENDIS [3] und wird z.B. auch im Minimierungsprogramm MINBOS [4] verwendet. Wegen der Effizienz des Verfahrens ist die Synthese der Ansteuernetze auch bei größeren Schaltwerken noch problemlos. Die maximale Schaltwerkskomplexität ist 4o Eingangsvariable und 2o Ausgangsvariable.

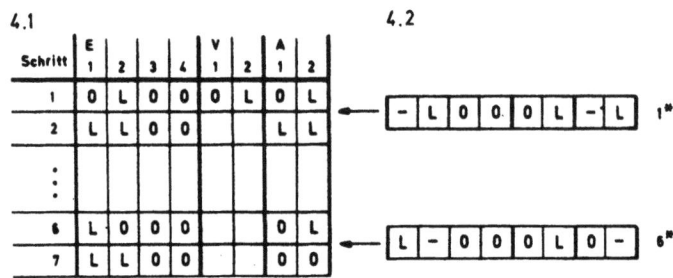

Das System wurde im wesentlichen für den Entwurf von Schützensteuerungen in Relais-Technik eingesetzt und zwar für Serienprodukte. Es steht Kunden von AEG-TELEFUNKEN auf den verschiedensten Rechnern zur Verfügung. Technologiebedingt geht der Einsatz jedoch mehr und mehr zurück; es gehört jedoch mit zur Anwenderunterstützung für unsere kleinste programmierbare Steuereinheit, der PSE.

Die Erfahrungen mit dem System waren sehr positiv. Die Probleme der Logiksynthese liegen nach unseren Erfahrungen vor der Schnittstelle zu LOGOP, z.B. im Bereich der Zustandscodierung und der korrekten Umsetzung von Bewegungsdiagrammen in Zeitablaufdiagramme.

Aus wirtschaftlicher Sicht kann man sagen, daß Minimierungsverfahren - auch wenn sie sehr effizient sind wie das Verfahren in LOGOP - insgesamt an Bedeutung verloren haben; sie haben aber für Serienprodukte in speziellen Anwendungsgebieten wie z.B. Schützensteuerungen noch Bedeutung.

3. Realisierungssynthese

Wie einleitend schon gesagt, ist es Aufgabe der Realisierungssynthese, aus einer gegebenen logischen Struktur eine konkrete Realisierung in einer vorgegebenen Realisierungsfamilie unter vorgegebenen Randbedingungen zu erzeugen.Faßt man die Realisierungsfamilie als Befehlssatz einer abstrakten Maschine auf, so ist ein System für die Realisierungssynthese ein Compiler, der ein logisches Programm in ein Maschinenprogramm für diese Maschine übersetzt.

In verbindungsprogrammierter Technik wird dieses Maschinenprogramm fest verdrahtet, d.h. es definiert eine konkrete, spezielle Maschine, die parallel arbeitet. Änderungen am Maschinenprogramm bedeuten Änderungen an der konkreten Maschine und erfordern deswegen erheblichen Aufwand.

In speicherprogrammierter Technik definiert das Maschinenprogramm demgegenüber nur eine virtuelle Maschine, die auf einer seriell arbeitenden, konkreten Maschine läuft. Änderungen am Maschinenprogramm bedeuten keine Änderungen an der konkreten Maschine und sind deshalb leicht durchführbar; die serielle Arbeitsweise führt jedoch zu größeren minimalen Reaktionszeiten.

Die Betrachtung eines Entwurfssystems für die Realisierungssynthese als Compiler läßt erwarten, daß man unabhängig von der Realisierungstechnik einige strukturelle Gemeinsamkeiten der einzelnen Systeme feststellen kann. Als Gemeinsamkeiten sind insbesondere zu nennen:

- die Sprachen der Systeme haben wesentliche, gemeinsame Strukturierungsmittel

- der Übersetzungsprozeß enthält einige sehr ähnliche Phasen; erst in der Codeerzeugungsphase, in der die technologischen Randbedingungen berücksichtigt werden müssen, ergeben sich wesentliche Änderungen.

Ein Beispiel für ein System zur Realisierungssynthese ist unser ADDIS-System [5]. Es realisiert logische Strukturen in verbindungsprogrammierter, diskreter Technik.

Das ADDIS-System besteht aus einer anwendungsorientierten Beschreibungssprache und einem Übersetzungssystem in die Realisierungsfamilie.

Die Beschreibungssprache erlaubte mit ihren Strukturierungsmitteln nach funktions- und realisierungsbezogenen oder hierarchischen Gesichtspunkten eine klare und übersichtliche Beschreibung einer logischen Struktur. Zwischen Realisierungsanweisungen und der Strukturbeschreibung wurde strikt getrennt, so daß eine einmal beschriebene Struktur problemlos unterschiedlich realisiert werden konnte. Dieser Trennung entspricht - um ein modernes Beispiel zu geben - die Trennung von System- und Strukturteil in PEARL.

Das Übersetzungssystem war unterteilt in einen Optimierungsteil für die logische Struktur und den eigentlichen Codegenerator. Der Optimierungsteil eliminierte z.B. identische Strukturteile und redundante Terme in Verknüpfungen. Wichtigste Leistung des Codegenerators war es, die logische Struktur so umzuformen, daß sie optimal in der Bausteinfamilie unter den gegebenen Randbedingungen z.B. Signalpegel, Fan-in/ Fan-out realisiert werden konnte. Dabei hat sich gezeigt, daß die Optimierung - zumindest bei komplexeren Strukturen - tendenziell die Übersichtlichkeit der Realisierungsstruktur beeinträchtigte und dadurch einen höheren Prüfaufwand nötig machte.

Bei Vergleichen mit schon ausgeführten Steuerungen hat das System insbesondere bei komplexeren Steuerungen sehr gut abgeschnitten. Varianten-Auslegungen konnten in kürzester Zeit erfolgen. Das System stellte darüber hinaus durch seine Sprache und die Texthaltungs- und Textmanipulationsmittel ein gutes Dokumentationswerkzeug dar.

Die technische und wirtschaftliche Problematik des Systems lag neben seiner Technologieabhängigkeit auch in den Umstellungs- und Schulungsproblemen, die mit der Einführung eines solchen Mittels verbunden sind.

4. Synthese von digitalen, speicherprogrammierten Steuerungen

Die wesentlichen Vorteile von digitalen, speicherprogrammierten Steuerungen gegenüber den bisher behandelten, verbindungsprogrammierten Steuerungen sind:

- Die Flexibilität: eine Änderung der Steuerung ist durch bloßen Programmaustausch bzw. Änderung möglich.
- Volle Verarbeitungsmöglichkeiten hinsichtlich digitaler Daten.
- Die Steuereinheit selbst kann über ihr Bediensystem zur Änderung von Steuerprogrammen herangezogen werden.

Ein Synthesesystem für speicherprogrammierte Steuerungen muß die volle Nutzung dieser Vorteile sichern; daneben müssen Vor-Ort-Änderungen der damit entworfenen Steuerungen problemlos möglich sein.

Die volle Nutzung der Flexibilität, wie es insbesondere für Anlagensteuerungen gefordert wird, setzt ein einfaches, universelles, anwendungsorientiertes Darstellungs- und Dokumentationsmittel voraus. Mit dem Funktionsplan nach DIN 4o 719 steht ein solches Mittel jetzt zur Verfügung.

Wählt man den Funktionsplan als Basis der funktionellen Entwicklung speicherprogrammierter Steuerungen, so besteht die Synthese der Steuerung aus der Verfeinerung eines Grobfunktionsplanes bis auf die Standardfunktionsebene und aus der Übersetzung des Feinfunktionsplanes in ein Zielmaschinenprogramm. Die Verfeinerung des Funktionsplanes kann man der Logiksynthese zuordnen; sie kann nicht automatisiert sondern nur interaktiv unterstützt werden; die Erstellung des Zielmaschinenprogramms kann dagegen automatisiert werden.

Wir arbeiten an einem neuen funktionsplanorientierten Programmiersystem für speicherprogrammierte Steuerungen, das alle Möglichkeiten des Funktionsplanes abdecken wird (Bild 5). Es wird das Spektrum der Programmiersysteme unseres Hauses für speicherprogrammierte Steuerungen abrunden.

Das System ist unterteilt in einen Textverarbeitungsteil, in dem ein Funktionsplan interaktiv verfeinert werden kann, und in einen Realisierungsteil, in dem aus einem Funktionsplan automatisch ein entsprechendes Maschinenprogramm erzeugt wird.

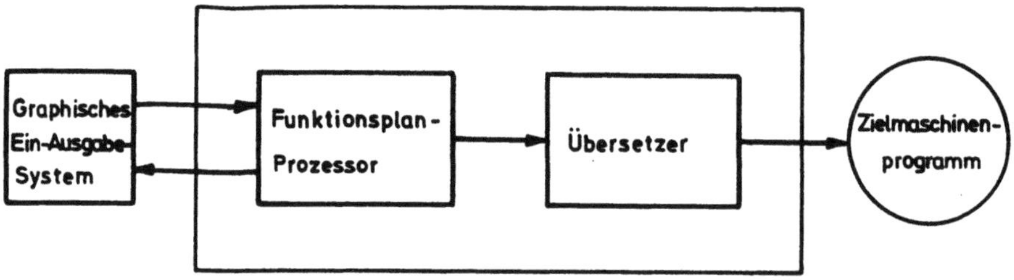

Bild 5 **Übersicht SPS-Programmiersystem**

Das System hat eine funktionsplanorientierte Beschreibungssprache. Die Sprache ist beschreibend, weil der Funktionsplan ein deskriptives Beschreibungsmittel ist. Sie hat alle Strukturierungsmittel, die für die Top-down-Entwicklung benötigt werden. Strukturiert werden kann nach Hierarchie, Funktion und Realisierung.

Das Übersetzungssystem realisiert einen mit dem Textverarbeitungsteil des Systems bis auf die Standardebene verfeinerten Funktionsplan auf der jeweiligen Zielmaschine. Es arbeitet zweistufig: zunächst wird der Funktionsplan in eine algorithmische Zwischenform transformiert; daran schließt sich dann die eigentliche Codeerzeugungsphase an.

Die Codeerzeugungsphase selbst ist noch einmal unterteilt in einen maschinenunabhängigen Teil und einen maschinenabhängigen Teil. Im maschinenunabhängigen Teil wird im wesentlichen der Bearbeitungsablauf organisiert. Im maschinenabhängigen Teil werden dann die Standardfunktionen des Funktionsplanes und der Organisation eingesetzt; diese werden als virtuelle Funktionen der Steuereinheit vorausgesetzt. Dadurch wird eine weitgehende Maschinenunabhängigkeit erreicht.

Einige kennzeichnende Eigenschaften des Systems sind:

- Strukturtreue Übersetzung. Dadurch haben lokale Änderungen am Funktionsplan nur lokale Änderungen am Maschinenprogramm zur Folge; dadurch leichte Vor-Ort-Änderbarkeit auch bei einfachsten Bediensystemen der Steuereinheit.

- Einfache Änderungen der Realisierung von Steuerungen bzw. Teilen von Steuerungen. Dadurch kann die Reaktionszeit einer Steuerung gezielt optimiert werden.
- Schritthaltende Dokumentation während der gesamten Entwicklung.
- Konsistenzprüfungen schon bei der Funktionsplanverfeinerung.

5. Schluß

Technisch und wirtschaftlich sind leistungsfähige Programmiersysteme für speicherprogrammierte Steuerungen notwendig, um bei weiter wachsendem Komplexitätsgrad der Steuerungen zu vernünftigen Kosten korrekt arbeitende Steuerungsprogramme produzieren zu können.

Für die Programmiersysteme selbst gilt, daß sie wie alle Realisierungssysteme technologieabhängig sind. Voraussehbare technologische Änderungen, wie z.B. die Verbesserung der üblichen Vor-Ort-Handhabungsmittel oder die Kopplung von Steuereinheiten müssen leicht integrierbar sein, um den langfristigen wirtschaftlichen Erfolg der Systeme sicherstellen zu können.

6. Literatur

1. Heiner, G.: Der Entwurf von asynchronen Schaltwerken mit dem Programmsystem LOGOP. Technischer Bericht,AEG-TELEFUNKEN, Berlin 1973.
2. Petzold, D.: Algorithmus zur Minimierung Boolescher Funktionen. Technischer Bericht, AEG-TELEFUNKEN, Berlin 1966
   berichtet in: Giloi, W., Liebig, H.: Logischer Entwurf digitaler Systeme. Berlin, Heidelberg, New York: Springer 1973, S. 124 ff.
3. Heltzig, H.F., Oberst, E.: PRIMFIX - ein flexibler Algorithmus zur Ermittlung von Primkonjunktionen. msr Bd. 16 (1973) H. 1, S. 32-36.
4. Besslich, Ph., Neumann, K., Schmidhuber, R.: Methoden zum rechnergestützten Entwurf von Schaltnetzen. NTZ Bd. 3o (1977) H. 9, S. 7o7.
5. Schulz, D.: ADDIS - Automatisches Design Digitaler Strukturen. Technischer Bericht, AEG-TELEFUNKEN, Berlin 1972.

EINFLÜSSE MODERNER HALBLEITERTECHNOLOGIEN AUF DIE STRUKTUR VON STEUERUNGSKONZEPTEN IN DER AUTOMATISIERUNGSTECHNIK

THE INFLUENCE OF THE MODERN TECHNOLOGY OF SEMICONDUCTORS ON AUTOMATION SYSTEMS CONCEPTS

H. Jacob

Lehrstuhl für Datenverarbeitung
Ruhr - Universität Bochum

1. Einleitung

Die Auswirkung der Großintegration elektronischer Bauelemente manifestierte sich an zwei Schwerpunkten: dem Erscheinen der Mikrorechner im unteren Leistungsbereich der universellen Digitalrechner und dem Erscheinen der programmierbaren Steuerungen (programmable controllers), die speziell für die Realisierung von Steuerungen gedacht sind. Die Entwicklung verlief zunächst getrennt. Die Grundstruktur beider Systeme ist aber gleich, nämlich eine Rechnerstruktur, so daß einer Vereinheitlichung vom Prinzip her nichts im Wege stand. Tatsächlich werden heute Elemente universeller Digitalrechner und programmierbarer Steuerungen in geeignet modularisierten Steuerungssystemen zusammengefaßt.

Die nachstehenden Ausführungen sollen diese Entwicklung noch einmal ausführlich begründen. Sie sollen dann zeigen, wie man der zukünftigen Entwicklung von Steuerungssystemen eine Richtung geben kann, die den Gesichtspunkten Verfügbarkeit und Fehlerfreiheit Rechnung trägt.

2. Die Entwicklung der Steuerungssysteme

In Bild 1 wird die Entwicklung tabellarisch zusammengefaßt. Es werden zu Beginn zwei technische Prozesse zugrundegelegt, die zwei Typen von technischen Prozessen verdeutlichen sollen: eine Hochofenanlage enthält Teilbereiche, die eng gekoppelt sind, hier insbesondere der Hochofenprozeß selbst und die Winderhitzung. Der Polyvenylchlorid-Prozeß

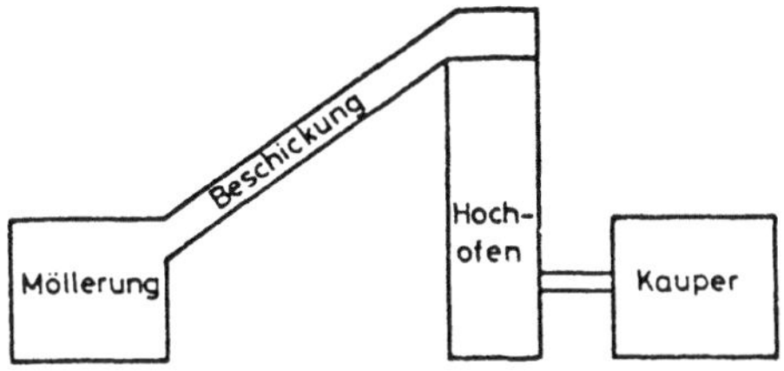	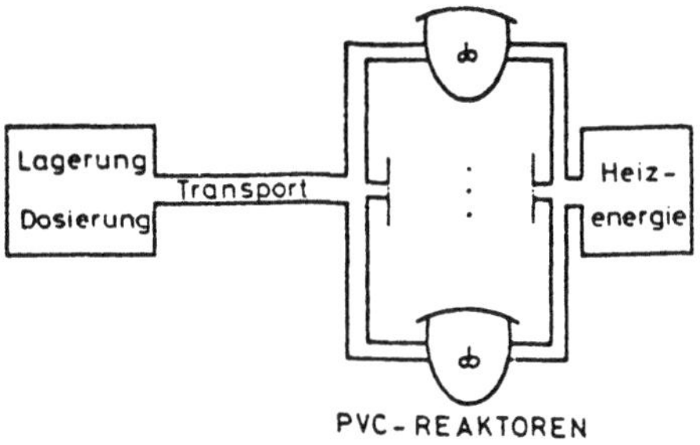
Die Steuerung umfaßt in der Regel diskontinuierliche und kontinuierliche Vorgänge.	Die Steuerung umfaßt vorwiegend diskontinuierliche Vorgänge. Diskontinuierliche sind in der Regel von kontinuierlichen Vorgängen trennbar.
Steuerung umfaßt die Verarbeitung von analogen und digitalen Variablen.	Steuerung läßt sich auf die Verarbeitung digitaler Variablen begrenzen.
Universelle Prozeßrechnersysteme mit universellen Meßwertverarbeitungssystemen Auf der Basis höherer Programmiersprachen für real-time Aufgaben Auf der Basis von generierten Programmsystemen	speicher-programmierte / verdrahtungs-programmierte Steuerungssysteme

	Prozeßrechnerfamilie		spezielle Rechner	Baugruppen
	alleinstehende Prozeßrechner			
oberer	mittlerer	unterer		
	Leistungsbereich			

Großintegration	
universelle Mikrorechner	spezielle Mikrorechner

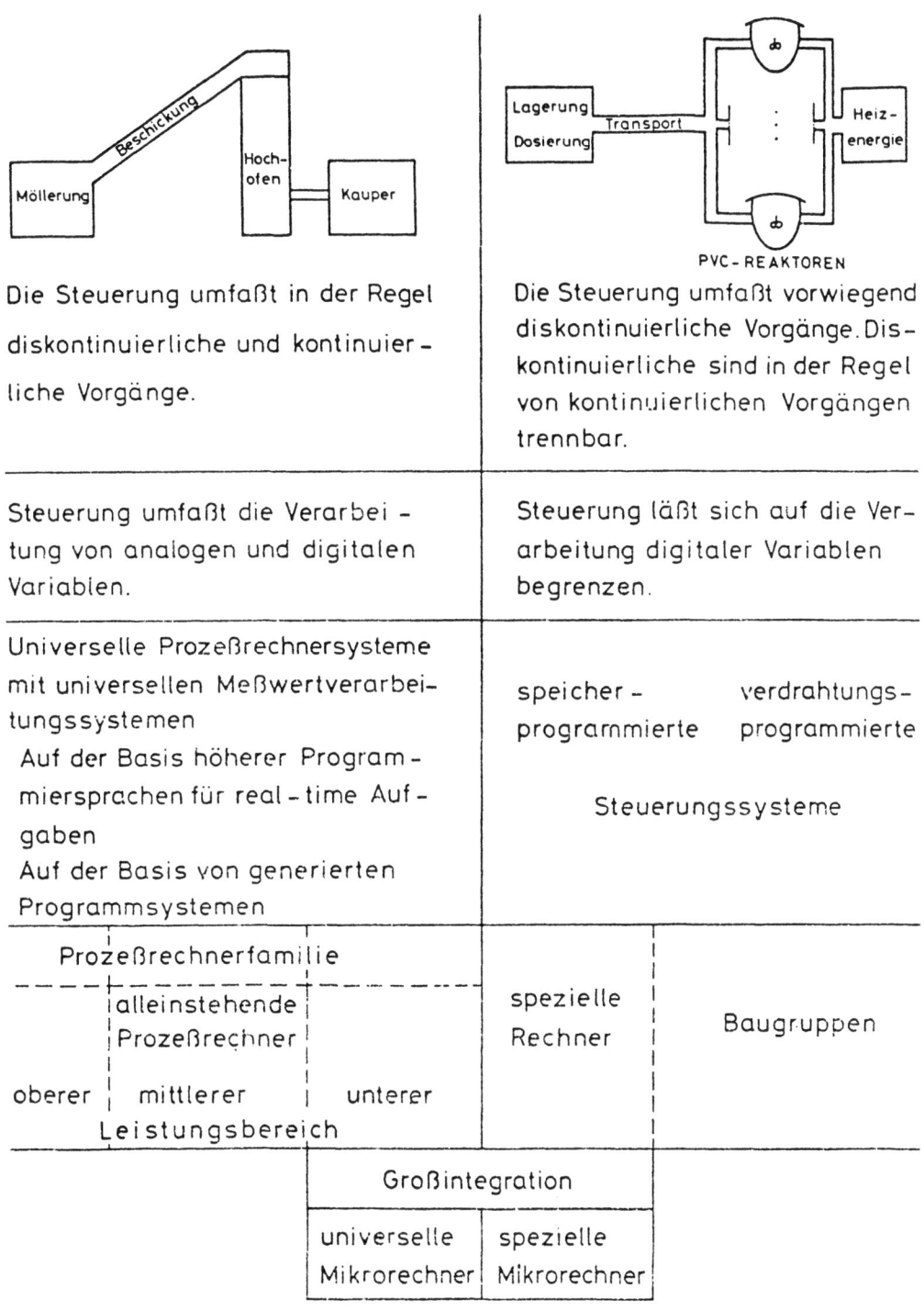

Bild 1.: Schema der Entwicklung von Steuerungssystemen

steht für die Klasse der technischen Großprozesse, die in mehrere "kleinere" autonome Teilbereiche aufgeteilt werden können. Diese durch Teilung gewonnenen Prozesse entsprechen in ihrer Größenordnung den von sich aus autonomen "Kleinprozessen". Sie sollen hierdurch auch repräsentiert sein.

Charakteristisch ist nun, daß dann, wenn der Prozeß in autonome Teilbereiche aufgeteilt werden konnte, die diskontinuierlichen von den kontinuierlichen Vorgängen zu trennen waren. Umgekehrt war dies in der Regel nicht möglich, wenn diskontinuierliche und kontinuierliche Vorgänge sich gegenseitig stark beeinflußten.

Hieraus entwickelten sich auch unterschiedliche Instrumentierungsstrategien. Im ersten Fall wurden Steuerungseinrichtungen im wesentlichen für diskontinuierliche Vorgänge vorgesehen, im zweiten Fall suchte man eine ganzheitliche Lösung, die zur Verarbeitung beider Typen von Vorgängen geeignet ist.

Eine ganzheitliche Lösung wurde auf der Basis universeller Prozeßrechnersysteme möglich. Sie erhielten nicht nur die Fähigkeit, digitale bzw. analoge Werte erfassen und ausgeben zu können, sondern auch spezielle Programmsysteme, mit denen man die spezifischen Steuerungsprobleme programmtechnisch lösen konnte. Der Stand der Technik ist heute, daß dies auch auf der Basis von höheren Programmiersprachen möglich ist.

Parallel dazu entwickelten sich zur Verarbeitung von digitalen Variablen die speicherprogrammierten Steuerungssysteme. Sie traten in Konkurrenz zu den verdrahtungsprogrammierten Systemen, die schon länger eingeführt waren. Die speicherprogrammierten Systeme profitierten zunächst von einer immer deutlicher werdenden Entwicklung auf dem Bausteinmarkt: der zunehmenden Integration auf Speicherbausteinen. Bei diesen Bausteinen wurde der Trend zur Großintegration zuerst wirksam.

So entstanden parallel zueinander zwei Instrumentierungsmittel, die für die unterschiedlichen Schwerpunkte bei Steuerungsaufgaben geeignet sind:

. die universellen Digitalrechner, die entweder als Rechnerfamilie mit aufsteigender Leistung konzipiert sind oder als Minirechner im mittleren Leistungsbereich, die speziellen Rechner für Steuerungszwecke, die den Steuerungsablauf durch ein gespeichertes Programm bestimmen, ober die verdrahteten Digitalbaugruppen, die den Steuerungsablauf durch digitale Schaltungen bestimmen.

Bei diesem Stand setzte der entscheidende Schritt in der Großintegration ein: es gelang, neben den Speicherfunktionen auch die logischen Schaltungen eines Rechnerprozessors der Großintegration zu unterwerfen. Dies manifestierte sich in den Mikroprozessor-Bausteinen.

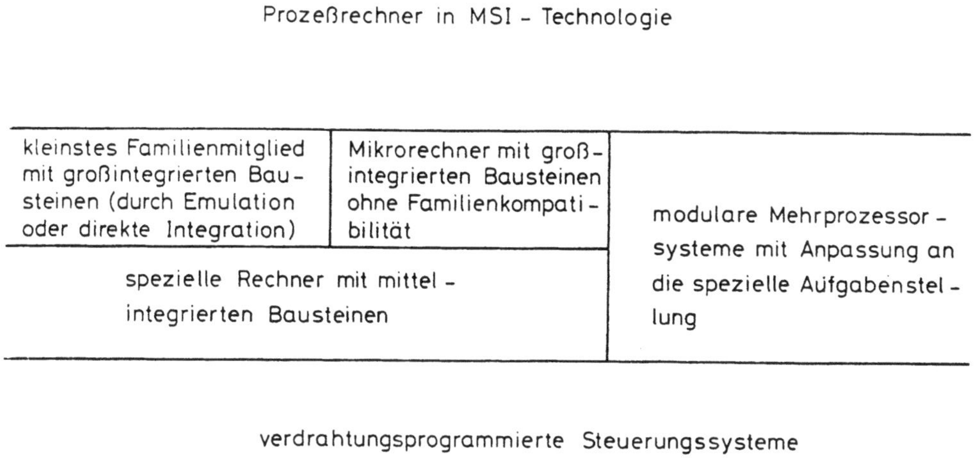

Bild 2.: Aktueller Stand der Instrumentierungsmittel bei Steuerungssystemen

In Bild 2 ist der daraus entstandene aktuelle Stand wiedergegeben. Im Bereich der universellen Prozeßrechner entstanden Rechner, die sich auf die neue Technologie abstützen. Die herkömmlichen Prozeßrechner wurden nicht verdrängt, da ihre Technologie noch einen entscheidenden Vorteil gewährleistet: den der größeren Arbeitsgeschwindigkeit und damit des höheren Systemdurchsatzes. Die neuen Rechnertypen konnten sich deshalb nur im unteren Leistungsbereich ansiedeln. Hier konnten zwei Prinzipien verwirklicht werden. Die neue Technologie erlaubt es, die Befehlssätze anderer Maschinen nachzubilden (emulieren). Damit entstanden familien- d.h. softwarekompatible Rechner. Diese Richtung wurde von den Rechnerherstellern verfolgt. Die Bausteinhersteller boten Mikroprozessoren mit eigenen Befehlssätzen an. Mit ihnen wurden universelle Mikrorechnersysteme entwickelt, deren Softwaresysteme neu entwickelt werden mußten.

Strukturell mit den Mikrorechnersystemen gleich sind die speicherprogrammierbaren Steuerungssysteme. Dies ist auch an der Modularisierung erkennbar. Universelle Mikrorechnersysteme und speicherprogrammierbare Steuerungssysteme enthalten gleichartige Schaltungsträger: in der Regel eine gedruckte Karte für den zentralen Prozessor, mehrere gleiche Speicherkarten bzw. Karten für die Ein- und Ausgabe. Der Unterschied liegt in den Bausteinen zur Realisierung des Prozessors. In Steuerungssystemen werden aus Geschwindigkeitsgründen immer noch Bausteine in Transistor-Transistorlogik bevorzugt.

Nun hat die Entwicklung der Systeme eine so große Verwandschaft der Mikrorechnersysteme und der speicherprogrammierten Steuerungssysteme gebracht, daß nicht einzusehen ist, warum die konventionelle Trennung notwendig ist. Die gleichartige Modularisierung erlaubt nämlich, sich der einen oder anderen Aufgabenstellung durch Zusammenstellung der jeweils benötigten Module anzupassen, dies aber im Rahmen eines einheitlichen Systems. Darüberhinaus ist das Konzept nicht ausgeschlossen, in dem System auch einen Mehrprozessorbetrieb zu realisieren. Da Mikroprozessoren ausgezeichnete arithmetische Fähigkeiten haben, um Analogwertverarbeitung zu machen, und TTL-Prozessoren die Fähigkeit haben, digitale Werte schnell zu verarbeiten, bietet sich die Kombination von beiden in einem System an. Die Grundlage wäre ein anpaßbares Mehrprozessorsystem. Marktbeispiele lassen diesen Trend erkennen.

3. Einsatz von Mikrorechnern bei der Automatisierung, insbesondere unter Berücksichtigung der Verfügbarkeit

Wenn Steuerungssysteme auf der Basis von Mikrorechnern nun die konventionelle Trennung von digitaler und analoger Meßwertverarbeitung überwinden, so ist ihr Einsatz prinzipiell an jeder stelle denkbar, wo bisher herkömmliche Prozeßrechner eingesetzt werden. Die Vor- und Nachteile dieser Strategie sollen im folgenden an den vorgenannten Prozeßbeispielen erläutert werden.

In Bild 3 wird eine Prozeßrechnerkonfiguration für den Hochofenprozeß angegeben. Zerschlägt man nun die Automatisierungskomplexe in kleinere Einheiten, so kann man jedem einen eigenen Mikrorechner zuordnen. Man hat die Möglichkeit, die Mikrorechner vor Ort zu installieren oder zentralisiert in einem Rechnerraum. In jedem Fall ist dafür zu sorgen, daß die Datenübertragungsverbindungen sicher gegen Störungen sind, d.h. daß ein Mindestdurchsatz von fehlerfreien Daten über die Leitungen garantiert wird. Dies kann man daraus schließen, daß wegen der engen Kopplung der Teilprozesse Daten zwischen den Mikrorechnern schnell und häufig ausgetauscht werden müssen.

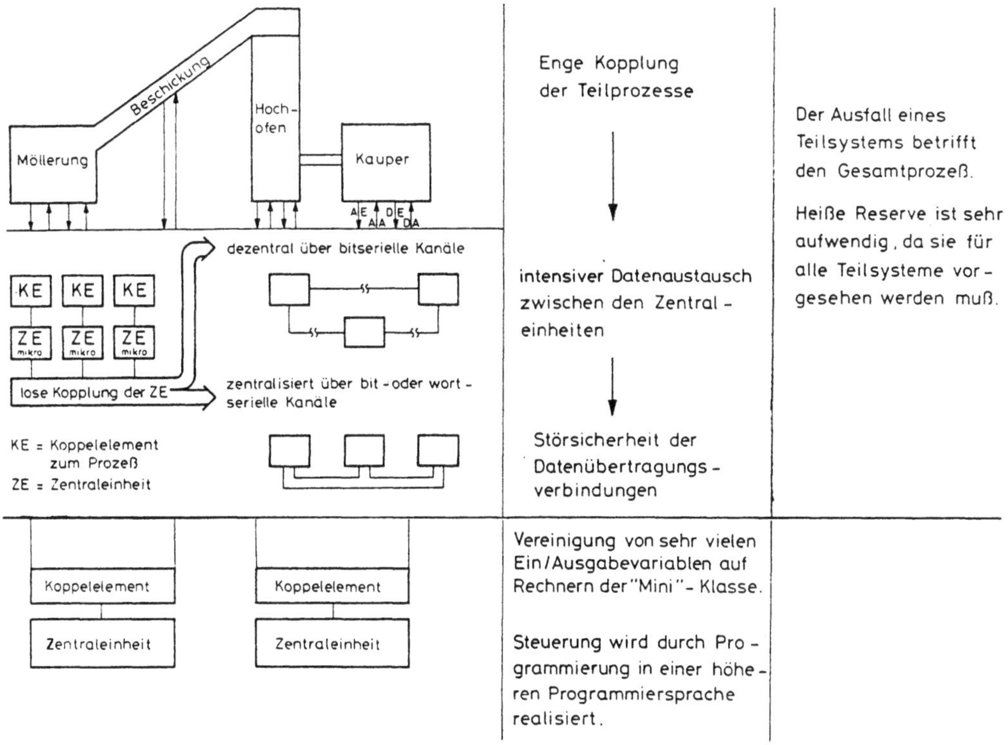

Bild 3.: Schema der Automatisierung eines Hochofenprozesses, alternative Lösung mit Mikro- bzw. Minirechnern

Bei dezentraler Anordnung wird in der Regel die Gesamtlänge der Leitungen zwischen Gebern/Nehmern und den Rechnern kürzer sein als bei einer zentralen Anordnung. Der Nachteil, den man sich damit erkauft, liegt darin, daß die Übertragungsstrecken zwischen den Rechnern für die Verfügbarkeit des Rechnerbetriebs kritisch werden. In der Regel sind Leitungen über längere Strecken auch nicht vorausplanbaren störenden und zerstörerischen Einflüssen unterworfen, besonders in einem Betrieb mit harten Umgebungsbedingungen.

Nun kann man bei vielen Anwendungsfällen nicht einfach solche Ausfälle hinnehmen, die während der Reparaturzeit den Gesamtausfall des Systems bedeuten. Vielmehr muß man durch strukturelle Maßnahmen dafür sorgen, daß während der Reparatur noch eine Funktionsreserve aktiv ist, die das System lauffähig erhält.

Dies kann man am vorliegenden Beispiel exemplarisch darstellen. Bei der Automatisierung mit Prozeßrechnern bietet sich für die kritischen Bereiche ein Doppelrechnersystem an, bei dem ein Rechner die sofort ersetzende (heiße) Reserve ist, wenn der andere ausfällt. Heiße Reserve ist natürlich auch beim alternativen System mit Mikrorechnern möglich. Sie muß dann für jedes Teilsystem vorgesehen werden, wobei auch für die koppelnden Elemente Maßnahmen vorgesehen werden müssen, mit denen intakte Teilsysteme untereinander verbunden werden können. Alle redundanzbildenden und (einen Ausfall) überbrückenden Maßnahmen zusammen bringen im Aufwand keinen entscheidenden Vorteil gegenüber dem Doppelrechnersystem. Das Suchen und Finden von Fehlern ist in komplexen Systemen in der Regel langwieriger als in einfachen. Dies wird für Prozeßrechnersysteme erst dann zum Nachteil, wenn die dadurch beeinflußte Reparaturzeit größer wird als die Intaktzeit der Reserve. Davon kann man gemäß bekannten Mittelwerten für beide nicht ausgehen. Der Vergleich der abwickelnden Aufgaben in den beiden Systemen zeigt, daß sie im "geteilten" System sehr stark vom Datenaustausch zwischen den Teilsystemen geprägt werden, was beim "integrierten" System entfällt. Ein Effekt ist der, daß das "geteilte" System träger ist als das "integrierte", was bei hoher Verarbeitungsleistung in der Regel zum Nachteil wird. Ein anderer Effekt ist der, daß die Aufgabentrennung sehr sorgfältig durchgeführt werden muß. Der Vergleich der Programmierung zeigt, daß man heute in der Regel auf Prozeßrechnern höhere Programmiersprachen für real-time-Anwendungen zur Verfügung hat, die das Programmieren wesentlich gegenüber dem Assemblerprogrammieren vereinfachen. Insgesamt entsteht also im redundanten Mehr-Mikrorechnersystem ein höherer Aufwand.

Der Vergleich für den Großprozeß, der in autonome Teilbereiche aufgeteilt werden kann, fällt anders aus (Bild 4). Die Kopplung der Teilbereiche ist so lose, daß die Anforderungen an die effektive Datenrate auf den verbindenden Leitungen gering sind. Außerdem bedeutet der Ausfall der Steuerungseinrichtung an einem Reaktor noch nicht den Ausfall der Gesamtproduktion. Hier enthält der Prozeß selbst Parallelität, die man in der Redundanzstruktur des Automatisierungssystems berücksichtigen kann. Beispielsweise braucht man nur die Bereiche vor Ausfall zu schützen, die für die Gesamtfunktion verantwortlich sind. Den Ausfall der parallelen Teilbereiche nimmt man hin. Mikrorechner bieten unter diesen Voraussetzungen eine Alternative.

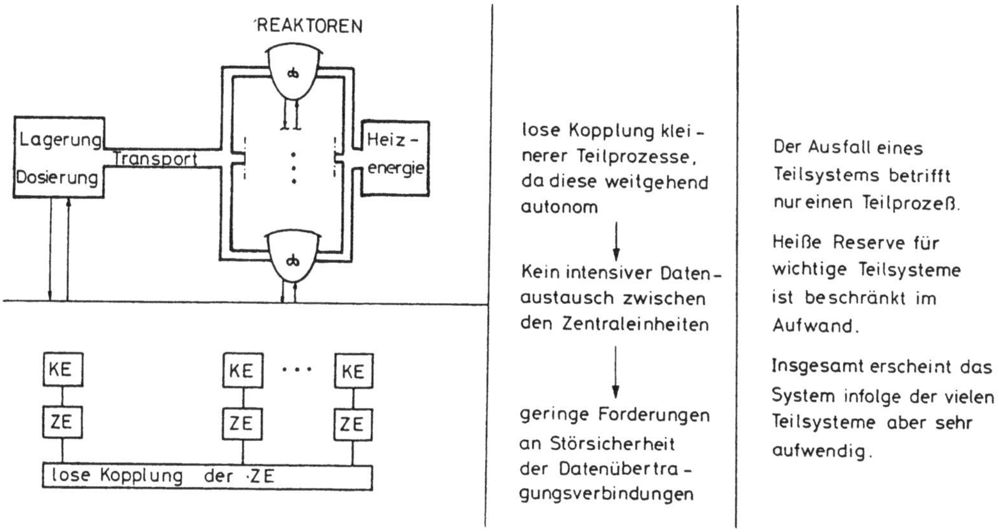

Bild 4.: Schema der Automatisierung eines PVC-Prozesses mit Mikrorechnern

4. Eine Systemstruktur für ein hochverfügbares Rechnersystem

Die bisher vorgestellten Konzepte zur Sicherung gegen Ausfall beruhten auf die Vermehrfachung vorhandener universeller Rechner. Es wurden zwei Anwendungsschwerpunkte festgestellt:

. Anwendungen, bei denen eine "integrierte" Lösung eher anzustreben ist als eine "geteilte", weil die Teilbereiche eng miteinander gekoppelt sind

. Anwendungen, bei denen eine "geteilte" Lösung anzustreben ist.

Während die Verarbeitungsleistung der Rechner beim ersten Anwendungsschwerpunkt größer ist als beim zweiten, darf in Bezug auf die Verfügbarkeitseigenschaften kein Unterschied sein. Es wird deshalb folgender Arbeitsansatz gemacht:

Gesucht ist ein Rechnersystem, das den geforderten Verarbeitungsleistungen modular angepaßt werden kann, für alle Konfigurationen aber die gleichen Verfügbarkeitseigenschaften hat. Dieser Arbeitsansatz ist dem vergleichbar, der bei aktuellen Steuerungssystemen die modulare Anpassung an die Forderung von digitaler und/oder analoger Verarbeitung gebracht hat. Auch die Lösung des Leistungsanpassungsproblems ist, wie gezeigt werden wird, vergleichbar. Der entscheidende erweiternde Gesichtspunkt ist aber derjenige der Verfügbarkeit.

Um die Leistungen unter diesem Gesichtspunkt besser abschätzen zu können, seien die prinzipiellen Anforderungen formuliert:

1. Das Abweichen der Funktion einer Rechnerkomponente von der richtigen Funktion soll möglichst früh erkannt werden, um ein Verschleppen von Fehlern zu verhindern.
2. Der Fehler darf sich in der Gesamtfunktion des Rechnersystems nicht bemerkbar machen, d.h. er muß überdeckt werden.
3. Ständige Abweichungen einer Funktion von der richtigen Funktion müssen als Ausfall der Komponenten gewertet werden, die die Funktion realisieren. Sie müssen dem Benutzer möglichst früh mit Spezifikationen gemeldet werden, um eine schnelle Reparatur zu gewährleisten.

Die Lösungsstrategie stützt sich auf großintegrierte Bauelemente und folgende langfristige Annahme:

Die Vervielfachung der Rechnerkomponenten wird in Zukunft immer weniger von Preisen und Bauelementgrößen eingeschränkt.

Bild 5 stellt anhand eines Betriebsmittelgraphen ein Konzept vor. Augenfällig ist die Dreifachstruktur des Gesamtsystems. Jeweils an den Eingängen der Module werden Einrichtungen vorgesehen, die fehlerhafte Übertragungen von einer Komponente zur anderen überdecken. Sie arbeiten nach dem 2 aus 3-Prinzip, können also nur einen Fehler überdecken. Weder ein sporadischer noch ein durch Ausfall bedingter ständiger Fehler machen sich bemerkbar: Die Fehlermeldung wird durch einen am gemeinsamen Übertragungselement (Bus) liegenden Mithörer bewirkt (nicht eingezeichnet). Die Anpassung an die geforderte Verarbeitungsleistung geschieht durch Vermehrfachung der Dreifach-Prozessoren und ein lastteilendes Betriebssystem.

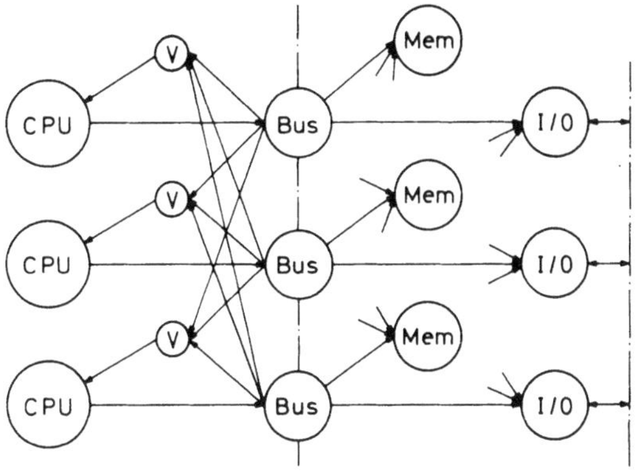

Bild 5.: Betriebsmittelgraph eines hochverfügbaren Rechnersystemes, CPU = Prozessor, V = Voter, Mem = Speicher, i/o = Ein/Ausgabe

Die Hardware-Realisierung dieses Konzeptes zeigt, daß trotz der Dreifachstruktur geeignete Modulgrößen sowie ein begrenzter Aufwand an Bausteinen und Kosten erreichbar sind. Hierüber wird an anderer Stelle zu berichten sein.

5. Zusammenfassung

Um den Anwendern, die von der schnellen Marktexpansion vielleicht etwas verunsichert sind, einen systematischen Überblick zu geben, wurde zunächst die Entwicklung der Steuerungssysteme in ihren Leitlinien erläutert. Damit wurde ein technischer Stand erreicht, der einem besonderen Leistungsschwerpunkt bei der Automatisierung noch ungenügend gerecht wird: dem der Verfügbarkeit. Es wird das Aufgabenspektrum von Systemen untersucht, die besondere Ansprüche an die Verfügbarkeit stellen. Gemäß den so entwickelten Merkmalen werden Forderungen an ein zukünftiges Konzept gestellt und ein Lösungsvorschlag gemacht. Das Ergebnis ist ein geeignet strukturiertes Mehrprozessorsystem. Die Redundanzbildung durch konsequente Vermehrfachung der Komponenten ist heute bei geringeren Anforderungen an die Verfügbarkeit noch zu teuer. Die zu beobachtende Preisentwicklung läßt erkennen, daß die Vermehrfachung immer billiger wird, so daß Systeme, die von vorneherein auf hohe Verfügbarkeit und Wartungsfreundlichkeit ausgelegt sind, ein immer günstigeres Preis-Leistungsverhältnis erhalten und allgemeiner interessant werden.

PROGRAMMIERBARE STEUERUNGEN - AUFBAU, PROGRAMMIERUNG UND EINFLUSS AUF DEN ENTWURF DIGITALER STEUERUNGEN

PROGRAMMABLE CONTROLLERS - DESIGN, PROGRAMMING, AND INFLUENCE ON DIGITAL CIRCUIT DESIGN

W. Hübl

Lehrstuhl für Meß- und Regelungstechnik
Ruhr - Universität Bochum
(jetzt: Martonair, Alpen)

1 Einleitung

Wurden noch vor wenigen Jahren digitale Steuerungen fast ausschließlich als sog. festverdrahtete Steuerungen ausgeführt und nur sehr umfangreiche Steuerungen als Rechner-Steuerungen realisiert, so werden heute auch bereits relativ kleine Steuerungen als programmierbare Steuerungen ausgeführt. Dieser Wandel ist durch die enorme Verbilligung elektronischer Bauteile möglich geworden. Programmierbare Steuerungen könnte man auch als "Software-Steuerung" bezeichnen, weil sowohl ein konventioneller Rechner (Prozeßrechner) als auch spezielle "Steuerungs-Rechner" Steuerungsaufgaben durchführen können. Diese speziellen Steuerungsrechner wurden auch aus der Rechnertechnik entwickelt, und zwar zu Beginn aus den Prozeß- bzw. Minirechnern. Heute ist hauptsächlich die Bezeichnung "Programmierbare Steuerung", seltener "Speicherprogrammierbare Steuerung" oder die amerikanische Bezeichnung "Programmable Controller" (PC) bzw. "Programmable Logic Controller " (PLC) üblich.

Welche Steuerungsarten können durch Programmierbare Steuerungen erfüllt werden und welchen Einfluß hat die verstärkte Verwendung von "Software" auf konventionelle Entwurfsverfahren? Es ist augenscheinlich, daß bei ausreichender Kapazität einer Programmierbaren Steuerung bzw. eines zur Steuerung verwendeten Rechners fast beliebig umfangreiche Steuerungsprobleme gelöst werden können. Ein wesentlicher Vorteil liegt darin, daß bei gleicher Gerätekonfiguration unterschiedliche Steuerungsaufgaben allein durch unterschiedliche Programme gelöst werden können. Eine weitere Frage, die hauptsächlich die Hersteller interessiert, ist die Frage, ob für Programmierbare Steuerungen spezielle Prozessoren oder ob normale Mikroprozessoren verwendet werden sollen. Eng damit verbunden ist die Art der Programmierung: Folgende Möglichkeiten sind von Bedeutung:

- Konventionelle Entwurfsverfahren und Programmierung der erhaltenen Ergebnisse (z.B. Stromlaufplan),
- Steuerungstechnische, eventuell aufgabenorientierte Programmiersprache,
- Verwendung anderer Beschreibungsmittel.

Programmierbare Steuerungen bestehen aus den Hauptteilen: Ein/Ausgabeteil, Speicherteil, Prozessor und Stromversorgung. Diese Unterscheidung gilt funktionell für alle Programmierbaren Steuerungen, auch wenn dies bei der heutigen Hochintegration nicht unbedingt eine räumlich erkennbare Trennung in einzelne Baugruppen bedeutet. Für die Beschreibung/Auswahl bzw. für den Bau Programmierbarer Steuerungen sind eine Reihe von Gesichtspunkten von Bedeutung:

- Mechanischer Aufbau und Ein/Ausgabeteil,
- Technologie/Größe des Speicherteils,
- Technologie/Aufbau und Befehlsvorrat des Prozessors,
- Art der Programmierung.

Diese Punkte, obwohl hier getrennt aufgeführt, sind keineswegs voneinander unabhängig. So beeinflußt z.B. die verwendete Technologie sehr stark die Aufteilung in Baugruppen. Im folgenden werden die angeführten Punkte einzeln behandelt, wobei besonderes Gewicht auf die Programmierung und den Prozessor als den eigentlichen Kern einer Programmierbaren Steuerung gelegt wird. Diese beiden Punkte beeinflussen ganz wesentlich die Bedeutung und Verwendung bisheriger Entwurfsmethoden.

2 Mechanischer Aufbau

Programmierbare Steuerungen mit fester, nicht erweiterbarer Anzahl von Ein- und Ausgängen sind in der untersten Preisklasse üblich. Der Vorteil dieser Geräte, mit allerdings relativ geringer Anzahl von Ein- und Ausgängen, liegt vor allem in den sehr kompakten Außenabmessungen, wobei eines der angebotenen Systeme sogar das Programmiergerät integriert hat. Falls die Anzahl der Ein- und Ausgänge ausreichen, und kein Wechsel im Einsatzbereich zu erwarten ist, so ist dies bestimmt eine sehr günstige Lösung. Soll eine Programmierbare Steuerung aber für unterschiedliche Einsatzfälle mit wechselnder, vielleicht sogar noch nicht genau erfaßbarer Anzahl von Ein- und Ausgängen verwendet werden, so ist ein modularer Aufbau günstiger. Es kann dann die Anzahl der Ein- und Ausgänge in Schritten von jeweils 4, 8 oder 16 Ein- bzw. Ausgängen bis zu einer gewissen max. Anzahl (z.B. 64, 128 und noch höher) erweitert werden.

Unabhängig von diesem modularen Aufbau des Ein/Ausgabeteils kann man noch feststellen, daß hauptsächlich bei amerikanischen Steuerungen Stromversorgung, Zentraleinheit und Speicher, sowie Ein/Ausgabeeinheit baulich getrennte Gruppen darstellen.

3 Systemstruktur

Der Kern einer Programmierbaren Steuerung ist der Prozessor. Sein Aufbau und sein Befehlsumfang bestimmen die max. Systemgröße und die Art der Programmierung. Ganz allgemein unterscheidet man Prozessoren nach ihrer Wortlänge, d.h. nach der Anzahl der jeweils gleichzeitig verarbeiteten Binärstellen. Für die reine Steuerung, d.h. ohne Text- oder Zahlendarstellung reicht die Bearbeitung jeweils einer Binärstelle aus. Dies bedeutet, daß jeweils nur ein Eingang hinsichtlich seines Binärwertes (0 oder 1) abgefragt, diese Information verarbeitet, sowie zu einem bestimmten Zeitpunkt nur der Wert eines Ausganges verändert werden kann. Trotzdem kann durch diese rasche Folge der Änderung vieler Parameter für einen Beobachter der Eindruck einer gleichzeitigen Änderung entstehen. Diese serielle Arbeitsweise - im Gegensatz zur parallelen Arbeitsweise konventioneller Steuerungen - ist charakteristisch für Programmierbare Steuerungen. Wegen der sehr hohen Arbeitsgeschwindigkeit elektronischer Schaltkreise bedeutet die serielle Signalverarbeitung im allgemeinen kein Nachteil. Nur in Fällen, wo eine extrem kurze Reaktionszeit einer Steuerung auf eine Signaländerung erfolgen muß, kann dies zu Schwierigkeiten führen. Auf diesen Zeitfaktor wird aber noch später eingegangen.

Neben den bereits erwähnten 1-bit Prozessoren werden aber auch "normale" Mikroprozessoren, z.B. mit 8-bit Wortlänge für Programmierbare Steuerungen eingesetzt. Der Grund dafür ist einfach: 8-bit Prozessoren sind wegen ihres vielfältigen Einsatzes heute oft billiger als spezielle für nur bestimmte Aufgaben geeignete 1-bit Prozessoren. Die Arbeitsweise eines 1-bit Prozessors ist nicht grundlegend verschieden von der eines 8-bit Prozessors, jedoch ist der Systemaufbau mit einem 1-bit Prozessor relativ einfach, weshalb zunächst die Arbeitsweise eines 1-bit Prozessor-Systems erläutert werden soll.

In Bild 1 ist das vereinfachte Blockschaltbild einer Programmierbaren Steuerung mit einem 1-bit Prozessor dargestellt. Die prinzipielle Arbeitsweise ist wie folgt: Durch den Zähler wird jeweils ein bestimmtes Speicherwort adressiert, das dadurch auf eine Anzahl paralleler Leitungen (bus), geschaltet wird. Ein Teil dieser Leitungen führt zum Prozessor und übermittelt diesem die jeweils aktuelle Programminstruktion (z.B. 4 Leitungen und somit eine max. Anzahl von 16 Instruktionen).

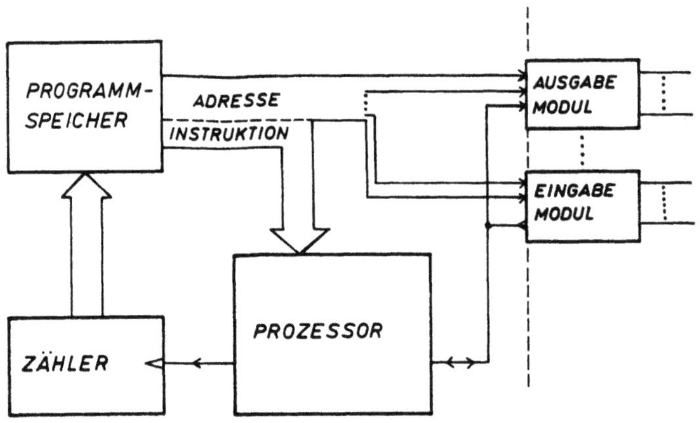

Bild 1: Struktur einer Programmierbaren Steuerung mit 1-bit Prozessor

Eine derartige aktuelle Programminstruktion kann z.B. den Prozessor veranlassen,die UND-Verknüpfung des Datenbuswertes mit dem Wert eines internen Speichers durchzuführen. Der zweite Teil der Leitungen führt vom Speicher zu einem Adressdecoder oder, wie vereinfacht in Bild 1 dargestellt, auch direkt zu Ein- und Ausgabemoduln. Durch einen bestimmten Signalwert am Adressbus kann jeweils einer dieser Module ausgewählt werden und dadurch einer der Eingangs- bzw. Ausgangsleitungen mit dem Datenbus verbunden werden. Ist eine Prozessorinstruktion ausgeführt, so wird der Zählerstand erhöht und dadurch die nächste Instruktion angefordert. Im einfachsten Fall werden die im Programmspeicher stehenden Instruktionen nacheinander bearbeitet. Ist die höchste Zähleradresse erreicht, so erfolgt im nächsten Schritt ein Rücksetzen des Zählers und das Programm beginnt wieder mit der ersten Instruktion. Bei dieser rein zyklischen Bearbeitung eines Programmes ist die Zeit zur einmaligen Abarbeitung des Programmes ungefähr proportional der Programmlänge. Aus der Bearbeitungszeit eines Programmes ergibt sich auch ein Anhaltswert für die max. Reaktionszeit einer Steuerung auf eine Eingabeänderung. Diese Programmbearbeitungszeit liegt für 1 K-Wort (= 1.024 Programminstruktionen) etwa bei 2 - 5 ms.

Die in Mikrorechnern verwendeten Prozessoren besitzen abgesehen von sog. Bitslicers eine bestimmte Wortlänge. Übliche Wortlängen sind 4, 8 und 16 bits, d.h. jeweils diese Anzahl von Binärstellen werden parallel eingegeben, verarbeitet und ausgegeben. Der Befehlsvorrat dieser Prozessoren umfaßt im allgemeinen auch Addition und Subtraktion, machmal auch Multiplikation und Division, wobei diese zusätzlichen Eigenschaften für rein binäre Steuerungen allerdings nicht genutzt werden können. Bild 2 zeigt das Blockschaltbild eines Mikrorechners. Gegenüber Bild 1 fällt

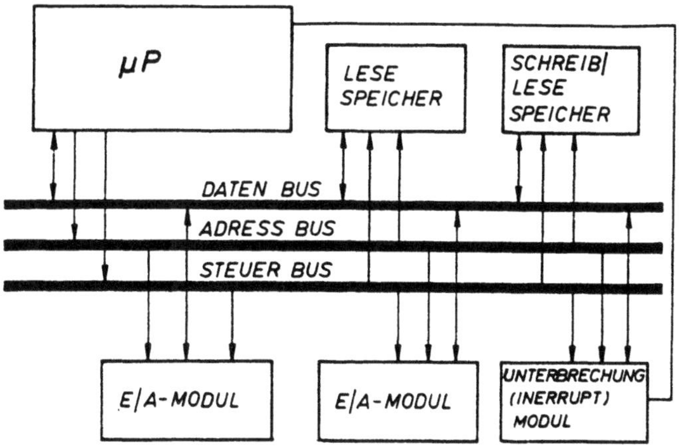

Bild 2: Struktur eines Mikrorechners

auf, daß statt der 1-bit Datenleitung ein Datenbus vorhanden ist, außerdem noch ein Steuerbus und ein Interrupt- (Unterbrechungs-) modul. Der Block "Lesespeicher" in Bild 2 entspricht dem Block "Programmspeicher" in Bild 1, mit dem Unterschied, daß der Speicher des Mikrorechners etwas anders strukturiert ist, worauf aber hier nicht näher eingegangen werden soll.

Bei einer Steuerung mit 1-bit Prozessor ist ein Schreib-/Lesespeicher bei einfachen Aufgaben im Prinzip nicht notwendig und wurde daher im Bild 1 weggelassen. Da aber mit einer Programmierbaren Steuerung nicht nur ganz einfache Steuerungsprobleme gelöst werden sollen, wird auch beim 1-bit Prozessor immer ein Schreib-/Lesespeicher zur Speicherung von Zwischenergebnissen verwendet. Beim Mikrorechner ist der Schreib-/ Lesespeicher bereits zur Funktion unbedingt notwendig.

Bei heute auf dem Markt befindlichen Programmierbaren Steuerungen werden in der unteren Preisklasse 1-bit Prozessoren und in der oberen Preisklasse zumeist Mehr-bit Prozessoren verwendet. Es sind aber auch einige Systeme auf dem Markt, die beide Prozessortypen gleichzeitig verwenden. Bei diesen Steuerungen wird der 1-bit Prozessor für "reine Steuerungsaufgaben" verwendet, während der Mehr-bit Prozessor für mathematische Aufgaben, Protokollierung, Fehlermeldung und ähnlichem verwendet wird.

4 Programmspeicher

Kennzeichnend für Programmierbare Steuerungen ist, daß durch eine Änderung des Programmes eine rasche und leichte Änderung der Steuerung möglich ist. Für diese Aufgabe sind in erster Linie Schreib-/Lesespeicher geeignet. Die ersten Programmierbaren Steuerungen wurden zu Beginn der 70er Jahre aus normalen Rechnern entwickelt, und dementsprechend war auch der Programmspeicher dieser Geräte ein Kernspeicher. In dem Maße, in dem Kernspeicher durch Halbleiterspeicher bei konventionellen Rechnern abgelöst werden, geschieht dies auch, bzw. sogar noch in verstärktem Maße, bei Programmierbaren Steuerungen. Da der Energiebedarf von Halbleiter-Schreib-/Lesespeichern sog. RAM's sehr gering geworden ist und somit eine Batteriepufferung bis zu mehreren Monaten möglich ist, werden Neuentwicklungen heute nunmehr mit RAM-Speichern angeboten.

Steht ein Programm fest und muß dieses nicht mehr verändert werden, so kann auch ein "Nur-Lesespeicher", ein sog. Festwertspeicher verwendet werden. Eine Programmänderung ist aber auch hier durch Auswechseln des gesamten Speichers möglich. Da Festwertspeicher in immer höherer Integration angeboten werden, besteht der Programmwechsel in diesem Fall oft nurmehr im Austausch einer einzigen integrierten Schaltung. Der Vorteil des "Nur-Lesespeichers" besteht darin, daß das Programm unabhängig von Spannungsversorgung bzw. Batteriepufferung erhalten bleibt.

Die Programmspeicher Programmierbarer Steuerungen sind im allgemeinen nicht besonders groß, sie sind aber entsprechend der Steuerungsaufgabe erweiterbar. Übliche Speichergrößen sind: 1/2K - (K = 1.024), 1K-, 2K- und 4K-Worte, wobei jedes Wort aus einer bestimmten Anzahl von Binärstellen besteht. Der Programmspeicher ist wortweise organisiert, d.h. jeweils eine bestimmte Anzahl von Binärstellen bildet eine Information. Bei Systemen mit einem Mikroprozessor ist die Anzahl dieser Binärstellen durch die Wortlänge des Prozessors bestimmt. Bei einem 1-bit Prozessor ist die Wortlänge des Programmspeichers bestimmt durch den Befehlsumfang des Prozessors und durch die Anzahl der Aus- und Eingänge bzw. genauer gesagt durch die dafür zur Kodierung verwendete Anzahl von Binärstellen. Verwendet z.B. ein Prozessor 16 Befehle, so sind zu deren Kodierung 4-bit notwendig. Besitzt ein System mit diesem Prozessor je 128 Eingänge und 128 Ausgänge,so sind zu deren kodierten Ansteuerung mindestens 8 bit notwendig, zusammen also bereits zumindest 12 bit. Übliche Wortlängen liegen zwischen 12 und 16 bit. Der Speicher zum Abspeichern von Zwischenergebnissen bzw. Ausgangszuständen (bei Verwendung eines 1-bit Prozessors) ist bit-orientiert, d.h. jeweils ein bestimmter Speicherplatz stellt einen sog. internen Merker oder einen Ausgangswert dar. Die Anzahl dieser Speicherplätze ist abhängig von der Anzahl der Ein- und Ausgänge, sowie von der Steuerungsgröße. Die Anzahl dieser Merkerplätze liegt bei den meisten Systemen zwischen 64 und 1024.

5 Programmierung

Wenn handelsübliche Mikroprozessoren (= Mehr-bit Prozessoren) einen größeren Befehlsvorrat besitzen als 1-bit Prozessoren und kaum ein Preisunterschied besteht, erhebt sich die Frage, warum überhaupt 1-bit Prozessoren verwendet werden. Im folgenden sollen einige Möglichkeiten zur Lösung steuerungstechnischer Probleme durch die beiden Prozessortypen gezeigt werden, wobei ersichtlich wird, daß hier der 1-bit Prozessor gewisse Vorteile durch relativ einfache Programmierung bietet.

Soll bei einer Steuerung mit 1-bit Prozessor an einem bestimmten Ausgang, (z.B. Ausgang Nr. 4) der Wert "1" ausgegeben werden, so geschieht dies durch eine einzige Programmanweisung, z.B. AS 4 (Ausgang 4 setzen). Soll aber z.B. bei einem 8-bit Prozessor am Ausgang 4 der Wert "1" gegeben werden, wobei die übrigen Ausgangswerte nicht verändert werden sollen, so ist bereits eine Folge von Programminstruktionen notwendig. Im oberen Teil von Bild 3 wird dies beschrieben. Die aktuelle Ausgabe, im Bild 3 durch mehrere "X" gekennzeichnet, muß zunächst in ein Register

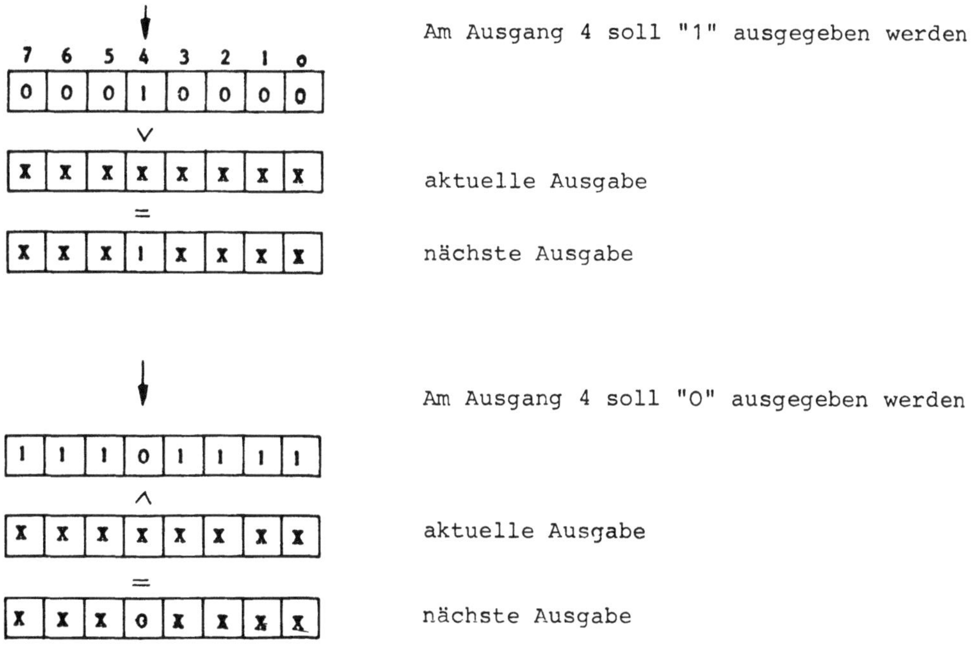

Bild 3: Ausgabe des Wertes "1" bzw. "0" bei 8-bit Prozessor

geholt werden und dann mit einer "Maske", die nur an der Stelle 4 eine "1" besitzt, durch ODER verknüpft werden. Das erhaltene Ergebnis wird dann (alle 8 Stellen gleichzeitig) an den entsprechenden Ausgangsleitungen ausgegeben. Ohne daß die einzelnen Programminstruktionen im einzelnen aufgeführt wurden ist ersichtlich, daß für diese Aufgabe bereits eine Folge von mehreren Instruktionen notwendig ist. Ähnliches gilt für die in der unteren Hälfte von Bild 3 dargestellte Ausgabe des Wertes "O" am Ausgang 4.

Der Unterschied in der Länge der Folge von Programminstruktionen wird noch größer, wenn z.B. die UND-Verknüpfung der Werte von 2 Eingängen durchgeführt werden soll. Beim 1-bit Prozessor ist dies bereits nach 2 Programmschritten erfolgt: Einholen des Wertes des 1. Einganges und im zweiten Schritt Einholen des Wertes des 2. Einganges mit gleichzeitiger UND-Verknüpfung mit dem bereits vorliegenden Wert des 1. Einganges, wonach das Ergebnis in einem Ergebnisspeicher zur Verfügung steht. Bei Verwendung eines 8-bit Mikroprozessors für diese Aufgabe sind - wie in Bild 4 gezeigt - zwischen 5 und 8 Schritte notwendig, (die Schritte 3,4 und 7 sind nicht unbedingt notwendig). In Bild 5 wird schließlich

1. Eingangswert 1 holen
2. in Vergleichsposition bringen
3. nicht betroffene Stellen zu O machen
4. ev. zwischenspeichern
5. Eingangswert 2 holen
6. in Position bringen
7. nicht betroffene Stellen zu O machen
8. UND-Verkn. durchführen

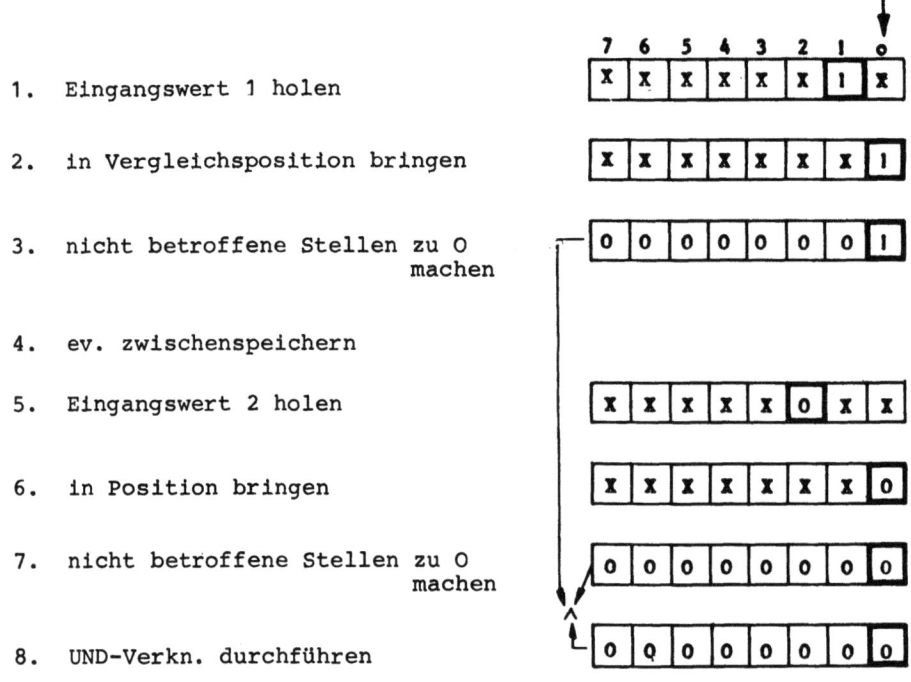

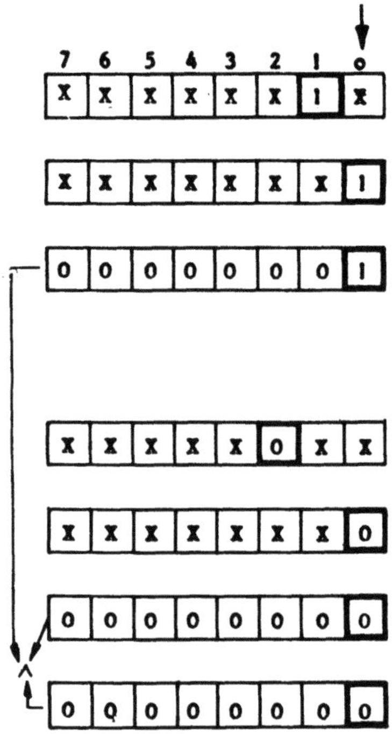

Bild 4: UND-Verkn. zweier Eingänge bei 8-bit Prozessor

noch gezeigt, wie einfache sequentielle Aufgaben bei einer Steuerung mit 1-bit Prozessor programmiert werden. Im linken Teil dieses Bildes

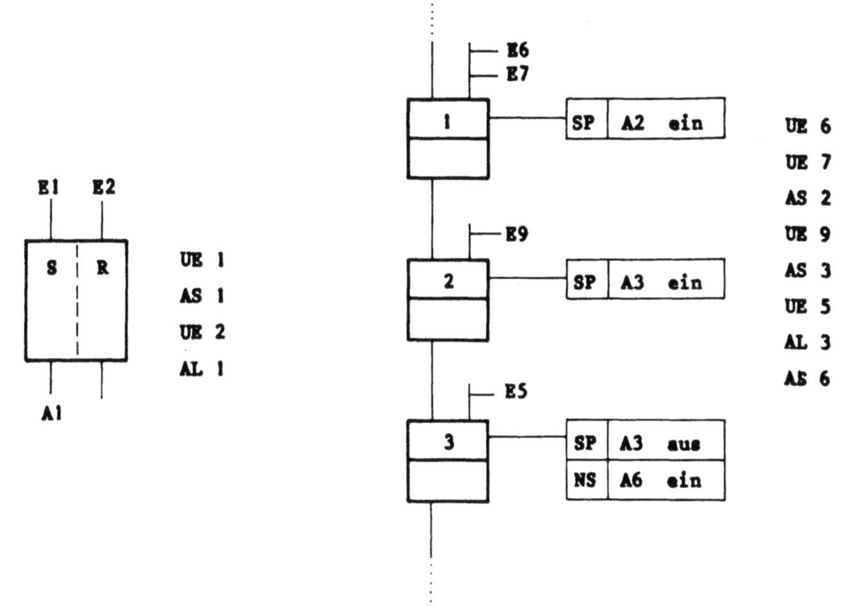

Bild 5: Programmierung einfacher sequentieller Aufgaben

steht eine mögliche Programmfolge für ein RS-Flipflop. Durch UE 1 wird der Wert des Einganges 1 geladen und falls dieser Wert "1" ist, wird der Ausgang 1 gesetzt. Durch UE 2 wird der Wert des Einganges 2 geladen und falls dieser Wert "1" ist, der Ausgang 1 gelöscht. Damit wird programmäßig die Funktion des RS-Flipflops erfüllt. Im rechten Teil von Bild 5 sind 3 Schritte einer Ablaufsteuerung dargestellt. Beim ersten Schritt soll der Ausgang 2 "1" gesetzt werden, wenn die Eingänge 6 und 7 beide eins sind und außerdem eine weitere Vorbedingung erfüllt ist. Dies wird durch die 3 Programminstruktionen: UND-Eingang 6, UND-Eingang 7, Ausgang 2 setzen erfüllt. Entsprechendes gilt auch für die Schritte 2 und 3 der dargestellten Ablaufsteuerung.

Die Programmeingabe erfolgt durch ein Programmiergerät, das im einfachsten Fall in der Programmierbaren Steuerung bereits integriert vorhanden ist, oder mit diesem über entsprechende Stecker verbunden wird. Bei Steuerungen mit 1-bit Prozessor sind zumeist die einzelnen Instruktionen direkt einzelnen Tasten des Programmiergerätes zugeordnet. Diese Art von Programmiergeräten sind relativ billig. Bei Programmierbaren Steuerungen aus USA wird sehr häufig eine Programmierung nach Stromlaufplänen durchgeführt. Durch diese Art der Programmierung soll den Anwendern von Relaissteuerungen ein Übergang zu Programmierbaren Steuerungen besonders einfach gemacht werden. Mit derartigen Programmiergeräten kann ein Stromlaufplan mittels Tasten für Schließerkontakt, Öffnerkontakt, Leitungsverzweigung usw. eingegeben werden. Die als Stromlaufplan eingegebene Steuerung muß vor dem Laden in den Programmspeicher noch in die für den Prozessor verständlichen Instruktionen umgewandelt werden. Die Verarbeitung der Programmeingabe in diesem Sinne kann entweder durch den Prozessor der Steuerung selbst, oder durch einen eigenen Prozessor, speziell für die Programmeingabe, erfolgen.

Eine weitere Variante der Programmierung besteht in der Verwendung spezieller steuerungstechnischer "Sprachen". Die Programmerstellung erfolgt ähnlich wie bei einer höheren Programmiersprache, jedoch mit etwas einfacheren Syntaxregeln. Beispiele für derartige Steuerungssprachen sind STEP 3 von Siemens und DOLOG von AEG. Bei Verwendung derartiger Steuerungssprachen ist natürlich ebenfalls eine Übersetzung eines in diesen Sprachen erstellten Programmes in den eigentlichen Maschinencode des Prozessors notwendig. Deshalb sind die entsprechenden Programmiergeräte sehr aufwendig und bedienungsfreundlich, jedoch auch relativ teuer. Bei einigen Geräten wird eine weitere Programmiermöglichkeit unter Verwendung des Ablaufplanes mit Symbolen nach DIN 66001 angeboten. Diese Art der Programmierung ist besonders gut für zyklische Abläufe, Programmschleifen und ähnlichem geeignet.

6 Einfluß Programmierbarer Steuerungen auf Entwurfsverfahren für Digitale Steuerungen

Bei der Betrachtung von Entwurfsverfahren muß zunächst unterschieden werden, ob die Programmierbare Steuerung selbst bzw. deren Bauteile entworfen werden sollen, oder aber ob der logische Entwurf als Grundlage für ein Anwendungsprogramm dienen soll. Im folgenden wird nur der Entwurf von Anwendungsprogrammen und dessen Zusammenhang mit Entwurfsmethoden für Digitale Steuerungen betrachtet.

Geht man davon aus, daß sehr viele auf dem Markt befindliche Programmierbare Steuerungen nach Stromlaufplänen programmiert werden, so könnte man annehmen, daß Verfahren zur Berechnung von Relaisschaltkreisen größere Bedeutung erlangen werden. Man muß dabei aber bedenken, daß diese Art der Programmierung hauptsächlich gewählt wird, um Anwendern von Relaissteuerungen einen Übergang auf Programmierbare Steuerungen zu erleichtern. Im Hinblick auf die Steuerung selbst erbringt diese Art der Programmierung keine erkennbaren Vorteile. Falls es stimmt, daß die Programmierung nach Stromlaufplänen nur eine Zwischenlösung ist, dann ist die Frage: Wie wird in Zukunft programmiert? Es scheint sicher, daß der Anwender in Zukunft mehr "anwendungsbezogen" programmieren wird und dabei nur geringe Rücksicht auf die verwendete Technologie wird nehmen müssen. Die eigentliche Berechnung einer Steuerung, d.h. die Anwendung von bestimmten Algorithmen wird mehr in das Programmiergerät verlagert werden. Nur der Hersteller einer Programmierbaren Steuerung muß sich entscheiden, welche Algorithmen er in einem Programmiergerät implementiert, um dem Anwender ein Gerät zur Verfügung zu stellen, daß dieser mit seinen jeweiligen Kenntnissen (differenziert nach Industriezweigen) praktisch ohne Einarbeitungszeit benutzen kann.

Von den vorhandenen Entwurfsmethoden für digitale Steuerungen kann zunächst nur festgestellt werden, welche Eigenschaften und welche Ergebnisse im Hinblick auf Programmierbare Steuerungen vermutlich geringere bzw. welche größere Bedeutung erlangen werden. Folgende Eigenschaften bzw. Ergebnisse von Entwurfsverfahren besitzen im Zusammenhang mit Programmierbaren Steuerungen keine oder nur geringere Bedeutung:
- Bauteilminimum (Speicherminimum),
- spezielle Strukturen (NAND, NOR),
- negierte Eingänge,
- fan in, fan out (Minimierung oder Berücksichtigung von Beschränkungen).

Folgende Eigenschaften bzw. Ergebnisse von Entwurfsmethoden besitzen im Zusammenhang mit Programmierbaren Steuerungen größere Bedeutung:
- formale Beschreibungsmittel, falls diese direkt als Grundlage einer Programmierung geeignet sind,
- Dekomposition im Sinne einer Strukturvereinfachung (Testbarkeit).

Es erscheint sicher, daß es auch in Zukunft eine Vielfalt in der Art der Programmierung geben wird. Diese Vielfalt wird hauptsächlich aufgrund der unterschiedlichen Einsatzbereiche Programmierbarer Steuerungen bestehen. In diesem Zusammenhang besitzen vor allem formale Beschreibungsmittel als direkte Grundlage der Programmierung besondere Bedeutung. Unter einem "Entwurfsverfahren" versteht man heute in der Steuerungstechnik einen Algorithmus durch dessen Anwendung bei gegebener Aufgabenbeschreibung eine digitale Steuerung berechnet wird. Die so erhaltene Steuerung ist im allgemeinen für eine Geräterealisierung bestimmt - sie kann aber auch programmiert werden. Dieser "Umweg" wird besonders deutlich bei der heute weit verbreiteten Programmierung nach Stromlaufplan.

Im Zusammenhang mit Programmierbaren Steuerungen kann ein "Entwurfsverfahren" folgendermaßen definiert werden: Ein Algorithmus, durch dessen Anwendung eine, in bestimmter Form vorliegende Aufgabenbeschreibung unter Verwendung eines Satzes von Prozessorinstruktionen in ein "Programm" umgewandelt wird. Bei dieser Betrachtungsweise erscheint es auch sinnvoll, die zur Zeit verwendeten Prozessorinstruktionen einer kritischen Betrachtung zu unterziehen. Es darf nicht als sicher angenommen werden, daß die zur Zeit hauptsächlich verwendeten Prozessorinstruktionen für die vorhin beschriebene Aufgabe optimal geeignet sind.

7 Zusammenfassung

Für einfache Programmierbare Steuerungen werden heute überwiegend 1-bit Prozessoren verwendet. Für größere Programmierbare Steuerungen werden sowohl 1-bit als auch Mehr-bit Prozessoren (oder auch beide gemeinsam) verwendet. 1-bit Prozessoren besitzen den Vorteil einer sehr einfachen Programmierung und hoher Verarbeitungsgeschwindigkeit, während Mehr-bit Prozessoren größere Flexibilität aufweisen. Die parallele Signalverarbeitung verbindungsprogrammierter Steuerungen wird bei einer speicherprogrammierten Steuerung durch sequentielle Verarbeitung mit hoher Geschwindigkeit ersetzt. In manchen Fällen ergeben sich dadurch Grenzen wegen der Verarbeitungsgeschwindigkeit. Eine Verschiebung dieser Grenze ist durch technologische Entwicklungen (bipolare Prozessoren) und durch andere Strukturen (Mehrprozessorsysteme) zu erwarten.

Die Programmierung erfolgt zumeist wie folgt: Konventioneller Entwurf einer Steuerung wie bei einer Hardware-Realisierung und anschließende Programmierung des Ergebnisses. Zukünftige Programmierbare Steuerungen sollten eine direktere Programmierung der Aufgabenbeschreibung ermöglichen.

Literatur

1. Fritzsch, W.: Anlagenstrukturen und Steuerungskonzepte mit Mikrorechnern. Messen steuern regeln 20 (1977), 662-667.
2. Mombauer, N.: Programmierbare Steuerungen (PC) - Stand der Technik. In: VDI-Berichte Nr. 263, Düsseldorf: VDI-Verlag 1976, S. 9-19.
3. Oehler, R.: Frei programmierbare Steuerungssysteme. NT (1977) 363-375.
4. 8085 Microcomputer System User's Manual. Santa Clara, Calif.: Intel Corporation 1977.
5. MC 14500B Industrial Control Unit Handbook. Motorola Semiconductor Products Inc. 1977.

TECHNISCHE UND WIRTSCHAFTLICHE ÜBERLEGUNGEN ZUR VERWENDUNG VON MIKROPROZESSOREN IN STEUERUNGEN FÜR DEN INDUSTRIEEINSATZ

TECHNICAL AND ECONOMICAL CONSIDERATIONS ON THE APPLICATION OF MICROPROCESSORS FOR INDUSTRIAL SWITCHING CIRCUITS

K. Mayer
SIEMENS, Erlangen

Kurzfassung

Aufgrund des Fortschritts der Halbleitertechnologie stehen heute hochintegrierte und preisgünstige Bauelemente für Speicher (Schreibe-/Lese- und Festwertspeicher) und speicherprogrammierbare digitale Prozessoren (Mikroprozessoren) zur Verfügung. In allen Bereichen der Technik werden damit hohe Erwartungen verbunden, sowohl hinsichtlich neuer Möglichkeiten als auch im Hinblick auf eine wesentliche Preisreduzierung.

Das Referat will technische und wirtschaftliche Gesichtspunkte beim Einsatz dieser Bauelemente in industriellen Steuerungen etwas näher beleuchten und abschließend anhand verfügbarer Produkte die erzielten Vorteile beispielhaft darstellen.

Funktionell stellt das Bauelement "Mikroprozessor" nichts neues dar. Es handelt sich um durchaus bekannte Strukturen aus der Rechnertechnik. Neue technische Möglichkeiten ergeben sich daher allein aufgrund der Kompaktheit und des niedrigen Preises. Da es sich um digitale Verarbeitungseinheiten handelt, ist die Eignung für Steuerungen entsprechend zu bewerten, z.B. anhand folgender Kriterien:

- binäre Verarbeitung (boolsche Verknüpfungen),
- digitale Verarbeitung (Protokolle, Bedienung),
- Zahlen,
- Zeitbildung,
- Geschwindigkeit,
- Einbinden in übergeordnete Automatisierungssysteme.

Die Betrachtungen zur Wirtschaftlichkeit betreffen z.B. die:

- Ingenieuraufwendungen bis zur Fertigungseinführung,
- Art der Aufwendungen (Hardware, Software, Firmware),
- Herstellungskosten,
- Markteinführungszeit,
- Handhabung,

wobei die in der Industrie üblichen Anforderungen berücksichtigt werden

müssen, wie:
- Robustheit, Störsicherheit, Verfügbarkeit,
- Anschaffungspreis/Betriebskosten (Wartung),
- Inbetriebnahme/Änderungen.

<u>Anmerkung:</u> Der vollständige Text des Beitrags ist nicht eingegangen.

DER BEITRAG DER PROGRAMMIERBAREN STEUERUNGEN ZUR FERTIGUNGSAUTOMATISIERUNG

APPLICATION OF PROGRAMMABLE CONTROLLERS FOR INDUSTRIAL AUTOMATION

W. Maßberg

Lehrstuhl für Produktionssysteme
Ruhr - Universität Bochum

Zusammenfassung

Zunehmende Flexibilitätsanforderungen an die industrielle Steuerungstechnik stellen eine wichtige Motivation für den Einsatz programmierbarer Steuerungen (PC) dar. Überall dort, wo im Rahmen solcher Steuerungsaufgaben im wesentlichen binäre Signale zu verarbeiten sind, wird die PC dem Prozeßrechner vorzuziehen sein. Sie erfüllt die besonderen Anforderungen, die sich aus dem industriellen Anwendungsgebiet der Steuerungstechnik ergeben, sowohl hinsichtlich ihrer Hardware wie auch hinsichtlich ihrer Programmierbarkeit. Beide Anforderungsbereiche werden in den nachfolgenden Ausführungen erläutert, wobei insbesondere der Anpassungsfähigkeit der Programmierung an die übliche Arbeitsweise der Steuerungskonstrukteure eines Unternehmens besonderes Gewicht zukommt. Ein Überblick über die Art der Ankopplung der PC an den zu steuernden Prozeß, über den Ablauf der zyklischen Programmbearbeitung und über die Grund- und Zusatzfunktionen programmierbarer Steuerungen schließt sich an. Abschließend erfolgt eine zusammenfassende Darstellung der Vorteile programmierbarer Steuerungen hinsichtlich der Projektierung, Inbetriebnahme und Überwachung industrieller Steuerungen sowie hinsichtlich der Dokumentationserstellung.

Summary

Increasing demands for more flexibility of controls for production processes present an important motivation for the use of programmable controllers (PC's). Where the basic function of an industrial control system is to provide output commands to a machine or process, that are based on some logical combination of input conditions received from the machine or the process, there will be the application range of PC's. Programmable controllers must perform special conditions as well from the point of view of programming as from the point of view of hardware design. Both conditions are discussed - specially the adaptability of programming procedures in dependence from the usual working method of design engineers. In addition a survey on components and operation methods of PC's will be given. A discussion of the advantages of PC's in regard to design, starting and monitoring of industrial controls will close the article.

Die industrielle Fertigung sieht sich wachsenden Anforderungen an die Flexibilität der Fertigungseinrichtungen gegenübergestellt. Kundennahe Fertigung - d.h. auftragsabhängige Fertigung anstelle der Großserienfertigung für ein Vorratslager, raschere Aufeinanderfolge von Produktveränderungen aufgrund des Innovationsprozesses und Anpassung an differenziertere Kundenwünsche sind nur einige Stichworte, die diese zunehmenden Anforderungen an die Flexibilität begründen.

Dieser Flexibilitätsforderung muß auch die industrielle Steuerungstechnik in zunehmendem Maße gerecht werden. Dort, wo besonders kleine Stückzahlen zu fertigen sind, hat seit vielen Jahren die numerische Steuerung ihr Einsatzfeld gefunden, die eine besonders hohe Flexibilität hinsichtlich wechselnder Fertigungsaufgaben bietet. Dem Einsatz numerischer Steuerungen im Bereich der Großserienfertigung auf beispielsweise komplexen Transfermaschinen oder -straßen sind jedoch wirtschaftliche Grenzen gesetzt. Gleichwohl wird auch in diesem Bereich eine zunehmende Änderungsflexibilität des in der Maschinensteuerung festgelegten Bearbeitungsablaufs gefordert. Dieser Änderungsflexibilität kommt selbst in Fertigungsanlagen, die eindeutig der Massenfertigung zuzuordnen sind, in vielen Fällen eine besondere Bedeutung zu: Gerade bei auf eine spezielle Fertigung zugeschnittenen Einrichtungen kann das dem Steuerungsentwurf zugrundegelegte Know-How des Anlagenherstellers häufig noch nicht als technologisch oder wirtschaftlich optimal betrachtet werden. Mit zunehmender Erfahrung beim Einsatz der Anlage in der Produktion werden sich neue Erkenntnisse sowohl beim Anlagenhersteller wie auch beim Betreiber einstellen. Diesem Lernvorgang soll der in der Steuerung festgelegte Ablauf angepaßt werden können. Vielfach wird sich der Optimierungsprozeß über Monate hinziehen, bevor der steuerungstechnisch festgelegte Ablauf "eingefroren" werden kann.

Der überwiegende Teil der elektrischen Steuerungen für Fertigungseinrichtungen verarbeitet binäre Signale in Form logischer Verknüpfungen, gleichgültig, ob die Steuerung mit elektromechanischen Elementen oder mit Halbleiterbauelementen aufgebaut ist. Die der jeweiligen Verknüpfung zugeordnete Schaltung wird durch die Auswahl entsprechender Bauelemente und deren festverdrahtete Verbindungen verwirklicht. Bei sich als notwendig erweisenden Änderungen müssen der mechanische Aufbau der Steuerung einschließlich der Verdrahtung, wie auch die Dokumentation der Schaltung, mit häufig hohem Aufwand modifiziert werden.

Eine Reduzierung des mit Änderungen einhergehenden Aufwands setzt voraus, daß nicht die Steuerungshardware, sondern die Software, d.h. das Programm für die Steuerung, zu ändern ist. Steuerungen, die dieser Forderung genügen, sind als programmierbare Steuerungen (PC) zu bezeichnen. Ihr Einsatzbereich liegt dort, wo im wesentlichen Einzelsignale logisch miteinander zu verknüpfen sind.

Hier liegt auch die Abgrenzung der PC zum Prozeßrechner: Wo ein Ablauf durch ein komplexes mathematisches Modell beschrieben wird und wo von seiten des gelenkten Prozesses Alarmsignale zu erwarten sind, die je nach ihrer Priorität unterschiedliche Alarmbearbeitungsprogramme aktivieren müssen, wird die Domäne des Prozeßrechners liegen.

Wo nicht arithmetische, sondern logische Verknüpfungen binärer Signale im Vordergrund stehen, wird die PC bevorzugt eingesetzt werden.

Diese unterschiedlichen Einsatzbereiche von Prozeßrechner und PC führen auch zu einer grundsätzlich unterschiedlichen Programmiermethode. Gemeinsam ist beiden Lösungen jedoch, daß die Anpassung einer vom speziellen Fertigungsprogramm unabhängigen Hardware an die jeweilige Steuerungsaufgabe über ein Programm, d.h. softwareseitig erfolgt und daß für diese Programme ein entsprechender Speicher vorhanden ist.

Welche speziellen Anforderungen gelten jedoch nun hinsichtlich der programmierbaren Steuerung?

Große Bedeutung kommt zunächst einmal der Programmierung zu: Die Programmierbarkeit darf keine EDV-Kenntnisse des mit der Steuerung befaßten betrieblichen Personals voraussetzen. Sie muß vielmehr der Arbeitsweise und Ausdrucksform der Mitarbeiter des für die Steuerungskonzeption verantwortlichen Konstruktionsbüros weitmöglichst angepaßt sein. Das bedeutet, daß man einen Mitarbeiter, der bisher den Steuerungsentwurf in der Kontaktplandarstellung erstellte, nicht zwingen sollte, die steuerungstechnischen Verknüpfungen in Form der ihm bisher nicht vertrauten Boole'schen Algebra zu beschreiben und umgekehrt. Andererseits soll aber auch die Möglichkeit bestehen, daß der nicht mit der elektrischen Schaltungstechnik vertraute Konstrukteur die von ihm vorgesehenen steuerungstechnischen Abläufe unmittelbar anhand des Funktionsplanes verbal beschreibt. Programmierbare Steuerungen sollten also hinsichtlich ihrer Programmierung anpassungsfähig sein an die im entsprechenden Konstruktionsbereich vorherrschende Arbeitsweise. Während zu Beginn der Entwicklung überwiegend PC's auf dem Markt waren, die entweder die eine oder die andere Programmiermethode gestatten, bieten moderne Systeme dem Anwender die Möglichkeit, sowohl die eine, wie die andere Programmiermethode anzuwenden - je nach bevorzugter Arbeitsweise des jeweiligen Mitarbeiters. Bild 1 stellt die wesentlichen Programmierverfahren für PC's gegenüber.

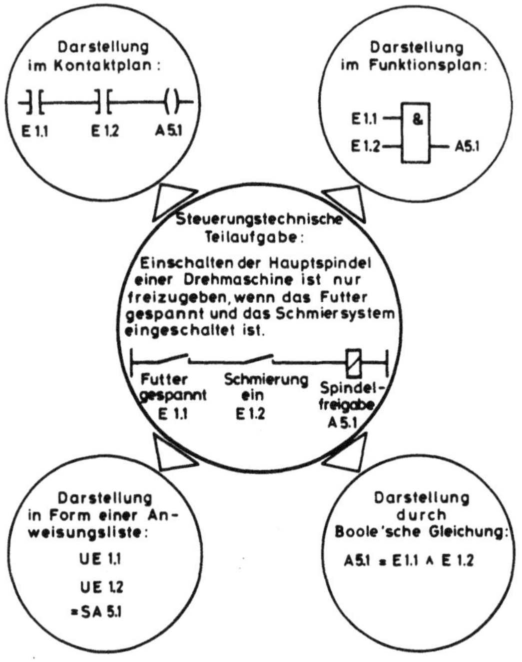

Bild 1: Programmierverfahren für PC's.

Die Programmeingabe erfolgt mit Hilfe von Programmiergeräten, die über eine Tastatur für Ziffern und Buchstaben oder für komplette Befehle in mnemotechnisch günstiger Form ausgestattet sind. Auf Sichtgeräten lassen sich die eingegebenen steuerungstechnischen Verknüpfungen kontrollieren. Außerdem können die Inhalte der einzelnen Speicherzellen sowie die Ein- und Ausgangszustände angezeigt werden. Auch der Projektierungshilfe dient ein solches Sichtgerät: Wo auf der Basis des Kontaktplanes programmiert wird, lassen sich alle Strompfade anzeigen, die einen Ausgang ansteuern. Durch erhöhte Helligkeit läßt sich erkennen, wie sich die Betätigung von Kontakten aufgrund bestimmter Eingangssignalkombinationen hinsichtlich der Durchschaltung eines Potentials auf bestimmte Ausgänge auswirkt.

Für viele Systeme stehen leicht transportable Programmiergeräte für Programmeingabe, Programmediting und Programmkontrolle zur Verfügung. Eingegebene Anweisungen oder ein ganzes Programm lassen sich im Programmiergerät zwischenspeichern. Die dort abgespeicherten Funktionsabläufe können in einem on-line-Test erprobt und schrittweise optimiert werden. Nach Abschluß des Programmiervorgangs wird der Inhalt des Pufferspeichers in den eigentlichen Speicher des PC-Prozessors kopiert. Wo dieser einmal optimierte Ablauf für längere Zeit unverändert erfolgen soll, ist seine Ablage in einem nicht flüchtigen PROM-Speicher zweckmäßig. Das Programmiergerät selbst kann dann von der zu steuernden Ablage entfernt werden und steht anderen Aufgaben zur Verfügung. Wo der im Speicher des Prozessors abgelegte Programmablauf häufig zu ändern ist, wird man die Programmiereinheit in den Steuerungsaufbau integrieren.

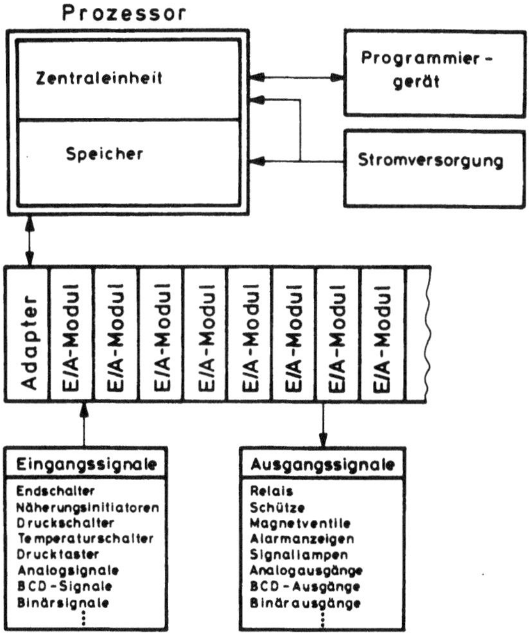

Bild 2: Aufbau von PC's

Bild 2 zeigt den üblichen Aufbau einer programmierbaren Steuerung: Der Prozessor fragt nach festgelegten Ablaufroutinen die vom Prozeß oder der Maschine kommenden Eingangssignale ab. Aufgrund des Abfrageergebnisses werden in Abhängigkeit vom im Speicher abgelegten Programm entsprechende Ausgänge aktiviert. Je nach Komfort des Prozessors sind über die logischen Grundverknüpfungen hinaus auch die Funktionen von Zeitgliedern und Zählern sowie einfache arithmetische Operationen möglich. Insofern weist die PC Ähnlichkeit mit einem Kleincomputer auf - jedoch mit dem wichtigen Unterschied, daß sie für den unmittelbaren Einsatz auch unter ungünstigsten Umwelteinflüssen eines Industriebetriebes ausgelegt ist und direkt mit den Antriebs- und Steuereinheiten einer Maschine zusammenwirkt. Und - wie bereits dargelegt - es ist eine Programmierung in einer maschinen- bzw. prozeßorientierten Darstellung möglich.

Die Ein-/Ausgangsbaugruppen stehen bei den meisten PC-Systemen in robuster Blockbauform zur Verfügung. Bei kompakten Klein-PC-Systemen z.B. sind Stromerzeugung, Prozessor, Ein- und Ausgangsstufen den Normabmessungen von Schaltschützen angepaßt und lassen sich wie jene mit einer Schnappbefestigung auf einer Normprofilschiene befestigen. In diesem Falle erfolgt der Anschluß an das in der Schiene befestigte Buskabel über Federleisten. Für das Anschließen der Ein- und Ausgangsleitungen von bis zu 2,5 mm^2 Drahtquerschnitt sind Schraubklemmen vorgesehen. Schließlich zeigen Leuchtdioden den Signalzustand von Ein- und Ausgängen an. Bild 3 zeigt im Prinzip eine derartig aufgebaute PC. Die Flexibilität eines solchen PC-Systems wird noch dadurch gesteigert, daß ein schrittweises Zufügen von Ein- und Ausgabestufen sowie von Zeitstufen möglich ist.

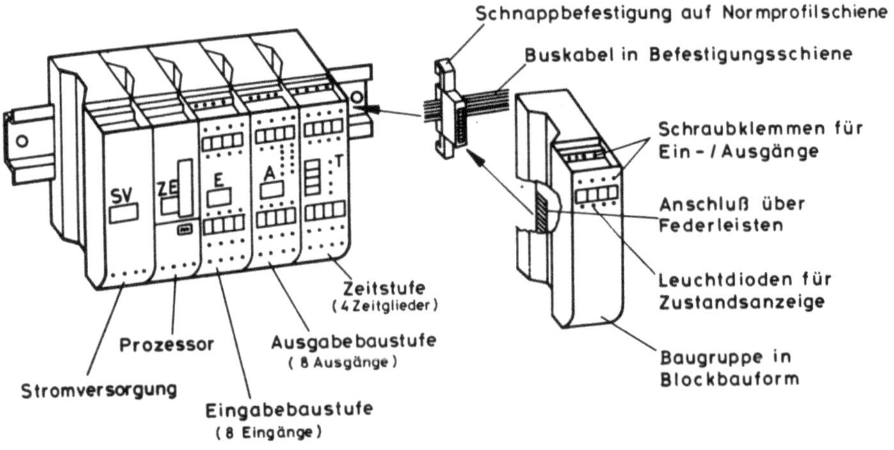

Bild 3: PC in Blockbauform / nach Siemens /

Bei der Programmeingabe über das Programmiergerät werden die einzelnen Anweisungen in fortlaufender Reihenfolge in Speicherzellen abgelegt. Während des Betriebes erfolgt eine zyklische Abfrage des Programmspeichers durch das Steuerwerk. Dabei werden die Speicheradressen nacheinander angewählt. Die aus der Speicherzelle herausgelesene Anweisung wird interpretiert und die erkannte Operation ausgeführt.

Dieser Ablauf sei im Beispiel der in Bild 1 dargestellten steuerungstechnischen Teilaufgabe erläutert (Bild 4): Das vom Anwender in Form z.B. einer Anweisungsliste eingegebene Programm ist im Programmspeicher der PC abgelegt. Der Speicher ist byteweise organisiert. In zwei Speicherbytes steht immer eine vollständige Anweisung, wie z.B. UE 1.2. Diese Anweisung bedeutet: "Frage den Eingang des Anschlusses 2 an der Eingangsbaugruppe Nr. 1 ab, ob er den Signalzustand "1" hat. Verknüpfe das Ergebnis der Abfrage mit dem Ergebnis der zuvor ausgeführten Anweisung nach einer UND-Funktion".

Die im Programmspeicher abgelegten Anweisungen werden vom Steuerwerk nacheinander zyklisch bearbeitet. Diese zyklische Abfrage wird durch einen Adresszähler organisiert. Sobald dieser den Inhalt einer Speicherzelle liest, wird deren Byteadresse ("1") dem Vergleicher in den Eingabebaugruppen zugeführt. Wenn die Byteadresse mit der Kodierung einer Baugruppe identisch ist, wird vom betreffenden Vergleicher dieser Baugruppe ein "1"-Signal abgesetzt. Auf diese Weise wird aus n Eingabebaugruppen eine ganz bestimmte Baugruppe angesprochen.

Der Operationsteil der Anweisung - UE - wird dem Operationsdecoder übermittelt. Dessen Ausgang U setzt das Register "Verknüpfungsvorschrift". In der Baugruppe, deren Vergleicher am Ausgang "1"-Signal gesetzt hat, schaltet der Ausgang E des Operationsdecoders sämtliche Eingänge 1.0, 1.1, 1.2 bis 1.n durch. Die Bitadresse ("2") wird dem Adressdecoder zugeführt, der das Bit "2" des Eingangswortes "1" zu einem Speicher "Abfrage erfüllt" weiterführt. Aufgrund der im Speicher für die Verknüpfungsvorschrift stehenden Anweisung erfolgt eine Verknüpfung des Abfrageergebnisses mit dem Ergebnis der ihm vorangegangenen Schritt bearbeiteten Anweisung (UE 1.1) nach einer Und-Funktion. Das Verknüpfungsergebnis seinerseits wird wiederum bei Ausführung der nächsten Anweisung vom Steuerwerk berücksichtigt. Im vorliegenden Beispiel folgt eine Ausgabeanweisung "SA 5.1". Das bedeutet, daß das Ergebnis der Verknüpfung als Ausgangssignal der Ausgabebaugruppe 5 auf Anschluß Nr. 1 zur Verfügung gestellt wird.

Nach Erreichen des Programmendes - d.h. nachdem die Anweisung der letzten Speicherzelle ausgeführt ist - beginnt der Adresszähler wieder die Bearbeitung des Programms von vorne.

Die Zykluszeit - d.h. die Zeit, die für den einmaligen Durchlauf des Programms benötigt wird - ergibt sich aus der Zahl der Anweisungen mul-

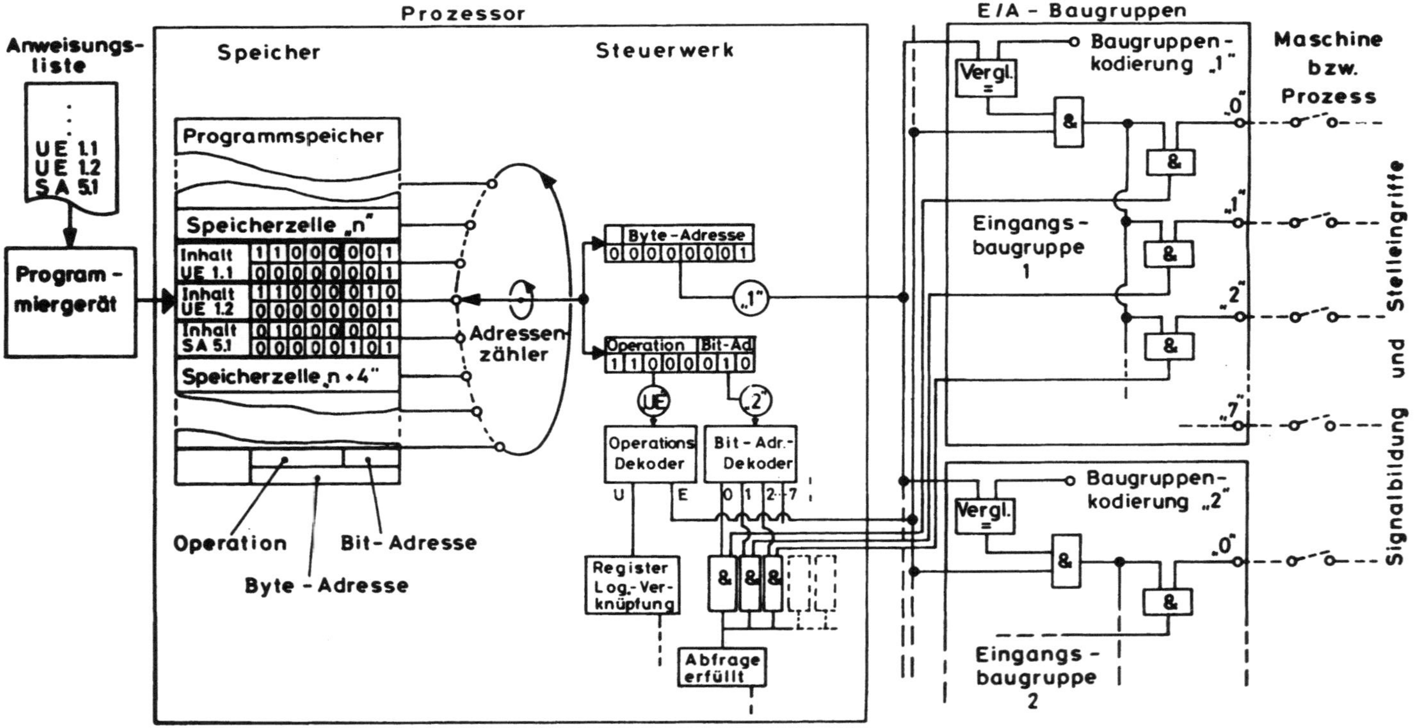

Bild 4: Arbeitsweise einer PC

tipliziert mit der für jede Anweisung benötigten Bearbeitungszeit. Das Durchlaufen des gesamten Programms kann bei verschiedenen PC-Bauformen durch eine Alarmmeldung verhindert werden. In diesem Falle führt der Alarm sofort zur Unterbrechung der augenblicklichen Programmbearbeitung und zu einer sofortigen erneuten Programmabarbeitung vom Anfang her. Damit wird sichergestellt, daß die Reaktionszeit zwischen Meldung und Bearbeitung eines Alarms immer gleich ist.

Der Umfang des Programmspeichers einer PC hängt von der Größe der jeweiligen Steuerung ab. Auf dem Markt sind Speicherkapazitäten von 64 Worten bei Minimalausbau bis zu 60 K-Worten im Maximalausbau verfügbar. Die Speicheraufstockung ist üblicherweise in Stufen von 1/4 K, 1 K oder 4 K-Worten möglich. Die Wortlängen liegen in der Regel bei 12 oder 16 Bit (wie im Beispiel des Bildes 4).

Die Verbindung zwischen der programmierbaren Steuerung und der Maschine bzw. dem Prozeß bilden die Ein-/Ausgangsbaugruppen. Auch hier ist üblicherweise eine stufenweise Erweiterung je nach den speziellen Bedürfnissen möglich. Bei kleinen PC's liegt die Gesamtzahl der Ein- und Ausgänge bei etwa 100, bei umfangreichen programmierbaren Steuerungen können bis zu 1024 Eingänge und 1024 Ausgänge vorgesehen werden.

Die Bearbeitungszeiten pro Anweisung betragen heute bei modernen PC-Systemen 4 - 5 µs. Daraus ergibt sich eine Zykluszeit von 4 - 5 ms für 1 K Anweisungen.

Überwiegend verwenden die PC's elektronische Ein- und Ausgangsstufen. Die Tabelle des Bildes 5 gibt eine Übersicht über die Vielfalt der ein- bzw. auszugebenden Signale. Wechselspannungsaus- und eingänge sind überwiegend für 110 V oder 220 V ausgelegt, Gleichspannungsein- und ausgänge für 24 V. Verschiedene Systeme verfügen über 5 V Gleichspannungsaus- und eingänge, um TTL-kompatibel zu sein.

Leistungsstarke Ausgänge gestatten eine unmittelbare Ansteuerung von Kupplungen, Ventilen oder Leistungsschützen. Die Ein- und Ausgänge sind überwiegend einzeln potentialfrei aufgebaut. Zur Erleichterung der Systemdiagnose erfolgt in vielen Fällen die Anzeige des Zustandes der Ein- und Ausgänge über Leuchtdioden der Glimmlampen.

Konventionelle Steuerungen umfassen häufig Zeit-, Haft- und Speicherrelais, sowie elektromechanische Zähler und dergleichen. Auch diese Funktionen müssen selbstverständlich von einer PC darstellbar sein. Diese sogenannten Zusatzfunktionen sind je nach PC-System Bestandteil des Prozessors oder sie werden extern als Einschubkarten gesteckt.

Alle PC's enthalten für die Darstellung der Funktionen von Hilfsrelais in konventionellen Steuerungen sogenannte Merkzellen oder Zwischenspei-

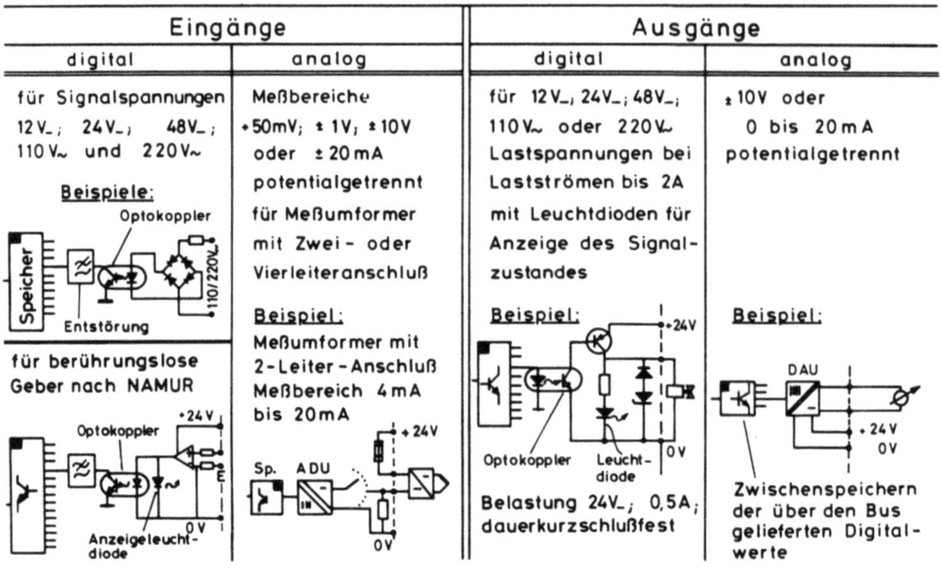
Eingänge
Ausgänge
digital
analog
digital
analog
für Signalspannungen 12V₋; 24V₋; 48V₋; 110V~ und 220V~
Beispiele:
Optokoppler
Speicher
Entstörung
110/220V
für berührungslose Geber nach NAMUR
+24V
Optokoppler
0V
Anzeigeleucht-diode
Meßbereiche ±50mV; ±1V; ±10V oder ±20mA potentialgetrennt für Meßumformer mit Zwei- oder Vierleiteranschluß
Beispiel:
Meßumformer mit 2-Leiter-Anschluß Meßbereich 4mA bis 20mA
+24V
Sp.
ADU
0V
für 12V₋; 24V₋; 48V₋; 110V~ oder 220V~ Lastspannungen bei Lastströmen bis 2A mit Leuchtdioden für Anzeige des Signalzustandes
Beispiel:
+24V
0V
Optokoppler
Leucht-diode
Belastung 24V₋; 0,5A; dauerkurzschlußfest
±10V oder 0 bis 20mA potentialgetrennt
Beispiel:
DAU
+24V
0V
Zwischenspeichern der über den Bus gelieferten Digitalwerte

Bild 5: Ein- und Ausgabestufen für programmierbare Steuerungen

cher. Derartige Merker werden wie Ausgänge angesprochen - jedoch mit dem Unterschied, daß sie keine Ausgangsverstärker besitzen, weil ihr Zustand ja nur intern verarbeitet wird. Die Anzahl solcher Merkerzellen schwankt je nach Ausbau von PC's zwischen einigen Hundert bis zu 2048. Haftspeicherrelaisverhalten ist bei Batteriepufferung der Merker gegeben. Ihre Informationen bleiben dann auch bei Spannungsausfall erhalten.

Zur Bildung von Zeitverzögerungen sind Zeitstufen verfügbar. Diese Zeitglieder können per Programm gesetzt, rückgesetzt oder abgefragt werden. Die Zeitwerte selbst lassen sich ebenfalls über das Programm oder über Potentiometer unmittelbar einstellen.

Moderne PC-Systeme gestatten über die elementaren Logikfunktionen hinaus auch die Realisierung komplexerer Funktionen. Sie sehen zusätzlich Ankopplungsmöglichkeiten an Mikrocomputer oder Prozeßrechner vor. Zähler und Schieberegister lassen sich mit wenigen Sonderbefehlen unmittelbar programmieren, ohne die umfangreiche Logik eines Zählers oder Schieberegisters mit den vorhandenen Standardbefehlen in aufwendiger Weise programmieren zu müssen. Zähler können per Programm statisch gesetzt, rückgesetzt, vorwärts und rückwärts getaktet und auf den Zählerstand "0" abgefragt werden.

In jüngerer Zeit entwickelte PC-Systeme werden den höheren Anforderungen an Systemüberwachung und Fehlerdiagnose dadurch gerecht, daß die Zykluszeit, die Funktionen der Ein- und Ausgabebaugruppen, die Spannung der Pufferbatterie und die Lastspannungen stetig kontrolliert werden. Bei einem Fehler geht der Prozessor in den Stop-Zustand. Entsprechende Fehlermeldungen werden dem Überwachungspersonal mitgeteilt. Komfortablere PC-Systeme greifen bei der Programmbearbeitung nicht unmittelbar auf die Eingangszustände zurück. Vielmehr wird ein Abbild sämtlicher Abfrageergebnisse eines Zyklus im Speicher hinterlegt. Auf diese im Speicher abgebildeten Eingänge wird bei der Programmbearbeitung zurückgegriffen. Das Ergebnis der Bearbeitung wird entsprechend nicht unmittelbar den Ausgängen übermittelt - vielmehr wird das Prozeßabbild der Ausgänge angesprochen. Erst am Ende eines jeden Programmzyklus erfolgt die Übertragung dieses Prozeßabbildes der Ausgänge zu den tatsächlichen Ausgängen.

Der Komfort bzw. der Umfang der Ausstattung einer PC hängt, wie Bild 6 qualitativ darstellt, einerseits von der Komplexität der zu realisierenden Funktionen ab, andererseits von der Anzahl der Funktionen. Wo die

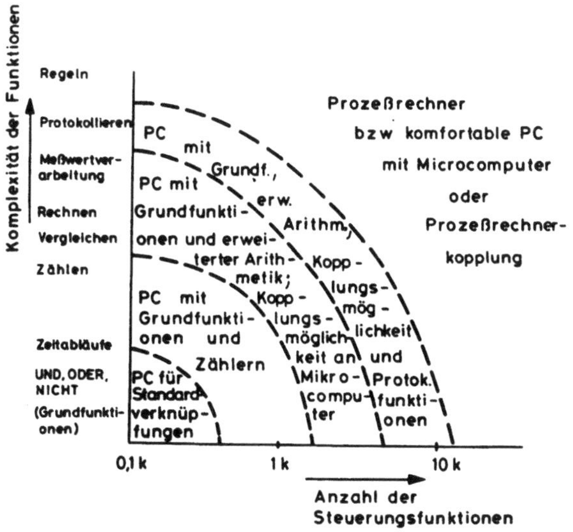

Bild 6: Ausbaustufen von PC's in Abhängigkeit von der Anzahl und Komplexität der Funktionen

Komplexität und/oder die Anzahl der Funktionen sehr groß sind - die Obergrenze der Funktionsanzahl wird durch die maximal für eine Steuerung zulässige Zykluszeit festgelegt - wird anstelle einer PC ein Prozeßrechner eingesetzt werden müssen, sofern diese Steuerung entsprechende Flexibilitätsanforderung zu erfüllen hat.

Zusammenfassend seien die besonderen Merkmale einer programmierbaren Steuerung nochmals dargestellt:

Bei der konventionellen verbindungsorientierten Steuerung muß stets eine endgültige Klärung erreicht sein, bevor der Bau der Steuerung in Angriff genommen werden kann. Die Beschaffung einer PC verlangt im Rahmen einer groben Aufgabenklärung lediglich die Abschätzung des Bedarfs an Speicherplätzen, Ein- und Ausgangsstufen auf der Basis der benötigten Signalgeber und Stellglieder. Die endgültige technische Klärung braucht erst zum Zeitpunkt der Programmierung vorzuliegen.

In der Realisierungsphase der Steuerung tritt an die Stelle einer Schaltschrankverdrahtung die Programmeingabe in den Speicher. Die Hardwarearbeit beschränkt sich auf das Anschließen der Ein- und Ausgänge.

Durch die Änderungsfreundlichkeit verkürzt sich die Inbetriebnahmezeit vor allem bei komplexen Prozessen erheblich. Der modulare Aufbau von PC's erleichtert Erweiterungen der Steuerung. Schließlich können in der Prozeßlenkung auftretende Fehler schneller und einfacher lokalisiert werden, da Ein- und Ausgänge hinsichtlich ihres Zustandes angezeigt werden und das Programmiergerät auch für Steuerungstests ausgelegt ist. Die Verfügbarkeit der über eine PC gesteuerten Anlage wird aufgrund der besseren Diagnosemöglichkeit einerseits und aufgrund der kontaktlosen Verknüpfung der Funktion andererseits erheblich erhöht. Die meisten Geräte werden durch Eigenkonvektion gekühlt; da keine Lüfter vorhanden sind, besteht auch unter ungünstigen Umgebungseinflüssen keine Verschmutzungsgefahr.

Eine manuelle Dokumentationserstellung kann entfallen, weil Anweisungslisten, Funktions- und Kontaktpläne sowie Zuordnungs- und Signallauflisten ausgedruckt werden. Die Übereinstimmung mit dem programmierten Ablauf ist damit automatisch gegeben. Einmal erstellte Programme sind beliebig oft kopierbar. Die absolute Übereinstimmung der Steuerungsabläufe bei Serien gleichartiger Maschinen ist damit sichergestellt.

Von wirtschaftlichem Vorteil ist auch die Wiederverwendbarkeit der Steuerung, da sich ihr Charakter durch ein anderes Programm in einfacher Weise völlig ändern läßt. Das Programm wird entweder in graphischer Darstellung als Funktionsplan oder Kontaktplan oder in Form leicht erlernbarer Abkürzungen der Bezeichnungen der Steuerungsfunktionen eingegeben (Entwurf DIN 19239).

KONZEPT EINER ASYNCHRONEN, PARALLEL ARBEITENDEN PROGRAMMIERBAREN STEUERUNG (PC)

CONCEPT OF AN ASYNCHRONOUS, PARALLEL WORKING PROGRAMMABLE CONTROLLER

W. Roddeck

Lehrstuhl für Produktionssysteme
Ruhr - Universität Bochum

Zusammenfassung

Die heute immer weitere Verbreitung findenden programmierbaren Steuerungen (PC) verwenden als Rechen- und Steuerwerk einen 1-bit Rechner oder andere Mikrorechner mit Wortstruktur, welche die Eingabekanäle sequentiell abfragen und entsprechend dem im Systemspeicher vorhandenen Programm die Ausgänge ansteuern. Es wird ein Konzept für eine asynchron arbeitende, programmierbare Steuerung vorgestellt, die aus einzelnen Grundmoduln besteht, deren logisches Verhalten und deren Verknüpfung untereinander durch Anlegen von Steuerwörtern mittels Kodierschaltern festgelegt wird.

1. Heutiger Stand der PC-Technik

Bis vor wenigen Jahren wurden Steuerungsaufgaben der digitalen Steuerungstechnik vorwiegend mit festverdrahteten Baugruppen in Form von integrierten Halbleiterschaltkreisen und anderen diskreten Bauelementen gelöst. Die Eigenschaften solcher festverdrahteter Steuerungen haben ungünstige Auswirkungen auf die Rationalisierung in Verkauf, Planung, Fertigung und Inbetriebnahme von Steuerungsanlagen. So können nachträgliche Anpassungen an nicht vorhersehbare Gegebenheiten der zu steuernden Anlage nur schwer vorgenommen werden.

Aus diesen Gründen ging man vor einigen Jahren dazu über, die zu diesem Zeitpunkt weitgehend ausgereiften und zunehmend sich verbilligenden Digitalrechner zur Realisierung von sogen. programmier-

Steuerungen - im englischen Sprachgebrauch "programmable controller" - kurz PC überzugehen. [1]
Während bei einer festverdrahteten Steuerung einzelne Steuerfunktionen von parallel arbeitenden Baugruppen ausgeführt werden, erfolgt beim PC entsprechend der synchronen, seriellen Arbeitsweise von Digitalrechnern die Bearbeitung einzelner Steuerbefehle in serieller Abfolge. Das eigentliche Steuerprogramm liegt hier nicht mehr hardwaremäßig in Form von einzelnen Verbindungen der Verdrahtung vor, sondern softwaremäßig in Form eines Steuerprogramms, wodurch die Flexibilität des PC's gegenüber der festverdrahteten Steuerung enorm ansteigt. Das Steuerprogramm wird mit Hilfe eines Programmiergerätes, dessen Preis den der Steuerung oft um ein Vielfaches übersteigt, in den Systemspeicher des Digitalrechners eingelesen. Dieses Programm kann jederzeit ohne großen Aufwand geändert werden, wenn das Programm sich in einem RAM-Speicher befindet; es ist dann aber gefährdet bei Spannungsausfall gelöscht zu werden. Befindet sich das Programm auf einem PROM, so ist es zwar gegen Spannungsausfall geschützt, kann aber nur unter Zuhilfenahme eines PROM-Programmiergerätes geändert werden.

Da bei der festverdrahteten Steuerung alle Eingangssignale parallel verarbeitet werden, wird hier die Arbeitsgeschwindigkeit nur durch die Schaltgeschwindigkeit der verwendeten Bauelemente begrenzt. Beim PC hingegen erfolgt die Abarbeitung der Steuerbefehle seriell und bei einer Vielzahl von Eingangssignalen und Steuerprogrammen,die ein PC zu übernehmen hat,sinkt die Reaktionszeit auf eine Eingangssignaländerung, gegenüber der festverdrahteten Steuerung, erheblich.
Diese Reaktionszeit heute verfügbarer PC's ist nur noch graduell zu verbessern, da bei serieller Arbeitsweise die Arbeitsgeschindigkeit durch die maximale Signalgeschwindigkeit, nämlich die Lichtgeschwindigkeit begrenzt wird. Bei einer parallel ausgelegten, festverdrahteten Steuerung jedoch bedingt der Umfang der Steuerungsanlage und damit des Steuerungsprogramms keine Begrenzung für die Verarbeitungsgeschwindigkeit einer bestimmten Signaländerung. Die Eigenschaften und Vorteile paralleler insbesondere iterativer Strukturen werden in [2] beschrieben.
Weiterhin führt hier der Ausfall eines einzelnen Bauteils nur zum Ausfall eines kleinen Teils der Steuerungsfunktionen, während beim PC ein Ausfall im Steuerwerk zu einem Gesamtausfall der Anlage führt, was natürlich zum Teil dadurch wieder ausgeglichen wird, daß der PC eine standardisierte Hardware besitzt, die in großen Stückzahlen mit hoher Zuverlässigkeit gefertigt wird.

2. Struktur eines neuen PC-Konzepts

Ausgehend von diesen Gesichtspunkten stellt sich die Frage, ob sich nicht die Vorteile beider Steuerungskonzepte, nämlich hohe Flexibilität von PC's durch Programmierbarkeit und hohe Verarbeitungsgeschwindigkeit von parallel arbeitenden, festverdrahteten Steuerungen, in einem Gerät kombinieren lassen, d.h. wie ist eine parallel arbeitende, programmierbare Steuerung zu konzipieren.

Bei paralleler Verarbeitung muß im Gegensatz zum herkömmlichen Digitalrechner das gesamte Programm der logischen Verknüpfung ständig vorhanden sein und kann daher nicht in seriell zu beschreibende und zu lesende Speichermedien verbracht werden. Es muß ähnlich wie bei einem Analogrechner in Form einer änderbaren Verkabelung hardwaremäßig zur Verfügung stehen. Dies bringt zwar einen erhöhten Aufwand für die Programmspeicherung gegenüber Halbleiterspeichern mit sich, besitzt aber den Vorteil, daß es bei Ausfall der Spannungsversorgung unter keinen Umständen verloren gehen kann.

2.1 Grundmodul

Um ein gleichhohes Maß an Flexibilität und Standardisierung wie eine konventionelle PC zu besitzen, muß die neu zu konzipierende PPC sich aus identischen Moduln aufbauen. Derartige Grundmodule und die Möglichkeiten der Verbindung solcher Module untereinander sind in [3], [4], [5] beschrieben worden. Diese Konzepte sind jedoch mit der Zielrichtung eines parallel arbeitenden Digitalrechners entwickelt worden und sind für industrielle Steuerungen wenig geeignet.

Der für die hier vorgestellte PPC als kleinste Steuerungseinheit dienende Grundmodul ist in Bild 1 dargestellt.
Dieser Modul hat 3 verschiedene Typen von Eingängen, nämlich die mit EEX1-4 bezeichneten Eingänge für extern zugeführte Variable, die Eingänge EI 1-2 für in der Steuerung selbst erzeugte Zwischensignale und die Eingänge ST 1-8 für das Anlegen von Steuervariablen. Diese Steuervariablen kann man zu einem 8-bit-Steuerwort zusammenfassen, das man durch 2 Hexadezimalzahlen darstellen kann.

Die Steuervariablen haben im einzelnen folgende Funktion:
ST1 - ST4 beeinflussen die externen Eingangsvariablen und zwar so, daß bei ST1 - 4 = 0 die jeweilige Eingangsvariable dem nachfolgenden Und-Gatter unverändert zugeführt wird und bei ST1-4=1 die betreffende Eingangsvariable negiert wird. Dies beruht auf den Eigenschaften der Exklusiv-Oder-Funktion. In gleicher Weise beeinflussen ST5 - 6 die Ausgänge der Und-Gatter und ST7 den Ausgang des Oder-Gatters.

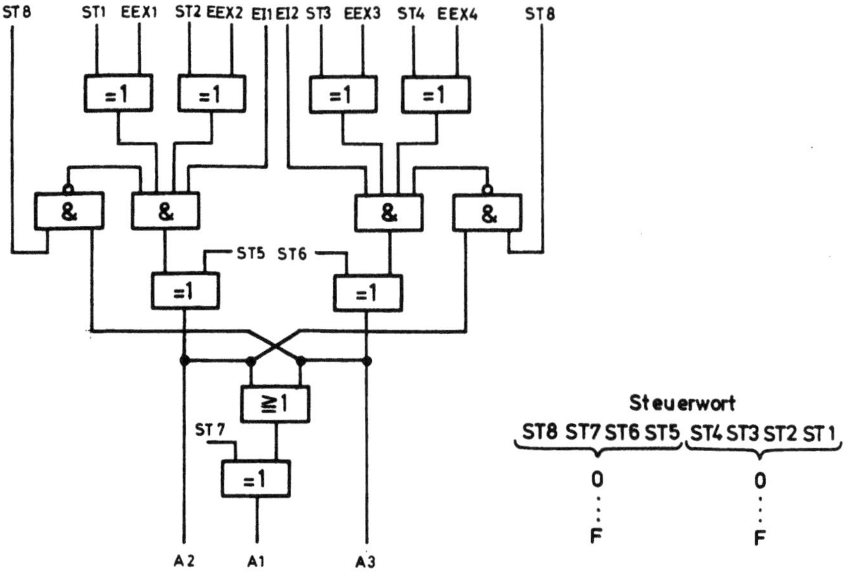

Bild 1: Grundmodul

Ist die Steuervariable ST8 = 0, so erscheint an den Ausgängen A1 - A3 eine kombinatorische Verknüpfung der Eingangsvariablen. Ist ST8 = 1, so entsteht ein RS Flip-Flop mit A2 und A3 als nicht negiertem und negiertem Ausgang.

Abhängig vom Steuerwort kann der Modul eine Vielzahl von kombinatorischen Verknüpfungen der Eingangssignale erzeugen, wie Und, Oder, Nand, Nor, Inhibition, Implikation, Exklusiv-Oder, Halbaddierer oder disjunktive Normalformen, wobei an drei verschiedenen Ausgängen Teilfunktionen abgegriffen werden können.

Die Aufstellung in Bild 2 zeigt einige Beispiele für Steuerworte und die daraus resultierende logische Funktion des Grundmoduls.

Das Programmieren einer bestimmten logischen Funktion bedeutet also bei diesem Grundmodul das Anlegen eines Steuerwortes von 2 Hexadezimalzahlen. Diese durch Hardware vorzunehmende Programmierung sollte anders als es z.B. beim Analogrechner durch Stecken einer Verkabelung vorgenommen wird, schnell und übersichtlich durchzuführen sein. Es bietet sich daher an, das Steuerwort mittels zweier hexadezimaler Kodierschalter an den Grundmodul anzulegen. Man kann so das Mikroprogramm eines Moduls sehr schnell ändern und hat jederzeit eine optische Anzeige des anliegenden Steuerwortes.

Steuerwort	Schaltfunktion
$04 \hat{=} 00000100$	$A1 = EEX1 \wedge EEX2 \vee \overline{EEX3} \wedge EEX4$
	$A2 = EEX1 \wedge EEX2$
	$A3 = \overline{EEX3} \wedge EEX4$
$3E \hat{=} 00111110$	$A1 = \overline{EEX1} \vee EEX2 \vee EEX3 \vee EEX4$
	$A2 = \overline{EEX1 \wedge \overline{EEX2}}$
	$A3 = \overline{\overline{EEX3} \wedge \overline{EEX4}}$
$70 \hat{=} 01110000$	$A1 = EEX1 \wedge EEX2 \wedge EEX3 \wedge EEX4$
	$A2 = \overline{EEX1 \wedge EEX2}$
	$A3 = \overline{EEX3 \wedge EEX4}$
$8F \hat{=} 10001111$	$R = EEX1 \vee EEX2$
	$S = EEX3 \vee EEX4$
	$A2 = Q \quad A3 = \overline{Q}$

Bild 2: Beispiele für Steuerworte

Da die Signalverarbeitung in der PPC asynchron erfolgt, d.h. die Signalverarbeitung wird nicht durch ein Taktsignal synchronisiert, sind Maßnahmen zu treffen, die Fehler durch Kontaktprellen am Eingang oder durch verschiedene Signallaufzeiten in der Steuerung unterbinden. Jeder Grundmodul erhält daher ein im Bild 3 dargestelltes Eingangsregister, das kurzzeitig hintereinander eintreffende Signaländerungen synchronisiert und kurzzeitige Impulse absorbiert. Dies erfolgt dadurch, daß eine Signaländerung an einem beliebigen Eingang des Registers ein monostabiles Flip-Flop mit einstellbarer Zeitkonstante triggert. Steht eine Signaländerung länger als diese Zeitkonstante am Register an, so wird sie übernommen und dem Grundmodul zugeführt.

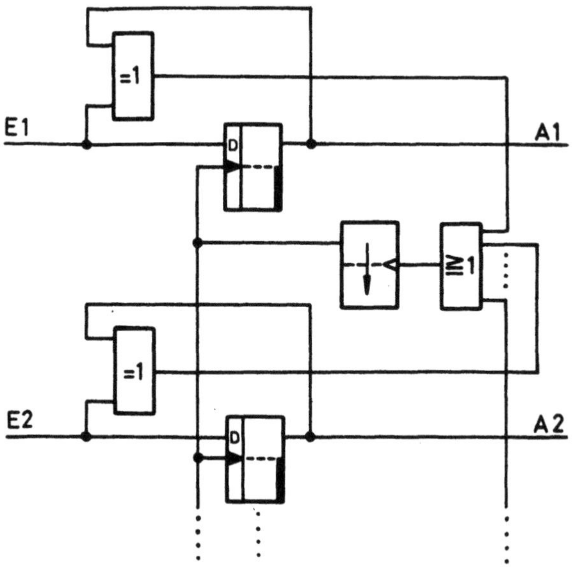

Bild 3: Eingangsregister zur Selbstsynchronisierung von mehrfachem Signalwechsel

2.2 Verbindung von Grundmoduln

Um nun Steuerungsfunktionen, die über die Möglichkeit eines Grundmoduls hinausgehen, realisieren zu können, wird eine Vielzahl von Moduln in einem orthogonalem Schema angeordnet (Bild 4). Um einerseits den Schaltungsaufwand in Grenzen zu halten und andererseits der Möglichkeit der zu realisierenden Steuerungen nicht zu enge Grenzen zu setzen wurde eine Struktur konzipiert, die eine Verbindung jedes Ausgangs eines Grundmoduls mit den internen Eingängen von je einem in einer Zeile und einer Spalte des Schemas benachbarten Moduls zuläßt. Die Herstellung der Verbindungen erfolgt wieder über ein 8-bit-Steuerwort, das ebenfalls über 2 hexadezimale Kodierschalter an einen Grundmodul angelegt werden kann. Dieses als "Verbindungswort" bezeichnete Steuerwort stellt, wie Bild 4 zeigt, eine Kodierung der verschiedenen möglichen und sinnvollen Verbindungskombinationen dar.

Es gibt daher insgesamt für jeden Grundmodul ein 16-bit-Steuerwort, mit dem seine logische Funktion und die Verbindung mit anderen Moduln mit Hilfe von 4 Kodierschaltern programmiert werden kann. Diese Programmierung kann daher ohne Verwendung zusätzlicher Hilfsgeräte schnell geändert werden und man kann das gesamte Steuerprogramm jederzeit ablesen und überprüfen.

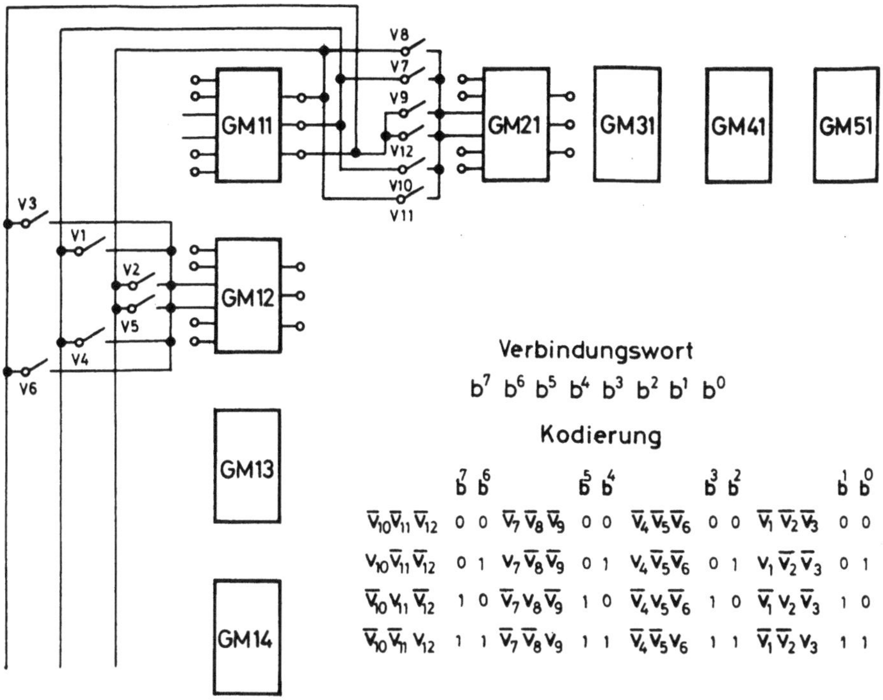

Verbindungswort

$b^7\ b^6\ b^5\ b^4\ b^3\ b^2\ b^1\ b^0$

Kodierung

	b^7	b^6		b^5	b^4		b^3	b^2		b^1	b^0
$\overline{V}_{10}\overline{V}_{11}\overline{V}_{12}$	0	0	$\overline{V}_7\overline{V}_8\overline{V}_9$	0	0	$\overline{V}_4\overline{V}_5\overline{V}_6$	0	0	$\overline{V}_1\overline{V}_2\overline{V}_3$	0	0
$V_{10}\overline{V}_{11}\overline{V}_{12}$	0	1	$V_7\overline{V}_8\overline{V}_9$	0	1	$V_4\overline{V}_5\overline{V}_6$	0	1	$V_1\overline{V}_2\overline{V}_3$	0	1
$\overline{V}_{10}V_{11}\overline{V}_{12}$	1	0	$\overline{V}_7V_8\overline{V}_9$	1	0	$\overline{V}_4V_5\overline{V}_6$	1	0	$\overline{V}_1V_2\overline{V}_3$	1	0
$\overline{V}_{10}\overline{V}_{11}V_{12}$	1	1	$\overline{V}_7\overline{V}_8V_9$	1	1	$\overline{V}_4\overline{V}_5V_6$	1	1	$\overline{V}_1\overline{V}_2V_3$	1	1

Bild 4: Verbindung von Grundmoduln

Die Programmierung mit Hexadezimalzahlen erlaubt außerdem eine Unterstützung der Programmierung durch einen Digitalrechner mit Hilfe einer assemblerähnlichen Sprache. In Bild 5 und 6 sind nun einige Beispiele für die Realisierung von einfachen Steuerungsfunktionen mit Hilfe einer PPC dargestellt. Bild 5 zeigt eine kombinatorische Schaltung in Form eines "m aus n" Gliedes für n = 3 und m = 2 und Bild 6 eine sequentielle Schaltung in Form eines "Einzelsteuergliedes mit 2-Punkt-Verhalten zur Ansteuerung von Stellgliedern mit 2 Endlagen". Hier zeigt sich besonders der Vorteil der für den Grundmodul gewählten Struktur daran, daß ein Grundmodul gleichzeitig die Setz- und Rücksetzbedingungen für ein Flip-Flop erzeugen kann.

Zur Ergänzung der Hardwareausstattung der PPC sind noch eine Zeitstufe mit einstellbaren Verzögerungszeiten, sowie eine Ausgangsstufe zum Treiben der erforderlichen Leistung vorgesehen.

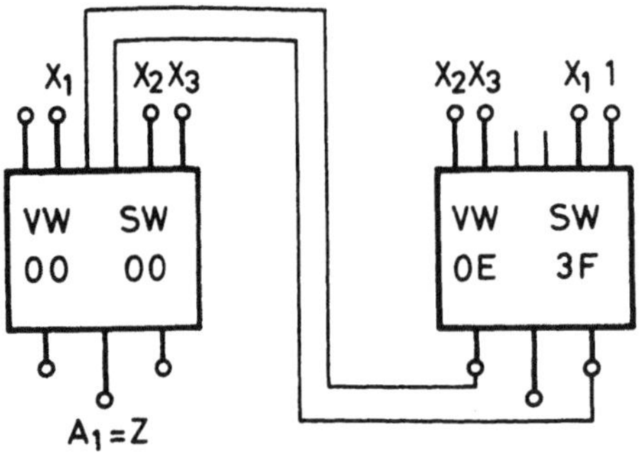

$$Z = X_1X_2 \vee X_1X_3 \vee X_2X_3 \vee X_1X_2X_3$$
$$= X_1(X_2 \vee X_3) \vee X_2X_3(X_1 \vee 1)$$

Bild 5: "2 aus 3" - Glied

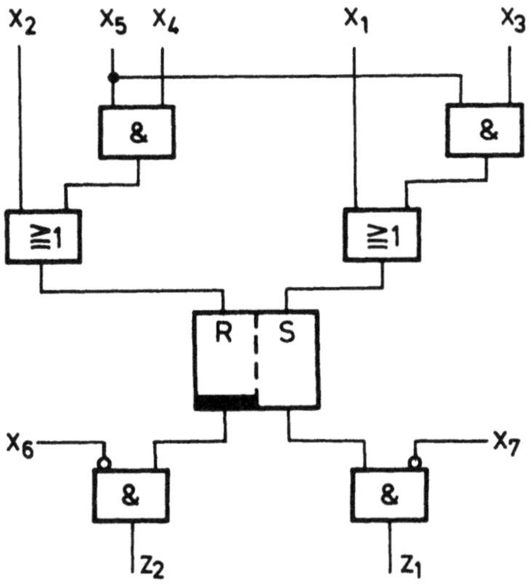

X_1: Hand EIN
X_2: " AUS
X_3: Automatik EIN
X_4: " AUS
X_5: " Freigabe
X_6: Rückmeldung der Endlage AUS
X_7: Rückmeldung der Endlage EIN

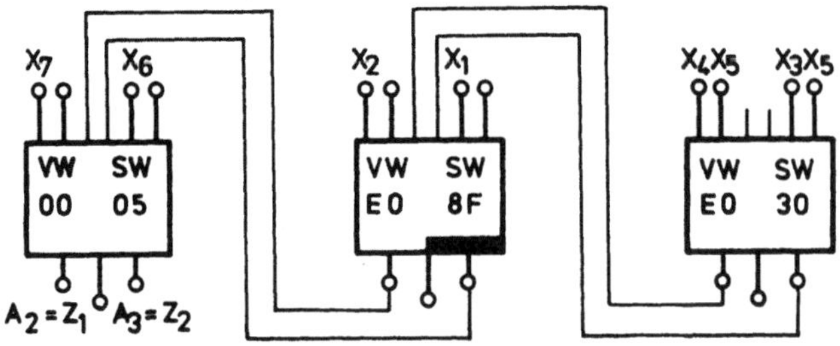

Bild 6: Einzelsteuerglied mit 2-Punkt-Verhalten zur Ansteuerung von Stellgliedern mit zwei Endlagen

Zusammenfassend ist zu sagen, daß das Konzept einer parallel arbeitenden, asynchronen, programmierbaren Steuerung sämtliche mit konventionellen seriell arbeitenden PC's realisierbaren Steuerungsprogramme ebenfalls zu realisieren erlaubt. Es ergibt sich zwar ein höherer Hardwareaufwand, der sich jedoch schon durch das Wegfallen aufwendiger Programmiergeräte ausgleicht. Die Steuerung verarbeitet alle angelegten Eingangssignale fast verzögerungsfrei, so daß keines, wenn es zeitkritisch ist, im Steuerungsprogramm priorisiert werden muß.

Literatur

1. Klein D. / Wolfgarten W.: Programmierbare Steuerungen, VDI-Verlag, Düsseldorf 1975.

2. Langheld E.: Zellenlogik und algorithmischer Schaltungsentwurf, Elektronik 1978, H.1, S.34 - 42 und H.2, S.59 - 66.

3. Minnick R.C.: Cutpoint Cellular Logic, IEEE Transactions on Electronic Computers, EC-13, 1964, No.6, S. 685 - 698.

4. Minnick R.C.: Cobwob Cellular Arrays, AFIPS Conference Proceedings, Vol.27, 1965, Part I, S. 327 - 341.

5. Short R.A.: Two-Rail Cellular Cascades, AFIPS Conference Proceedings, Vol. 27, 1965, Part I, S. 355 - 369.

Bemerkung

Dieser Beitrag ist mit gleichem Titel in der VDI-Z,1978,H.23,S.1119-21 veröffentlicht worden. Dem VDI-Verlag sei für die Genehmigung des Nachdruckes gedankt.

STEUERUNG IN MODULARER TECHNIK, VORGESTELLT AM BEISPIEL DES AUTOMATISIERUNGSSYSTEMS CONTRONIC 3

OPEN-LOOP CONTROL IN MODULAR TECHNIQUE, REPRESENTED BY THE EXAMPLE OF THE AUTOMATION SYSTEM CONTRONIC 3

G.-H. Bothe

Schoppe & Faeser GmbH
Minden

1. Einleitung

Überall dort, wo sich technische Prozesse schematisieren und eventuelle Abweichungen von einem solchen Schema kalkulieren lassen, kann der Mensch durch den Einsatz von Automatisierungseinrichtungen entlastet oder zumindest in seiner Tätigkeit unterstützt werden. Dabei haben diese Automatisierungseinrichtungen gegenüber dem Menschen im allgemeinen den Vorteil, erheblich schneller, vor allem aber zuverlässiger und präziser handeln zu können. Beide jedoch, sowohl der Mensch als auch eine noch so komplizierte Automatisierungseinrichtung wie beispielsweise die eines Kraftwerkes funktionieren nach dem gleichen Grundprinzip, nämlich dem Zusammenspiel von Aktion und Information. Die Information ist notwendig zur Entscheidungsfindung, zur Kontrolle und eventuellen Korrektur des Zustandes einer Anlage, und dieser wiederum wird durch gezielte Aktionen je nach den Erfordernissen verändert oder bewahrt.

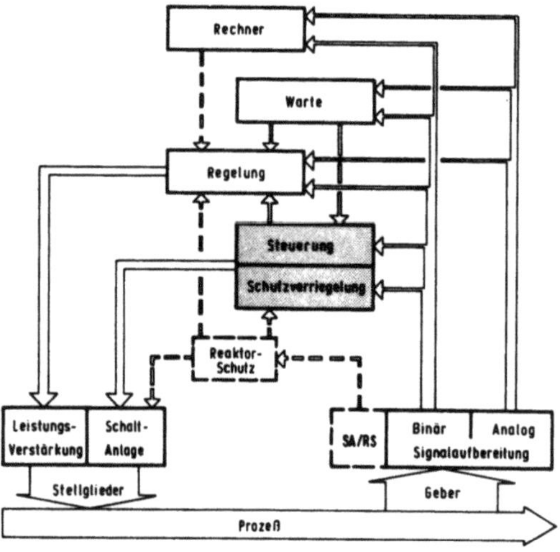

Bild 1. Grundstruktur einer Leitanlage

Für die Aktion sind in einer Leitanlage die Schaltanlage und Leistungsverstärker zusammen mit den dazugehörigen Stellgliedern zuständig und für die Information die Signalaufbereitung mit den entsprechenden Gebern (Abb.1).

Die Koordinierung von Aktion und Information, d.h. die Verarbeitung von ankommenden Signalen und die daraus resultierende Befehlsgebung, übernehmen die Regelung und die Steuerung zusammen mit dem Leitstand, bestehend aus der Warte und dem Rechner. Dabei ist die Aufgabe der Steuerung, die Gesamtanlage an- oder abzufahren und Teilbereiche der Anlage gezielt zu- oder abzuschalten, die der Regelung dagegen, einen bestimmten Zustand entsprechend einem vorgegebenen Sollwert zu erreichen und aufrecht zu erhalten. Das Zusammenwirken der einzelnen Systeme innerhalb einer Leitanlage wird bereits an anderer Stelle (z.B. [1], [2], [3]) ausführlich behandelt. Hier wollen wir uns nur mit dem in Abbildung 1 durch Raster gekennzeichneten Bereich der STEUERUNG befassen.

Im Allgemeinen ist der durch eine Leitanlage zu steuernde Gesamtprozeß derart komplex, daß sich eine Zerlegung in einzelne, klar voneinander abgegrenzte Teilprozesse empfiehlt. Solche Teilprozesse - üblicherweise Funktionsgruppen genannt - sind im Kraftwerk beispielsweise das Speisewassersystem oder der Turbosatz. Als Ergänzung zu dieser Aufteilung des Prozesses in horizontaler Richtung bietet sich gemäß der hierarchischen Befehlsgebung eine vertikale Gliederung in fünf Ebenen an. In Abbildung 2 wurde darzustellen versucht, wie die einzelnen Teilbereiche einer Funktionsgruppe diesen Ebenen zuzuordnen sind, und wo der Mensch noch direkte Eingriffsmöglichkeiten hat.

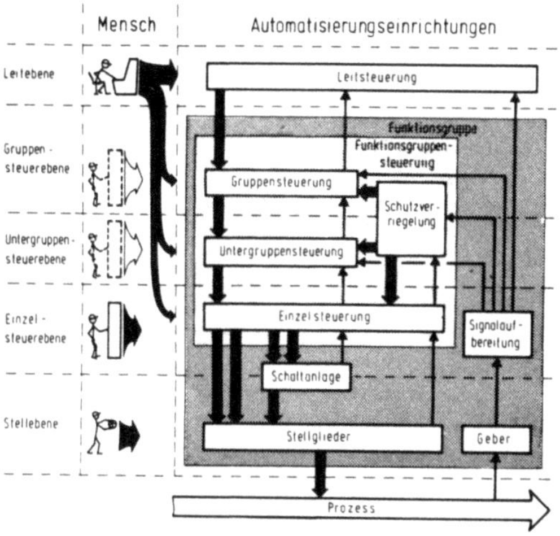

Bild 2.
Gliederung einer Funktionsgruppensteuerung und Zusammenwirken mit anderen Teilbereichen der Funktionsgruppe

Die in der aufgezeigten Hierarchie höchste Ebene ist die Leitebene. Hier ist die Leitsteuerung anzusiedeln, die - entsprechend einer Blocksteuerung im Kraftwerk - den Gesamtprozeß in Gang setzt oder beendet und dabei die Koordinierung der einzelnen Funktionsgruppen übernimmt. Der Mensch hat zu dieser Ebene wie auch zu den drei unterlagerten Steuerebenen Zugriff über die Warte. Die drei Steuerebenen wiederum unterscheiden sich voneinander durch unterschiedliche Aufgabenstellungen. Die Gruppensteuerung entscheidet, zu welchem Zeitpunkt wieviele und welche Untergruppen zu- oder abgeschaltet werden. Die Untergruppensteuerung bestimmt die Reihenfolge, in der die entsprechenden Aggregate ein- und ausgeschaltet werden und berücksichtigt dabei Überwachungs- und Wartezeiten, und die Einzelsteuerung schließlich dient der Ansteuerung und Überwachung des einzelnen Aggregates. Vollständig ist die Funktionsgruppensteuerung aber erst mit der Schutzverriegelung, die auf alle diese Teilsteuerungen selbsttätig wirken kann und auf die der Mensch keinen Einfluß hat, es sei denn er unterbricht die Stromversorgung. Die Leit-, Gruppen- und Untergruppensteuerung beziehen ihre Informationen aus der jeweils untergordneten Steuerung und wie die Schutzverriegelung aus der Signalaufbereitung, die Einzelsteuerung dagegen nur über abzweiggebundene Kontakte in der Schaltanlage oder an den Stellgliedern selbst. Zur Unterscheidung von Befehls- und Informationswegen sind in Abbildung 2 Befehlswege mit dicken und Informationswege mit dünnen Pfeilen gekennzeichnet.

Die Einflußnahme der Steuerung auf die Regelung, die im allgemeinen auf Gruppensteuerebene erfolgt, ist in der Abbildung nicht dargestellt.

In den beiden foldenden Abschnitten wird ausgeführt, wie ein solches Steuerungssystem im Rahmen des Contronic 3-Automatisierungssystems (19"-Technik) verwirklicht werden kann und welche speziellen Merkmale die entsprechenden Baugruppen aufweisen.

2. Allgemeine Merkmale des Contronic 3-Steuerungssystems

Durch die bereits erläuterte hierarchische Gliederung der Steuerung ist bei Contronic 3 eine voneinander unabhängige Planung der einzelnen Steuerebenen möglich und der Automatisierungsgrad der Anlage frei wählbar. Der dezentrale Aufbau des Systems begrenzt die Auswirkungen einer auftretenden Störung auf einen möglichst kleinen Anlagenbereich und erhöht so die Sicherheit und Verfügbarkeit der Anlage. Darüber hinaus werden einfache Möglichkeiten der Bildung von Redundanzen und Projektierungseinheiten geschaffen.

Um eine hohe Flexibilität in der Anwendung von Contronic 3 gewährleisten zu können, sind mit dem Einsatz von Mikroprozessoren Teilbereiche des Systems programmierbar. Dies führt zu einer größeren Funktionsdichte und läßt eine Standardisierung der Hardware zu, wodurch unter anderem die Lagerhaltung vereinfacht wird. Die Programmierbarkeit ist jedoch nur dort sinnvoll, wo der damit verbundene Aufwand in einem gesunden Verhältnis zur Flexibilitätserwartung an die betreffende Baugruppe und zur Verarbeitung der verlangten Funktion (= $\frac{\text{Anzahl der Verknüpfungen und Zeiten}}{\text{Anzahl der binären Ein- und Ausgänge}}$) steht. Aus diesem Grund beinhaltet das Contronic 3-Automatisierungssystem sowohl programmgesteuerte als auch konventionelle Baugruppen (Abb. 3). Dabei werden solche Baugruppen als konventionell bezeichnet, die ausschließlich mit den bisher üblichen diskreten Bauelementen der Elektronik, also Transistoren, Dioden, Widerständen etc., sowie integrierten Schaltkreisen aufgebaut sind.

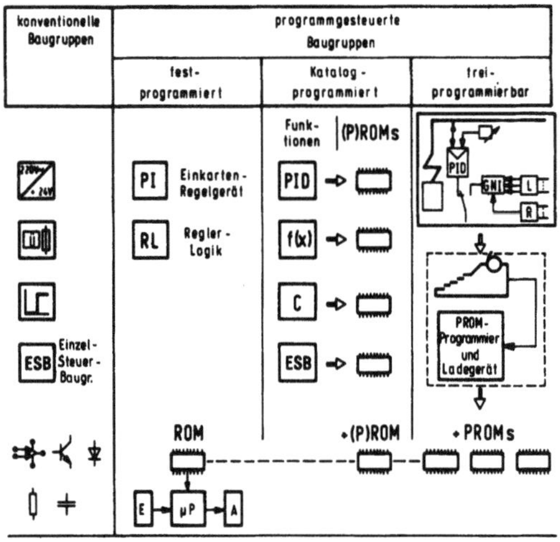

Bild 3.
Baugruppenfamilien des Contronic 3-Automatisierungssystems [3]

Alle programmgesteuerten Einheiten arbeiten seriell mit einer Zentraleinheit, einer Ein- und Ausgabeperipherie sowie einem Speicherbereich.

Die Ein- und Ausgabeperipherie kann je nach der Aufgabenstellung einer bestimmten Baugruppe analog, binär, hybrid (analog/binär) oder digital sein.

Der Speicherbereich enthält in jedem Fall einen Festspeicher ROM und einen Arbeitsspeicher RAM.

Ist die Funktion einer Baugruppe teilweise oder gänzlich noch nicht festgelegt, so kommt bei diesen Baugruppen noch ein programmierbarer Festspeicher PROM hinzu. Der Einsatz von maskenprogrammierten ROM's neben den aufgabenabhängig, programmierbaren PROM's ist dadurch begründet, daß die ROM's platzsparender und kostengünstiger sind.

So zerfällt der Bereich der seriell arbeitenden, programmgesteuerten Baugruppen in die Familien
- festprogrammierte Baugruppen
- katalog-programmierbare Baugruppen
- freiprogammierbare Baugruppen

Die erste Familie ist den konventionellen Baugruppen sehr ähnlich. Festprogrammierte und konventionelle Baugruppen haben eine feste Zuordnung der Baugruppenanschlüsse und eine auf die jeweilige Aufgabe zugeschnittene spezielle Peripherie.

Für jede der festprogrammierten Baugruppen gibt es nur ein festes Programm.

Die zweite Familie der programmgesteuerten Baugruppen hat im Gegensatz zu der ersten keine feste Zuordnung aller Baugruppenanschlüsse, und hat eine auf einen Aufgabenbereich zugeschnittene universelle Peripherie.

Der Name "katalog-progammierte Baugruppe" drückt schon aus, daß es für jede dieser Baugruppen mehrere feste Programme nach einem Funktionskatalog gibt.

Wie schon zuvor angedeutet, ist der auf die spezielle Einzelaufgabe zugeschnittene Programmteil in einem elektrisch einmalig programmierbaren Festspeicher PROM (oder bei großen Stückzahlen maskenprogrammierten ROM) abgelegt, der den ebenfalls vorhandenen Festspeicher ROM ergänzt. In diesem ROM-Speicher sind die für den Aufgabenbereich allgemeingültigen Programme enthalten (Abb. 4).

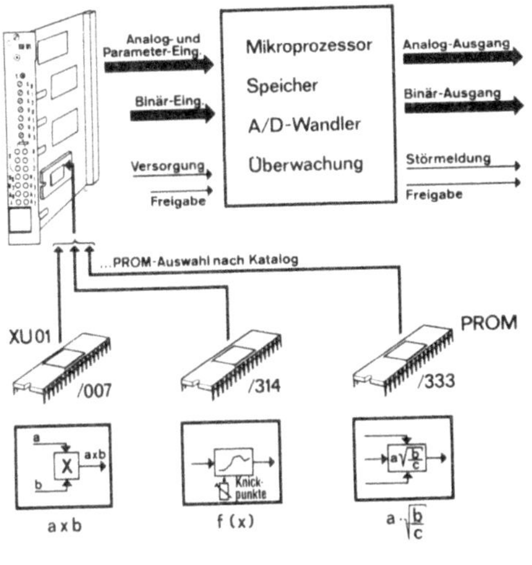

Bild 4. Programmauswahl nach Katalog [4]

Durch Auswechseln der steckbaren, katalogisierten (listenmäßigen) PROM-IC's wird aus einer universellen Hardware eine Funktionseinheit mit einer speziellen Aufgabe.

Mit der dritten Familie, den freiprogrammierbaren Baugruppen, kann man nun nahezu jede beliebige Aufgabe lösen, indem man sich des C3-Softwaresystems, das ein integrierter Bestandteil von Contronic 3 ist, bedient.

Das System C3 ist so konzipiert, daß zu einer Modularen Prozessoreinheit immer die für den Anwendungsfall erforderliche Software mitgeliefert wird.

Die C 3 Software enthält etwa 35 einzelne Programmbausteine - nach Regelung und Steuerung getrennt - die in einem Festspeicher (ROM) auf der Zentraleinheit des Modularen Prozessorsystems abgelegt sind [5].

Zur Speicherung der gewünschten Verknüpfung von Programmbausteinen im PROM-Speicher wird eine Programmbaustein-Verknüpfungsliste in Tabellenform geschrieben und mit einer Programmiereinrichtung in eine für den Prozessor lesbare Form (Maschinencode) gebracht (Abb. 5).

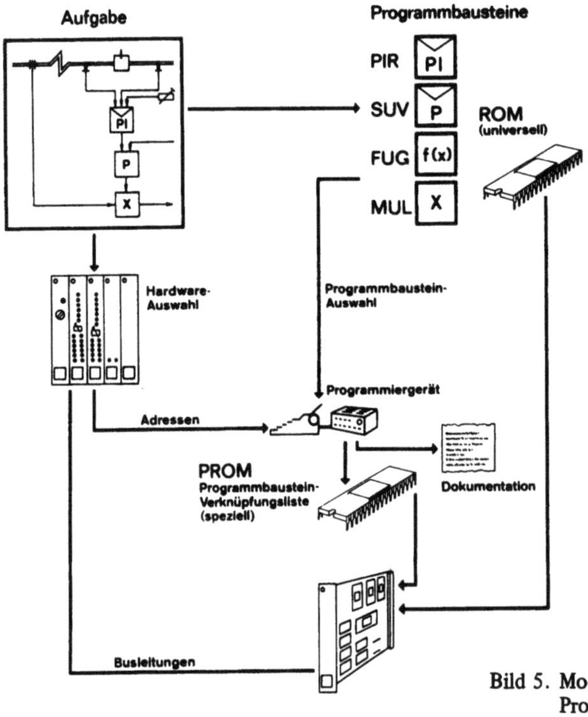

Bild 5. Modulares Mikroprozessorsystem mit freier Programmierung [4]

Ein eingebauter PROM-Lader nimmt die elektrische Programmierung, der in eine Fassung eingesteckten PROM-IC's vor.

Mit den programmierbaren Baugruppen lassen sich auch umfangreiche, zusammenhängende Aufgaben aus Regelung und Steuerung, z.B. die gesamte Blockleitebene eines Kraftwerkes realisieren.

Nun zurück zur Steuerung: Die dort von einer Baugruppe erwartete Flexibilität richtet sich nach der Steuerebene, auf der diese Baugruppe eingesetzt wird. So gibt es in der Einzelsteuerebene nur drei sich voneinander wesentlich unterscheidende Varianten, die in jeder Anlage wiederzufinden sind und lediglich von Anlage zu Anlage verschiedene Komfortansprüche zu befriedigen haben (mit "Komfort" ist hier wie im folgenden das Angebot an Befehls- und Informationsverarbeitung, an Überwachung, Signalisierung und Meldung und nicht zuletzt an Einsatzmöglichkeiten einer Komponente gemeint - siehe Abschnitt 3.). Dagegen sind auf Gruppen und Untergruppensteuerebene die Anforderungen an die Baugruppen derart anlagenbezogen, daß hier ein Höchstmaß an Flexibilität erforderlich ist. Das gleiche gilt auch für die Schutzverriegelung. Da sich diese aber im Gegensatz zur Gruppensteuerung im allgemeinen auf die einfache Verknüpfung von Kriterien beschränkt, kann in der Regel auf Grund der geringen Verarbeitungstiefe auf eine freie Programmierbarkeit verzichtet werden, so daß sich hier die Verwendung konventionell aufgebauter Baugruppen anbietet.

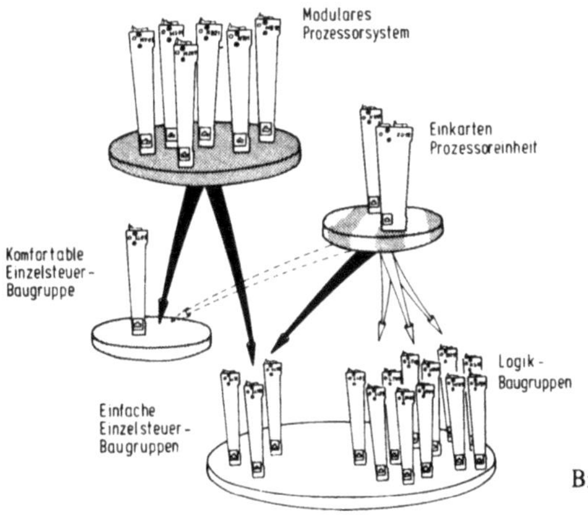

Bild 6. Contronic 3-Steuerungsbaugruppen

In Abbildung 6 wurde der Versuch unternommen, die Verbindung zwischen den verschiedenen Anforderungen bezüglich der Programmierbarkeit der Baugruppen und den entsprechenden Contronic 3-Steuerungsfamilien darzustellen. Auf der nicht gerasterten Plattform finden wie die konventionellen Baugruppen. Das weite Raster ist den katalogprogrammierbaren und das enge Raster den frei programmierbaren Baugruppen vorbehalten. Diese Raster kennzeichnen auch in den folgenden Abbildungen den Grad an Programmierbarkeit. Dieser wiederum steht in enger Beziehung zum Komfort, den die betreffende Baugruppe zu bieten hat.

Eine Funktionsgruppensteuerung, die den zur Zeit höchsten Komfortansprüchen Rechnung trägt, wird auf Gruppen- und Untergruppensteuerebene das frei programmierbare Modulare Prozessorsystem und auf Einzelsteuerebene die katalogprogrammierbare komfortable Einzelsteuerbaugruppe SL 01 einsetzen. Da für eine Vielzahl von Fällen (z.B. bei der Ansteuerung kleinerer Magnetventile) der Komfort der konventionellen einfachen Einzelsteuerbaugruppen SL 11, SL 12 oder SL 13 bei weitem ausreichend ist, können neben der SL 01 auch diese eingesetzt werden. Alle SL-Baugruppen werden nämlich durch die übergeordnete Steuerung in der gleichen Weise angesteuert. Es ist auch durchaus denkbar, daß auf Gruppensteuerebene das Modulare Prozessorsystem und auf Einzelsteuerebene nur die einfachen Einzelsteuerbaugruppen zum Einsatz kommen.

Eine Besonderheit bildet die Ein-Karten-Prozessoreinheit XU 12 (mit ihrer Erweiterungsbaugruppe XU 11), für die ein Katalogprogramm für Gruppensteuerung in Schritt-Technik und eins für die Standardlösung einer zyklischen Vertauschung existiert, die aber auch frei programmiert für eine Gruppensteuerung in Verknüpfungstechnik oder zur Überwachung der Logik-Baugruppen eingesetzt werden kann. Diese Kompakt-Lösung kommt hinsichtlich Umfang und Komfortbedarf für kleinere Steuerungsaufgaben in Betracht und stellt vor allem im Hinblick auf den Programmierungsaufwand die Alternative zum komfortablen Modularen Prozessorsystem dar.

Die Unterschiede zwischen Einfach- und Komfort-Baugruppen werden im nächsten Abschnitt noch ausführlich behandelt. Alle diese Baugruppen aber unterliegen den folgenden Konzeptionen:

- Prioritätskonzept

Es gilt grundsätzlich Schutz vor Hand vor Steuerung und innerhalb dieser Prioritätsgruppen wahlweise AUS vor EIN oder EIN vor AUS.

- Befehlskonzept

Da die Befehlsgabe im allgemeinen in Impulstechnik erfolgt, werden die aus den Eingangsbefehlen entsprechend der geforderten Priorität resultierenden Ausgangsbefehle gespeichert. Dabei können Befehle aus der übergeordneten Steuerung und Handbefehle nur wirksam werden, wenn die entsprechenden Freigaben aus der Schutzverriegelung vorhanden sind. Handbefehle vom Pult aus benötigen darüber hinaus noch die Pultfreigabe.

Befehle zur Schaltanlage hin werden grundsätzlich zweikanalig geführt, da wir uns hier an einer Schnittstelle zur Leistungseinheit hin befinden, die Funktionsgruppensteuerung somit verlassen (s. Abb. 2) und eine ungewollte Befehlsgabe nicht durch fehlende Freigaben verhindert wird.

- Überwachungskonzept

Sämtliche Sicherungen und auf Einzelsteuerebene die Befehls- und Rückmeldeleitungen werden überwacht. Darüber hinaus wird ein Störsignal aus der Schaltanlage verarbeitet und das ungewollte Verlassen oder Nichterreichen einer Endlage sowie die Überschreitung einer vorgegebenen Laufzeit angezeigt (sowohl Endlagen- als auch Laufzeitüberwachung können gesperrt werden). Die Funktionstüchtigkeit eines Mikroprozessors ergibt sich aus dem Vorhandensein eines im Mikroprozessor gebildeten Signals (CUW).

- Melde- und Signalisierungskonzept

Als Sammelmeldungen stehen Störung (S) mit dem dazugehörigen Störimpuls (SI), Laufzeitfehler (LF) und Endlagenfehler (EF) zur Verfügung. Höchste Priorität hat die Meldung S, die durch Störungen in der Schaltanlage, Ausbleiben des CUW-Signals, Ansprechen einer Sicherung oder Leitungsfehler ausgelöst wird.

Im Pult werden alle drei Meldungen, im Schrank dagegen nur die Meldung Störung mit Blinklicht (2Hz) signalisiert. Zu diesem Zweck befindet sich je eine Störlampe sowohl auf dem entsprechenden Pultbaustein als auch auf der Baugruppe, auf der der Bereich, in dem die Störung aufgetreten ist, abgesichert wird. Darüber hinaus gibt es sowohl im Pult als auch auf den Baugruppen der Komfortlösung Lampen, mit denen der Zustand der jeweiligen Funktion angezeigt wird:

1. IST-Zustand	entsprechende Lampe leuchtet in Dauerlicht
2. SOLL-Zustand	entsprechende Lampe blinkt im 2Hz-Takt (bei Nichterreichen innerhalb vorgegebener Laufzeit)
3. LAUF-Zustand	entsprechende Lampe flimmert im 8Hz-Takt

Alle Baugruppen der Komfort-Lösung bieten die Möglichkeit einer Verriegelungsabfrage, d.h. bei Betätigen einer Handbefehlstaste, ohne gleichzeitig Handfreigabe zu drücken, kann geprüft werden, ob das Stellglied oder die Funktionsgruppe steuerbereit ist. Bei fehlender Freigabe oder in Gegenrichtung anstehendem Schutzbefehl leuchtet dann die Störlampe in Dauerlicht.

3. Spezielle Merkmale der Contronic 3-Baugruppen im Bereich der Steuerung

3.1 Baugruppen der Gruppen- und Untergruppensteuerung

Die Aufgabe einer Funktionsgruppensteuerung ist es, die verschiedenen Aggregate der Funktionsgruppe selbsttätig zu steuern. Sie gehört damit zu den automatischen Einrichtungen, und ihr Aufgabenspektrum reicht von der einfachen Störumschaltung mehrfach vorhandener Aggregate bis hin zu umfangreichen Prozeßsteuerungen, die einen gezielten anlagenspezifischen Programmablauf erfordern. Dazu stehen zwei Verarbeitungstechniken zur Verfügung, nämlich die Verknüpfungs- und die Schrittechnik oder Ablaufsteuerung. Bei der Verknüpfungstechnik resultiert jeder Schaltbefehl aus der Verknüpfung von bestimmten Signalen, und die Reihenfolge der Schaltbefehle liegt somit von vornherein nicht fest. In der Schrittechnik dagegen werden die Schaltbefehle in einer fest vorgegebenen Reihenfolge erteilt und die Befehlsfolge der Programmschritte hängt von Fortschaltkriterien ab. Sind diese Kriterien für einen Schritt erfüllt, so läuft das Programm weiter in den nächsten Schritt und erteilt neue Befehle.

Wie in der Einleitung bereits erläutert, beinhaltet jede Funktionsgruppensteuerung eine Gruppensteuerung und eine Einzelsteuerung und darüber hinaus - je nach Anzahl der gleichartigen Hauptaggregate - eine oder mehrere Untergruppensteuerungen. Die Gruppensteuerung entscheidet, wann, wieviele und welche Untergruppen ein- oder ausgeschaltet werden. Dies wird im Normalfall in Verknüpfungstechnik geschehen, da in die Fragestellung unmittelbar der momentane Bedarf an zugeschalteten Untergruppen sowie deren Einsatzbereitschaft eingeht, jedoch kann in einzelnen Fällen auch die Abarbeitung eines Schrittprogramms erforderlich sein. Besitzt eine Funktionsgruppe nur ein Hauptaggregat, so beschränkt sich die Gruppensteuerung auf die Beantwortung der Frage, wann ein- oder ausgeschaltet wird, und übernimmt im wesentlichen die Aufgabe der Untergruppensteuerung. Diese besteht in der gezielten Zu- und Abschaltung der einzelnen Aggregate der Untergruppe unter Berücksichtigung von Warte- und Überwachungszeiten und impliziert das Arbeiten als Ablaufsteuerung. Zwar gibt es Fälle, in denen auch auf Untergruppensteuerebene der Verknüpfungstechnik der Vorzug gegeben werden muß, der Normalfall jedoch ist:

Gruppensteuerung in Verknüpfungstechnik
und
Untergruppensteuerung in Schrittechnik.

Dabei beinhaltet eine solche Untergruppensteuerung in jedem Fall ein AUS-Programm und ein EIN-Programm, die sich beide im allgemeinen durch Anzahl, Reihenfolge und Art ihrer einzelnen Schritte voneinander deutlich unterscheiden.

Da Art und Umfang sowohl von Gruppen- als auch von Untergruppensteuerungen sehr unterschiedlich sein können, muß das Steuerungssystem den anlagenspezifischen Anforderungen in hohem Maße Rechnung tragen können. Aus diesem Grund bietet Contronic 3 zwei Realisierungsmöglichkeiten an, nämlich eine speicherprogrammierte und eine verdrahtungsprogrammierte Steuerung. Diese beiden Alternativlösungen unterscheiden sich abgesehen von ihrem Aufbau vor allem in der Funktionszuweisung und damit auch in der Form, in der spätere Änderungen berücksichtigt werden können.

So kann eine speicherprogrammierte Steuerung mit dem Modularen Prozessorsystem, bestehend aus Versorgungseinheit, Zentraleinheit und diversen Peripherieeinheiten, realisiert werden (Abb. 7). Der modulare Auf-

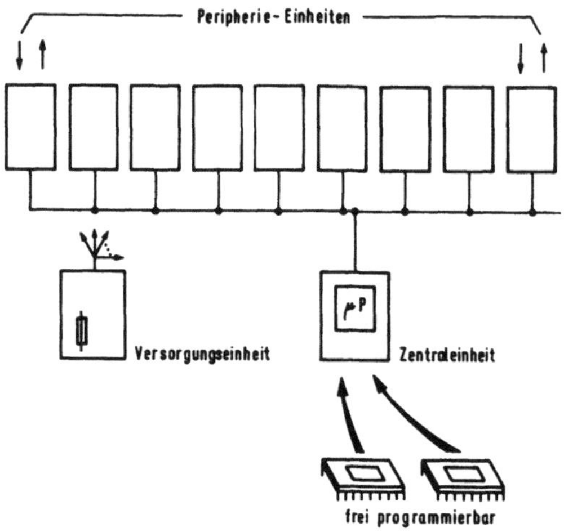

Bild 7. Prinzipieller Aufbau einer speicherprogrammierten Steuerung (Modulares Prozessorsystem)

bau ist ein wesentlicher Vorzug dieses Prozessorsystems. Er gewährleistet einen hohen Grad an Flexibilität und Komfort. Alle dazugehörigen Baugruppen, mit Ausnahme der Versorgungseinheit, können in variierbarer Anzahl und Reihenfolge über einen Steuer- und Datenbus miteinander korrespondieren. Die Anzahl und die Auswahl der Komponenten hängt unmittelbar von der speziellen Funktion ab, die diesem Prozessorsystem durch Programmierung zugewiesen wird. Ist dies geschehen, so bilden alle dazu notwendigen Baugruppen des Systems zusammen eine Prozessoreinheit. Das kann beispielsweise ein Führungsregler oder auch eine Gruppensteuerung oder Untergruppensteuerung sein.

Durch die Versorgungseinheit MV01 werden alle Komponenten einer solchen Prozessoreinheit mit den benötigten Spannungen versorgt und über eine Schmelzsicherung abgesichert. Aus naheliegenden Gründen befindet sich auf dieser Baugruppe auch die Logik zur Störungsüberwachung dieser Schmelzsicherung sowie die des Mikroprozessors (CUW). Dazu gehört die Bereitstellung eines Freigabe-Signals zur programminternen Verarbeitung und eine auf der Frontplatte oberhalb der Schmelzsicherung befindliche Leuchtdiode (S).

Die Zentraleinheit MZ01 bildet das Herz jeder Modularen Prozessoreinheit. Sie enthält u.a. einen Ein-Chip-Mikroprozessor, der sämtliche Rechenoperationen und Steuerfunktionen übernimmt und die auf Halbleiterspeichern festgehaltenen Programmabläufe abarbeitet. Zugleich fragt er in zyklischer Reihenfolge die auf den Peripherie-Karten anstehenden Signale über den Steuer- und Datenbus ab, verarbeitet sie und gibt die daraus resultierenden Befehle und Meldungen über den gleichen Weg heraus. An eine MZ01 können maximal 40 Binäreingangs- und 40 Binärausgangskanäle angeschlossen werden. Mit 4 Gruppenerweiterungen (MG 01) läßt sich die Anzahl der Kanäle auf maximal 2 x 512 erhöhen (jeweils eine Gruppenerweiterung ist Bestandteil der Versorgungseinheit, so daß für jede Erweiterung eine MV 01 benötigt wird).

Als Peripherie-Baugruppen stehen neben den vor allem in der Regelung benutzten analogen Ein- und Ausgabekarten (MA...) die MB01 mit 8 Binärausgängen, die MB11 mit 16 Binäreingängen und die wohl am häufigsten benutzte MB21 mit 16 Binäreingängen und 8 Binärausgängen zur Verfügung. Drei speziell für die

Steuerung konzipierte Peripheriekarten sind in Abbildung 8 dargestellt. In ihren Blockschaltbildern befinden sich auf der linken Seite die Pins bzw. Buchsen und Potentiometer zur Ein- und Ausgabe von Daten und Signalen und auf der rechten Seite die Logik und der Treiber für den Steuer- und Datenbus.

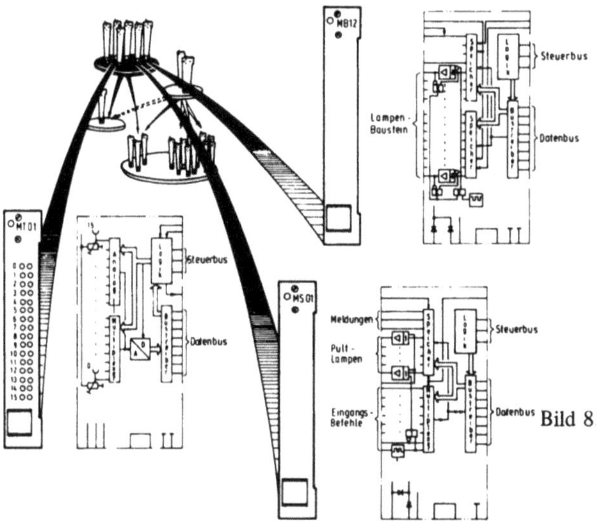

Bild 8. Speziell für die Steuerung konzipierte Peripheriekarten des Modularen Prozessorsystems

Wir erkennen in der Abbildung die Zeitwahlkarte MT01, auf der insgesamt 16 Zeiten einstellbar sind, die von den Programmen beliebig oft und in beliebiger Reihenfolge abgerufen werden können. Zur Einstellung der Zeiten befinden sich auf der Frontplatte der MT01 16 über Buchsen einmeßbare Potentiometer, die dem Multiplexer jeweils ein analoges Signal übermitteln. Dieses wird auf der Baugruppe in ein binäres Signal umgewandelt, über den Bus bei einer entsprechenden Abfrage dem Programm mitgeteilt und dort in eine definierte Zeit umgerechnet. Der Zeitbereich reicht von 0,5s bis 9h mit einer konstanten Auflösung von 4,4%.

Im Gegensatz zu allen anderen Peripherie-Baugruppen liegen bei der Signalisierungsbaugruppe MS01 die Bedeutung der Binärein- und -ausgänge schon weitgehend fest und sind dadurch der freiprogrammierten Zuweisung entzogen. So verfügt diese Baugruppe über 5 Lampentreiber zur Ansteuerung der 5 Pultlampen auf dem Leitgerät der Prozessoreinheit. Der die Störlampe versorgende Lampentreiber wird zusammen mit dem ebenfalls auf der MS01 befindlichen Blinkgenerator redundant versorgt. Darüber hinaus befinden sich auf der Baugruppe 3 für Meldungen vorgesehene Binärausgänge und 8 Binäreingänge, von denen 4 in ihrer Bedeutung festgelegt und 4 frei verfügbar sind.

Die dritte der speziell zu Steuerungszwecken benutzten Baugruppen ist die Lampentreiberbaugruppe MB12. Sie ist für die Ansteuerung jeweils eines Lampenbausteins vorgesehen und verfügt dementsprechend über 12 Lampentreiber, die alle auf der Baugruppe überwacht werden. Der häufigste Einsatz dieser Baugruppe wird der zur Ansteuerung einer Kriterienanzeige sein. Daneben befinden sich auf der MB12 aber noch 4 freibeschaltbare Ausgänge, die für anderweitige Aufgaben genutzt werden können.

Alle Baugruppen des Modularen Prozessorsystems (mit Ausnahme der MV01, die 8 Raster breit ist) sind nur 4 Raster (≙ 2cm) breit, so daß selbst größere Gruppen- oder Untergruppensteuerungen leicht in einem Baugruppenträger Platz finden. In Abbildung 9 ist der prinzipielle Aufbau einer solchen Steuerung dargestellt.

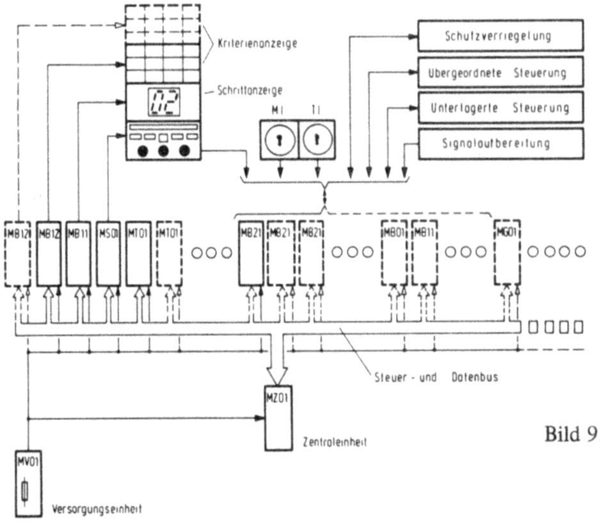

Bild 9. Modulare Prozessoreinheit als Gruppen- oder Untergruppensteuerung (in Schrittechnik)

Sozusagen zur "Grundausstattung" gehören neben der MV01, die über Versorgungsleitungen mit allen Baugruppen der Prozessoreinheit verbunden ist, und der MZ01, die über den Steuer- und Datenbus mit den Peripherie-Baugruppen korrespondiert, eine MS01 zur Ansteuerung der Pultlampen, eine MT01 zur Eingabe einiger Zeiten und mindestens eine MB21 als Ein- und Ausgabeeinheit. Diese ist für die Entgegennahme von Befehlen aus der Schutzverriegelung, aus der übergeordneten Steuerung und vom Pult sowie für die Befehlsgabe an die unterlagerte Steuerung zuständig. Mit einer MB21 wird man jedoch in den seltensten Fällen auskommen, da die erwähnten Aufgaben, die meistens für sich schon den Einsatz mehrerer MB21 notwendig machen, in der Regel noch durch die Entgegennahme von Informationen aus der Signalaufbereitung (Kriterienabfrage) sowie die Aufnahme sämtlicher ankommenden und weiterzuleitenden Rückmeldungen ergänzt werden müssen. Besteht in einem solchen Fall darüber hinaus noch ein Bedarf an weiteren Binärausgängen oder Binäreingängen, so kann die Zahl der Ein- und Ausgabekarten im einen Fall durch eine oder mehrere MB01 und im anderen durch eine oder mehrere MB11 erhöht werden. Arbeiten die eingegebenen Programme in Schrittechnik, so wird außerdem eine MB11 für die Ansteuerung der digitalen Schrittanzeige und eine oder mehrere MB12 für die Kriterienanzeige, je nach Anzahl der pro Schritt abzufragenden Kriterien, benötigt.

Jedes Programm, mit dem die Funktion einer Modularen Prozessoreinheit festgelegt wird, besteht aus dem Betriebssystem und dem Anwenderprogramm (Abb. 10).

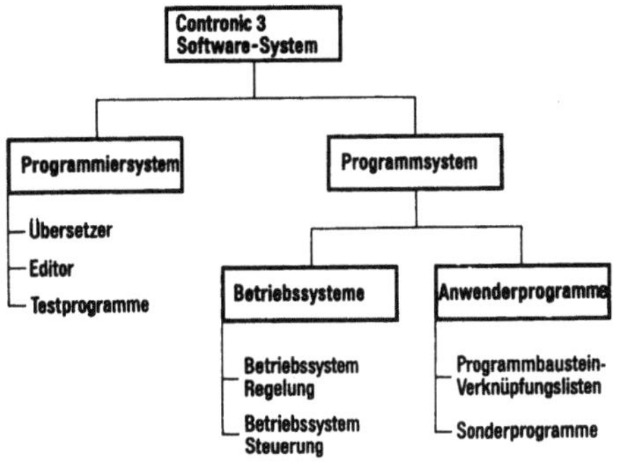

Bild 10. Contronic 3 Softwaresystem [5]

Im Betriebssystem sind immer wiederkehrende Teilaufgaben vorprogrammiert und werden dem Anwender zur Verfügung gestellt. So beinhaltet das Betriebssystem Steuerung beispielsweise den Programmbaustein "Gruppensteuerung", der in seinen Grundzügen in der Abbildung 11 dargestellt ist. Er umfaßt eine Prioritätslogik (P), eine Überwachungslogik (Ü) und eine Signalisierungslogik (S).

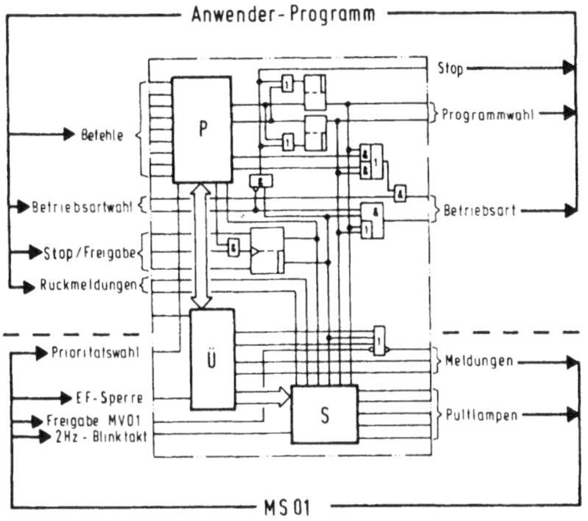

Bild 11.
Programmbaustein "Gruppensteuerung"

Das Anwenderprogramm, für das etwa 2K Bytes Speicherplatz zur Verfügung steht, ist der eigentliche frei programmierbare Teil der Software. In ihm können anlagenspezifische Gegebenheiten berücksichtigt sowie Ablauf und Form der AUS- und EIN-Programme festgelegt werden. Neben der normalen Betriebsart einer Gruppen- oder Untergruppensteuerung, in der die beiden Programme abgearbeitet werden, können mit der Modularen Prozessoreinheit drei weitere Betriebsarten verwirklicht werden:

Da ist einmal der Mitlauf-Betrieb (MI), bei dem die Steuerung nur auf der Informationsseite mit der Anlage und dem Leitstand gekoppelt ist. Die Befehlsausgabe wird nämlich verhindert, so daß die Befehle von Hand an die unterlagerte Steuerung gegeben werden müssen. Auf diese Weise kann zu Testzwecken die rechtzeitige Erfüllung von Anlagenkriterien und das korrekte Fortschalten der betreffenden Steuerung geprüft werden.

Eine weitere Betriebsart ist der Tipp-Betrieb (TI), bei dem alle für den folgenden Schritt notwendigen Fortschaltkriterien simuliert und damit eine Fortsetzung des Programms erreicht werden kann. Ein solcher Eingriff ist beispielsweise sinnvoll, wenn es wegen fehlender Kriterien zu einem Programmstop kommt, obwohl die Anlagenkriterien erfüllt und lediglich Geber defekt sind. Hierbei ist vorausgesetzt, daß die Kriterien auf einem anderen Informationsweg erfaßt werden können.

Die dritte der angesprochenen Betriebsarten ist eine Variante des Mitlaufbetriebes, bei der während des MI-Betriebes durch zusätzliche Betätigung des TI-Schlüsselschalters einzelne Schritte übersprungen werden können und so durch mehrmaliges "Tippen" ganze Programmteile schnell durchlaufen werden können, ohne dabei ungewollte Befehle zu geben. Auf diese Weise ist es möglich, ein Programm von einem bestimmten Schritt an weiterlaufen zu lassen. Diese Betriebsart wird daher mit Nachlauf-Betrieb bezeichnet.

Eine verdrahtungsprogrammierte Steuerung besteht aus einzelnen Baugruppen, die standardisierbare Funktionen beinhalten. Eine anlagenspezifische Funktion wird durch Zusammenschalten dieser Baugruppen realisiert. Bei Contronic 3 ist das Herz einer solchen Steuereinheit die Einkarten-Prozessoreinheit XU12, die als Kommandobaustein und Schrittschaltwerk fungiert, und sie wird ergänzt durch eine Reihe von Logik-Baugruppen zur Zeiteingabe, Kriterienverknüpfung und Schrittanzeige (Abb. 12).

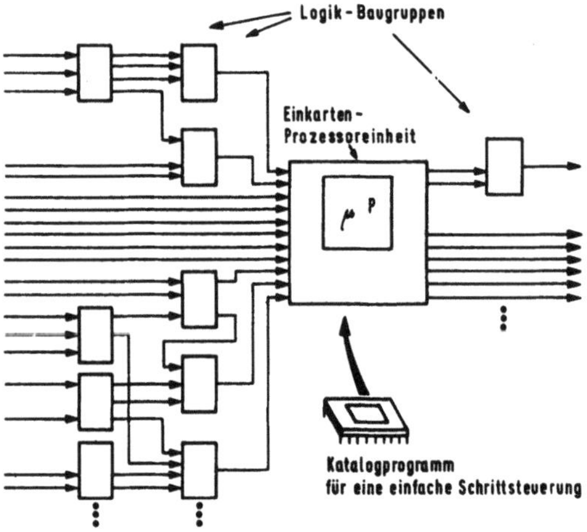

Bild 12. Prinzipieller Aufbau einer verdrahtungsprogrammierten Steuerung (Einkarten-Prozessoreinheit und Logik-Baugruppen)

Die Einkartenprozessoreinheit XU12 ist eine 8 Raster breite Baugruppe. Sie ist frei programmierbar und stellt dem Anwender 40 Binäreingänge und 24 Binärausgänge, von denen 4 mit Lampentreibern versehen sind, zur Verfügung (Abb. 13). Darüber hinaus besitzt die XU12 die notwendigen Versorgungseingänge, eine Schmelzsicherung für die Versorgungsspannung sowie eine redundant versorgte Melde- und Störsignalisierungslogik einschließlich synchronisierbarem Blinkgenerator, Leuchtdiode und Lampentreiber für die Störlampe im Pult.

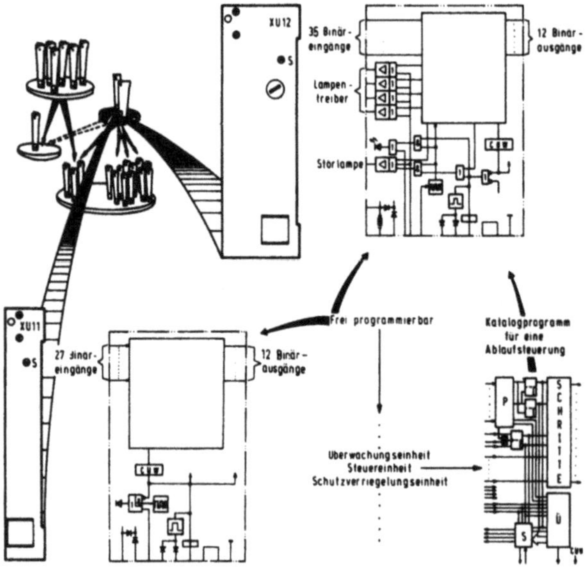

Bild 13.
Einkarten-Prozessoreinheit XU12
mit der Erweiterungskarte XU11

Wie für das Modulare Prozessorsystem gibt es auch für die XU12 eine ganze Reihe von Anwendungsmöglichkeiten. Für zwei der häufigsten Anwendungen existieren Katalogprogramme, und zwar für eine Standardlösung einer zyklischen Vertauschung und für eine einfache Ablaufsteuerung. Letzteres ist vor allem für den Einsatz in einer verdrahtungsprogrammierten Steuereinheit vorgesehen. Es kann maximal 12 Schritte abarbeiten. Mehr Schritte läßt die Zahl der vorhandenen Ein- und Ausgänge nicht zu, die wiederum festgelegt ist, weil die gleiche Hardware ja auch für andere Aufgaben verwendet wird. Das Programm beinhaltet darüber hinaus eine Prioritätslogik (P), eine Überwachungslogik (Ü) und eine Signalisierungslogik (S). Dem Anwender stehen pro Schritt 2 Binärausgänge für Fortschaltkriterien und 1 Binärausgang für die Befehlsgabe an die unterlagerte Steuerung zur Verfügung. Eine Ablaufsteuerung also, die keine Zeiten und pro Schritt nicht mehr als 2 Kriterien zu verarbeiten braucht, die mit 12 Schritten für das EIN- und AUS-Programm auskommt und keine Schritt- und Kriterienanzeige benötigt, läßt sich mit nur einer XU12 verwirklichen. Sie hat Schnittstellen zum Pult, zur übergeordneten und zur unterlagerten Steuerung und kann bereits die meisten der für eine Steuereinheit wesentlichen Funktionen übernehmen, wie die Überwachung und Absicherung ihrer Elektronik, die Befehlsverarbeitung sowie die Meldung und Signalisierung von Zuständen und Störungen. Das Modulare Prozessorsystem kann dies alles nur durch den Einsatz von mindestens 4 Komponenten, nämlich einer MZ01, einer MV01, einer MS01 und einer MB21, ermöglichen, dann jedoch mit einem erheblich höheren Komfortangebot.

Im Normalfall allerdings wird die XU12 durch verschiedene Baugruppen ergänzt. So kann mit einer oder mehreren XU11 (siehe Abb. 13) das Schrittprogramm um jeweils 9 Schritte erweitert werden, und für den Aufbau einer verdrahtungsprogrammierten Steuereinheit stehen die in Abbildung 14 dargestellten Logik-Baugruppen zur Verfügung.

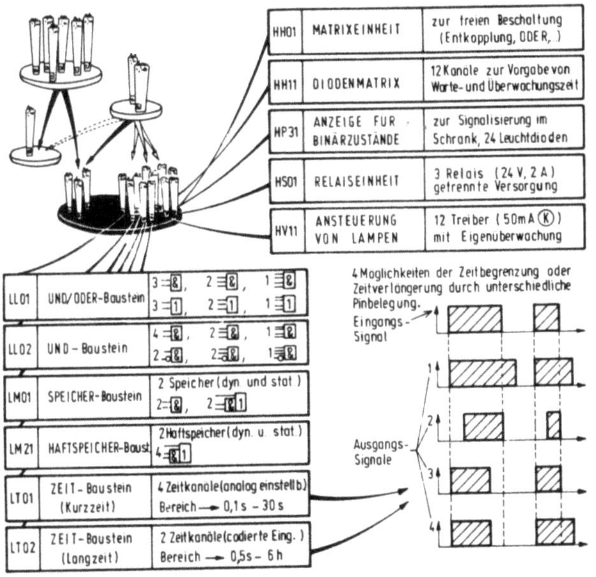

Bild 14.
Logik-Baugruppen
und deren Funktion

Bei den Logikbaugruppen handelt es sich ausschließlich um konventionell erstellte Komponenten, die hauptsächlich zur Ergänzung der XU12, aber auch zum Aufbau einer Schutzverriegelung dienen sollen. Sie besitzen keine eigenen Sicherungen und werden von anderen Baugruppen (wie beispielsweise der XU12) versorgt und abgesichert.

Für die Eingabe von Warte- und Überwachungszeiten an die XU 12 stehen zwei Baugruppen zur Verfügung. Auf der HH11 werden die Zeiten mit Hilfe der Diodenmatrix vorprogrammiert (pro Kanal 1 Überwachungs- und 1 Wartezeit!) und auf der LT02 nach entsprechender Ansteuerung durch den betreffenden Schrittausgang gestartet. Dabei wird das ankommende Signal entsprechend der gewählten Möglichkeit zeitlich verzögert, begrenzt oder verlängert weitergeleitet. Diese Zeitsignale können mit Hilfe einer LL01 oder LL02 mit anderen Kriterien verknüpft werden und so als Fortschaltkriterien den Schritteingängen auf der XU12 oder XU11 zur Verfügung gestellt werden. Die Schrittausgänge wiederum können neben der Befehlsgabe auch dazu benutzt werden, über eine HV11 eine Schrittanzeige anzusteuern.

Eine Ergänzung der Einkarten-Prozessoreinheit durch Logik-Baugruppen ist natürlich nur sinnvoll, solange Preis- und Komfortzuwachs in einem gesunden Verhältnis zueinander stehen und das gleiche Problem sich nicht durch das Modulare Prozessorsystem günstiger verwirklichen läßt. Wie am Anfang dieses Abschnittes erwähnt, liegt der Hauptunterschied zwischen der speicher- und der verdrahtungsprogrammierten Steuerung in der Funktionszuweisung, die im einen Fall über die Software und im anderen über die Verdrahtung erfolgt. Logischerweise erfordern spätere Änderungen der anlagenspezifischen Funktion bei der verdrahtungsprogrammierten Steuerung umständliche Verdrahtungsänderungen, wohingegen die entsprechende Software-Änderung bei Contronic 3 einfach und schnell ausgeführt werden kann [5] und beim Austausch der entsprechenden PROMs keine oder nur eine kurzzeitige Unterbrechung des Prozeßablaufs erforderlich ist.

3.2 Baugruppen der Schutzverriegelung

Die Schutzverriegelung gehört zusammen mit der Gruppen- und Untergruppensteuerung zu den automatischen Einrichtungen einer Leitanlage. Sie verhindert unzulässige Betriebszustände und Schaltbefehle (passive Schutzeingriffe) oder macht bereits gegebene Befehle selbsttätig rückgängig (aktive Schutzeingriffe). Da eine Schutzverriegelung je nach Anlage sehr unterschiedlich in der Art und im Umfang ihres Aufbaus sein kann, bieten sich zu ihrer Realisierung eine Reihe von Möglichkeiten an. Eine Standardisierung muß sich daher auf die üblichen logischen Grundfunktionen beschränken. Dies ist mit der Konzeption der L-Baugruppen (s. Abb. 14) geschehen. Die Verknüpfung der jeweils erforderlichen Signale wird durch das Zusammenschalten dieser Baugruppen mittels einer individuellen Verdrahtung erreicht. Bei umfangreichen Schutzverriegelungen kann es durchaus auch sinnvoll sein, anstatt der L-Baugruppen die freiprogrammierbaren Baugruppen einzusetzen.

3.3 Baugruppen der Einzelsteuerung

Eine Einzelsteuerbaugruppe stellt das Bindeglied zwischen den Befehlsgebern (wie Leitstand, Gruppen- oder Untergruppensteuerung und Schutz) und einem Stellglied dar, das entweder über die Schaltanlage oder direkt angesteuert wird (Abb. 15). Unabhängig von der Art des Stellgliedes bietet sie den Befehlsgebern eine einheitliche Schnittstelle und erfüllt darüber hinaus mit unterschiedlichem Komfort von Baugruppe zu Baugruppe immer die gleichen Funktionen, nämlich:

- Verarbeiten aller ankommenden Befehle sowie aller Rückmeldungen aus der Schaltanlage oder von den Stellgliedern,
- Speichern der Ausgangsbefehle,
- Verstärken aller Ausgangssignale,
- Überwachen der Elektronik, der Befehlsleitungen und der ankommenden Rückmeldungen und
- Melden und Signalisieren von Störungen und Betriebszuständen.

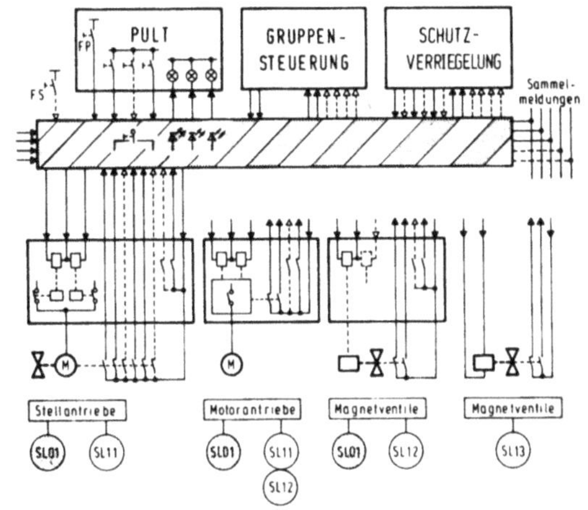

Bild 15. Beschaltungsprinzip der Einzelsteuerung

Wie in Abschnitt 2 bereits erwähnt, unterscheiden wir drei Arten von Stellgliedern, die sich in ihren Anforderungen an die Wirkungsweise der Einzelsteuerbaugruppen voneinander unterscheiden:

- Stellantriebe (Antriebe mit 2 Laufrichtungen, z.B. Schieber, Ventile, Klappen, Trenner usw.)
- Motorantriebe (Antriebe mit 1 Laufrichtung und keiner stabilen Zwischenstellung zwischen den Betriebszuständen AUS und EIN, z.B. Pumpen, Lüfter usw.) und
- Magnetventile

Für diese drei Anwendungsfälle stehen vier Einzelsteuerbaugruppen zur Verfügung, die bezüglich ihres Komfortangebotes in drei Kategorien eingeteilt werden können. Den größten Komfort bietet die SL 01, die es mit Hilfe zweier Katalogprogramme in zwei Varianten gibt, nämlich eine für Stellantriebe (SL 01-1) und eine zweite für Motorantriebe und Magnetventile (SL 01-2). In der 2. Kategorie finden wir die SL 11 für Stellantriebe und Motorventile sowie die SL 12 für Motorantriebe und Magnetventile, die beide in konventioneller Bauweise erstellt sind. Während die SL01 die entsprechenden Stellglieder grundsätzlich über Koppelrelais ansteuert, können mit der SL 11 und SL 12 kleinere Schütze und Magnetventile auch direkt angesteuert werden. Die ebenfalls konventionell aufgebaute SL 13 (Kategorie 3) schließlich, ist hauptsächlich für die direkte Ansteuerung kleiner Magnetventile gedacht.

Zur Überwachung der jeweiligen Stellung eines Aggregates befinden sich entweder bei den Stellgliedern selbst (Stellantriebe und Magnetventile) oder in der Schaltanlage (Motorantriebe) Rückmelde-Kontakte, deren Versorgung und Binärsignalaufbereitung von der entsprechenden Einzelsteuerbaugruppe übernommen wird. Dies sind bei den Stellantrieben vier Wegendkontakte (ZU, NICHT ZU, AUF und NICHT AUF) und eventuell zwei drehmomentabhängige Endschalter und bei den Motorantrieben und Magnetventilen jeweils zwei Endkontakte. Darüber hinaus gibt es außer bei der SL 13 eine Kontaktabfrage für Störungen in der Schaltanlage und im Falle der SL 01 auch eine für Teststellungen.

Die Konzeption der SL01 sieht vor, für alle Varianten in der Einzelsteuerebene eine Baugruppe mit einer festen Hardware zu benutzen und die verschiedenen Funktionen dieser Baugruppe durch Programmieren zu verwirklichen. Es hat sich herausgestellt, daß dazu nur zwei Programme nötig sind, die als Katalogprogramme existieren:

1. für Stellantriebe mit und ohne STOP (SL 01-1)
2. für Motorantriebe und Magnetventile (SL 01-2)

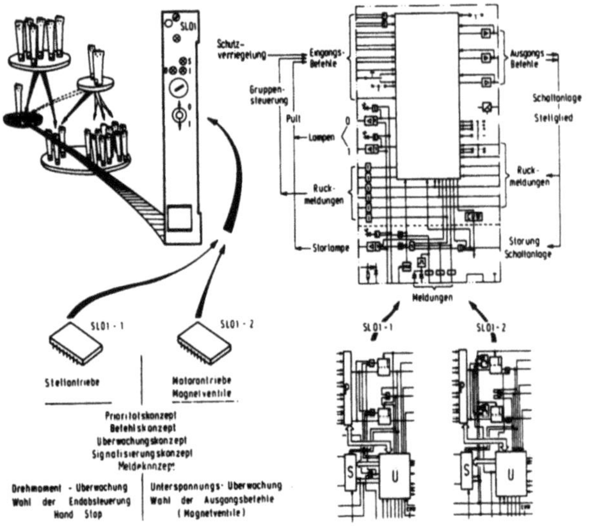

Bild 16. Einzelsteuerbaugruppe SL 01 (Komfort-Lösung)

In Abbildung 16 sind die wesentlichen Merkmale der SL 01 dargestellt. Wir sehen auf der Frontplatte neben den drei bereits erwähnten Signalisierungslämpchen und einer Sicherung auch einen Taster, mit dem das Stellglied von der Baugruppe aus in der gleichen Weise verfahren werden kann wie vom Pult aus. Das Logikschaltbild zeigt auf seiner linken Seite die Korrespondenz mit der Schutzverriegelung, der übergeordneten Steuerung und dem Pult, und auf seiner rechten Seite die Korrespondenz mit der Schaltanlage bzw. dem Stellglied.

Von oben nach unten sind die Befehlsverarbeitung, die Verarbeitung der Rückmeldungen und in dem unterhalb der gestrichelten Linie liegenden redundant versorgten Teil die Störsignalisierung und die Ausgänge für die Sammelmeldung zu finden. Unterhalb des Logikschaltbildes wurde versucht, die beiden Katalogprogramme in ihren Grundzügen darzustellen. Sie bestehen im wesentlichen aus einer Prioritätslogik (P) mit der daran anschließenden Befehlslogik, einer Überwachungslogik (Ü) und einer Signalisierungslogik (S). Beiden Varianten liegen natürlich die im Abschnitt 1 beschriebenen Konzeptionen zugrunde, und sie ermöglichen außerdem:

- eine einfache Prioritätswahl AUS vor EIN oder EIN vor AUS,
- die Verarbeitung von Schutzeingriffen in 1 von 1- oder in 1 von 2-Technik,
- die Ansteuerung von Stellgliedern mit und ohne Selbsthaltung,
- Überwachung der Befehlsleitungen auf Drahtbruch und Kurzschluß sowie der Rückmeldeleitungen auf Valenz,
- die Überwachung von 8 verschiedenen Laufzeiten des Stellgliedes und
- das Sperren sowohl der Laufzeit- als auch der Endlagenüberwachung.

Darüber hinaus können die Befehlsspeicher auf der SL 01-1 in den Endlagen wahlweise per Wegend-Rückmeldung oder per Drehmomentschalter abgesteuert werden. Letzterer dient im Zusammenwirken mit dem entsprechenden Drehmomentspeicher zum Überwachen von Blockierungen des Stellgliedes. Um auch in Zwischenstellung auf Valenz überwachen zu können, werden auf der SL 01-1 auch die Rückmeldungen NICHT AUF und NICHT ZU verarbeitet.

Auf der SL 01-2 wiederum können Unterspannungsschutz-Signale aus der Schaltanlage dahingehend verarbeitet werden, daß Aggregate (vor allem Schütze) gezielt abgeschaltet und bei Netzwiederkehr innerhalb vorgegebenener Zeit wieder zugeschaltet werden können. Andernfalls erfolgt die Meldung EF. Außerdem wird für die Ansteuerung eines Magnetventils sowohl in AUF- als auch in ZU-Richtung ein statisches Signal zur Verfügung gestellt.

Im Gegensatz zu SL 01 handelt es sich bei den einfachen Einzelsteuerbaugruppen SL 11, SL 12 und SL 13 um konventionelle Komponenten, die zwar nur ein geringes Maß an Komfort bieten, mit denen aber andererseits kleinere Schütze und Magnetventile (bis zu 2A bei 24V =) direkt angesteuert werden können, und zwar über Relaisausgänge. Wie der Abbildung 17 entnommen werden kann, ist die SL 11 einkanalig, die SL 12 zweikanalig und die SL 13 dreikanalig aufgebaut, d.h. mit der SL 11 können ein Stellantrieb oder ein Motorantrieb mit Selbsthaltung, mit der SL 12 zwei Motorantriebe ohne Selbsthaltung oder zwei Magnetventile oder ein Motorantrieb und ein Magnetventil und mit der SL 13 bis zu drei Magnetventile angesteuert werden. Jeder Kanal besitzt eine eigene Sicherung und eine eigene Störsignalisierung.

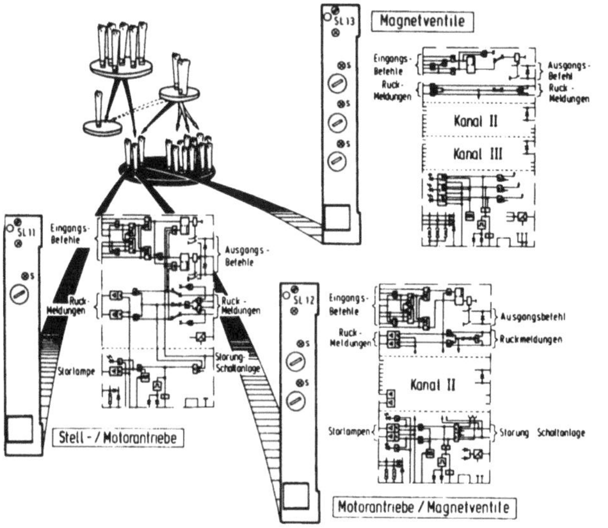

Bild 17. Einzelsteuerbaugruppen SL11, SL12 und SL 13

Den deutlichsten Unterschied zwischen der Komfort und der Einfach-Lösung liefert das Angebot an Überwachungsmöglichkeiten. Hier beschränken sich die Einfach-Baugruppen auf die notwendigsten Einrichtungen, wie die Überwachung der Sicherungen sowie des Valenzverhaltens der Rückmeldungen und im Falle der SL 11 und SL 12 auch die Überwachung auf Störungen in der Schaltanlage.

4. Zusammenfassung

Neben einigen Grundgedanken über den Aufbau einer Funktionsgruppensteuerung mit Contronic 3-Komponenten befaßt sich Abschnitt 2 mit den allgemeinen Merkmalen und für alle Baugruppen gültigen Konzepten dieses Steuerungssystems. Dabei stehen die durch die Programmierbarkeit einzelner Komponenten erzielte hohe Flexibilität des Systems und das vor allem auf die Sicherheit aber auch auf die Verfügbarkeit einer Anlage gerichtete Komfortangebot in Vordergrund der Betrachtungen.

Abschnitt 3 behandelt – so ausführlich es in diesem Rahmen möglich ist – alle speziell in der Steuerung einzusetzenden Baugruppen bezüglich ihres Aufbaus und ihrer Funktion, wobei der Anwendung in der Schutzverriegelung, der Gruppen-, Untergruppen- oder Einzelsteuerung und den daraus resultierenden spezifischen Eigenschaften der einzelnen Komponenten besondere Beachtung geschenkt wird.

Literatur

1. Eifert, G.; Engelhardt, D.; Heinz, W.; Stöckler, H.-P.: Begriffsbestimmungen für die Steuerungstechnik in Wärmekraftwerken. Elektrizitätswirtschaft 1971, Heft 24, S.691-695.

2. Stürmer, W.: Aufgabenstellung der Leittechnik. Vortrag für die Arbeitsgemeinschaft "Leittechnik" des VDE-Bezirksvereins Frankfurt am 22.10.1973.

3. Galinski, U.: Contronic 3-Einführung in das Automatisierungssystem.H&B-Dokumentation 66-003, 1977.

4. Balling, H.: Contronic 3-Teilsystem Regelung. H&B-Dokumentation 66-003, 1977.

5. Lesemann, K.-J.; Wasielewski, A.: Contronic 3-Softwaresystem. H&B-Dokumentation 66-003, 1977.

FSC
www.fsc.org
MIX
Papier aus verantwortungsvollen Quellen
Paper from responsible sources
FSC® C105338

If you have any concerns about our products,
you can contact us on
ProductSafety@springernature.com

In case Publisher is established outside the EU,
the EU authorized representative is:
Springer Nature Customer Service Center GmbH
Europaplatz 3, 69115 Heidelberg, Germany

Printed by Libri Plureos GmbH
in Hamburg, Germany